Paul Erker, Nils Fehlhaber
150 Jahre Continental

Paul Erker, Nils Fehlhaber

150 Jahre Continental

The Skill of Transformation

DE GRUYTER
OLDENBOURG

Paul Erker ist apl. Prof. an der Ludwig-Maximilians-Universität München, lehrt und forscht mit dem Schwerpunkt Wirtschafts- und Unternehmensgeschichte. Er ist Autor zahlreicher unternehmenshistorischer Studien und Verfasser der ersten zeitgeschichtlichen Studie zu Continental anlässlich des 125jährigen Firmenjubiläums: „Wachsen im Wettbewerb. Eine Zeitgeschichte der Continental AG", Düsseldorf 1996. Zuletzt erschien „Zulieferer für Hitlers Krieg. Der Continental-Konzern in der NS-Zeit", Berlin/Boston 2020.

Nils Fehlhaber ist promovierter Historiker und leitet seit September 2016 das Unternehmensarchiv der Continental AG.

ISBN 978-3-11-073694-6
e-ISBN (PDF) 978-3-11-073161-3
e-ISBN (Epub) 978-3-11-073169-9

Library of Congress Control Number: 2020952713

Bibliografische Information der Deutschen Nationalbibliothek
Die Deutsche Nationalbibliothek verzeichnet diese Publikation in der Deutschen Nationalbibliografie; detaillierte bibliografische Daten sind im Internet über http://dnb.dnb.de abrufbar.

© 2021 Walter de Gruyter GmbH, Berlin/Boston
Umschlagabbildung: Collage von Fotos und Werbegrafiken aus verschiedenen Medien und Epochen der Continental-Unternehmensgeschichte
Satz: Meta Systems Publishing & Printservices GmbH, Wustermark
Druck und Bindung: CPI books GmbH, Leck

www.degruyter.com

MIX
Papier aus verantwortungsvollen Quellen
FSC
www.fsc.org
FSC® C083411

Inhalt

1 Jubiläumsdaten und Transformationsphasen in der Unternehmensgeschichte

Mit 150 Jahren ist Continental eine Erfolgsgeschichte. Eine, die auf dem ständigen Umbau und Sich-neu-Erfinden der Organisation beruht. Continental hatte allerdings bisher mit ihren Jubiläumsdaten nie Glück. Verfolgt man die Geschichte des Unternehmens zurück, so sieht man, dass die Jubiläumsfeiern selten ein positives Vorzeichen für herausragenden Geschäftserfolg bedeuteten, sprich: sie fielen oft mit gerade erst überstandenen oder unmittelbar bevorstehenden veritablen wirtschaftlichen Krisen oder industriellen und organisatorischen Umbrüchen zusammen, die zudem kumuliert durch externe wie interne Faktoren vielfach tiefgreifend und zum Teil existenzbedrohend waren. Zum 25jährigen Bestehen im Jahr 1896 – das explizit nicht gefeiert wurde – hatte das Unternehmen gerade erst seine Gründungskrise mit Kapitalnot hinter sich und befand sich noch in der letzten Phase der „großen Depression", der tiefgreifenden weltweiten Konjunkturkrise, die mit Börsenkrach und Wirtschaftseinbruch seit 1873 dem Gründerboom des noch jungen Industrielandes Deutschland gefolgt war. Die Jubiläen zum 50. und 75. Geschäftsjahr – 1921 und 1946 – fielen in die unmittelbare Zeit nach den beiden Weltkriegen. 1921 sah sich der Continental-Vorstand, um die Erfolge der bis 1914 vorangetriebenen Globalisierung beraubt, mit zerstörten, verloren gegangenen oder enteigneten Auslandsniederlassungen sowie einer bedrohlich anschwellenden Inflation konfrontiert. 1946 standen Unternehmensführung und Belegschaft buchstäblich vor den Trümmerhaufen der durch Bombenkrieg weitgehend zerstörten Continental, zudem mussten sich das politisch durch die Unterstützung des NS-Regimes vielfach diskreditierte Unternehmen und seine deformierte Unternehmenskultur erst wieder gleichsam neu erfinden. 1971, zum 100jährigen Jubiläum, spielten weltpolitische Ereignisse keine Rolle, dafür sorgten das Ende der „Wirtschaftswunderjahre", eine vom Management verschlafene Revolution in der Reifentechnologie und auch weitere unternehmensinterne Fehler dafür, dass die weitere Existenz von Continental höchst ungewiss war. Auch 1996 war kein Jahr ungetrübten Erfolgs. Zum 125jährigen Gründungstag wirkten immer noch die Wunden des unfreundlichen Übernahmeversuchs von Pirelli nach, insbesondere litt das Unternehmen an der inneren Schwäche, die es überhaupt erst angreifbar gemacht hatte. Continental steckte mitten in einem radikalen Sanierungs- und Restrukturierungsprozess, bei einem sich verschärfenden weltweiten Konkurrenz- und Überlebenskampf der Reifenbranche. 2021 schließlich, nach einer langen Er-

https://doi.org/10.1515/9783110731613-001

folgs- und Expansionsphase, steckt das Unternehmen zu seinem 150jährigen Jubiläum erneut in einem fundamentalen Transformations- und Anpassungsprozess, der wieder einmal durch die Kumulation mehrerer Krisenfaktoren konjunktureller, technologischer und unternehmensinterner Art besonders tiefgreifend ist und die Krisenrobustheit und Wettbewerbsfähigkeit von Continental auf eine ernsthafte Probe stellt. Die zwischen diesen zahlreichen Umbruchphasen immer wieder erreichten neuen Erfolgshöhen zeugen jedoch von enormer innerer Robustheit, kultureller Stärke sowie dem Streben nach Unabhängigkeit und unternehmerischer Freiheit der Organisation und ihrer Menschen.

Die Jubiläumsdaten, ob dekadenweise oder im 25-Jahres-Rhythmus gezählt, waren aber nur Teil größerer Transformationsphasen, in denen sich das Unternehmen gerade befand. Vielfach waren sich die Zeitgenossen des ablaufenden Umbruchs bewusst. Oft aber wurden diese Veränderungsprozesse erst im Rückblick sichtbar. Dies vor allem auch im Hinblick darauf, wer oder was der Treiber der Transformation war und auf die Vieldimensionalität des Transformationscharakters: Verlief er offensiv oder defensiv? War die Transformation intendiert und Teil einer Strategie? Oder war sie nicht intendiert und von Inkrementalismus geprägt, also von Durchwursteln und Aussitzen? Und schließlich: War sie getrieben von einer Vision oder von eher kurzfristigen pragmatischen unternehmenspolitischen Zielen?

Es gab in der Geschichte von Continental mindestens neun mehr oder weniger ausgeprägte und sich zum Teil überlappende Transformationsphasen, die im Folgenden kurz beschrieben werden. Die zeitgenössischen Begriffe zur Beschreibung und Analyse der jeweiligen Unternehmensentwicklung wurden oft normativ verwendet, indem sie wünschbare oder als notwendig erachtete Merkmale eines modernen Unternehmens bezeichneten. Entsprechend differierten sie. Letztendlich meinten sie aber – auch wenn damals nicht explizit verwendet und später scheinbar neu erfunden – oft dasselbe. Sie waren nur alte Schlagworte oder Managementbegriffe in neuem Gewande, die sich bei genauerem Hinsehen wie ein roter Faden durch die Unternehmensgeschichte ziehen. Das beginnt mit dem jüngst in der Unternehmenswirtschaft allenthalben verwendeten Begriff der Transformation selbst, von dem oft dann die Rede ist, wenn man die Worte Krise, Restrukturierung oder Sanierung vermeiden will. Gegenwärtig wird von „agilen Unternehmen" und sich transformierenden Konzernen gesprochen, früher war von „lernenden Unternehmen" und „Change Management" die Rede und meinte dasselbe. Unternehmenskultur als Steuerungsinstrument und Management-Modell gab es schon vor 1900. Den unter dem schrecklichen Kürzel VUCA (Volatilität, Unsicherheit und Risiko, Komplexität sowie Mehrdeutigkeit sprich Ambiguity) zusammengefassten scheinbar neuen Herausforderungen sahen sich Unternehmensführer wie Siegmund Seligmann und Willy Tischbein schon vor dem Ersten Weltkrieg gegenüber. Auch „Purpose", CSR (Corporate Social Responsibility) oder Stakeholder Value als Ausdruck von neu entdeckter und vielfach von außen eingeforderter, gesamtgesellschaftlicher Unternehmensverantwortung hat seine Wurzeln in der Selbstverpflichtung zu betrieblicher Sozialpolitik für die Beschäftigten und gegenüber dem Unternehmensstandort im 19. Jahrhundert. Der entscheidende Unterschied zur Moderne liegt zum einen in der zunehmenden Dimension dieser Aufgaben. Zum anderen in ihrer steigenden, weltweiten Komplexität und vor allem im Streben danach, die immer kürzeren Umbruchzyklen vorausschauend und kontinuierlich zu gestalten. Denn der Wandel „geschieht" einer Organisation nicht, er wird von ihr und ihren Menschen betrieben, gefördert und genutzt. Entsprechend wählen sie ihre Begriffe.

Continental musste schließlich schon in den 1870er Jahren und erst recht in den 1920er und 30er Jahren ein erhebliches Maß an Resilienz entwickeln, auch wenn damals niemand von Krisenrobustheit und von entwickelten Fähigkeiten, eine Krise gut zu meistern, sprach. Interessanterweise wurde vor oder nach jeder Transformationsphase immer wieder auch eine „neue Continental" ausgerufen. Das bezog sich nicht nur auf eventuelle Änderungen in der angewendeten oder entwickelten Technologie und unternehmensorganisatorische sowie strategische Neuausrichtungen, sondern auch auf eine damit verbundene veränderte Positionierung innerhalb des Branchen- und Wettbewerbsumfeldes. Insofern lassen sich die unternehmerischen Umbruchphasen auch in Korrelation zur jeweiligen Mobilitätsgeschichte und deren spezifischen Ausprägungen setzen.

Ihre *erste* Transformationsphase durchlief Continental zwischen 1871 und 1895/96. In diesen 25 Jahren entwickelte sich das Unternehmen von einem risiko- und mängelbehafteten Start-up-Business zu einem etablierten Unternehmen. Konjunktureinbruch, Kapitalmangel und Managementfehler ließen die Firma, kaum existierend, fast wieder zu Grunde gehen. Als die neun Privatbankiers und Unternehmer, die das Gründungskonsortium bildeten, die Continental-Caoutchouc- und Gutta-Percha-Compagnie aus der Taufe hoben, war der Zeitpunkt eigentlich günstig. Das Deutsche Reich erlebte nach dem gewonnenen Krieg gegen Frankreich einen massiven Gründungsboom und starken Industrialisierungsschub, in dem tausende Unternehmen in der damals noch vergleichsweise neuen Gesellschaftsform der Aktiengesellschaft entstanden. Wirtschaft und Gesellschaft standen zwar ganz im Zeichen des Eisenbahnzeitalters, aber der neue und höchst zukunftsträchtige Rohstoff Kautschuk, dessen Werkstoffeigenschaften, geschweige denn sein nahezu unbegrenztes Marktpotenzial, bestenfalls ansatzweise bekannt waren und geahnt werden konnten, versprach die Erschließung eines lukrativen Zukunftsgeschäftsfeldes. Weitblickend wie die Wahl der Rohstoffbasis war auch die Wahl des Firmennamens, der Transnationalität signalisierte. Die Gründer hatten zudem eine sorgfältige Marktanalyse vorgenommen und die künftigen Absatzmöglichkeiten erörtert, was umso leichter war, als eine Reihe von ihnen auch kapital- wie funktionsmäßig in der schon neun Jahre zuvor, 1862, gegründeten Hannoverschen Gummi-Kamm-Compagnie aktiv waren. Diese stellte Schmuckgegenstände und Kämme aus Hartgummi her, während für Continental das weite Gebiet der aus Weichgummi hergestellten Artikel vorgesehen war – von Gummibällen und anderem Spielzeug über Schläuche für Wasser-, Dampf- und Gasleitungen bis zu Wärmeflaschen und medizinischen Artikeln. Dazu bestand das Potenzial zur Herstellung zahlloser Konsumartikel aus Gummi wie Einkochringe, Dichtungen, Gummimatten, Parfümzerstäuber oder Reise-Luftkissen und Regenschutzbekleidung. Und dennoch war die Gründung eine Risikoinvestition, denn seit dem Aufkommen der Gummiindustrie in Deutschland Ende der 1850er Jahre war es zu zahlreichen Konkursen gekommen.

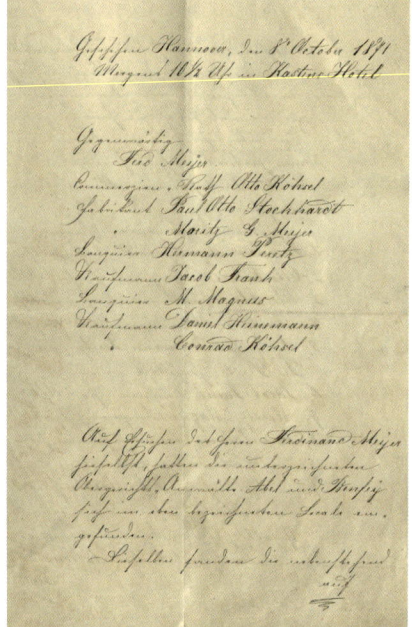 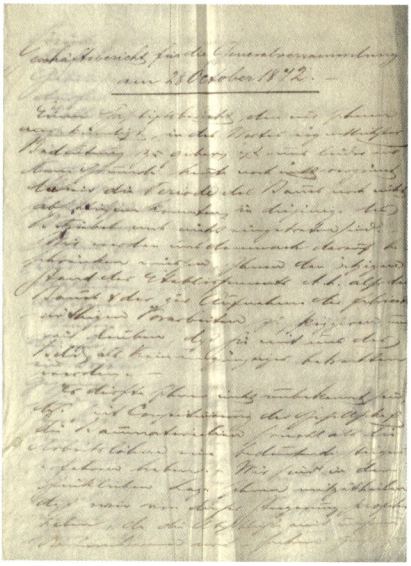

Abb. 1: Gründungsurkunde vom 8. Oktober 1871 und erster Geschäftsbericht vom Oktober 1872.

Tatsächlich verdüsterten sich auch für Continental die Aussichten schnell. Bereits die Bauarbeiten für die Fabrik und Fertigungsanlagen verzögerten sich. Als im Herbst 1873 endlich in Vahrenwald die Produktion anlief, erschütterte der Gründerkrach mit Börseneinbruch und nachfolgender langanhaltender Deflationsperiode und Konjunkturabschwung die Wirtschaft. Continental geriet, kaum gegründet, in ihre erste Weltwirtschaftskrise, der noch zahlreiche weitere folgen sollten. Es folgten häufige Wechsel in der Unternehmensleitung – allein bis 1876 wurden vier Fabrik- und Unternehmensleiter ausgewechselt –, die weder das erforderliche betriebswirtschaftliche noch das ingenieurtechnische oder chemische Know-how besaßen. Dazu kamen interne Konflikte. Die technologische Konvergenz in der Kautschukindustrie ließ die Abgrenzung zwischen Hart- und Weichgummi schnell Makulatur werden, so dass die Continental und die Gummi-Kamm-Compagnie sich zunehmend mit ihren Geschäftsfeldern ins Gehege kamen. Dies führte in den 1880er Jahren zunächst zu einer engen Kooperation, dann auch zu Fusionsgesprächen, die aber letztlich scheiterten und erst über 40 Jahre später unter anderen Bedingungen erfolgreich sein sollten. 1875/76 war das für damalige Verhältnisse erhebliche Gründungskapital von 300.000 Talern (heute umgerechnet ca. 6,3 Mio. Euro) zum größten Teil bereits verbrannt, so dass die Anteilseigner frisches Kapital nachschießen mussten. Im Vorfeld hatte man aber ein Sanierungsgutachten erstellen lassen, das ohne neues Kapital einerseits den unmittelbar bevorstehenden Zusammenbruch des Unternehmens vorhersagte, andererseits aber auch bei der Durchführung von diversen Restrukturierungsmaßnahmen für Continental in der Zukunft florierende Absätze sah.

So setzte seit den späten 1870er Jahren eine langsame Erholung und Etablierung als Unternehmen mit inzwischen ca. 300 Beschäftigten ein. Das Unternehmen präsentierte sich quasi als „neue Continental". Die Unternehmensleitung wurde ausgewechselt und man schrieb seit 1876 nennenswerte schwarze Zahlen. Auch eine Dividende wurde nun erstmals ausgeschüttet – 5 Prozent des Grundkapitals. Was die rasant mobilisierte und sich urbanisierende Gesellschaft des hoch industrialisierten Deutschland anging, so konnte Continental zwar nicht vom Eisenbahnboom profitieren, aber man produzierte neben Hufpuffern für die vielfach als Zugtiere bei Straßenbahnwagen und Droschken eingesetzten Pferde seit 1883 Massivbereifungen (Vollgummireifen) für Kutschen und Fahrräder. Der Umsatz erreichte 1,37 Mio. Mark und steigerte sich – allerdings unter deutlichen Schwankungen – auf immerhin 3,26 Mio. Mark im Jahr 1884, um dann aber, weiter deutlich schwankend, bis Anfang der 1890er Jahre tendenziell zu stagnieren. Erst danach setzte eine deutliche Aufwärtsbewegung ein, die mit der sich aufhellenden Konjunkturentwicklung und dem langsam in

Gang kommenden Luftreifengeschäft zusammenhing. Mit der Einstellung des Chemikers Adolf Prinzhorn 1874 errichtete das Unternehmen ein unternehmenseigenes Forschungslabor. Continental wandelte sich damit zu einem Mitglied im immer größer werdenden Kreis der wissenschaftsbasierten High-Tech-Industrie, die unter Führung der deutschen Chemie- und Elektrokonzerne inzwischen das Bild der deutschen Industriewirtschaft prägte und bald Weltmarktstellung erreichen sollte.

Ein entscheidender Durchbruch war die Entwicklung von luftgefüllten Reifen für Fahrräder seit 1890. Fahrräder standen damit nicht nur im Mittelpunkt einer aufkeimenden Radrennsportbewegung, sondern wurden auch Massenverkehrsmittel und Mobilitätsmittel für eine breite Bevölkerungsschicht. 1892 präsentierte Continental als erstes deutsches Unternehmen Luftreifen für Fahrräder. Schon 1894 wurde den Aktionären im Geschäftsbericht stolz mitgeteilt, dass sich der „Continental-Pneumatic" auf dem Markt eine beherrschende Stellung erobert hatte. Der Erfolg des Fahrradreifengeschäfts hatte einen Namen: Willy Tischbein, damaliger Europameister im Dreirad-Herrenfahren und ebenso Konkurrent wie Freund des ebenfalls im Radrennsport aktiven Georg von Opel, dem Enkel des Firmengründers, in dessen zunächst auf Nähmaschinenherstellung ausgerichteten Fabrik seit 1886 zusätzlich Fahrräder hergestellt wurden. Tischbein war 1894 ins Unternehmen eingetreten und trieb das Geschäft mit den bald wie Pilze aus dem Boden schießenden Fahrradunternehmen wie etwa den Adlerwerken vormals H. Kleyer AG in Frankfurt, bald einer der wichtigsten Kunden von Continental, an.

Die *zweite* Transformationsphase lässt sich auf Mitte der 1890er Jahre bis 1913 verorten. In diesen 23 Jahren erfolgte der Durchbruch zum Automobilreifenhersteller, der durch zahlreiche Innovationen in der kurzen ersten Globalisierungsphase der deutschen Wirtschaft bis 1913/14 auch international erfolgreich agierte. 1898 startete die Produktion von Pkw-Luftreifen oder „Autopneumatiks" wie es damals auch hieß, die zwei Jahre zuvor erst von Michelin in Frankreich erfunden und zur Großserienreife entwickelt worden waren. „Die Erwartungen, welche wir für das abgelaufene Jahr hegten", so hieß es im Geschäftsbericht für die Generalversammlung am 24. März 1897,

sind voll und ganz in Erfüllung gegangen und [es] übersteigt die Gewinnziffer sogar wiederum die letztjährige. Wir haben diese Erfolge der fortwährend steigenden Beliebtheit unserer Fabrikate zu verdanken, durch welche wir im Stande waren, unsere Umsätze pro 1896 um weitere ca. 2 Millionen Mark zu erhöhen. Diese erhebliche Ziffer verteilt sich gleichmäßig auf sämtliche Artikel unserer Fabrikation. Unser Continental-Pneumatic hat seine dominierende Stellung auf dem Weltmarkt nach wie vor behauptet.

Noch trug das Fahrradreifengeschäft den Hauptteil zum Gewinn außerhalb der technischen Produkte bei. Aber spätestens seit der Jahrhundertwende dominierte das Automobilreifen-Geschäft. Am sprunghaften Wachstum des Umsatzes lässt sich der Erfolg des neuen Hauptgeschäftsfeldes gut erkennen: Zwischen 1897, mit immerhin bereits 10,4 Mio. Mark Umsatz, und 1913 kletterten die Zahlen Jahr für Jahr um zwei bis drei Millionen Mark, seit etwa 1904 sogar um 20 Mio. Mark und mehr, bis schließlich 1913 ein Umsatz von 119,33 Mio. Mark erreicht wurde. Zum Geschäftserfolg trug die vorangetriebene Diversifikation in technische Gummiprodukte und Konsumartikel aus Gummi erheblich bei: 1908 nahm man etwa die Fertigung von Schuhbedarfsartikeln auf und kreierte mit der 1912 entwickelten Continental-Gummisohle nicht nur einen weithin bekannten Markenartikel, sondern leitete auch die Revolutionierung der Schuhfabrikation ein.

Daneben sorgte aber auch die Erschließung neuer Geschäftsfelder in der Mobilitätsgeschichte des Deutschen Reichs für eine nachhaltige Expansion: die Herstellung von Flugzeugspanngewebe und Ballonstoff sowie auch erste Flugzeugluftreifen. Es gab keinen Zeppelin, der damals nicht mit einer Continental-Lufthülle ausgestattet war. 1909 überquerte der Franzose Louis Blériot als erster Mensch den Ärmelkanal mit einem Flugzeug, das mit Continental-Aeroplanstoff bespannt war. Die Ablösung des Fahrrads als Massenmobilitätsmittel durch Motorräder und Automobile und die damit um die Jahrhundertwende ausgelösten Krisen der Fahrradindustrie, von denen Continental durchaus spürbar betroffen war, mahnten allerdings zur Vorsicht. Das Luftreifengeschäft konnte höchst zyklisch und konjunktursensibel sein. Nicht zuletzt drohte obendrein eine Abhängigkeit von den Automobilherstellern wie Opel, dem damals größten Autokonzern. Lange Jahre konnte man als bevorzugter Erstausrüster jedoch im Windschatten von Opel immer neue Stufen des Umsatz- und Gewinnwachstums erklimmen. In rascher Folge nahm auch die Zahl der Beschäftigten zu. Aus den knapp 500 Arbeitern und Angestellten Anfang der 1890er Jahre wurden bis 1913 über 7.000 Beschäftigte – in einem Analystenbericht von 1932 ist sogar davon die Rede, dass zu diesem Zeitpunkt die Gesamtzahl der im In- und Ausland in den Diensten der Continental stehenden Personen bereits 13.000 betrug –, und 1929 dann fast 16.800. Im selben Tempo kletterten auch die Dividenden, die – bezogen auf das damalige Grundkapital – seit 1893 auf 30 Prozent, dann auf 40 und 50 Prozent erhöht wurden, bis schließlich 1896 mit 55 Prozent die Höchstmarke erreicht wurde. Danach pendelte sich die Dividende bis 1913 auf jährlich zwischen 40 und 45 Prozent ein.

Continental glänzte in dieser Phase mit zahlreichen Innovationen. 1904 wurde der weltweit erste Profilreifen für Automobile gefertigt. 1905 begann die

Produktion von Nietengleitschutzreifen, die den Spikereifen 70 Jahre später ähnelten. Und 1908 erfand man die abnehmbare Felge, die den mühevollen und kraftraubenden Reifenwechsel erheblich erleichterte. Auf den sich in Europa rasch ausbreitenden Automobilrennen fuhren alle bekannten Rennfahrer – 1901 erstmals auch in Daimler-Benz-Automobilen – auf Continental-Reifen ihre Siege ein. Wie kein anderes Unternehmen prägten die Hannoveraner mit ihren Reifen den internationalen Automobilrennsport und sorgten so für ein entsprechend tief verwurzeltes Image in weiten Teilen der Öffentlichkeit. Und das Unternehmen trieb in dieser Phase auch die Internationalisierung und Globalisierung seines Geschäfts voran. Bis 1913 wurde auf allen Kontinenten ein dichtes Netz von Vertriebsniederlassungen und Tochtergesellschaften aufgebaut und in Frankreich oder Australien eigene Fertigungsfabriken aufgezogen, um die den internationalen Handel prägenden Zollbeschränkungen zu unterlaufen bzw. zu umgehen. Etwa 60 Prozent des Gesamtumsatzes entfiel auf den Auslandsexport, davon ca. ein Drittel allein auf Nordamerika. Continental war zu diesem Zeitpunkt ein Weltunternehmen. Auf den Weltausstellungen der damaligen Zeit, sei es in Paris 1900 oder 1904 in St. Louis, heimste das Unternehmen eine Auszeichnung nach der anderen ein.

Abb. 2: Postkarte mit der Nachricht über die Preisauszeichnungen für Continental auf der Weltausstellung 1904 in St. Louis, USA.

„Auf der Weltausstellung in Brüssel 1910 sind uns drei Große Preise verliehen, und zwar je ein Grand Prix für Automobil- und Fahrradreifen, für Stoffe zu lenkbaren Luftschiffen und Aeroplanen, sowie für technische Gummiartikel", hieß es dazu im Geschäftsbericht für 1910. „Ebenso ist uns ein Großer Preis verliehen seitens der Internationalen Eisenbahn- und Verkehrsmittelausstellung in Buenos Aires 1910." Continental verfügte zweifellos über ein großes internationales Marken-Renommee.

Abb. 3: Der Continental-Stand auf der Internationalen Automobil-Ausstellung in St. Petersburg 1913. Gängiges Mittel zur Ermittlung des Marktanteils war bei diesen Ausstellungen das Zählen der Ausstattung der ausstellenden Automobilfabriken mit Continental-Reifen, in diesem Fall waren es von 1.677 Reifen 691 Conti-Reifen, d. h. 41 Prozent.

Der internationale Erfolg und das große Exportgeschäft beruhten aber auch darauf, dass Continental zusammen mit der Excelsior AG, der 1912 umbenannten Gummi-Kamm-Compagnie, einer der größten Spielwaren-Produzenten der Welt war. Gummi-Puppen und Gummi-Bälle sowie zahllose Nachbildungen von Tieren, Fabelwesen und Märchenfiguren aller Art ersetzten das frühere Holzspielzeug und wurden zu Umsatzschlagern, allen voran ein Cupido in Form eines neugeborenen dicken Kindes mit Schielaugen, spitzem Haarschopf und kurzen

Flügelansätzen, das als Talisman bei Frauen und Männern in den USA damals große Mode war und reißenden Absatz erfuhr. Continental wurde zum wesentlichen Mitgestalter der im Zeichen der Verbreitung des Motorrads und der Automobilisierung stehenden modernen Mobilitätsgesellschaft des 19. Jahrhunderts. Das Unternehmen hatte sich zu diesem Zeitpunkt schon lange auch zu einem Mobilitäts-Dienstleister entwickelt, ohne dass das damals als solches benannt worden wäre. Schon kurz nach der Jahrhundertwende erschien Jahr für Jahr das *Continental-Handbuch für Automobilisten und Motorradfahrer* sowie der *Continental-Atlas* mit Stadtplänen, Rundreiseteilen und Tourenskizzen. 1912 hatte man zudem zur Förderung der „Kunst des Reisens" ein Continental-Touring-Office eingerichtet. Vor dem Hintergrund einer massiven Automobilismus-Propaganda („War die Eisenbahn Despotin, die uns auch bevormundete und uns der Sorge des Wegsuchens enthob [...] so gibt uns das Auto unser Selbstbestimmungsrecht zurück. Da gilt es selbst zu denken, da heißt es seinen Fahrplan nach eigenen Wünschen, aber auch auf eigenes Risiko selbst zu machen.") arbeiteten dutzende Angestellte für jeden Autotouristen kostenlos Reisepläne mit genauen Entfernungsangaben, Hinweisen auf Sehenswürdigkeiten und empfehlenswerte Hotels aus. Der ADAC bot entsprechende Service-Leistungen erst viel später an.

Abb. 4: Blick in das „Continental-Touring Office" 1913.

Das ungebrochene Selbstbewusstsein kam auch in dem neu errichteten und höchst repräsentativen Verwaltungsgebäude zum Ausdruck. Und man wandelte sich auch durch Fusionen und externes Wachstum zu einem modernen bürokratisch organisierten Großkonzern mit divisionaler Ausrichtung, sichtbar etwa auch in der Untergliederung der Niederlassungen: 21 befassten sich nur mit dem Reifengeschäft, acht mit dem Vertrieb technischer Produkte und sieben weitere Niederlassungen kümmerten sich um das Geschäft mit Continental-Sport- und Regenbekleidung. Fünf Buchhaltungsabteilungen allein schon 1912/13 sowie ein ausgeklügeltes Berichtswesen und quartalsweise umfangreiche Zusammenstellungen aller wichtigen Kennzahlen der Produktion, des Rohstoffverbrauchs und der diversen Kosten für den Aufsichtsrat sowie eine nicht zuletzt in den Inflationsjahren sich bewährende und mit dem internationalen Geschäft vertraute Finanzabteilung gaben beredtes Zeugnis von der höchst effizienten bürokratischen Organisation.

Doch diese Entwicklung wurde durch den Ersten Weltkrieg und die Inflation jäh unterbrochen. Der Umsatz ging 1916 auf 33,6 Mio. Mark zurück und erreichte damit nur noch ein Drittel des Vorkriegsniveaus. Dazu brach das Exportgeschäft völlig ein; die Auslandsorganisationen wurden enteignet und die Auslandsguthaben beschlagnahmt. Wie groß allein der materielle Verlust war, lässt sich daran ablesen, dass Continental vom Deutschen Reich später 40 Mio. Goldmark als Entschädigung zugebilligt bekam, wovon man allerdings letztendlich nur 3 Mio. Goldmark erhielt. Wir befinden uns hier schon in der *dritten* und nur ca. 14 Jahre dauernden Transformationsphase. Trotz aller Bemühungen gelang ein nahtloses Wiederanknüpfen an die Erfolgsentwicklung der Vorkriegsjahre nicht mehr, obwohl Tischbein das Unternehmen einem regelrechten Amerikanisierungsprozess unterwarf. Mit Hilfe des Ankeraktionärs B. F. Goodrich, dessen neuester amerikanischer Reifentechnologie, der Umsetzung amerikanischer Rationalisierungskonzepte durch Einführung des Bedaux-Systems und schließlich dem Schmieden einer modernen Konzernorganisation mit starken Elementen divisionaler Strukturen, für die ebenfalls amerikanische Großkonzerne das Modell lieferten, wurde die Continental zu einem der „amerikanisiertesten" deutschen Unternehmen der damaligen Zeit. Später sollten in den 1950er und 1990er Jahren abermals, allerdings ganz anders ablaufende „Amerikanisierungsphasen" innerhalb der übergreifenden größeren Transformationsphasen folgen. Eine Erfolgsgeschichte war Continental in den 1920er Jahren dennoch.

Die bald galoppierende Inflation nach 1918 führte zunächst dazu, dass die Zahlen zwar wieder nach oben schnellten, ohne aber durch reale Geschäftserfolge gedeckt zu sein. Im Hochinflationsjahr 1923 verbuchte Continental mit 2052 Billiarden Mark einen Umsatz in astronomischer Höhe, allein als Reingewinn wurden im Geschäftsbericht vom 10. April 1924 insgesamt 294 Billiarden Mark ausgewiesen, eine Zahl mit 15 Nullen. Als Ankeraktionär gegen drohende unfreundliche Übernahme durch Konkurrenten wurde ein Kooperations-, Beratungs- und Beteiligungsabkommen mit dem befreundeten amerikanischen Reifen- und Gummiunternehmen B. F. Goodrich geschlossen, das 1920 ca. 20 Prozent der Anteile erwarb. Continental wurde damit gleichzeitig in die Lage versetzt, das neueste reifentechnische Wissen aus den USA zu erwerben. 1921, zum 50jährigen Gründungsjubiläum, präsentierte man daher als erstes deutsches Unternehmen den neuen Cordreifen, der dem bisherigen Vollgewebereifen deutlich überlegen war. Dazu kam die erstmalige Entwicklung von Riesenluftreifen, d. h. Niederdruck-Ballonreifen für Lastkraftwagen, für die bislang wegen der hohen Belastung nur Vollgummibereifung möglich gewesen war. Damit sorgte das Unternehmen für einen neuen Innovationsschub in der Reifentechnologie.

Abb. 5: Reifenwerbe-Plakat 1927.

Neuland beschritt Continental auch mit Innovationen im technischen Sektor. Förder- und Transportbänder in immer größeren Breiten und mit höheren Belastungsfähigkeiten trugen zu wesentlichen Produktivitätssteigerungen im Bergbau bei. Und mit der Erfindung des endlosen Keilriemens anstelle der vorherrschenden Lederriemen und Ketten wurde ein entscheidender Schritt in der

Motorisierung und bei der Verbesserung der Kraftübertragung und Betriebssicherheit der Automobile getan. Continental durchlief in diesen Jahren auch selbst mehrere Rationalisierungsphasen. Der Einsatz von Maschinen in dem lange Jahre von anstrengender Handarbeit geprägten Reifenwickeln nahm deutlich zu, und Mitte der 1920er Jahre wurde Continental mit der Einführung des sogenannten Bedaux-Systems in Deutschland zum Vorreiter eines modernen Arbeitsleistungs- und -entlohnungssystems, das allerdings von vielen Beschäftigten auch als Antreibersystem empfunden wurde. Intensive Forschungs- und Entwicklungsanstrengungen führten zu einem immer besseren Verstehen des Hightech-Werkstoffs und ließen diesem fertigungstechnisch neue Anwendungen abringen. So entstanden auch neue Produkte für die urbane Freizeit- und Konsumgesellschaft der Weimarer Republik der 1920er Jahre mit der Fertigung von Sportgeräten, Badehauben, Gummi-Schwimmtieren, Fußballblasen und Tennisbällen sowie nicht zuletzt von Gummibooten für den damals überaus populären Faltboot-Sport. Die regelrechte „Sport-Manie" der 1920er Jahre, die von Continental im April 1921 etwa durch eine 50.000 Mark-Spende zur Ausbildung von Sportlehrern und zur Förderung des Sports überhaupt befeuert wurde, schlug sich mithin auch mit „Continental-Sportartikeln" und „Continental-Sportbekleidung" im Produktportfolio nieder.

Dazu profitierte man vom sozialstaatlichen Auf- und Ausbau des kommunalen und staatlichen Gesundheitswesens und der wachsenden (Selbst)Medikalisierung der Gesellschaft in dieser Zeit. Die Zahl medizinischer Artikel wie Transfusionsschläuche, Hygieneduschen, Gummihandschuhe und gummierte Bettunterlagen nahm erheblich zu. In einem eigenen Regenmantel-Nähsaal schneiderten hunderte von Frauen nach neuester Art entsprechende Bekleidungsstücke, die dann in einer eigenen Bekleidungsabteilung und einer Reihe von deutschlandweiten speziellen Niederlassungen besichtigt und anprobiert werden konnten. Zusammen mit dem Gummi-Parfümzerstäuber, den modischen Schuhabsätzen und anderen kosmetischen Gebrauchsartikeln wie Kämmen und Haarspangen war Continental damals in gewisser Weise auch ein Modeunternehmen. Continentals Hauptkonkurrent Michelin machte sich in einer Werbebroschüre über die Diversifikationspolitik und damit angeblich zersplitterten Entwicklungsanstrengungen des Hannoverschen Unternehmens lustig, während man für sich die volle Konzentration aller Kräfte auf nur ein Ziel: „den möglichst besten Pneu herzustellen", pries. Aber die Erfolge Continentals sowohl im Automobilreifenbereich als auch bei den „Technischen Produkten" und Konsumgummiartikeln gaben der eingeschlagenen Strategie mehr als Recht und machten das Unternehmen zudem von konjunkturellen Schwankungen und etwaigen Krisen der deutschen Automobilindustrie erheblich unabhängiger.

Abb. 6: 50-Jahr-Jubiläumsfeier 1921. Eine große Feier gab es nicht. Stattdessen wurden 10 Mio. Mark für die Angestellten und Arbeiter sowie Wohlfahrtseinrichtungen gestiftet. In der Mitte links Generaldirektor Willy Tischbein, rechts daneben Geheimrat Siegmund Seligmann.

Der 1924 erstmals in der neuen Reichsmark bewertete Umsatz von 77,9 Mio. wurde schon im Folgejahr verdoppelt, ehe das Krisenjahr 1926 einen deutlichen Rückschlag brachte. Bis 1930 konnte der Umsatz aber wieder auf 145,4 Mio. RM gesteigert werden. Mit dazu bei trug auch, dass mit Hilfe der 1923 neu gegründeten Internationalen Continental Caoutchouc Compagnie in Amsterdam als zentrale Steuerungsorganisation das Exportgeschäft wieder systematisch ausgebaut wurde. 1929 gab es 24 Niederlassungen in europäischen und 40 in außereuropäischen Ländern. 1929, nach den Übernahmen der vier Reifen- und Gummifabriken Excelsior, der Peters Union, Frankfurt a. M., Polack-Titan in Waltershausen und den Frankfurter Liga Gummiwerken, setzte eine deutliche Zentralisierung auch der inneren Verwaltung ein. Es entstand mithin (wieder einmal) eine „neue Continental", die sich auch einen neuen Namen gab, Continental Gummi-Werke AG, und aus den übernommenen Werken in Hannover-Limmer und Korbach zusammen mit dem Stammwerk in Hannover-Vahrenwald einen neuen Produktionsverbund schmiedete. Im September 1929 wurden so etwa 165.000 Stück Kraftwagendecken und -schläuche umgesetzt, 38.000 Decken und Schläuche für Krafträder und 410.000 entsprechende Kombinationen für Fahrräder. Über

1.200 Warenzeichen im In- und Ausland sowie 58 Patente, 13 Geschmacksmuster (heute würde man Designmuster sagen) und 190 Gebrauchsmuster sicherten den Markt- und Markenerfolg der Continental-Produkte ab. Doch wenig später brachte die nächste Weltwirtschaftskrise von 1930/31 diese dynamische Transformation erst einmal zum Stillstand. Der Umsatz brach von 145,4 Mio. RM (1930) auf 72,5 Mio. RM (1932) um die Hälfte ein, aber trotzdem konnte man noch einen Gewinn ausweisen. Die Konkurrenten litten weit stärker unter der Krise.

In ihrer *vierten* Transformationsphase zwischen 1933 und 1945 macht Continental eine vergleichsweise kurze, aber dennoch folgenschwere Veränderung durch. Das Unternehmen entwickelte sich zum NS-Musterbetrieb und Rüstungsunternehmen und wurde zu einem der wichtigsten Zulieferer für Hitlers Krieg. Eigentlich hatte man wie erwähnt die Weltwirtschaftskrise vergleichsweise gut überstanden, vor allem da Generaldirektor Tischbein frühzeitig bei den Kosten und Ausgaben gegengesteuert hatte. Dann aber mündete die angeschlagene Wirtschaft und vor allem auch die politisch erodierte Gesellschaft mit der Machtübernahme durch die NSDAP und Hitler in eine Diktatur. Damit veränderte sich vielfach das politisch-wirtschaftliche Umfeld des Unternehmens mit zentraler Staatsregulierung und Wirtschaftssteuerung und der Verpflichtung auf den völkisch-nationalistischen Staat und seine ideologischen Ziele als neuer ‚Stakeholder'. Aber das Unternehmen unterwarf sich auch von selbst im Zuge einer Selbstanpassung diesem neuen System und seinen Regeln, zumal sich bald allenthalben günstige Rahmenbedingungen eröffneten. Im Zuge des von den Nationalsozialisten selbst propagierten „NS-Wirtschaftswunders" erhielt die Automobilisierung einen neuen Aufschwung; das Reifengeschäft boomte bald wieder, und auch die übrigen Produkte von Continental fanden in der sich herausbildenden, von den Machthabern ideologisch stark geförderten Freizeit- und Konsumgesellschaft des nationalsozialistischen Deutschlands reißenden Absatz.

Innerhalb kurzer Zeit kippte die bislang im Prinzip auf demokratischen Werten und auf kapitalistischen Wettbewerb ausgerichtete Unternehmenskultur. Schnell hielten Führerprinzip und nationalsozialistische Betriebsgemeinschaftsideologie Einzug, auch wenn die Exklusion politisch Andersdenkender und rassisch diffamierter „Nicht-Arier" innerhalb der Belegschaft wie auch des Aufsichtsrats stufenweise erfolgte und sich bis 1938 hinzog. Das vom neuen nationalsozialistischen Vertrauensrat anstelle des Betriebsrats verfolgte NS-Betriebsgemeinschaftsdenken besaß für die Beschäftigten und auch die Unternehmensleitung durchaus Attraktivität. Nicht zuletzt erleichterte es durch seine werkübergreifende Ausrichtung das Zusammenwachsen des ja erst kurz zuvor entstandenen Continental-Konzerns. Die nationalsozialistische Autarkie- und Aufrüstungspolitik veränderte dabei tiefgreifend die Grundlagen der Unternehmenspolitik, vor allem durch die Verpflichtung auf die neue Rohstoffgrundlage, den als Buna bezeichneten deutschen Synthesekautschuk. Dessen Einsatz in der Fertigung und die Entwicklung neuer „Buna-Reifen" für den bald unverhohlen verfolgten Kriegseinsatz stellten die Continental-Ingenieure vor erhebliche Herausforderungen, denen sie sich jedoch mit gewohnter Beharrlichkeit und Kreativität und letztlich erfolgreich stellten. Spätestens seit 1938 präsentierte sich das Unternehmen als „neue Continental", diesmal im Gewand eines nationalsozialistischen Musterbetriebs, in dem inzwischen mit knapp 16.500 Arbeitern und Angestellten ein Höchststand der Beschäftigung erreicht worden war und in den Augen der Unternehmensführung die neue „nationalsozialistische Betriebsgemeinschaft" nach außen wie auch im Inneren vorbildlich praktiziert wurde. Auch der Umsatz war von 76 Mio. RM (1933) auf 262 Mio. RM hochgeschnellt, ein Wert, der auch im Krieg trotz der geographischen Expansion nie mehr erreicht werden sollte.

Abb. 7: Hakenkreuz-Beflaggung am Continental-Verwaltungsgebäude 1938.

Der Krieg veränderte noch einmal grundlegend die unternehmenspolitischen Zwangslagen und Handlungsspielräume und trug allenthalben zu einer Radikalisierung des Unternehmens auf den verschiedensten Ebenen bei. Angefangen mit den auf die Kriegswirtschaft ausgerichteten Produktionsprozessen, der Heterogenisierung der Belegschaft durch verstärkten Einsatz von Frauen, zwangsverpflichteten Deutschen und vor allem ausländischen Zwangsarbeitern bis hin zur Expansion des Geschäftsfelds und Absatzgebiets auf die besetzten Gebiete und Länder. Mit Hilfe des Buna-Know-hows entstand – gesteuert vom NS-Staat – in kurzer Zeit ein ebenso komplexes wie weitverzweigtes Netz eines großraumwirtschaftlichen Kriegsproduktionsverbundes in verbündeten wie besetzten Ländern, mit neu gegründeten ausländischen Tochtergesellschaften und von Continental beherrschten Beteiligungs-Fabriken, Pachtfabriken, Betreuungs- und Beratungsfabriken, das sich über weite Teile Europas erstreckte. Im Zuge dessen entstanden auch neue Konzernwerke: das bereits 1938 mit dem Bau begonnene und letztlich nie fertig gewordene Werk Hannover-Stöcken, dazu die Werke Posen und Krainburg in den ins Deutsche Reich eingegliederten ehemaligen Gebieten Polens und Sloweniens. Continental wurde auch nachgerade exemplarisch für die vielen Gesichter und Stadien des Einsatzes ausländischer Arbeiter und der Zwangsarbeit, die schließlich im Einsatz von KZ-Häftlingen an verschiedenen Produktionsstandorten kulminierten und Ausdruck der inzwischen erfolgten tiefen Verstrickung des Unternehmens in die Verbrechen des NS-Staats wurden. Ende 1943 schufteten knapp 5.500 Zwangsarbeiter und Kriegsgefangene aus 22 Ländern bei Continental, zu denen 1944 noch ca. 1.200 KZ-Häftlinge kommen sollten. Die tatsächliche Zahl der jemals bei Continental eingesetzten Zwangsarbeiter dürfte jedoch aufgrund der hohen Fluktuation erheblich höher gelegen haben. Am Ende implodierten nicht nur das NS-Regime und die nationalsozialistische Kriegswirtschaft, sondern im Zuge dessen auch das weitverzweigte Fertigungsnetzwerk von Continental, bis im Gefolge des Bombenkriegs das Hauptwerk Vahrenwald in Trümmern versank. Das Werk in Limmer und auch in Korbach sowie das schon vorher nur als Torso existierende Werk Stöcken – einst als modernste und größte Reifenfabrik Europas geplant und entworfen – blieben allerdings weitgehend unversehrt.

Aus diesen vielfach schnell verdrängten Jahren wurde dann aber doch ein langer Schatten, der Continental viele Jahre und immer wieder zur Beschäftigung mit diesem dunkelsten Kapitel der Unternehmensgeschichte zwang und eine schwierige Auseinandersetzung und Konfrontation mit der eigenen Geschichte bis in die jüngste Gegenwart hinein mit sich brachte.

Die *fünfte* Transformationsphase umfasst – trotz einer gewissen Zweiteilung – eine lange Periode von ca. 35 Jahren. Sie reicht von 1945/46 bis Anfang der 1980er Jahre, mithin die „Wirtschaftswunderjahre", aber auch die folgende vom Ölpreisanstieg geprägte Krisenphase der „langen 1970er Jahre", die beide, wie die Geschichte von Continental geradezu exemplarisch zeigt, eng miteinander verbunden waren. Nach Kriegsende entstand zunächst eine „neue Continental", die einerseits zwar in Bezug auf die Managementebenen und den Großanteilseigner Opel viele Kontinuitäten zu den Jahren zuvor aufwies. Andererseits jedoch erfolgte kein Wiederanknüpfen an die Vorkriegs- bzw. 1920er Jahre, sondern ein gewisses „Sich-Neuerfinden" im Kontext der neu entstandenen Bundesrepublik, vorwärtsgetrieben vom starken Rückenwind der Aufbau- und „Wirtschaftswunderjahre" sowie eingebunden in die neue liberale marktwirtschaftliche Wirtschaftsordnung. Das neue Selbstbewusstsein speiste sich unter anderem daraus, dass man bereits im November 1950 die Produktionskapazitäten von 1938 erreicht hatte, und mündete symbolisch und weithin sichtbar in der 1953 bezogenen Hauptverwaltung im neu errichteten „Continental-Hochhaus" am Königsworther Platz in Hannover, damals das höchste Bürohaus Deutschlands. Die Entwicklung der „neuen Continental" war ein Spiegelbild der Mobilität jener Jahre, d. h. eng verbunden mit der Automobilisierungswelle der 1950er und 1960er Jahre, durch die der Pkw und allem voran der Volkswagen endlich auch in Deutschland zum wirklichen Massenmotorisierungsmittel wurden.

Abb. 8: Pressekonferenz am 11. 4. 1961 im Werk Stöcken anlässlich der Präsentation des Rundschulterreifens „Der neue Continental".

Die damalige Zukunft der Mobilität war allerdings höchst umstritten und vom Streit um die Priorisierung beim Ausbau von Schienen oder Straßen geprägt. Continental schlug sich dabei naturgemäß auf die Seite jener Motorisierungslobby aus Auto-, Reifen- und Ölindustrie, die mit Großanzeigen die Motorisierung propagierte, die Bahn als Mobilitätskonkurrenz durch diverse Maßnahmen unattraktiv machen wollte und eine Umschichtung der Steuermittel für den Ausbau des Straßenverkehrs forderte. In der Folge verzeichnete das Unternehmen tatsächlich wieder goldgeränderte Bilanzen aufgrund nicht enden wollender Nachfrage, eines Verkäufermarkts, in dem Reifen mehr zugeteilt statt verkauft wurden, eines explodierenden Umsatzes (von 242 Mio. DM 1949 auf 1,1 Mrd. DM im Jahr 1965/66) und rasch steigender Beschäftigtenzahlen (von 6.733 im Jahr 1945 bis 28.000 im Jahr 1969, wobei der bisherige Beschäftigtenhöchststand in der Unternehmensgeschichte bereits 1954 mit 17.116 überschritten worden war) sowie nicht zuletzt stolzen Dividendenausschüttungen zwischen 16 und 18 Prozent des damaligen Grundkapitals von 140 Mio. DM. Das rief die Erinnerung an die „alte" Continental wach. Doch von dem weltläufigen Unternehmen mit seinen charismatischen Generaldirektoren der 1920er Jahre war nichts mehr übrig geblieben. Die Continental der 1950er und 1960er Jahre war eine spießig wirkende, auf dem Heimatmarkt zentrierte Firma, die von einem zeitweise achtköpfigen Vorstandskollektiv öffentlich kaum sichtbarer Männer geführt wurde, deren Namen schon den Zeitgenossen unbekannt waren.

Der Versuch, unter den Bedingungen der Nachkriegs-Boomjahre ein neues Unternehmen zu formen, war – ohne dass es als explizite Strategie betrieben wurde – durchaus unternehmenspolitisch gesteuert. Man leitete eine, wenn auch nur zögerliche Rückkehr auf den Weltmarkt ein und zielte über den 1961 erfolgten Bau einer neuen Reifenfabrik in Sarreguemines in Frankreich vor allem auf die Erschließung der europäischen Reifenmärkte; am Ende stand allerdings nur ein bescheidener Exportanteil am Gesamtumsatz von 15 Prozent. Noch 1957 hatte das Credo der Unternehmenspolitik gelautet: „Wir sind uns einig, keine Expansionspolitik zu betreiben und deshalb auch nicht nach den Reifenanteilen von vor dem Krieg zu trachten." Anfang der 1960er Jahre leitete der Vorstand zudem schon einmal eine Politik des „beyond rubber" ein, indem mit erheblichen Investitionsmitteln der Einstieg in die Kunststoffverarbeitung als neuem zweiten Hauptwerkstoff erfolgte. Gleich drei neue Werke – in Dannenberg, Northeim und Babenhausen – wurden errichtet bzw. erworben, in denen neue Produkte wie PVC-Fußböden, Polyurethan-Schäume, Plastik-Schlauchboote und andere Kunststoffartikel aus dem vielfach billigeren und maßgeschneidert zu verarbeitenden sowie bunt zu färbenden Konkurrenzwerkstoff hergestellt wur-

Abb. 9: Der Continental-Vorstand im Jahr 1966: v. l. n. r.: Dr. Oskar Müller, Richard Beckadolph, Karl H. Braudorn, Dr. Georg Göbel (Vorstandssprecher), Hans Christian Pauck, Hans Stark, Adolf D. Niemeyer.

den. Auch in den Stammwerken in Hannover-Vahrenwald und -Stöcken wurden Kunststoffabteilungen und Schaumgummifertigungen eingerichtet. Man wollte in Hannover gewappnet sein, wenn das neue Kunststoff-Zeitalter das alte „Kautschuk-Zeitalter" ablösen würde, zumindest, so die Prämisse der neuen Politik, „wenn Artikel unseres ständigen Fertigungsprogramms besser, zweckmäßiger und vor allem billiger aus Kunststoff statt aus Kautschuk hergestellt werden können, dann stellen wir die Produktion um. Und wenn neue Artikel aus anspruchsvollen Kunststoffen unser bisheriges Fertigungsprogramm anwendungstechnisch erweitern, dann nehmen wir die Produktion auf." Die neuen Entwicklungen hießen „Contipren", „Contilan", „Contiplast" oder „Conticell" und fanden als Schläuche, Formteile, Folien und Bodenbeläge Absatz.

Die neue „Kunststoff-Politik" erwies sich allerdings als nur bedingt erfolgreich. Bei lukrativen Massenprodukten wie den Hula-Hoop-Reifen etwa stieg der Vorstand mit teuren Fertigungsmaschinen erst ein, als diese Modeerscheinung und der Boom schon vorbei waren. Ebenso stolz wie unnachgiebig hielt der Vorstand dabei an der Tradition des Vollsortimenters fest. In einer Werbebro-

Abb. 10: Continental-Messestand 1967
zu den Kunststoffprodukten.

schüre von 1956 verwies man gleich zu Anfang auf den 730 Seiten umfassenden Produktkatalog, in dem die 35.000 verschiedenen Continental-Erzeugnisse aufgeführt wurden. Von der Wiege bis zur Bahre begleiteten einen nach wie vor Continental-Produkte oder umgemünzt auf den Alltag – ebenso wahrnehm- wie sichtbar – 24 Stunden: von den Omnibus-Reifen über „geschmackvolle und dekorative" Continental-Fußbodenbeläge bis zu mit Continental-Schaum gepolsterte Sitzgelegenheiten, Latex-Schaummatratzen, Continental-Haushaltshandschuhen, Einkochringen, Gummiverschlusskappen, Gartenschläuchen und Spielbällen und nicht zu vergessen die berühmte Continental-Wärmeflasche. Das Produktsortiment war Spiegelbild der Bedürfnisse der Arbeits- wie Freizeit- und Konsumgesellschaft der jungen Bundesrepublik. Insofern war die neue Continental doch auch noch sehr stark die alte. Schließlich wurden umfangreiche Bemühungen zur Modernisierung der Forschungs- und Entwicklungsaktivitäten unternommen. Die Plastik-Ära erforderte erhebliches neues Elastomer-Know-how, dazu kamen Entwicklung, Anwendung und Verarbeitung neuer Synthese-kautschuksorten, Laboratorien zur Gewebe- und Drahtcordforschung und nicht zuletzt auch das 1967 errichtete Reifen-Erprobungszentrum Contidrom im Süden der Lüneburger Heide. Viel Know-how speiste sich jedoch aus einer Kooperationspolitik mit amerikanischen Reifenunternehmen, von deren reifentechnologischem Denken man stark geprägt war.

Die Riege der „Wirtschaftswunder-Kapitäne" bei Continental hatte das Unternehmen scheinbar zu neuer Größe geführt. Sie waren dabei von garantierten Reifenpreisen (sog. Preisbindung der Zweiten Hand) verwöhnt worden und vom Konkurrenzkampf nahezu verschont geblieben. Ende der 1960er Jahre steuerten sie jedoch ihre Organisation in die bislang größte Existenzkrise. Continental stand eigentlich immer noch mitten im Umbruch zum modernen Nachkriegskonzern, als die von Michelin getragene technologische Revolution des Radialreifens das gewohnte Geschäftsmodell im Reifensektor zusammenbrechen ließ und damit Continental existenziell gefährdete. Die Krise hatte sich schon 1967 mit einbrechenden Umsätzen und Gewinnen sowie steigenden Kosten angekündigt. Sie läutete das Ende der „Wirtschaftswunderjahre" ein. Aber viel zu lange verschloss der Vorstand vor der drohenden Krise die Augen und tröstete sich – bestärkt auch durch die Fachöffentlichkeit und Wirtschaftspresse – mit einer scheinbar ungebrochenen überdurchschnittlichen Ertragskraft, „die nicht hinter der hochgepriesenen Ertragskraft des Volkswagenwerks zurückbleibt", wie die *FAZ* im Mai 1967 schrieb, über die am Horizont auftauchenden dunklen Wolken hinweg. Als alleinigen Problemfaktor erkannte man allenthalben zu hohe Löhne und konzentrierte sich daher auf entsprechende Kostensenkungsmaßnahmen. Dass sich auch bei den Erstausrüstern inzwischen der Wind radikal gedreht hatte, übersah man gleichfalls geflissentlich. Seit Herbst 1965 etwa gab es beim Volkswagenwerk eine neu eingerichtete Kalkulationsgruppe in der Einkaufsabteilung, die von den Lieferanten wie Continental Unterlagen über den Aufbau der Kalkulationen verlangten, um auf diese Weise die zu zahlenden Reifenpreise festlegen zu können. „Die Chance für die Zukunft liegt im Mithalten" lautete die Parole in der Continental-Vorstandsetage. Und auf der Hauptversammlung im Juni 1968 verkündete der damalige Vorstandssprecher Georg Göbel: „Die Krise liegt hinter uns!". Auch die Analysten des damals renommierten Instituts für Bilanzanalysen konstatierten für 1969 milde, dass die Continental-Gummi-Bilanz „etwas von [ihrem] gewohnten Glanz eingebüßt hat." Dann aber kam zum Konjunktureinbruch und wachsenden Konkurrenzdruck die Fehleinschätzung der neuen Michelin-Reifentechnologie des Stahlgürtel-Radialreifens und das Festhalten an der eigenen Entwicklung eines Continental-Textilgürtelreifens bis die Nachfrage massiv einbrach und eigentlich erstmals in der Unternehmensgeschichte rote Zahlen in zweistelliger Millionenhöhe verbucht werden mussten.

Den Konkurrenten ging es dabei nicht viel besser als Continental, so dass es zwischen 1967 und 1975 zu hektischen Versuchen von Kooperationen, strategischen Allianzen und Fusionen in unterschiedlichen Konstellationen kam; einmal als Bündnis von Continental, Dunlop und Pirelli, ein anderes Mal als Fusion mit Metzler und vor allem Phoenix, die aber letztlich alle scheiterten. In diesen Jahren wurde gleich mehrmals eine „neue Continental" ausgerufen, erstmals im Oktober 1971, als der alte Vorstand noch mitten in der Krise sich gegenüber dem Aufsichtsrat damit rechtfertigte, dass „seit 3 Jahren bereits die Beschaffungsprogramme und unsere gesamten Aktivitäten darauf abzielen, sozusagen eine ‚neue Continental' zu bauen. Wir müssen nun den Mut aufbringen, trotz aller Schwierigkeiten diesen Weg zu Ende zu gehen." Nur wenig später war es dann im Herbst 1973 der inzwischen als neuer Vorstandsvorsitzender amtierende Carl H. Hahn, der im Zuge seines radikalen Sanierungsprogramms die Vision einer „neuen Continental" verkündete. Deren Kernbereich war mehr denn je das Reifengeschäft, das in den vorangegangenen verzweifelten Bemühungen zum Überleben der Krise im Aufsichtsrat durchaus zur Disposition gestellt worden war. Die Durststrecke und Krisenjahre, von denen zu diesem Zeitpunkt niemand wusste, wann sie zu Ende gehen und ob Continental diese überleben würde, dauerten bis 1983. Diese Jahre können ungeachtet der spezifischen Konstellationen geradezu exemplarisch als Lehrstück dafür gelten, wie schnell ein Unternehmen nach einer langen Phase des profitablen Wachstums und fehlenden Wettbewerbsdrucks die Sensibilität für sich anbahnende Krisen verliert, weil es Problemfaktoren ignoriert. Es verliert dabei die Fähigkeit, Krisen vorauszuahnen und gerät nach außen hin scheinbar plötzlich in existenzielle Schwierigkeiten. Besonders kritisch wird die Lage, wenn sich die verminderte Wahrnehmungsfähigkeit und die sich daraus ergebenden Fehlentscheidungen nicht nur auf konjunkturelle und branchenspezifische, sondern auch auf technologisch notwendige, disruptive Umbrüche beziehen.

Die *sechste* Transformationsphase ist mit ihren gerade einmal zehn Jahren zwischen 1981 und 1991 im Rückblick eher eine Episode, aus der Perspektive der Zeitgenossen jedoch der große Aufbruch von Continental zu einem modernen und vor allem wirklich internationalen Konzern in der nun beginnenden Ära des Finanzmarktkapitalismus. Continental nahm in diesen Jahren – wie alle deutschen Großunternehmen auch – Abschied von dem sich seit den 1870er Jahren ausgeprägten Modell des „bürokratischen Konzerns" (W. Plumpe). Neue Leitbilder der Unternehmensentwicklung, in denen die Flexibilisierung von Organisationsstrukturen, globale Ausrichtung der Geschäftsmodelle und die finanzmarktkapitalistische Durchdringung der Unternehmensprozesse an oberster Stelle standen, machten sich breit. Nach der teuren und gerade noch rechtzeitig geschafften Aufholjagd bei der Beherrschung der neuen Reifentechnologie leitete der Vorstand quasi eine Flucht nach vorn ein, um in dem sich verschärfenden Wettbewerb auf stagnierenden Märkten überleben zu können. Am Anfang stand der bereits im Juli 1979 erfolgte Coup des Kaufs der Europa-Division des amerikanischen Reifenkonzerns Uniroyal, mit dessen Integration man in der Folgezeit beschäftigt war. Mit ihm schloss sich gleichsam der Kreis der jahrzehntelangen freundschaftlichen Beziehungen zum belgischen Englebert-Unternehmen, das das Zentrum von Uniroyal-Europa ausmachte und dessen Anteile man erstmals in den 1890er Jahren für einige Jahre erworben hatte. Es folgte eine gescheiterte Übernahme des damaligen französischen Reifenunternehmens Kléber und eine Reihe von Kooperationen in den USA und Japan, die eher den Charakter einer „Politik des armen Mannes" hatten als den einer offensiven Internationalisierungsstrategie. Erst Ende 1983 befand sich Continental auch ertragsmäßig wieder auf dem Weg nach oben. Nach vielen Jahren schrieb das Unternehmen erstmals wieder schwarze Zahlen in allen Geschäftsbereichen. „Continental hat den ‚turn around' geschafft", schrieb die österreichische Creditanstalt 1985 in einem Analystenreport. „Die Gesellschaft ist für eine mittel- bis langfristige Anlage empfehlenswert." In diesem Jahr war es auch zum Kauf der Reifensparte des österreichischen Gummikonzerns Semperit gekommen und schließlich erfolgte 1987 der bis dahin größte Coup: die Übernahme von General Tire für die damals gewaltige Summe von 1,2 Mrd. DM, einer der „Big Five" der amerikanischen Reifenindustrie, der zu diesem Zeitpunkt allerdings nur noch ein Schatten seiner früheren Dominanz war.

Die Integration bzw. Verknüpfung der im Zuge all dessen hinzugekommenen dutzenden Werken weltweit und der über 24.000 Arbeiter und Angestellten, die nun zusammen mit den ca. 18.000 „Continentälern" die Gesamtbelegschaft stellten, beschäftigte in der Folgezeit die Unternehmensführung in Hannover intensiv. Es galt, die Vielzahl unterschiedlicher Reifenmarken und Unternehmenskulturen zu managen und zusammenzuführen und vor allem die erheblichen Restrukturierungsnotwendigkeiten, die erst nach und nach zum Vorschein kamen, zu bewältigen und zu finanzieren. Die prekäre innere Struktur des Unternehmens wurde auch in der äußeren Organisation sichtbar: Neben dem geschrumpften Konzernbereich Technische Produkte (ab 1989 ContiTech) standen die mächtigen Konzernbereiche Reifen (mit Continental, Uniroyal und Semperit) und General Tire, der einen eigenen Konzernbereich bildete. Das amerikanische Unternehmen wurde nicht in den Konzernbereich Reifen von Continental integriert, sondern blieb ein eigenständiges US-Unternehmen mit starkem eigenen Management – und damit ein dauerhafter Fremdkörper im Konzern, den auch die Führung und Kontrolle von Hannover aus im Rahmen monatlicher

Boardmeetings nicht beseitigen konnte, im Gegenteil. Dennoch: Continental war infolge der Akquisitionsphase zu einem ernstzunehmenden Mitspieler der internationalen Gummi- und Reifenindustrie geworden; in Europa rangierte man hinter Michelin auf Rang zwei, in der Welt – allerdings mit deutlichem Abstand – auf Rang vier der Reifenbranche. Im Zuge der Internationalisierung erfolgte erstmals auch eine intensive Auseinandersetzung mit den Ausprägungen der weltweiten Mobilität. Nicht zuletzt zwischen Europa und den USA gab es höchst unterschiedliche Ansprüche und Erwartungen an die Art und Weise der individuellen Mobilität und den Straßenverkehr bis hin zu Rückwirkungen auf den Bau der Automobile, der Straßenbeläge und der Autobahninfrastruktur, die die Konstruktion eines „amerikanischen" Reifens bedingten.

Abb. 11: Pressekonferenz in Akron (Ohio) anlässlich der General-Tire-Übernahme, November 1987.

Die „neue Continental" der 1980er Jahre gab sich nicht nur ein neues Aussehen, sondern auch einen neuen Namen. Das Unternehmen wurde 1987 in „Continental Aktiengesellschaft" umbenannt, der Zusatz „Gummi-Werke" entfiel, um damit der stärkeren Internationalisierung Rechnung zu tragen. Und es gab ein neues Logo: Anstelle des alten gelb-orangefarbigen Schriftzugs und Markenzeichens wurde nun türkis/grün als Identitätszeichen für die Holding- und Zentralfunktion des Konzerns eingeführt. Continental repräsentierte damit auch scheinbar eine neue Wachstumsstory für die nun im Zeichen der Shareholder-Value-Ideologie agierenden internationalen Investoren und Kapitalmarktakteure, sichtbar nicht zuletzt in der Umsatzentwicklung des Konzerns, der sich von 2,6 Mrd. DM (1979) auf 9,7 Mrd. DM (1992) mehr als verdreifachte. Der Blick auf die Umsatzstruktur macht dabei aber auch deutlich, dass sich das Unternehmen im Zuge der Wachstumsstrategie vom früheren Mischkonzern weit entfernt hatte und sich nun nahezu zum alleinigen Reifenhersteller entwickelte. Hatte 1978 das Reifengeschäft noch 57,5 Prozent des Umsatzes erwirtschaftet, 40 Prozent der Bereich Technische Produkte, so waren es zehn Jahre später 80,5 Prozent Anteil der Reifen gegenüber 19,5 Prozent Technische Produkte, die bezeichnenderweise im Unternehmen inzwischen zum bloßen „Nicht-Reifen-Bereich" geworden waren. Auf den nun erstmals auch durchgeführten „Roadshows" und Analystenkonferenzen wurde das neue Selbstverständnis auch entsprechend kommuniziert: Man sah sich als global tätiges Kautschukunternehmen, verlässlich, finanziell sehr gesund, innovativ und wachstumsorientiert, kurz: ein Unternehmen mit Zukunft. Die Umbrüche auf den Finanz- und Kapitalmärkten hatten dabei auch allenthalben neue Möglichkeiten der Unternehmensfinanzierung eröffnet, die sich Continental schon bei der Uniroyal-Übernahme in Form von Wandelanleihen zu Nutze gemacht hatte. Bald sorgte das Unternehmen durch höchst kreative Maßnahmen zur Stärkung des Eigenkapitals und der Liquidität mit verschiedenen Finanzinnovationen wie auf DM lautende Zero-Bonds, ausgegeben von der eigens dafür gegründeten Intercontinental Rubber Finance BV, für Aufsehen. Der damalige Finanzvorstand Horst W. Urban beherrschte bald perfekt die Klaviatur und Regeln des globalen Finanzmarktkapitalismus.

Auch im Produktbereich gelang es Continental über eine Reihe von Innovationen als moderner, zukunftsträchtiger Technologiekonzern wahrgenommen zu werden. In den Forschungs- und Entwicklungsabteilungen hatte man sich intensiv mit Notlauf-Reifensystemen befasst und im November 1983 mit dem „Conti-Tire-System" (CTS) eine groß inszenierte Weltpremiere eines nach eigenen Aussagen neu erfundenen Reifens präsentiert, das die Reifenwelt – allerdings nur kurze Zeit – in helle Aufruhr versetzte. Dazu kam wenig später mit dem EOT-Reifen (Energy Optimized Tyre) eine weitere Neuerung, die das Unternehmen zum Vorreiter der sich zu dieser Zeit allenthalben diskutierten Vereinbarkeit von Ökonomie und Ökologie machte und eine Antwort auf das ausgeprägte Umweltbewusstsein in der Gesellschaft bildete. Doch beide Innovationen konnten sich letztlich langfristig nicht durchsetzen, auch aufgrund fertigungstechnischer Probleme, die man nicht in den Griff bekam. Und dann setzte eine schwere Rezessionsphase der Automobil- und Reifenindustrie sowie der im September 1990 gestartete unfreundliche Übernahmeversuch des italienischen Reifenkonzerns Pirelli dem scheinbaren Höhenflug von Continental ein jähes Ende. Die sich bald zu einer auch öffentlich ausgetragenen Übernahme- bzw. Verteidigungsschlacht entwickelnde Konfrontation zwischen den beiden Unternehmen zog sich bis Ende 1992 hin, mit der außerordentlichen Hauptversammlung am 13. März 1991, auf der mit Stimmenmehrheit die Fusion abgelehnt wurde, als dem dramatischen Höhepunkt. Der Konflikt band auf beiden Seiten erhebliche Managementkapazitäten, erschütterte in Hannover nachhaltig das Vertrauensverhältnis zwischen Aufsichtsrat und Vorstand und sorgte für einen Wechsel in der Unternehmensführung. Vor allem aber hatte der Angriff für tiefe Verunsicherung im Unternehmen gesorgt und zerstörte die Illusion der eigenen Stärke, machte er doch für alle Welt sichtbar, wie verletzlich und angreifbar die scheinbar so neue, international und innovativ aufgestellte Continental in Wirklichkeit war.

Abb. 12: Belegschaftsdemonstration vor der außerordentlichen Hauptversammlung vom 13. März 1991.

Die *siebte* Transformationsphase reicht von 1991 bis 2008/09 und umfasst mithin 18 Jahre. Sie ist die bisher nachhaltigste, aber auch hektischste, in atemberaubendem Tempo vorangetriebene und mit hoher, manchmal zu hoher Dynamik ablaufende Periode in der Unternehmensentwicklung von Continental. Sämtliche Geschäftsfelder und Unternehmensbereiche waren davon betroffen, neben dem Reifenbereich auch die in der ContiTech zusammengefassten technischen Produkte, dazu kam mit dem Automotive-Bereich ein drittes und völlig neues Geschäftsfeld hinzu, das sich seinerseits in permanentem Umbruch befand. Es blieb tatsächlich, wie der damalige Vorstandsvorsitzende Kessel selbstbewusst betonte, kein Stein mehr auf dem anderen. Doch für viele Mitarbeiter klang das wie eine Bedrohung und löste Verunsicherung aus. Der grundlegende Umbau des Unternehmens und das rasante Schmieden einer „neuen Continental" hatten auch Schattenseiten, waren risikobehaftet und verursachten nicht zuletzt hohe Kosten. Sie stellten mit ihrer Gemengelage aus Ungleichzeitigkeit und Kumulation der Veränderungsprozesse die Unternehmenskultur und die Unternehmensorganisation auf eine hohe Belastungsprobe. 1991 und 2001 rollten zwei tiefgreifende Restrukturierungs- und Sanierungswellen über Continental hinweg bzw. besser durch das Unternehmen hindurch.

Diese Transformationsphase war geprägt von Einzelpersonen, allen voran der seit Juli 1991 zunächst als Vorstandsvorsitzender, dann ab Juni 1999 bis März 2009 als Vorsitzender des Aufsichtsrats amtierende Hubertus von Grünberg. Mit ihm hielt auch ein neuer, von amerikanischen Managementmethoden geprägter Führungs- und Entscheidungsstil Einzug. Dies und das Tempo, das von Grünberg nun dabei vorlegte, überforderten nicht selten seine noch vom alten Continental-Führungsstil geprägten Vorstandskollegen. Diese Phase war auch von drei Wirtschaftskrisen 1991, 2001 und 2008 geprägt, die das Unternehmen erheblich durchschüttelten, sowie von einem rasanten technologischen Wandel, der nicht nur die Automobilindustrie erfasste, sondern auch die Mobilität der Gesellschaft insgesamt grundlegend veränderte. Doch am Ende setzten nach den Konjunkturtiefs schnelle Erholungsphasen ein, in denen Continental ihren Wachstums- und Expansionskurs fortsetzte, dessen Basis nun der weitgehend vollzogene Umbruch vom Reifenhersteller zum Automobilzulieferer als Systemlieferant auch jenseits von Reifen war: Dadurch wurden die Markt- und Wettbewerbsposition ebenso wie das Ertragspotenzial von Continental auf eine völlig neue Ebene gehoben.

Als von Grünberg im Juli 1991 den Vorstandsvorsitz übernahm, galt es zunächst, die allenthalben sichtbaren Schwächen und Probleme von Continental zu beseitigen. Fünf zentrale unternehmenspolitische und strategische Maßnahmen wurden in der Folgezeit in Angriff genommen und weitgehend realisiert: Erstens wurde die Internationalisierung weiter vorangetrieben, 1992 etwa durch die Übernahme des schwedischen Reifenherstellers Nivis mit seiner Marke Gislaved, 1993 erfolgte eine Beteiligung am tschechischen Reifenunternehmen Barum, später sollte noch 2007 die Übernahme der slowakischen Reifenfirma Matador dazukommen. Dahinter stand, zweitens, eine ebenso radikal wie konsequent betriebene, höchst umstrittene und konfliktbehaftete Politik der Verlagerung der Reifenfertigung in „Niedriglohnstandorte" und die Aufgabe von vergleichsweise teuren Fertigungsstandorten. Drittens stand die Sanierung des verlustbringenden Kerngeschäftsfelds Reifen im Zentrum der Bemühungen, ein mühsamer und immer wieder von Rückschlägen geprägter Prozess, der sich fast endlos bis etwa 2006 hinziehen sollte und an dem sich im Laufe der Jahre mehrere verantwortliche Vorstände die Zähne ausbeißen sollten. Viertens wurde 1994 der neue Konzernbereich „Fahrzeugsysteme" aufgebaut, und obwohl zunächst höchst rudimentär und vergleichsweise klein, wurde damit die „Große Strategische Wende" Continentals in der Ära von Grünberg eingeleitet. Schließlich erfolgte fünftens eine seit 1998 einsetzende Politik der Akquisitionen und Unternehmenskäufe in großem Stil, die fast ausschließlich dem Auf- und Ausbau des neuen Geschäftsfelds und als künftigen Kern des Konzerns vorgesehenen „Continental Automotive Systems" (CAS) diente.

Unter diesen fünf Maßnahmen war die Sanierung des Reifengeschäfts am drängendsten, denn nicht nur im Erstausrüstungsgeschäft in Europa verbuchte Continental seit Jahren rote Zahlen, sondern auch General Tire bzw. das Reifengeschäft in Nordamerika war hochgradig defizitär. Allein 1991 wurden im Bereich der europäischen Pkw-Reifen-Erstausrüstung rote Zahlen von 115 Mio. DM verbucht, und alle in der Branche hatten sich an diese nachgerade traditionellen Verluste, die sie gleichermaßen betrafen, gewöhnt. Dadurch war aber auch eine Spirale in Gang gekommen, die das Unternehmen zusätzlich schwächte, denn die Notwendigkeit, die ständigen Verluste in der Erstausrüstung auf dem Ersatzmarkt auszugleichen, barg das Risiko in sich, dort durch Angriffe insbesondere von südostasiatischen Billigreifenlieferanten verwundbar zu sein. In den USA fiel zur gleichen Zeit bei General Tire ein Verlust von über 200 Mio. DM an. Die scharfe Rezession, die 1993 vor allem in Europa die Automobilindustrie erfasste, machte ein Umsteuern nicht leichter und noch 1995 befassten sich die Gedankenspiele innerhalb des Vorstands unter anderem ernsthaft mit der Frage, ob Continental das Geschäftsfeld Lkw-Reifen braucht und dieses überhaupt sanierbar bzw. langfristig ohne Verluste führbar sei. Das Reifengeschäft und seine Organisationsstrukturen wurden schließlich grundlegend umgestaltet. Die Pkw- und Nutzfahrzeug-Bereiche verselbstständigten sich in eigenständige Divisionen, den Konzernbereich Reifen verantwortete interimsweise nun von Grünberg selbst, der damit dessen Sanierung in die Hand nahm. Innerhalb dieses Konzernbereichs wurde zudem eine eigene Erstausrüstungsdivision mit Forschung und Entwicklung, Produktion und Vertrieb geschaffen, später wurde auch eine Abteilung „Conti International" eingerichtet, die das globale Reifengeschäft zu forcieren versuchte. Begleitet wurden diese Maßnahmen von reihenweisen Standortschließungen sowie Reduzierungen der Produktionskapazitäten und deren Verlagerung in der durchschnittlichen Größenordnung von 2 Mio. Reifen/Jahr, angefangen beim irischen Werk in Dublin über das österreichische Traiskirchen, das belgische Herstal und Werken in Kanada bis zum Traditionsstandort Hannover-Stöcken. Profiteure waren Niedrigkosten-Werke in Portugal, Tschechien, im französischen Elsass und der Slowakei. Auch in den USA erfolgten entsprechende Werkschließungen und Produktionsverlagerungen, die Reifenaktivitäten in Mexiko wurden verkauft. Manche dieser Verlagerungsmaßnahmen, die im außereuropäischen Raum auch über Joint Ventures mit heimischen Reifenfirmen geplant waren, waren allerdings – oft nach jahrelangen Bemühungen – nicht erfolgreich, wie etwa in Indien oder Russland. Das Ziel nachhaltiger Senkung der Reifenproduktionskosten wurde aber unter dem Strich erreicht. Der Abbau der Verluste sollte sich jedoch jahrelang hinziehen. Die von den zuständigen Managern versprochenen Jahreszahlen, an denen der Break Even erreicht sein würde, mussten immer wieder verschoben werden. 1997 erst schrieb Continental auch im Pkw-Reifen-Erstausrüstungsbereich schwarze Zahlen und hatte damit als einer der ersten großen Reifenhersteller das traditionelle Diktat der Automobilunternehmen gegenüber ihren Zulieferern durchbrochen. Die Sanierung des US-Reifengeschäfts sollte sich jedoch hinziehen. Immer wieder wurde die „Gesundung" von General Tire verkündet. Zur „besseren Ausschöpfung der Synergiepotenziale" wurde der Konzernbereich nun operativ und strategisch in die beiden Konzernbereiche für Pkw-, bzw. NfZ-Reifen in Europa eingebunden, bis Ende März 2002 dann das als Continental Tire North America firmierende US-Reifengeschäft aufgelöst und jeweils den beiden inzwischen als Divisionen firmierenden Reifenbereichen zugeordnet wurde. Auch danach besserte sich jedoch die Lage nur langsam. Der ursprünglich für Ende 2005 erwartete Turnaround musste in den Wind geschrieben werden. Erst 2006 wurden im US-Reifengeschäft dauerhaft schwarze Zahlen geschrieben. Bis dahin hatte Continental den ursprünglichen Kaufpreis von General Tire im Jahr 1987 mindestens zwei weitere Male für Restrukturierungskosten aufbringen müssen.

Anfang 1994 wurde unter Schaffung eines eigenen Vorstandsressorts für den kurz zuvor vom Bremsenspezialist Teves abgeworbenen Manager Hans Albert Beller der neue Konzernbereich „Fahrzeugsysteme" errichtet. Dahinter stand die

Abb. 13: Der Continental-Vorstand im April 1996. V. l. n. r.: Hans Albert Beller, Dr. Jens P. Howaldt, Dr. Hubertus von Grünberg (Vorstandsvorsitzender), Dr. Peter Haverbeck, Dr. Klaus-Dieter Röker.

Vision, neue Geschäftsfelder mit hohem Wachstumspotenzial jenseits des klassischen Reifengeschäfts zu erschließen. Es ging um innovative Systemlösungen für die Entwicklung neuer Kraftfahrzeuge, angefangen von kompletten Luftfedersystemen, die Luftfederbalg, Sensorik und Steuerelektronik einschlossen, über Hinterachs-Niveauregelungen, semi-aktive Fahrwerke und Systeme der aktiven wie passiven Schallabsorption bis hin zu Systemen zur Fahrdynamikregelung und Reifendrucküberwachung. Dazu kam, unter Übernahme der Verantwortung für die Disposition, Montage und Logistik, die Belieferung der Automobilindustrie mit Komplettrad-Systemen. Die als zukunftsorientierte Systemlösungen für die Automobilindustrie propagierten neuen Produkte und Dienstleistungen waren bald unter den Kürzeln IWS (Integrated Wheel System), CASS (Continental Air Suspension Systems), PANC (Passive and Active Noise Cancellation), CEEC (Continental Electronic Chassis Control), SWT (Sidewall Torsion Sensor System) und TPMS (Tire Pressure Monitoring System) zumindest in der Fachöffentlichkeit und unter den Erstausrüstern bekannt, und obwohl die damit erzielten Umsätze zunächst marginal waren, sorgten sie doch für einen Imagewandel Continentals weg vom klassischen Reifenunternehmens hin u einem modernen Hochtechnologiekonzern. Eine gewisse Berühmtheit erlangte das unter der Abkürzung ISAD (Integrated Starter Alternator Damper) entwickelte Starter-Modul als „neuer Weg für das Energiemanagement im Auto", das den Einsatz einer An- und Abschaltautomatik ermöglichte und zahlreiche bisher notwendige Bauteile ersetzte bzw. diese in einem Modul vereinigte. 1997 erhielt Continental dafür den renommierten Innovationspreis der deutschen Wirtschaft. Der Aufbau des neuen Bereichs Automotive Systems, wie er auch bald genannt wurde, bedeutet aber auch den Abschied vom Traum des Eindringens in die mächtige Triade der globalen Reifenindustrie mit der französischen Michelin, der amerikanischen Goodyear und der japanischen Bridgestone mit je ca. 20 Prozent Weltmarktanteil, während Continental nur ca. 8 Prozent erreichte. „Die Strukturen zwischen der Automobilindustrie und den Zulieferern sind im Wandel", hieß es in einer Präsentation des Vorstands für den Aufsichtsrat im April 1996. „Wir sehen diese Neuorientierung als eine Chance für unser Unternehmen, neue Wege zu gehen."

Das neue Selbstbewusstsein und Selbstverständnis wurde 1997 auch durch eine scheinbar widersprüchliche Maßnahme nach außen wie innen signalisiert: Im äußeren Erscheinungsbild verschwand wieder das türkis/grüne Logo und wurde durch das traditionelle gelb/orange der Führungsmarke Continental ersetzt. Das Unternehmen kehrte damit scheinbar zu seinen Wurzeln zurück, tatsächlich aber war es ein Zeichen für die Abkehr von der alten Reifen-Mehrmarken-Politik und die Etablierung der Kernmarke Continental jenseits des Reifens auch für die neuen technologischen Produkte und Systeme. „Wir gehen konsequent den Weg vom Gummiprodukt zur Elektronik für komplette Systeme im Fahrzeug [...] Der Wandlungsprozess zu einem global agierenden Technologie-Unternehmen hat an Fahrt gewonnen", so und ähnlich ließ sich der Vorstand zum gerade ablaufenden Transformationsprozess zitieren. Aber man vergaß zumindest zu diesem Zeitpunkt auch nicht das mehr denn je bei Umsatz wie Ertrag dominierende Reifengeschäft. „Continental muss die Systemkomponenten bei Reifen und ContiTech übergreifend auf das ganze Fahrzeugchassis ausdehnen", so äußerte sich von Grünberg 1997. „Ich warne aber vor jeder Strategie der Hightech-Diversifikation unter Vernachlässigung des Kerngeschäfts." Der zwischen 1991 und 1997 eingeleitete Umbruch war zunächst eine Transformation Continentals von innen heraus, ohne Zukäufe von außen und auf der Basis der Entwicklung eigener Zukunftstechnologien des Automotive-Systems-Geschäfts.

Doch dann kam 1998 die große Gelegenheit zu einem Übernahmecoup. Der im September erfolgte Erwerb der ITT Automotive Brake & Chassis, wie die frühere Teves inzwischen hieß, beschleunigte den Transformationsprozess erheblich. Nicht zuletzt wurde dadurch auch ein stark vom amerikanischem Mutterkonzern und dessen Cost-Controlling-Culture geprägtes Unternehmen Teil des Konzerns. Mit Kosten von 3,47 Mrd. DM stellte der Teves-Kauf alle bisherigen Akquisitionen von Continental weit in den Schatten. Infolgedessen kamen 16 Werke weltweit, 10.700 Mitarbeiter und vor allem dutzende neue Technologien, Produkte und Systeme, insbesondere im Bereich von Bremsen, hinzu. Teves war neben Bosch Weltmarktführer im Bereich ABS (Antiblockiersystem), ASR (Antriebsschlupfregelung) und ESC, d. h. elektronisch geregelter Brems- und Fahrwerkstabilisierungssysteme. Damit erweiterten sich die Kernkompetenzen um das Know-how in den Bereichen Fahrwerk und Fahrdynamikregelung und gaben dem Unternehmen einen völlig neuen Zuschnitt. Endlich wurde Continental von Analysten, Investoren und auch der Automobilindustrie nicht mehr als ein „zu kleiner Reifenhersteller weltweit" gesehen. Die geschäftspolitischen und technologischen Synergien beider Unternehmen versprachen die Entwicklung und Marktdurchdringung höchst profitabler neuer „Continental-Technologien". Die Hannoveraner verschafften sich dadurch eine einzigartige Stellung nicht nur auf dem weltweiten Reifenmarkt, dessen dominierenden Logiken und Zwängen man sich zumindest teilweise entziehen konnte, sondern auch in der globalen Zulieferindustrie. Allerdings sah sich Continental damit gleichzeitig neuen nicht minder mächtigen Konkurrenten in der Automobilzulieferbranche wie Bosch, ZF, Denso, Delphi und Magna gegenüber, mit denen sich bis dahin praktisch keine Berührungspunkte im operativen Geschäft ergeben hatten.

Abb. 14: Symbolische Integration des neuen Konzernteilbereichs Continental-Teves durch Hissen der Continental-Flagge am Standort Frankfurt-Rödelheim im Juni 1998.

Mit der Teves-Übernahme 1998 machte sich auch in weiten Teilen des Managements geradezu ein Höhenflug des Selbstbewusstseins breit, bei dem die sich gerade erst formierende „neue Continental" bereits als Faktum propagiert und auch das Ende des Transformationsprozesses verkündet wurde. Das Jahr 1998 feierte man als erfolgreichstes in der Unternehmensgeschichte und man rief die nun scheinbar endgültige „neue Continental" die auch die Überschrift über dem Programm der Vorstandsstrategieklausur im März 1999 zierte. „Continental joins the Champions League of Automotive Suppliers" lautete die stolze Parole, ergänzt durch das Anpreisen der eigenen Reifen als „the ultimate in mobility". In die Euphorie über die „neue Continental" mischte sich damit unübersehbar ein abschätziger Blick auf die „alte Continental". Die Bedeutung der historischen Bedingtheit auch der scheinbar neuen Geschäftsfelder und Firmenzukäufe wurden nicht mehr realisiert. Die in dieser Phase vom Unternehmen zur Beschreibung des Transformationsprozesses geprägte simple Metapher „vom Reifenhersteller zum Hightech-Konzern" ist historisch mindestens schief und irreführend, denn der Reifen war schon seit seiner Erfindung sowohl hinsichtlich des Werkstoffs Kautschuk wie seiner zahlreichen Einzelteile ein kompliziertes „Hightech"-Produkt und Continental daher spätestens seit den 1890er Jahren ein wissenschafts- und forschungsbasiertes Unternehmen. Als neue Vision auf dem Weg zur Technologieführerschaft wurde das „30-Meter-Auto" propagiert, das mit Hilfe innovativer Brems- und verbesserter Reifentechnologie erheblich verkürzte Bremswege aufwies und damit Continental zum Wegbereiter einer neuen auf Komfort und Sicherheit orientierten Mobilitätswelt machte.

Befeuert wurde die neue Positionierung und eingeschlagene Unternehmensstrategie durch scheinbar günstige und sich glücklich ergebende Akquisitionsmöglichkeiten. Im Februar 2001 wurde von der damaligen DaimlerChrysler AG für knapp 650 Mio. Euro die Temic-Gruppe erworben, der Elektronik-Bereich des Stuttgarter Automobilkonzerns. Die ersten Gespräche und Verhandlungen dazu hatte es schon Ende 1998 gegeben, aber erst nach und nach verstärkte sich die Bereitschaft bei Daimler, durch den Verkauf von Temic Continental zu einem „zweiten Bosch" aufzubauen und damit die Abhängigkeit vom benachbarten Zulieferkonzern zu verringern. Für Continental bedeutete der Kauf von Temic den Ausbau der Kompetenz im Bereich der Fahrzeug-Elektronik und die abermalige Beschleunigung des Umbaus zum integrierten Systemanbieter. Innerhalb des Aufsichtsrats gab es dazu aber auch Bedenken. „Preis zu hoch für die zu erwartenden Ergebnisse: Kapitalvernichtung" und „Gemischtwarenladen: nur wenig passt zur Chassis-Strategie" notierte einer der Aufsichtsräte an den Rand der Beschlussvorlage im Februar 2001. Dazu kam eine hohe Umsatzabhängigkeit von den beiden Hauptkunden Daimler und Teves. Andererseits kannte man das neue Mitglied in der Konzernfamilie von Continental gut, da man mit ihm schon vor Jahren einen Kooperationsvertrag zur Entwicklung elektronischer Fahrwerksysteme geschlossen hatte. Mit den 25 Produktions-, Entwicklungs- und Vertriebsstätten weltweit wurden 6.000 Temic-Mitarbeiter nun zu „Continentälern". Kaum war der Kauf beschlossen, ergaben sich schon die nächsten Gelegenheiten, die neue Continental durch weitere Zukäufe in neue Dimensionen zu führen. Im Juni 2001 stand aus dem riesigen Beteiligungsportfolio des zerschlagenen Mannesmann-Konglomerat-Konzerns der Dämpfungs- und Kupplungsspezialist Sachs für knapp 1 Mrd. Euro zum Verkauf, dazu kam die Übernahmemöglichkeit des amerikanischen Automobilzulieferers TRW Automotive für 2 Mrd. Euro. Für beide Unternehmen beabsichtigte der damalige Vorstand ein Gebot abzugeben und ernsthafte Kaufverhandlungen zu führen. Continental wäre damit in kürzester Zeit unter die drei weltweit größten Zulieferkonzerne aufgestiegen. Der Transformationsprozess hatte offenbar eine kaum mehr zu steuernde Eigendynamik erreicht. Für den Bereich ContiTech, obschon nach einigen Restrukturierungen grundlegend saniert, ebenfalls auf den globalen Markt ausgerichtet und inzwischen profitabel, schien in dieser neuen Continental kein Platz mehr zu sein. Der Konzernbereich wurde zum Verkauf gestellt.

Den hochfliegenden Ankündigungen folgte bald große Ernüchterung. Den geplanten Käufen von Sachs und TRW verweigerte der Aufsichtsrat seine Zustimmung. Er zog mithin gerade noch rechtzeitig die Reißleine, ehe Continental von dem großen Rad, das man im Vorstand drehen wollte, selbst überrollt und von der Schuldenlast erdrückt worden wäre; und vor allem folgte im September 2001 eine der bislang schwersten Finanz- und Konjunkturkrisen. Mit Manfred Wennemer gab es dann einen neuen Vorstandsvorsitzenden, der in einer Mischung aus harter Sanierungspolitik und striktem Sparkurs agierte, daneben aber auch den offensiven Umbau von Continental zum „Automotive Systems"-Konzern durch weitere Großakquisitionen fortführte.

Zunächst dominierten Restrukturierungsmaßnahmen und eine Politik des „konsequenten Kostenmanagements" die Arbeit des neuen Vorstands. Damit stoppte erst einmal der expansive Transformationsprozess. In Nordamerika kriselte wieder einmal das Reifengeschäft und schrieb rote Zahlen, sämtliche Produktionsstandorte wurden hinsichtlich ihrer Kosten auf den Prüfstand gestellt. Eine neue Welle von Schließungen von Produktionsstandorten in Europa wie in Nordamerika, vor allem in Mexiko, sowie weitere Fertigungsverlagerungen nach Osteuropa flankiert durch neu errichtete Reifenwerke auf der grünen Wiese u.a. in Brasilien lief durch das Unternehmen. In 30 Jahren, so die unternehmensinterne Prognose im Frühjahr 2004, würde es vermutlich sowieso keine Reifenfabriken mehr in Deutschland geben. Die Wirtschaftskrise bot die Gelegenheit, den längerfristig angelegten und praktisch permanent notwendigen Restrukturierungskurs nicht nur wiederaufzunehmen, sondern zu verschärfen. Von der Transformation zum Automotive-Systems-Konzern sprach explizit zunächst niemand mehr, allerdings gab es im alten Kerngeschäft Reifen innerhalb des Vorstands Gedankenspiele und Überlegungen zur Umstrukturierung des Portfolios, wie im Managementdeutsch die Unternehmensbereiche und Geschäftsfelder genannt wurden, die das zukünftige Reifengeschäft (wieder einmal) durchaus in Frage stellten. Der Landwirtschaftsreifenbereich stand zum Verkauf. Auch ein Rückzug aus dem Fahrradreifengeschäft – obwohl jenseits der Ertragshöhe imagemäßig und in der Markenidentifikation und -wahrnehmung von Continental von erheblicher Bedeutung – stand zur Disposition. Zugleich machte man aber im September 2004 die ersten Schritte, um mit Hilfe eines Joint Ventures den Einstieg in den chinesischen Reifenmarkt zu erreichen. Die vor allem 2002 verfolgten Gedankenspiele und möglichen Szenarien für das künftige Reifengeschäft reichten dabei von einer engen Kooperation mit Bridgestone im amerikanischen Reifengeschäft über eine „große Lösung" mit dem japanischen Weltmarktführer Bridgestone, d.h. dem Verkauf und damit Ausstieg aus dem Reifengeschäft, bis hin zur Abspaltung der Reifendivisionen als eigenständiges börsennotiertes Unternehmen.

Erst langsam schaltete das Unternehmen nach der Restrukturierungsphase wieder in eine offensivere Unternehmenspolitik um. Die Vision vom „30-Meter-Auto" wurde ad acta gelegt und dafür das neue Konzernziel „Wir machen individuelle Mobilität sicherer und komfortabler" ausgegeben. Nicht zuletzt von Grünberg sorgte dafür, dass das Tempo der Transformation nicht an Fahrt verlor. Im Frühjahr 2003 kündigte er wieder eine höhere Gangart des Unternehmens an. Continental sei „von der Bundesstraße wieder auf die Autobahn aufgefahren" und schere bald auch auf die Überholspur aus, so lautete die metaphorische Losung. Das betraf zunächst den Bereich der technischen Produkte. Der ContiTech-Verkauf war gestoppt und zurückgenommen worden. Man wolle „diese Ertragsperle nicht verschleudern", hieß es. Der Bereich wurde unter anderem mit der Mehrheitsübernahme eines chinesischen Herstellers von Klima- und Servolenkungsschläuchen sowie einem Joint Venture zur Luftfederproduktion mit einem koreanischen Unternehmen gestärkt und offensiv weiter ausgebaut. Im Frühjahr 2004 erfolgte mit der Abgabe eines öffentlichen Übernahmeangebots der Phoenix AG der große Coup. Gedankenspiele über eine Fusion von Phoenix mit ContiTech mit anschließendem Börsengang hatte es unter dem Codenamen „Universe" schon seit 2002 gegeben. Nun kam es zwei Jahre später – nach 80 Jahren wechselseitiger Kooperation und Konkurrenz und zahlreichen Anläufen zur Übernahme – endlich zum erfolgreichen Zusammengehen der beiden Unternehmen. Dadurch ergab sich eine wesentliche Stärkung der Kerngeschäftsfelder Schläuche/Schlauchleitungen, Transportbandsysteme und Luftfedersysteme sowie in der Compounding-Technologie, was allerdings auch der EU-Kommission als zuständige Kartellbehörde ein Dorn im Auge war. Im Rahmen des sich bis Frühjahr 2007 hinziehenden Übernahmeprozesses wurde ein „vertieftes Prüfungsverfahren" wegen des Verdachts einer künftig marktbeherrschenden Stellung Continentals angestrengt. Mit Phoenix kamen 47 Produktionsstätten in 20 Ländern und 9.700 Mitarbeiter neu in den Continental-Konzern.

Kurz nach der Phoenix-Übernahme folgten jedoch die eigentlichen nächsten Akquisitionscoups, die dem weiteren Ausbau des Automotive-Systems-Geschäft dienten und noch einmal einen Quantensprung für das Wachstum des inzwischen starken dritten Geschäftsfelds im Konzern bedeuteten. Im Frühjahr 2006 wurde unter dem Codenamen „Apollo" der Kauf des Automobilelektronikgeschäfts des amerikanischen Motorola-Konzerns beschlossen. Für rund 1 Mrd. Euro bekam Continental sechs Fabriken in den USA und Europa mit insgesamt knapp 5.500 Beschäftigten. In den Bereichen Powertrain, Telematics, Body Electronics, Chassis Controls und Sensors verstärkte Continental ihre Kompetenz im Bereich Automobilelektronik. Vor allem die Telematik-Sparte bedeutete den Einstieg in eine für die CAS-Division bislang nicht selbst betriebene Technologie.

Kaum ein Jahr später folgte der nächste und bis dahin bei weitem größte Übernahmecoup von Continental: der Erwerb der Siemens VDO Automotive AG. Der Konzernbereich war im Zuge der von dem Münchner Elektrokonzern früher selbst einmal geschmiedeten Pläne zur Diversifikation in den Automotive-Bereich und zur Schaffung eines „zweiten Bosch" im Zuliefergeschäft entstanden, hervorgegangen letztlich gleichfalls aus der Zerschlagung des Mannesmann-Konglomerats und der Fusion von Mannesmann-VDO mit dem Siemens Automotive-Bereich im Jahr 2001. Die Gedankenspiele und strategischen Optionen zwischen Continental und Siemens über eine wechselseitige Übernahme des Automotive-Geschäfts des anderen oder eine Kooperation hatte es schon seit 2002 gegeben, waren dann aber erst einmal im Sande verlaufen. Für Hubertus von Grünberg bot sich nun mit dem Kauf nicht nur eine „hervorragende strategische Ergänzung zum Portfolio von Continental", sondern nachgerade die Erfüllung des Traums und der 14 Jahre zuvor entworfenen Vision vom integrierten globalen

Zulieferkonzern Continental. Das ließ über den exorbitanten Kaufpreis von 11,3 Mrd. Euro und die sich daraus ergebende langfristige finanzielle Belastung hinwegsehen; die „ausgezeichneten Zukunftsperspektiven" wogen in den Augen des Continental-Managements bei weitem schwerer, zumal die Finanzierung trotz eines schwieriger werdenden Marktumfelds scheinbar problemlos über die Bühne ging.

Mit Siemens VDO kamen über 50.000 Mitarbeiter in mehr als 100 Standorten weltweit hinzu. Continental rangierte damit als Nummer 5 unter den weltweiten Automobilzulieferern. Die zweite große, zwischen 1998 bis 2007 sich vollziehende Wachstumsphase durch Akquisitionen in der Geschichte von Continental ging damit zu Ende; gegenüber der Phase zuvor in den 1970er und 1980er Jahren war sie aber in ganz anderer unternehmenspolitischer Stoßrichtung erfolgt – Automotive statt Reifen – und sie vollzog sich bei den dazugewonnenen Geschäftsfeldern wie den Kaufpreisen in ganz neuen Dimensionen. „Ein traditionsreicher Hersteller von Reifen und Technischen Produkten entwickelt sich mit Vollgas zum Hightech-Konzern mit einer breiten Palette komplexer Zulieferteile für die Automobilindustrie", so hatte schon 1996 Hubertus von Grünberg den von ihm maßgeblich initiierten Transformationsprozess beschrieben. Dabei befand sich Continental damals erst am Anfang und die Veränderungsdynamik sollte in den Folgejahren erst richtig an Fahrt aufnehmen, verbunden allerdings auch zeitweise mit der Gefahr, dass das Unternehmen dabei ins Schleudern zu geraten und aus der Kurve zu fliegen drohte.

Ein Blick auf die Zahlen verdeutlicht noch einmal, in welche neuen Dimensionen Continental rein quantitativ katapultiert worden war: Die Gesamtbelegschaft, die 1991 bei etwa 50.000 gelegen hatte, wuchs bis 2008 auf 148.000 Arbeiter und Angestellte, d. h. drei Mal so viel, wobei es dazwischen Jahre der Stagnation und des Arbeitsplatzabbaus gab, die aber durch die Zukäufe schnell wieder überkompensiert wurden. Der Umsatz, 1991 bei umgerechnet 4,8 Mrd. Euro liegend, explodierte förmlich auf zunächst 11,4 Mrd. Euro (2001) und dann 24,2 Mrd. Euro (2008). Selbst in den Jahren der großen Wirtschaftskrise 2000/01 zeigte sich aufgrund des starken, externen Wachstums durch die Übernahmen kein Umsatzrückgang. Bei Gewinn und Ertrag zeigte sich allerdings schon ein deutlich durchwachseneres Bild: 1991 startete Continental mit einem Verlust von umgerechnet 65,5 Mio. Euro, dann folgte eine schnelle Steigerung auf 234,7 Mio. Euro Jahresüberschuss, ehe im Jahr 2001 ein rasanter Absturz auf einen Fehlbetrag von 257,6 Mio. folgte. Bis 2007 schoss der Gewinn bis auf 1,02 Mrd. Euro hoch, dem aber ein erneuter rapider Einbruch mit einem ausgewiesenen Verlust von jeweils 1,12 bzw. 1,65 Mrd. Euro in den Krisenjahren 2008 und 2009 folgte. Continental machte in dieser Phase so viel Gewinn wie noch nie in ihrer Geschichte, aber musste auch noch nie so große Verluste verbuchen. Der neue Automotive-Bereich entwickelte sich dabei zu einer regelrechten Gewinnmaschine. Zwischen 1999 und 2005 verzehnfachte sich der Überschuss auf 570 Mio. Euro, wobei aber auch der „Rubber-Bereich" insgesamt gesehen – mit Ausnahme des Einbruchs im Krisenjahr 2001 – höchst profitabel war. Ein unübersehbares Warnsignal war allerdings, dass die dramatisch hohen Verluste im Krisenjahr 2008 ausschließlich vom Automotive-Bereich erwirtschaftet worden waren – allen voran in den Geschäftsfeldern, die sich mit Systemlösungen rund um den Antriebsstrang von Fahrzeugen befassten. Das Produktportfolio reichte hier von Benzin- und Dieseleinspritzsystemen über Motor- und Getriebesteuerungen bis hin zu Lösungen für halbelektrische Hybridantriebe.

Die nach dem Siemens VDO-Kauf abermals verkündete „neue Continental" präsentierte sich dabei nun auch in einer neuen Organisationsstruktur, bestehend aus sechs Divisionen. Neben die drei alten Divisionen Pkw-Reifen, Nfz-Reifen und ContiTech traten nun unter Auflösung der früheren Continental-Automotive-Systems-Division, die bis dahin in der Zahl wie im operativen Zuschnitt ihrer Geschäftsfelder selbst schon zahlreiche Neu- und Umstrukturierungsprozesse durchlaufen hatte, drei neue, eigenständig gewachsene Divisionen: Chassis & Safety, Interior und Powertrain. Vor allem in letzterer ging der Großteil von Siemens VDO auf. Für manche Continentäler bedeutete die Übernahme und Integration von Siemens VDO die Gefahr des Abschieds von der Kultur und Tradition der Reifendivisionen und ContiTech, d. h. des Rubber-Geschäfts von Continental und die Vorherrschaft einer neuen, ganz anders geprägten „Automotive-Systems-Kultur". Der Blick auf die Umsatzstruktur mit den zwischen 1991 und 2008 aufgetretenen starken Veränderungen bestätigte das offensichtlich: 1998 machte der Rubber-Bereich noch über 90 Prozent des Umsatzes aus (65,3 Prozent Reifen, 25,3 Prozent ContiTech), während das noch junge Automotive-Geschäft erst 9,4 Prozent Umsatzanteil aufwies. 2008 hatte sich das Verhältnis grundlegend verändert: Rubber machte 39 Prozent aus (Reifen 26,8 Prozent, ContiTech 12,4 Prozent), das Automotive-Systems-Geschäft jedoch inzwischen 61,5 Prozent. Je stärker der Automotive-Bereich jedoch wurde, desto mehr geriet Continental wieder in die Abhängigkeit der Automobilindustrie, von deren konjunkturellen Schwankungen man sich – so das seit 1991 eigentlich erklärte Ziel – stärker abkoppeln wollte. Die als maximale Höchstgrenze festgelegten 60 Prozent Umsatzanteile an der Automobilindustrie waren im Laufe der Jahre längst überschritten worden. Die Skeptiker und Verfechter der „alten Continental-Rubber-Kultur" übersahen dabei jedoch, dass vor allem schon ContiTech sich aus höchst verschiedenen Unternehmen und unterschiedlichen Kulturen zusammensetzte, und dies galt erst recht auch für den keineswegs homogenen Automotive-Bereich. Dennoch galt: Continental war in dieser Transformationsphase bereits ein unternehmenskulturell höchst heterogener und in seiner Belegschaftszusammensetzung hochdiverser Konzern geworden. Nur wenig später kam es zu einer grundlegenden Umorganisation, die die Befürchtungen der „Traditionalisten" zu bestätigen schien und die die neue Zweiteilung des Continental-Konzerns in eine Automotive Group und eine Rubber Group noch deutlicher zum Ausdruck brachte. Der eingeleitete Prozess für ein organisatorisches und rechtlich selbständiges Kautschukgeschäft in Form einer neu gebildeten Rubber Group bestärkte die Annahme, dass dessen Herauslösung aus dem Konzern beabsichtigt war. Doch diese Umorganisation stand in engem Zusammenhang mit einem anderen Ereignis.

Wie am Anfang, so stand auch am Ende dieser Phase mithin wieder ein vom damaligen Continental-Vorstand als unfreundlich empfundener Übernahmeversuch, diesmal durch den gleichfalls im Automobilzuliefergeschäft tätigen Schaeffler-Konzern aus Herzogenaurach, wobei die Gemengelage von unterschiedlichen, gegensätzlichen und kongruierenden Interessen bei den verschiedenen involvierten Akteuren diesmal höchst komplex und keineswegs so eindeutig wie im Fall Pirelli war. Die Zukunft von Continental war zwischen Sommer 2008 und Sommer 2009 völlig ungewiss. Niemand konnte sagen, wie sich der Grad der Eigenständigkeit des Unternehmens weiter entwickeln würde, ganz zu schweigen von der finanziellen Überlebensfähigkeit und vom Tempo der allenthalben erhofften konjunkturellen Erholung. Zu allem kam noch die Amtsniederlegung des Vorstandsvorsitzenden Manfred Wennemer, danach das unvermittelte Ausscheiden von Hubertus von Grünberg als Aufsichtsratsvorsitzender Anfang März 2009. Die Kreditverpflichtungen und Finanzierungsforderungen der Banken aus dem Siemens VDO-Kauf lasteten schwer auf dem Unternehmen und das operative Geschäft der Siemens VDO-Geschäftsfelder brachte ernüchternde Ergebnisse hervor, zumal bei einigen von ihnen schnell erheblicher Restrukturierungs- und Sanierungsbedarf sichtbar wurde. „Wir sind energisch in das Jahr 1 der ‚neuen Continental' gestartet", so hieß es in einem Schreiben des Vorstands an die Aktionäre, „wir haben das Jahr ebenso energisch beendet, allerdings ganz anders als erwartet. Statt uns vor allem auf die VDO-Integration und Restrukturierung der Division Powertrain konzentrieren zu können, mussten wir das Unternehmen im zweiten Halbjahr plötzlich wetterfest für die tiefste Krise der Automobilbranche seit Jahrzehnten aufstellen", indem unter anderem das „größte Kostensenkungsprogramm der bisherigen Firmengeschichte" in Gang gesetzt wurde. An der prinzipiell eingeschlagenen langfristigen Strategie und dem unternehmenspolitischen Pfad änderte sich jedoch nichts. Sie stellten auch in den folgenden Jahren sozusagen den Grundpfeiler und das Grundgerüst dar, die die Basis für weitere Transformationen des Unternehmens bildeten.

Die folgende *achte* Transformationsphase ist mit etwa acht Jahren wieder vergleichsweise kurz; sie lässt sich auf die Jahre 2008/09 bis 2017 festlegen. Nach dem atemlosen Umbruch der Vorjahre kam die Entwicklung erst einmal zum Stillstand oder verlor zumindest deutlich an Tempo. Das signalisiert etwa auch die Umsatzstruktur, die sich auf dem Verhältnis von 2008 mit 60 Prozent Automotive und 40 Prozent Rubber auch in den Folgejahren einpendelte. Bei genauerem Hinsehen sind in diesen Jahren aber viele nach außen wenig wahrnehmbare Transformationsprozesse erkennbar. Nach außen deutlich sichtbar war zunächst der personelle Neuanfang im Vorstand wie im Aufsichtsrat. Mit Elmar Degenhart als Vorstandsvorsitzendem, einem insgesamt deutlich verjüngten und auch erweiterten Vorstand sowie Wolfgang Reitzle als Vorsitzendem des Aufsichtsrats gelang es schnell, nach den großen personellen Fluktuationen in der Unternehmensführung in den Wochen und Monaten zuvor die hohen Wogen der Unruhe zu glätten und das Unternehmen in ruhigeres Fahrwasser zu lenken. Die durch die Übernahmeschlacht ausgelöste Verunsicherung im Unternehmen wurde überwunden, die Continental in ein neues Selbstbewusstsein geführt und das Selbstvertrauen gestärkt. Bereits 2010 war das Unternehmen mit einem Umsatz- und Gewinnsprung „zurück auf der Erfolgsspur", wie auch die Medien anerkennend berichteten. Nach harten Monaten eines akuten Krisenmanagements schwenkte die Unternehmenspolitik wieder auf die Weiterverfolgung der Langfriststrategie ein: Das Automotive-Geschäft wurde weiter vorangetrieben, daneben rückte aber auch wieder das Reifengeschäft bzw. Rubber Business ins Blickfeld, das sich in diesen Jahren bald als stärkster und zuverlässigster Ertragsbringer erweisen sollte. Das Unternehmen erlebte eine extensive Expansions- und Wachstumsphase, die diesmal weit mehr als früher aus eigener Kraft resultierte, ohne große Zukäufe zu tätigen. Continental durchlief eine Transformation zu innerer Stärke. Das jahrelang strukturell angeschlagene Unternehmen, dessen Schwächen nach kräftezehrenden Akquisitionsphasen 1990/91 ebenso wie 2007/08 sichtbar geworden waren und es angreifbar gemacht hatten, wurde robuster. Im Geschäftsjahr 2013 wurde der größte Gewinn in der Unternehmensgeschichte – fast 2 Mrd. Euro – verbucht, mit Hilfe dessen eine rasche Reduzierung des erdrückenden Schuldenbergs gelang. „Bei Continental hat eine neue Epoche der Krisenfestigkeit und Zukunftsfähigkeit begonnen", verkündete Degenhart, und Marktbeobachter kürten Continental zum „potenziell am schnellsten wachsenden Autozulieferer der Welt." Nicht beim Umsatz, aber bei der Rendite im Autogeschäft gelang es sogar, den Hauptkonkurrenten Bosch zu überholen.

Mit dazu beigetragen hatten unternehmensorganisatorische Maßnahmen. Die Zusammenarbeit zwischen zentralen Konzernfunktionen, Regionen und Ländern sowie den operativen Organisationseinheiten in den dezentralen Divisionen und Geschäftsbereichen wurde neu geregelt und vor allem die divisionsübergreifenden Funktionen und Aufgaben wurden verstärkt. Zur Steuerung des inzwischen in 46 Ländern mit fast 300 Niederlassungen und Fertigungsstandorten sowie knapp 150.000 Beschäftigten weltweit verzweigten und komplexen Konzerngebildes wurden Netzwerkstrukturen und Netzwerk-Denken eingeführt. Im Jahr 2013 wurde innerhalb des Rubber-Bereichs nun endlich auch eine neue Reifendivision geschaffen, in der die jahrzehntelange synergiehemmende Trennung von Pkw- und Nutzfahrzeuggeschäft, zudem früher auch noch in einem abgesonderten Nordamerika-Reifengeschäft, überwunden wurde. Maßgeblicher Transformationsimpuls war gleichsam flankierend dazu eine Neuausrichtung der Unternehmenskultur, die als Überbau der faktisch bestehenden drei Konzernunternehmen Reifen, ContiTech und Automotive – von denen jeder inzwischen selbst Konzerngröße erreicht hatte – fungieren sollte. Es galt, aus den vielen zusammengekauften Konglomeraten und Geschäftsfeldern einen neuen Continental-Konzern zu schmieden und anstelle der früher dominierenden Kontroll-

Abb. 15: Die 300 Top-Führungskräfte bei der Senior Executive Convention in Hannover Mitte Februar 2011.

Kultur eine bei den Mitarbeitern mehr auf Eigenständigkeit und unternehmerische Fähigkeiten setzende Netzwerk-Kultur zu schaffen. Unter dem Dach von
Continental waren seit 1998 durch Zukäufe und Eingliederungen nicht weniger
als etwa einhundert verschiedene Unternehmenskulturen zusammengekommen.
Über den organisatorischen Zusammenschluss hinaus musste daher nun der kul-
turelle Zusammenschluss gefördert werden, nicht zuletzt als Mittel zur Steuerung
des Konzerns über die Verpflichtung auf einen gemeinsamen Wertekanon.

Mächtige Transformationsimpulse kamen diesmal vor allem aber auch von
außen: Die Unternehmensentwicklung wurde beflügelt von einem langen und
rasanten Konjunkturaufschwung, begleitet von einer nachgerade atemlosen Dynamik der Kapitalmarktentwicklung, die Continental geradezu von einem Um-
satz- und Gewinnrekord zum nächsten jagte und den Kurs der Aktie des Unternehmens, das zum Börsenliebling wurde, in bislang ungekannte Höhen trieb.
Der Boom wurde vor allem von der Nachfrageentwicklung in Asien und hier
vom chinesischen Markt getrieben, der nun auch neuer Schwerpunkt der Unternehmensstrategie wurde. Continental baute in China für alle drei Konzernbereiche neue Werke und eröffnete neue Vertriebsbüros, d. h. man wollte vor Ort
entlang der gesamten Wertschöpfungskette agieren, von der Forschung & Entwicklung, über den Einkauf und die Fertigung bis zum Vertrieb.

Abb. 16: Eröffnung des neuen ContiTech-Werks im chinesischen Hangzhou (2014).

Ein Meilenstein in der ContiTech-Geschichte war auch der Kauf der amerikanischen Veyance Technologies Inc., die frühere Goodyear Engineered Products-
Division, ein Kautschuk- und Kunststofftechnologie-Unternehmen mit 9.000 Be-

schäftigten weltweit und einem Umsatz von umgerechnet 1,5 Mrd. Euro, durch den ContiTech ihre Marktposition im Bereich Schläuche und Transportbänder deutlich verstärkte. Dazu kam auch der Kauf traditionsreicher Oberflächenspezialisten wie der Konrad Hornschuch AG. Massive Veränderungsimpulse und nachgerade Transformationszwänge ergaben sich aber vor allem auch durch den grundlegenden Wandel von Mobilität. Mit hoher Dynamik veränderten sich nicht nur der quantitative Umfang der weltweiten Automobilisierung, sondern mehr noch die Anforderungen an die Transportmittel zur individuellen Mobilität, allen voran durch den auch politisch geforderten und geförderten Umstieg auf Elektromobilität und Autonomes Fahren, wodurch sich die Automobilindustrie dem größten Umbruch in ihrer Geschichte gegenübersah und vor allem auch das Verhältnis zwischen Zulieferer und Erstausrüster zugunsten ersterer auf eine völlig neue Grundlage stellte. Gleichsam flankierend dazu nahm in Form von gesetzlichen Vorgaben zu radikal verschärften Abgasnormen sowie die durch den Klimawandel beschleunigten Forderungen der Gesellschaft an Unternehmen, Umwelt- und Nachhaltigkeitsbelange nicht nur unternehmensstrategisch als Ziel mit zu formulieren, sondern tatsächlich auch in die operative Konzernpolitik einzubauen, der Druck auf eine Veränderung von Continental massiv zu. In der doppelten Zange aus staatlicher Regulierungsökonomie und gesellschaftlichen, moralbasierten Ansprüchen wurden alle Geschäftsbereiche Continentals gezwungen, enorme Anpassungsanstrengungen zu unternehmen, um diesen neuen Anforderungen jenseits der Märkte gerecht zu werden. Das Unternehmen musste sich in seinem Selbstverständnis als Teil der kapitalistischen Wirtschaft und zugleich in seiner Position innerhalb der Gesellschaft hinterfragen lassen. Völlig neue Herausforderungen ergaben sich auch aus der technologischen Entwicklung, bei der nun Software, Künstliche Intelligenz, Cloud-Computing, Hybrid- und Elektroantriebe, Hochgeschwindigkeitszüge und neue Leistungsdimensionen der Kommunikationstechnik bei Internet und Datenübertragung im Mittelpunkt standen.

Nach dem Start Continentals im Jahr 1890 in die wissensbasierte Industrie des 19. Jahrhunderts war das Unternehmen nach dem Durchlaufen zahlreicher Transformationsprozesse im F&E-Bereich nun in der „neuen Wissensökonomie des 21. Jahrhunderts" angekommen. Continental stand und steht dabei vor einem in der Unternehmens- und Technikgeschichte klassischen Problem: dem Übergang von einer alternden oder veraltenden, aber allenthalben noch profitabel zu verkaufenden und ausgereiften Technologie zu einer neuen, in den Anfangsjahren oft noch mit Verlusten und Kinderkrankheiten verbundenen Zukunftstechnologie. Der Übergang vom Verbrennungsmotor zur Elektromobilität dürfte erst zwischen 2025 und 2030 an Fahrt gewinnen, so dass eine vorsichtige Strategie sinnvoll war. „Denn wer zu früh investiert, verbrennt Milliarden. Wer zu spät kommt, verliert den Markt", wie Degenhart 2016 im Brief an die Aktionärinnen und Aktionäre schrieb.

Die „neue Continental" fand sich vielfach auch einer „neuen Welt" gegenüber. Der Spagat zwischen Gewinnerwartungen der Aktionäre und der von den Stakeholdern verstärkt angemahnten Verpflichtung zu Corporate Social Responsibility, Nachhaltigkeit und Umweltbewusstsein wurde immer schwieriger. In diesem Zusammenhang startete das Unternehmen einen weiteren und dazu die Organisation langfristig grundlegend verändernden Transformationsprozess: zu einer „green and sustainable company" zu werden, mit Nachhaltigkeit fördernden Produkt- und Verfahrensinnovationen und dem Ziel, strenge Umweltstandards und Klimaschutz in allen Standorten konzernweit zu realisieren. Sich auf die Fahnen geschrieben und in bunt bebilderten Nachhaltigkeitsberichten öffentlichkeitswirksam präsentiert haben dieses Ziel viele Unternehmen. Aber kaum ein weltweit agierender Konzern wie Continental versucht dies auch so konsequent operativ umzusetzen und Realität werden zu lassen. Die Umsatz- und Beschäftigtenzahlen in diesen acht Jahren der ersten Phase der „Ära Degenhart" markieren daher nur unzureichend den tatsächlichen Transformationsprozess, den Continental durchlief: Aus 20 Mrd. Euro Umsatz (2009) wurden 44 Mrd. Euro (2017), d. h. mehr als eine Verdoppelung trotz des bereits bestehenden hohen Niveaus, aus 133.400 Mitarbeitern wurden im selben Zeitraum 230.700 Beschäftigte. Dahinter verbarg sich tatsächlich eine andere, „neue Continental".

Die steile Erfolgskurve des Konzerns bekam jedoch einen Knick und ging zu Ende, wobei wieder einmal die kumulativen und sich in ihrer negativen Wirkung verstärkenden Effekte unterschiedlicher externer wie interner Faktoren dafür verantwortlich waren. Die *neunte* und bislang letzte Transformationsphase, in der sich Continental augenblicklich befindet, begann etwa 2018 und ihr größter Teil liegt noch in der Zukunft. Als Ende des sich vom Unternehmen selbst auferlegten und explizit verkündeten Transformationsprogramms ist das Jahr 2029 anvisiert, womöglich dauert der Umbruch zu einer „neuen Continental" aber auch länger und liegt außerhalb einer gezielten unternehmenspolitischen Strategie. Der Absturz in die Krise erfolgte durch eine Verschärfung des Jahrhundertumbruchs der Automobilindustrie und der damit zusammenhängenden Absatzeinbrüche im weltweiten Automobilgeschäft, katalysatorisch beschleunigt noch durch den Dieselskandal auf der einen und den kometenhaften Aufstieg des politisch erzwungenen Elektroantriebs auf der anderen Seite. Angesichts Jahr für Jahr sinkender Produktions- und Absatzzahlen in der weltweiten Automobilindustrie stagnierten bei Continental seit 2017 die Umsätze, gleichzeitig aber erhöhte sich der Anteil des Automotive-Geschäfts signifikant auf 71 Prozent des Gesamtumsatzes, die Abhängigkeit vom Schicksal der Automobilindustrie vergrößerte sich damit gerade in einer Phase, in der eine stärkere Abkoppelung krisenmildernd gewirkt hätte. Als Cashcow fungierten jedoch mehr denn je der traditionelle Reifenbereich und auch ContiTech, während der forschungs- und wettbewerbsintensive Automotive-Bereich laufend hohe Investitionen erforderte und 2019 tiefrote Zahlen schrieb. Früher als andere Automobilzulieferer versuchte sich Continental, dem Abwärtstrend der Branche entgegenzustemmen. Zwei Gewinnwarnungen binnen weniger Wochen sorgten 2018 für erheblichen Wirbel, dazu ein im September 2018 verfasster und in der Öffentlichkeit bekannt gewordener Brief des Vorstandsvorsitzenden an die Führungskräfte, in dem „in einem halben dutzend Business Units" Fehlentwicklungen und Managementfehler angeprangert wurden. „Ruf und Aktie von Continental sind angeschlagen – doch die Finanzkraft hoch" titelte das Handelsblatt in seinem Bilanzcheck im April 2019. Das folgende Jahr 2020 war dann schließlich eines jener Jahre in der Unternehmensgeschichte, in dem wieder einmal alle Probleme zusammen kamen: weltweit dramatisch gesunkene Fahrzeugproduktion, die technologische und strukturelle Krise der Automobilindustrie samt Branchenumbruch, Gewährleistungsfälle aus den 90er Jahren und die Konfrontation mit Problemgeschäftsfeldern wie Powertrain sowie nicht zuletzt die Corona-Pandemie und der dadurch ausgelöste dramatische Börsenkrach und die tiefe Konjunkturkrise, deren Dauer niemand vorhersehen kann. Nach langen Jahren der Modernisierungs- und Neubauinvestitionen in Fertigungsstandorte folgte nun wieder eine (dritte) Phase von Werkschließungen und der Abbau bzw. die Verlagerung von Fertigungskapazitäten, in deren Zentrum die verbliebenen Werke in Deutschland stehen, allen voran der Traditionsstandort Aachen.

Kern des vom Vorstand 2019 ausgerufenen Strukturprogramms „Transformation 2019–2029" ist zum einen die Steigerung der Effizienz und Produktivität mittels Portfolio- und Organisationsanpassungen – und als erster Schritt erfolgte die Abspaltung des Geschäftsfelds Powertrain. Der „größte organisatorische Umbruch in der Unternehmensgeschichte" war das allerdings nicht. Die stünde erst mit der von den Investoren immer wieder geforderten Abspaltung des Rubber-Bereichs bevor, um eine eventuelle Expansion im Automotive-Geschäft mit den zahllosen Baukästen für das Auto bzw. die „Mobilität von morgen" zu finanzieren. Der zweite Teil des Strukturprogramms ist die Konzentration auf zukunftsträchtige Wachstumsfelder, ein zunächst vage formuliertes Ziel, das alle Optionen offenhält. Aus einer Sanierungs- und Restrukturierungsphase heraus soll eine neue Veränderungsdynamik entfaltet werden für den nächsten großen Transformationsschritt hin zu einer „neuen Continental". Umsteigen bei Technologien und Ausbau der Kompetenzen und des Selbstverständnisses nicht nur als Mobilitätszulieferer, sondern auch darüber hinausgehend als Mobilitätsdienstleister sind das Ziel. „Wir befinden uns in einer tiefgreifenden Transformation. Sie beeinflusst alles, was unser Geschäft ausmacht: Produkte, Prozesse, Geschäftsmodelle und Strukturen", so formulierte es Degenhart bei Vorlage des Geschäftsberichts für 2019. „Darin stecken große Herausforderungen, aber vor allem große Chancen." Auf dem Weg dorthin sorgte das Unternehmen mit Schlagzeilen wie der künftigen Abschaffung von Rückspiegeln durch integrierte Fahrzeugkameras, Überlegungen zur Herstellung eigener Batteriezellen sowie der Entwicklung und dem Test eines Robo-Taxis, eines autonom fahrenden Shuttle-Kleinbusses mit Elektroantrieb unter dem Kürzel CUbE (Continental Urban Mobility Experience), durchaus für Aufsehen. Dazu kamen Diversifikationsvorstöße in den Bereich Landmaschinen und den Agrarsektor, den man mit moderner Technik und Reifen aus dem inzwischen wieder ins Leben gerufenen Bereich Landwirtschaftsreifen versorgen wollte, um die Abhängigkeit vom Automobilsektor zu verringern. Doch die durch die Corona-Pandemie dramatisch verschärfte Wirtschafts- und Branchenkrise 2020 stoppte erst einmal alle Aktivitäten nahezu, riss eine neue große Lücke in Umsatz und Ertrag des Unternehmens und zwang zur Einleitung eines scharfen Sparkurses. Schon im Juni 2020 erwartete Degenhart Milliardenverluste für die Zulieferbranche wie die Autoindustrie und das schwierigste Quartal in der Continental-Geschichte seit Kriegsende. Die Zahlen zum Ende des Geschäftsjahres fielen dann auch entsprechend düster aus. Der Umsatz ging auf 37,7 Mrd. Euro zurück (−15 Prozent), immerhin wurde der Verlust von 1,2 Mrd. Euro (2019) auf 0,96 Mrd. Euro leicht eingedämmt. Unter den gegebenen Umständen konnte sich das Unternehmen dennoch operativ behaupten. Aber dann kam noch im Herbst der überraschende Rücktritt des Vorstandsvorsitzenden.

Continental befindet sich mitten im Zeitalter der Digitalisierung und nachindustriellen Spätmoderne, und es könnte sein, dass diese Transformationsphase die größte Bewährungsprobe von Continental in ihrer Geschichte ist. Vor allem, ob diese vielen einzelnen Transformationsphasen letztendlich in die eine große Transformation von Continental münden, wie sie der Vorstandsvorsitzende Elmar Degenhart 2019 beschrieben hat, ist keineswegs sicher und mehr Vision als faktische Entwicklung. „Einst wurden wir mit einer Pferdestärke und Hufpuffern groß", so Degenhart. „Heute wachsen wir stärker mit Milliarden Bits & Bytes. Das nennt man Umsatteln: Aus Continental, dem Reifenhersteller, Automobilzulieferer und Industriepartner, ist Continental, der Hersteller von führenden Technologien und Mobilitätsdienstleistungen geworden." Ob dieser Weg „beyond rubber", den Continental als einziges unter den globalen Reifenunternehmen vor fast 30 Jahren eingeschlagen hat und an deren Ende wie niemals zuvor eine „neue Continental" entstehen soll, langfristig erfolgreich ist, wird man vielleicht erst zum 175jährigen Jubiläum im Jahr 2046 wissen. Wie auch immer, der verbindende Kern und das stützende Fundament all dieser Transformationsphasen ist letztlich die Geschichte und historische Entwicklung der Continental. Sie durchlief dabei in einer Gemengelage aus Selbstbestimmtheit, Getriebensein oder auch Zwängen folgend einen Prozess der Metamorphose. Mag sich infolge der verschiedenen Transformationsphasen auch die Sicht auf die eigene Geschichte verändern, die Geschichte selbst ist und wird immer genuiner Bestandteil des Unternehmens sein, sie entzieht sich jeglichen Transformationsprozessen, wird dabei aber auch durch die Zukunft und Gegenwart des Unternehmens immer neu gespeist. Aus der Gewissheit eines Unternehmens, in seiner Geschichte letztlich erfolgreich viele große und kleine Umbruchphasen bewältigt zu haben, dazu diverse staatliche Regulierungsökonomien und wirtschaftliche Ordnungssysteme, von zwei Weltkriegen, einer Hyperinflation, vier Währungsreformen, diversen Börsenkrächen und mindestens fünf Weltwirtschaftskrisen, erwächst aber eine charakteristische Stärke, Zuversicht, Motivation und Verpflichtung, auch die neuen Herausforderungen anzugehen und damit die Erfolgsgeschichte von Continental weiter fortzuschreiben.

Im Folgenden wird keine klassische Unternehmensgeschichte von Continental im Sinne einer chronologisch-thematischen Gesamtgeschichte präsentiert, da sich dadurch zu viele Redundanzen zu bereits bestehenden Untersuchungen zur Continental-Geschichte ergeben hätten. Stattdessen werden acht im Folgenden noch kurz näher beschriebene Themenkapitel in der Form eher historischer Essays präsentiert, die einzelne zentrale Untersuchungsfelder quer durch die gesamte Continental-Geschichte verfolgen. Diese gewissermaßen dekonstruierte Unternehmensgeschichte in sorgfältig rekonstruierten Einzelthemen stellt auch den Versuch dar, eine neue Art von Unternehmensgeschichtsschreibung anstelle des klassischen Narrativs der problemorientierten, letztlich aber doch der Chronologie folgenden Gesamtgeschichte vorzunehmen. Das eine ist dem anderen nicht überlegen und umgekehrt, aber zugegebenermaßen können mit diesem hier gewählten Ansatz auch einige prekäre und bis heute teilweise traumatisch nachwirkende Ereignisse und Entwicklungen in der Unternehmensgeschichte quasi umfahren werden, die sich einer tiefgreifenden, quellenbasierten historischen Analyse zumindest heute noch entziehen. Alle Kapitel sind unabhängig ihres Storytelling-Charakters historisch-kritisch, quellenbasiert und ergänzt durch Informationen aus einer Reihe von Zeitzeugeninterviews erarbeitet worden. Der Einfachheit des Leseflusses geschuldet allerdings ist die Druckfassung ohne Einzelanmerkungen und Quellenbelege, die aber im Zweifelsfall im Continental-Archiv in der dort liegenden Manuskriptfassung nachgesehen werden können. Die Kapitel 1 bis 6 und 9 wurden von Paul Erker verfasst, die Kapitel 7 und 8 von Nils Fehlhaber.

Im *ersten* Kapitel werden prägende Einzelpersönlichkeiten und Entwicklungslinien der Corporate Governance geschildert, angefangen von der 1876 bis 1925 und damit fast 50 Jahre dauernden „Ära Siegmund Seligmann" über die auf ihre Weise gleichfalls prägenden Einfluss hinterlassenden Generaldirektoren Willy Tischbein und danach – obgleich eng mit der NS-Zeit verbunden – Fritz Könecke sowie die Familie Opel, die zwischen Ende der 1920er bis Anfang der 1970er Jahre, mithin fast 50 Jahre, als Großaktionär die Geschicke von Continental mitbestimmte. Nicht zuletzt geht es aber auch um Alfred Herrhausen, den langjährigen Aufsichtsratsvorsitzenden und Vorstand der Deutschen Bank sowie Carl H. Hahn, der das Unternehmen Ende der 1970er Jahre erfolgreich aus der langen Krise führte. Die weitere Entwicklung der Corporate Governance und die turbulente Etablierung der Familie Schaeffler als neuer Ankeraktionär kommen, wenn auch kursorisch, ebenfalls zur Sprache.

Die Identität eines Unternehmens resultiert aber nicht nur aus den es prägenden Führungspersönlichkeiten, sondern maßgeblich aus den dort beschäftigten Menschen. Daher werden im *zweiten* Kapitel die „Continentäler" historisch näher betrachtet, in ihrer Vielfältigkeit und im Kontext des Wandels der Fertigungsorganisation, der Umbrüche der Arbeitswelt und des Schicksals einzelner Werke. Im *dritten* Kapitel geht es dann um Kautschuk und eine kurze Geschichte der Transformation eines Schlüsselrohstoffs, aber auch um Ressourcenmanagement vor dem Hintergrund von Umweltbewusstsein und Nachhaltigkeitsforderungen. Das *vierte* Kapitel nimmt das nach wie vor prägende und auch praktisch letzte sichtbare Produkt des Unternehmens unter die Lupe: den Continental-Reifen. Es geht darin nicht nur um die Innovationszyklen eines über 130 Jahre alten Hightech-Produktes, sondern auch um dessen sich verändernden Stellenwert in dem im Laufe der Geschichte zahlreichen Veränderungen unterworfenen Produktportfolio von Continental.

Das *fünfte* Kapitel untersucht die wechselvolle Geschichte der Continental-Aktie, ein bislang in der Geschichte von Unternehmen generell kaum praktizierter und stark vernachlässigter Aspekt, obwohl die Entwicklung der Aktie hochspannend ist und wie kaum etwas anderes mit spektakulären Höhenflügen und massiven Abstürzen ein Seismograph der Unternehmensentwicklung darstellt. Marketing, Werbung und die Geschichte der Marke Continental sind Gegenstand des *sechsten* Kapitels. Auch diese Perspektive – Unternehmensgeschichte als sozusagen lebenszyklische Markengeschichte – ist bislang wenig angewendet und als historische Analyse umgesetzt worden. Das *siebte* Kapitel zeichnet die Phasen der frühen, eher zögerlichen und verspäteten, zeitweise von Kriegen geprägten, dann im Zeichen von Konkurrenzkampf und Fusionsbewegungen der Branche stehenden Internationalisierung und Globalisierung der Continental nach. Im *achten* und letzten Kapitel geht es schließlich unter dem Titel „zwischen Vision und Spekulation" um die Zukunft von Continental. Zum einen werden die zu verschiedenen Zeiten vorherrschenden jeweiligen Zukunftsentwürfe im Unternehmen nachgezeichnet, zum anderen aber auch – zugegebenermaßen zum Teil höchst subjektiv entwickelte – potenzielle Szenarien für die „neue Continental" entworfen, wie diese sich im Jahr 2046 zum 175jährigen Gründungsjubiläum präsentieren könnte.

Die Kapitel stehen untereinander in keinem Argumentationszusammenhang, d. h., sie können in beliebiger Reihenfolge gelesen werden. Erst nach der gesamten Lektüre ergibt sich aber ein differenziertes Gesamtbild der ebenso komplexen wie spannenden Geschichte der Continental in den vergangenen 150 Jahren, das als Orientierungswissen fungieren kann, auf dessen Basis der Blick auch auf die kommenden Jahre gelenkt wird. Unternehmensgeschichte als Zeitgeschichte ist keine lineare Fortschritts- und Erfolgsgeschichte, sondern „Problemerzeugungsgeschichte" (Hockerts), d. h. sie analysiert, wie die Probleme der Gegenwart entstanden sind und kann dadurch dafür sensibilisieren, wo Probleme in der Zukunft liegen könnten. Sie entzieht sich damit auch einer Instrumentalisierung für außerwissenschaftliche ideologisch motivierte Identitätskonstruktionsbedürfnisse, schafft aber gleichzeitig sozusagen als „Deutungswissenschaft der Gegenwart" (Wirsching) eben gerade dadurch die Voraussetzung für eine reflektierte und kritisch-distanzierte Identifikation mit dem Unternehmen und ein entsprechendes unternehmerisches Selbstverständnis. Unternehmen sind wie Demokratien „auf die kontinuierliche Vergegenwärtigung ihrer Geschichte" (Schlotheuber/Conze) angewiesen, um in der Zukunft als an Werten und Normen einer „social responsibility" verpflichtete kapitalistische Organisationen bestehen zu können. Gründungsjubiläen sind nur besondere Brennpunkte dieser prinzipiell permanenten Auseinandersetzung mit den unternehmensinternen wie -externen Entwicklungen ‚seit gestern'.

2 Von Gründungskonsortien, Großanlegern und Ankeraktionären. Zur Corporate Governance und einigen prägenden Persönlichkeiten in der Continental-Geschichte

Die wechselvolle Geschichte der Corporate Governance bei Continental, d. h. die Struktur der Führung und Kontrolle des Unternehmens und die dahinterstehenden prägenden Personen, muss erst noch im Detail geschrieben werden. Das gilt vor allem für die Gegenwart und die noch lebenden Personen, für die eine historische Einordnung auch aus quellenkritischen Gründen unter anderem analytische Probleme aufwirft. Aus der Reihe der Führungspersönlichkeiten können zudem aus Platzgründen nur einige wenige herausgegriffen werden. Weder die früheren Generaldirektoren Georg Heise und Wilhelm Siercke, die die später in der Continental aufgegangene Excelsior AG maßgeblich geprägt haben, noch Industriepioniere wie Louis Peters, Alfred Teves und Adolf Schindling, die ihrerseits später den von Continental übernommenen Unternehmen ihren Stempel aufgedrückt hatten und damit auch Teil der großen Continental-Geschichte wurden, können im Folgenden näher behandelt werden.

Siegmund Seligmann: Aufbruch zum modernen Großunternehmen

Die Gründungsaktionäre und Hauptanteilseigner, die bei Continental als Aufsichtsräte das Sagen hatten, waren ein illustrer Kreis aus vor allem hannoverschen Privatbankiers, deren jüdischer Konfessionshintergrund erst Jahrzehnte später überhaupt ins Bewusstsein kommen und dem von außen aus ideologischen Gründen politische Relevanz zugeschrieben werden sollte. Ihre Namen waren Ferdinand Meyer, Moritz Magnus, Bernhard Caspar, Theodor Rosenthal, Hermann Peretz, Julius Mendel und Jakob Goldschmidt, die jahrelang – Caspar sogar 21 Jahre – als Aufsichtsratsmitglieder oder -vorsitzende agierten und maßgeblichen Einfluss ausübten. Gegenüber den Bankiers hatten die ebenfalls im Gründungskonsortium vertretenen vier Fabrikanten und Kaufleute nicht viel zu sagen, nicht zuletzt, da das Bankhaus Magnus 1874 im Zuge der Kapitalbeteiligung sowie vor allem aufgrund bald aufgelaufener ungedeckter Forderungen von 300.000 Mark mit knapp 30 Prozent Hauptanteilseigner geworden war. Mo-

https://doi.org/10.1515/9783110731613-002

ritz Magnus war nicht nur als Besitzer der Grundstücke an der Vahrenwalder Straße der wichtigste der neun Gründer gewesen, sondern hatte auch aus gutem Grund zwischen 1874 und 1876 die Initiative zur notwendigen Sanierung von Continental ergriffen. In der Folgezeit baute Magnus seinen Anteil weiter aus und verfügte zusammen mit dem Bankhaus Peretz 1879 über 57 Prozent der Continental-Anteile. Ab 1888 hatte Magnus denn auch für neun Jahre bis zu seinem Tod 1897 den Aufsichtsratsvorsitz inne. In diesen Jahren vollzogen sich allerdings auch Anteilsverschiebungen. Bereits im Jahr 1880 war das Bankhaus Caspar als Anteilseigner eingestiegen. Bernhard Caspar, gleichfalls ein jüdischer Privatbankier, hatte 1874 seine eigene Bank gegründet und war durch erfolgreiche Kapitalbeteiligungen an damals aufstrebenden Handels- und Industrieunternehmen zu Vermögen gekommen und daher schnell auch auf die aufstrebende Continental aufmerksam geworden. Auf der Generalversammlung 1882 vertrat er bereits 500 Aktien und verfügte damit über 35,7 Prozent der anwesenden Aktionärsstimmen. 1897 übernahm Caspar den Aufsichtsratsvorsitz und hatte diese Position bis 1918 inne. Er war eine der zentralen Figuren im damaligen Hannoverschen Wirtschafts- und Finanzbürgertum, bestens vernetzt in der lokalen wie regionalen Vereins- und Stiftungsszene, er saß in diversen weiteren Unternehmen und Bankhäusern im Aufsichtsrat und genoss auch als Generalkonsul des Königreichs Schweden hohes Ansehen.

Abb. 17: Bernhard Caspar (1844 bis 1918).

In der Folgezeit verschoben sich dann die Anteilseigner- und damit auch Kontrollstrukturen praktisch nicht, trotz der seit 1897 in rascher Reihenfolge durchgeführten Kapitalerhöhungen und der damit erstmals auch im Börsenhandel zu erwerbenden Continental-Aktien. Die jungen Aktien wurden regelmäßig von einem Konsortium aus vier Bankhäusern – Magnus, Mendel/Rosenthal, Caspar und Peretz – übernommen und quasi untereinander aufgeteilt. Nach der Jahrhundertwende mischten aber auch verstärkt die Aktienbanken als Anteilseigner mit, darunter seit 1902 etwa die Hannoversche Filiale der Dresdner Bank, allerdings ohne nennenswerte Anteile anzuhäufen. Zwar hatte auch die Darmstädter Bank zu diesem Zeitpunkt bereits einige Hannoversche Privatbanken übernommen und war so in den Besitz von Continental-Aktien gekommen, und 1907 wurde das Bankhaus Magnus von der Commerz- und Discontobank aufgekauft. Dennoch blieben die Anteile unter dem Strich vergleichsweise gleichmäßig verteilt. Auf der Generalversammlung im April 1907 vertrat das Privatbankhaus Mendel & Rosenthal mit 18,4 Prozent den größten Anteil an Continental, die übrigen Bankhäuser Commerz- und Discontobank, Dresdner Bank, Bernhard Caspar und Emil Arnstädt jeweils zwischen 10 und 11 Prozent. Unter den Kernanteilseignern von Continental kam es dabei durchaus zu Konflikten, vor allem im Mai 1907. Es ging um einen zum Verkauf anstehenden Anteil von Aktien im Wert von 180.000 Mark nominal, was 3 Prozent des damaligen Grundkapitals von 6 Mio. Mark entsprach. Eduard Magnus, der inzwischen das Bankgeschäft des Vaters und auch dessen Sitz im Continental-Aufsichtsrat übernommen hatte, sollte sich im Namen des Konsortiums um den Verkauf kümmern, allerdings unter der ausdrücklichen Maßgabe, dass der engere Kreis, in dem sich bisher die Aktienmajorität des Unternehmens bewegte, nicht durch neue Anteilseignergruppen durchbrochen wurde. Als Bernhard Caspar dann aber erfuhr, dass Magnus tatsächlich schon erhebliche Anteile der zum Verkauf stehenden Aktien an die Hannoversche Bank sowie die Commerz- und Discontobank vermittelt hatte, war der Ärger groß. Und dies umso mehr, als sich Caspar schon bei der einige Jahre zuvor erfolgten Einführung der Continental-Aktien an der Dresdner Börse von Magnus hintergangen gefühlt hatte, da sich Magnus und Peretz diesbezüglich „hinter meinem Rücken mit der Dresdner Bank in Verbindung gesetzt [hatten]". Bis 1913 kristallisierte sich schließlich eine Dreiergruppe der Bankanteilseigner heraus, mit Bernhard Caspar (11,7 Prozent Stimmrechtsanteile), Rosenthal & Mendel (15 Prozent) sowie der Commerzbank-Filiale Hannover (18,8 Prozent), die es mithin letztlich doch geschafft hatte, in den Kreis der früheren Kernanteilseigner einzudringen.

Die Ära der lokalen Privatbankiers als Großanteilseigner bei Continental dauerte bis zum Ende des Ersten Weltkriegs. Dann gab es im Zuge der Inflation und des inzwischen erfolgten Niedergangs der Privatbankiers zugunsten der schnell dominierenden Aktienbanken grundlegende Änderungen. Zunächst aber hatten die letztlich doch stabilen Anteilseignerstrukturen für den Vorstand Sicherheit bedeutet, um auch eine langfristig angelegte Unternehmenspolitik betreiben zu können. Seit Januar 1878 hatte dabei der damals gerade 25jährige Siegmund Seligmann das Sagen, obwohl noch Prokurist und erst im September 1879 zum Vorstand gewählt. Seligmann hatte 1876 zunächst noch als Angestellter des Bankhauses Magnus in dessen Auftrag das Sanierungsgutachten für die angeschlagene Continental erstellt, war dann im April 1876 ins Unternehmen eingetreten und hatte mit dem Vertrauen des damaligen Großaktionärs Magnus im Rücken schnell Karriere gemacht. Damit begann die Ära Seligmann in der Continental-Geschichte, die bis zu dessen Tod im Jahr 1925 dauern sollte. Seligmann teilte sich das unternehmenspolitische Geschäft mit dem schon seit 1874 bei Continental tätigen und 1876 zum Vorstandsmitglied ernannten Chemiker Adolf Prinzhorn. Letzterer war für die technische Leitung und für die Produktion zuständig, Seligmann kümmerte sich als kaufmännischer Leiter um den Verkauf und alle finanziellen Angelegenheiten. Beide teilten sich dabei in den ersten Jahren ein gemeinsames Büro. „Die Direktion las morgens früh gemeinsam die gesamte eingehende Post", so hieß es in einer Zeitzeugenerinnerung.

> Nach Beendigung ging Herr Prinzhorn in die Fabrik, während Herr Seligmann die Post verteilte und dabei wichtige Briefe dem Prokuristen Bühren selbst diktierte. Der betreffende Lehrling, der für prompte Erledigung der eingehenden Aufträge verantwortlich war, erhielt die eingehenden Reklamationen von Herrn Seligmann mit entsprechenden Vorwürfen und musste Herrn Seligmann später Bescheid geben, wann die reklamierte Ware die Fabrik verlassen würde. [...] Seligmann sorgte auch für die strenge Einhaltung der Betriebsordnung; z. B. stand er oft morgens kurz vor Geschäftsbeginn am Fenster seines damaligen Büros an der Haupteinfahrt Vahrenwalder Straße mit der Taschenuhr in der Hand, um zu sehen, wer nicht pünktlich zum Dienstantritt erschien. [...] Die Auszahlung der Weihnachtsgratifikation gestaltete Seligmann zu einer feierlichen Handlung, indem er einer erheblichen Anzahl von Mitarbeitern die Jahreszuwendung kurz vor Weihnachten persönlich in Goldstücken auszahlte, woran sich noch nach Jahrzehnten seine früheren Mitarbeiter mit Freude und Stolz erinnerten.

Es kursierten bald viele Anekdoten und Legenden um Seligmann, die sich schnell zu einem regelrechten Personenkult entwickelten. Das lag nicht zuletzt daran, dass der junge Vorstand aus der angeschlagenen Continental in wenigen Jahren eine regelrechte Gewinnmaschine mit immer neuen Rekorden bei den ausgeschütteten Dividenden machte, von der zunächst vor allem die Aktionäre, aber auch die Arbeiterschaft profitierten. Und das schon vor dem Einstieg in das Reifengeschäft, das erst im Laufe der 1890er Jahre einen nennenswerten Umfang

Abb. 18: Siegmund Seligmann
(1853 bis 1925).

Abb. 19: Das gemeinsame Vorstandszimmer (Direktorenbüro)
von Prinzhorn und Seligmann 1890.

bekam und dessen Zukunftsträchtigkeit zunächst keineswegs so sicher war, wie es im Rückblick erscheinen mochte. Fahrräder und erst recht Automobile waren noch teure, vielfach maßgeschneiderte Luxusgüter, die mindestens bis zur Jahrhundertwende weit davon entfernt waren, Massenkonsumgüter und in Großserie hergestellte Mobilitäts- bzw. Verkehrsmittel zu sein. Das Geschäft in den ersten zehn Jahren von Seligmanns Vorstandsperiode machte Continental mit technischen Gummiprodukten und Spielsachen, vor allem Gummibällen – deren lukratives Geschäft in einer Gummiball-Konvention sämtlicher Hersteller kartellmäßig organisiert war. Dazu kamen Ballonstoffe für die sich entwickelnde Luftschifffahrt und weitere Produkte, die sich aus den nahezu unendlichen Anwendungsgebieten des Rohstoffs Kautschuk ergaben, je intensiver man sich damit wissenschaftlich und anwendungstechnisch beschäftigte.

Seligmann entwickelte bald ein ganzes Paket an unternehmensstrategischen und unternehmenspolitischen Maßnahmen. Er verständigte sich zunächst mit der benachbarten und potenziell konkurrierenden Hannoverschen Gummi-Kamm-Compagnie, der späteren Excelsior, auf eine Abgrenzung der Produktions- und Absatzgebiete, die allerdings schon bald infolge der Geschäftsdynamik der Continental gesprengt wurde; Seligmann forcierte früh auch schon das Exportgeschäft und erwarb dazu Anfang der 1890er Jahre strategische und auch finanziell lukrative Beteiligungen am führenden belgischen Gummiunternehmen Manufacture Liégoise des Caoutchouc O. Englebert, Fils & Co. sowie der Österreichisch-Amerikanischen Gummi-Waaren-Fabrik, Wien, aus der später Semperit hervorgehen sollte. Die sich zeitweise bietende gänzliche Übernahme von Englebert und damit die eigentlich verlockende Chance, zum internationalen Unternehmen zu werden, nahm man aber – aus sehr wohl erwogenen Gründen wie der andernfalls drohenden Verzettelung der Managementenergien und des viel zu hohen Preises – nicht wahr. Konkretere Pläne gab es dagegen 1903 zum Erwerb der deutschen Dunlop-Gesellschaft in Hanau und der gleichzeitigen Gründung einer Continental-Fabrik in England, was eine kapitalmäßige Verflechtung mit der sich gleichzeitig als Gummikonzern ebenfalls dynamisch entwickelnden britischen Dunlop Company bedeutete. 1904 wurden tatsächlich 20.000 Dunlop-Aktien zum Kurs von 600 Prozent, damals in Prozent des Nominalwertes der Aktie gerechnet, erworben. Kauf und Auslandsgründung kamen dann aber nicht zustande. Ergänzt wurde die Exportstrategie durch eine doppelte Innovationsstrategie: Einerseits wurde das früh aufgebaute Zentrallaboratorium mit den eigenen F&E-Aktivitäten weiter ausgebaut, andererseits aber durch eine Patentpolitik, vor allem durch den rechtzeitigen Erwerb von wertvollen Bereifungspatenten, flankiert. Nicht zuletzt vernachlässigte Seligmann trotz des bald boomenden Reifengeschäfts nicht die anderen Geschäftszweige und trieb die Diversifikation des Produkportfolios weiter voran. „Der neuaufgenommene Artikel ‚wasserdichte Kleidungsstücke' hat sich bereits im ersten Jahre zu unserer Zufriedenheit entwickelt", schrieb er im Geschäftsbericht von 1912. Damit unterschied sich Continental von den anderen großen europäischen Gummiunternehmen wie Michelin und Dunlop, die sich zu dieser Zeit fast ausschließlich zu Reifenkonzernen entwickelt hatten. Und schließlich verfolgte Seligmann auch eine kluge Strategie der Kapitalbeschaffung durch die Ausgabe neuer Aktien im Zuge von Kapitalerhöhungen und der Begebung von Unternehmensanleihen und Hypotheken, die das Rückgrat dafür war, dass die rasante Expansion und die dafür erforderlichen hohen Investitionen nicht an Fahrt verlieren würden. In geradezu atemberaubendem Tempo stieg das Grundkapital Continental von einst 900.000 Mark auf 15 Mio. Mark im Jahr 1913.

Seligmanns Unternehmenspolitik war in vielem modern und erhielt umso größere Anerkennung auch der damaligen Zeitgenossen, da sich die Unternehmensführer in diesen Jahren mit zum Teil höchst widrigen wirtschaftlichen und politischen Rahmenbedingungen konfrontiert sahen. Die zunächst rasch aufkommende Fahrradindustrie, die einer der Hauptabnehmer von Continental war, durchlief um die Jahrhundertwende mehrere zyklische Konjunktur- und Absatzkrisen. Wegen der scharfen Krise der Fahrradindustrie 1898 etwa hielt es Seligmann für ratsam, 300.000 Mark vorsorglich zurückzustellen. Die Fahrradbranche befand sich inmitten eines Transformationsprozesses, unter anderem in Richtung der Weiterentwicklung zum Automobilhersteller. Damit war auch das Erstausrüstungsgeschäft von Continental immer wieder erheblichen Schwankungen ausgesetzt. Die junge Automobilindustrie ihrerseits jedoch befand sich noch in einem Entwicklungsstadium, in der eher maßgeschneiderte Limousinen für vermögende Herrenfahrer und verschiedene Optionen der Antriebstechnik das Bild bestimmten. Anfang Juli 1907 etwa richtete die in Österreich residierende Société Mercedes Electrique, die mit der Daimler-Motoren-Gesellschaft verbunden war, offenbar auf Seligmanns Anfrage hin ein Schreiben an diesen, in dem man auf das sich lukrativ entwickelnde Geschäft mit rein elektrischen Personenkraftwagen sowie die Fertigung von elektrischen Probe-Bussen für die Berliner Omnibus-Gesellschaft hinwies und damit beste Aussichten hinsichtlich einer möglichen Kapitalbeteiligung formulierte. Dazu kamen eine Reihe weltpolitischer Ereignisse, die den Exportabsatz nachhaltig tangierten und oft auch gleichzeitig die Preise für den Rohstoff Kautschuk unerwartet in die Höhe trieben oder zumindest höchst spekulativen Transaktionen unterwarfen. Im April 1894 etwa beklagte Seligmann gegenüber dem Aufsichtsrat, dass das Geschäft

„durch die Revolution in Brasilien, die Finanzkrise in den Vereinigten Staaten sowie den ungünstigen Silberpreis" litt. Dazu kam ein Zollkrieg des Deutschen Reichs mit Russland, den man aber wegen des dort noch kaum vertretenen Engagements der Continental relativ gelassen sah. Nur wenige Jahre später erschütterten ein Krieg in Südafrika und „chinesische Wirren" die Weltpolitik, vor allem aber stellte der seit 1901 von der Reichsregierung angezettelte Handels- und Zollkrieg Deutschlands mit Frankreich das Geschäft von Continental in Frage. Schon seit Jahren lieferten sich Continental und Michelin auf den jeweiligen Heimat- wie Exportmärkten einen erbitterten Preiskrieg, der oft von scharfen nationalistischen Tönen begleitet war. Vor allem seit Continental kurz nach der Jahrhundertwende in Clichy bei Paris eine eigene Reifenfertigung aufzuziehen versuchte, tobten heftige Auseinandersetzungen, die 1904 auch in einen Rechtsstreit vor französischen Gerichten gemündet waren, durch die Michelin Continental den Marktzutritt verbieten wollte. Ungeachtet dieser Konfrontationen versuchte Seligmann jedoch, inzwischen auch Präsident des Zentralvereins der deutschen Kautschukindustrie, politisch Einfluss auf die Berliner Regierungsstellen zu nehmen, um eine Wende in der aus seiner Sicht höchst schädlichen Schutzzollpolitik und den Abschluss neuer, das Exportgeschäft fördernde Handelsverträge mit anderen Staaten zu erreichen. Wenig später erschütterte 1908 eine neue Weltfinanzkrise die Geschäfte, „die auch an unserem Etablissement, dessen Beziehungen sich über die ganze Erde erstrecken, nicht unbemerkt vorübergehen konnte", wie Seligmann auf der Generalversammlung 1909 berichtete. Das Management, von Unsicherheiten der damaligen Zeit geprägt, stand in nichts den heutigen Herausforderungen über 100 Jahre später nach.

Siegmund Seligmanns Nimbus als Nestor der deutschen Gummiindustrie und vor allem als die Fäden ziehende und lenkende Figur hinter dem beispiellosen Aufstieg Continentals war bereits zur Jahrhundertwende so groß, dass das 25jährige Dienstjubiläum als „Direktor der Weltfirma Continental" im April 1901 nicht nur der „Gummi-Zeitung" einen ganzseitigen Artikel wert war, sondern im Unternehmen selbst und auch darüber hinaus in Hannover ein regelrechtes gesellschaftliches Ereignis darstellte. Vom Aufsichtsrat wurde Seligmann als Erinnerung und Würdigung die Nachbildung eines Gummibaums in Silber überreicht, die Werkbeamten schenkten ein Fotoalbum mit Ansichten der Fabrik, sämtlichen Filialen und dem kaufmännischen Personal, und der jüngste Lehrling der Continental brachte auf der Klappentrompete ein Quartett mit dem Titel „Die Entwicklung aller Fahrgelegenheiten von der Postkutsche an bis zum heutigen Automobil" zur Aufführung. Dann marschierte die versammelte Gesellschaft von inzwischen 1.200 Menschen zum Hannoverschen Festsaal des Arbeitervereins, wo eine Deputation der Arbeiter ebenfalls ein Fotoalbum überreichte, gefolgt von einem Festspiel und sogenannten „Lebenden Bildern" aus der Geschichte des Kautschuks und des Unternehmens, die der Werkverein einstudiert hatte. Den Abschluss bildeten ein eigens komponiertes „Lied vom Gummi" und der Zapfenstreich „Rohgummi", ehe das Fest mit bunt durcheinander tanzenden Frauen und Männern, Arbeitern, technischen Beamten, Direktoren, Prokuristen, Werkmeistern und Aufsichtsräten endete. Seligmann genoss zweifellos auch bei der Arbeiterschaft großes Ansehen, was mit einer durchaus intensiv und bewusst als loyalitätsstiftend betriebenen betrieblichen Sozialpolitik zusammenhing, die Continental weit von den übrigen Unternehmen und Firmen nicht nur Hannovers abhob. Es gab eine Betriebskrankenkasse, Werkwohnungsbau, Zahlung von Lohnausfall während des Sommerurlaubs und nicht zuletzt auch eine individuelle Lebensversicherung über 5.000 Mark für die Angestellten, aber auch über 1.500 Mark für die Arbeiter nach 10jähriger Betriebszugehörigkeit, über die der Betroffene dann nach seinem 65. Lebensjahr verfügen konnte. Es war dann auch kein Wunder, dass Continental vor dem Ersten Weltkrieg von Streiks und Arbeitskonflikten verschont blieb. Selbst die sozialistische Presse der damaligen Zeit nannte Seligmann mehr anerkennend als kritisierend den „obersten Lohnarbeiter der Continental".

Das traf es einerseits tatsächlich, stimmte andererseits aber auch nicht. Seligmann war angestellter „Manager", dessen Verträge nach Ablauf durch den Aufsichtsrat jedes Mal um zehn Jahre verlängert und dabei auch das entsprechende Gehalt und die Tantiemen festgelegt wurden. Gleichzeitig besaß Seligmann aber auch zum Teil erhebliche Anteile an Continental-Aktien und war damit auch Eigentümer-Unternehmer, und als solcher verstand er sich selbst auch. Auf der Generalversammlung 1905 vertrat der Continental-Vorstand zusammen 533 Stimmen, das waren 15 Prozent des anwesenden Kapitals, und den größten Anteil daran besaß Seligmann mit 349 Stimmen. Dem Aufsichtsrat gegenüber traten er und vor allem auch Prinzhorn mithin höchst selbstbewusst auf, vor allem wenn es um die Frage der Verteilung des Gewinns und die Tantiemeregelung ging. Vor allem 1907 war es darüber zu einem handfesten Konflikt gekommen, den vor allem Prinzhorn mit seiner Forderung nach stärkerer Berücksichtigung des Vorstands zu Lasten der Ausschüttungen an den Aufsichtsrat bzw. mit seinem Widerstand gegen eine Tantiemen-Gleichstellung von Vorstand und Aufsichtsrat angezettelt hatte, dabei aber auch von Seligmann unterstützt worden war. Der Streitpunkt blieb ungelöst und wurde vertagt, da Prinzhorn 1908 seinen Rückzug aus dem Vorstand ankündigte und daraufhin in den Aufsichtsrat wechselte, ein zur damaligen Zeit höchst ungewöhnlicher

Schritt. Doch ungeachtet dessen sollte das Thema im Frühjahr 1916 erneut auf den Tisch kommen, und diesmal war es Seligmann selbst, der mit dem Aufsichtsratsvorsitzenden Caspar in eine Kontroverse geriet. Es ging um die sich inzwischen auf Millionen Mark summierenden stillen Reserven, die angehäuft worden waren, bei den Tantiemeberechnungen jedoch unberücksichtigt blieben. Seligmann wehrte sich dagegen und forderte eine umgehende Neuberechnung der Tantiemen. Das Verhältnis der drei Elemente, in die der Reingewinn zerfiel, nämlich Dividende, Tantieme und Gewinnvortrag, der in die stillen Reserven floss, sollte neu bestimmt werden und dabei vor allem der Betrag der Tantieme in ein gewisses Verhältnis zum Betrag der Dividende gebracht werden, womit die Leistung der Vorstandsmitglieder, die ja den Gewinn erwirtschaftet hatten, angemessen gegenüber den Aktionären berücksichtigt wurde.

So wie Seligmann sich auch als Eigentümer-Unternehmer fühlte, verstanden sich aber auch Teile des Aufsichtsrats nicht nur als reines Kontroll- und Überwachungsorgan, sondern leiteten für sich durchaus die Berechtigung zur Einmischung in das operative Geschäft ab. Vor allem wenn es um das Auslandsgeschäft ging, waren eine Reihe von Aufsichtsräten „im Interesse unserer Gesellschaft tätig" gewesen, wie es dazu in einer Notiz von Bernhard Caspar von 1903 hieß. „Kommerzienrat Coppel war zum wiederholten Male in Paris, ich selbst auch in Frankreich und England tätig, eine größere Commission hat im Inland in sehr langen Verhandlungen in wichtiger Angelegenheit gemeinschaftlich mit dem Vorstande gewirkt und sobald irgendwelche besonderen Momente es erheischen, steht der Aufsichtsrat bzw. die Mitglieder desselben in fortlaufendem Connex mit der Direktion." Davon, dass Seligmann dabei im Laufe seiner Vorstandsjahre auch aktiv Einfluss auf die Zusammensetzung des Aufsichtsrats vor allem in Richtung einer Lösung der zu engen Verflechtung mit dem Bankgewerbe und dessen Einfluss genommen habe, wie später einmal behauptet wurde, kann jedoch keine Rede sein. Nennenswerte Neuberufungen in den Kreis der Continental-Aufsichtsräte von Persönlichkeiten außerhalb des Bankensektors wie 1889 oder 1891 hatten mit familiär-verwandtschaftlichen Entwicklungen zu tun. Seligmann war seit 1883 mit Johanna Coppel verheiratet, der Tochter des Solinger Stahlwarenunternehmers Gustav Coppel, der auch im Felgengeschäft und damit gleichfalls als Automobilzulieferer tätig war. Coppel erwarb zeitweise bis zu 17 Prozent der Continental-Anteile und saß bis zu seinem Tod 1914 im Aufsichtsrat, dessen Sitz später sein Sohn übernahm. Im anderen Fall war es 1880 die Heirat von Adolf Prinzhorn mit Marie Günzler, der Tochter des Hofkammerdirektors Ernst von Günzler gewesen, die mittelbar zu einem, wenn auch kurzzeitigen Eintritt des Vaters in den Continental-Aufsichtsrat geführt hatte. Es mag aber durchaus sein, dass die Berufung des Stadtdirektors, sprich Ersten Bürgermeisters, von Hannover, Heinrich Tramm, im April 1903 in den Continental-Aufsichtsrat auf das Betreiben Seligmanns zurückging. Ein kluger politischer Schachzug war es allemal, den höchsten und einflussreichen Kommunalbeamten direkt in das Unternehmen einzubinden, wogegen sich allerdings schon damals massive Kritik in der Öffentlichkeit erhob und auf den abzusehenden Konflikt zwischen Unternehmens- und Kommunalinteressen hingewiesen wurde.

Auch in der Folgezeit wurde jeder Geburtstag und jedes Dienstjubiläum Seligmanns mindestens ebenso groß gefeiert wie die Gründungsjubiläen des Unternehmens selbst. Mit der erzwungenen Unterbrechung des Aufstiegs von Continental durch den Ausbruch des Ersten Weltkriegs reduzierte dann aber Seligmann sein Arbeitspensum in der Unternehmensleitung und überließ das Feld zunehmend seinen Vorstandskollegen. Schon vor dem Ausscheiden Prinzhorns waren 1905 Albert Gerlach und 1907 Willy Tischbein in den Vorstand berufen worden, der Erste war für die technische Leitung, Tischbein für den Vertrieb und vor allem das Reifengeschäft zuständig, während sich Seligmann auf die Finanzen und das Geschäft mit technischen Produkten konzentrierte. Obwohl ihm formal der Titel des Generaldirektors zustand, verzichtete Seligmann explizit darauf und agierte neben seinen Vorstandskollegen lieber als Gleicher unter Gleichen. Noch vor Kriegsende war Edgar Seligmann, der einzige Sohn, nach Abschluss seines Jurastudiums ebenfalls in die Continental eingetreten und 1921 bereits zum Vorstandsmitglied berufen worden. Eventuell sah der Vater hier den erwünschten Nachfolger und Vollender seines Lebenswerks, aber tatsächlich hatte zu diesem Zeitpunkt bereits Willy Tischbein die Fäden der Unternehmensführung in der Hand. Wenn es allerdings um die Continental in der Öffentlichkeit ging, dann stand nach wie vor Seligmann an erster Stelle, wie etwa 1914 unmittelbar nach Kriegsbeginn.

Seligmann war kaisertreu, aber parteipolitisch nicht engagiert, so dass auch nach dem Umbruch von 1918 sein Ansehen ungebrochen war. 1921 erhielt er anlässlich des 50jährigen Gründungsjubiläums von Continental die Ehrendoktorwürde der Technischen Hochschule Hannover, mit der seine großen Verdienste zur erfolgreichen Förderung wissenschaftlicher Forschung auf dem Gebiet der Gummiindustrie gewürdigt wurden; 1923 wurde er zum Ehrenbürger der Stadt Hannover ernannt. Ob diese Ehrenbürgerschaft „erkauft" worden ist, wie später behauptet, mag bezweifelt werden. Am 12. Oktober 1925 starb Seligmann an den Folgen einer Lungenentzündung mit 72 Jahren. Im Verwaltungsgebäude der Continental fand wenig später eine große Trauerfeier statt, auf der von zahlreichen

Honoratioren aus Politik und Wirtschaft Nachrufe auf seine Verdienste verlesen wurden. Der Todestag war ein Dienstag gewesen, von Mittwoch bis Donnerstag ruhte für 24 Stunden der gesamte Betrieb im Unternehmen. Als Seligmann die Leitung von Continental übernommen hatte, zählte die Belegschaft gerade einmal 261 Arbeiter, zehn Jahre später waren es mit knapp 500 fast doppelt so viele, 1913 waren es knapp 7.700 Beschäftigte und bei seinem Tod 1925 sollten es ca. 14.500 sein. Der ausgewiesene Reingewinn kletterte von knapp 100.000 Mark (1880) auf ca. 400.000 Mark im Jahr 1891, d. h. noch in der Vor-Reifen-Ära, um dann 1913 mit 8,7 Mio. Mark das bisherige Rekordergebnis in der Unternehmensgeschichte zu erreichen. „Der Mann und das Werk sind eins" hatte es damals immer wieder geheißen, d. h. Seligmann war gleichsam das Gesicht der modernen Continental und die Personifizierung der Unternehmenskultur der damaligen Zeit gewesen – ein Status, den niemand seiner zahlreichen Nachfolger in den Jahrzehnten danach je auch nur annähernd wieder erreichen sollte. Wohl selten hatte ein Unternehmen auch so viel Glück mit einem ursprünglich als Sanierer angetretenen Manager.

Willy Tischbein oder: Die Amerikanisierung von Continental in den 1920er Jahren

Es gab neben Siegmund Seligmann einen zweiten Continental-Vorstand, der schon von den Zeitgenossen als Vater des Aufstiegs des Unternehmens genannt wurde und Continental vor allem in den 1920er Jahren als Vorstandsvorsitzender und Nachfolger Seligmanns entscheidend prägte: Willy Tischbein. Im Continental-Gründungsjahr 1871 geboren, trat Tischbein nach einer kaufmännischen Ausbildung 1894 in das Unternehmen ein und machte dort schnell Karriere. Was ihn für Continental so wertvoll machte, war sein gleichzeitiger internationaler Erfolg als Radrennfahrer. Mit seinem doppelten Know-how wurde er für den Auf- und Ausbau des noch jungen Reifengeschäfts eingesetzt, das er schnell zum Hauptumsatzträger des Unternehmens machte. Im Dezember 1906 wurde Tischbein in den Vorstand berufen, und wie Prinzhorn und Seligmann vor ihm musste er bei seiner Ernennung beim Aufsichtsrat eine „faustpfandliche Kaution" zur Absicherung gegen eventuelle Schäden oder Verluste während seiner Amtszeit hinterlegen – in diesem Fall Continental-Aktien im Wert von nom. 5.400 Mark. Das waren etwa zwei Jahresverdienste des neuen Vorstandspostens und damit eine ziemlich hohe Summe. Tischbein setzte schnell neue,

eigene Akzente: 1910 wurde der erste Fabrikationstechniker, 1911 der erste akademisch ausgebildete Reifeningenieur bei Continental eingestellt und damit die
entwicklungs- und fertigungstechnologische Kompetenz im Reifenbereich auf
eine neue Ebene gehoben. Angeblich führte Tischbein aber auch selbst immer
wieder mit seinem Privatwagen – Firmenautos gab es offenbar noch nicht –
Test- und Erprobungsfahrten mit Continental-Reifen durch. Daneben vernetzte
sich Tischbein auch systematisch in die damalige vielfältig sprießende Vereins-
und Industrieverbändelandschaft, die sich der Automobilismus-Propaganda
verschrieben hatte. So war er Vorstandsmitglied im Verein Deutscher Motor-
fahrzeug-Industrieller, die sich 1908 unter anderem die Finanzierung der Auto-
mobil-Verkehrs- und -Übungsstraße im Taunus zum Ziel gemacht hatten, später
wurde er auch Vorstandsmitglied im Reichsverband der Deutschen Industrie,
Vorsitzender des Reichsverbands der Automobilindustrie und Präsident des Ver-
eins deutscher Gummireifen-Fabriken. Tischbein stand dennoch im Unternehmen lange im Schatten des regelrechten Personenkults um Seligmann, aber
gleichlaufend mit dem Wachstum des von ihm verantworteten Reifengeschäfts
wuchs auch seine innerbetriebliche Bedeutung und Stellung, und zum Ende
des Ersten Weltkriegs nahm er – durchaus im Einvernehmen mit Seligmann –
zunehmend die unternehmenspolitischen Zügel in seine Hand.

Abb. 20: Willy Tischbein
(1871–1946).

Auf Tischbein warteten große Herausforderungen: zuallererst die große Inflation, dann die wachsende Emanzipation der Arbeiterbewegung, unter anderem durch die gesetzliche Verankerung von Betriebsräten und Mitbestimmung infolge des Weimarer Sozialstaats, daneben aber auch die Herausbildung einer modernen Mobilitätsgesellschaft in den (scheinbar) „goldenen 1920er Jahren" mit dem Durchbruch des Fahrrads als Massenfortbewegungsmittel und dem gleichzeitigen Vordringen des Automobilismus, in dessen Gefolge sich nun auch die Branchenkonstellation von (Reifen-)Zulieferindustrie und großen Automobilunternehmen als Erstausrüstungskunden formierte. Dazu kamen wechselvolle Jahre bei den Hauptanteilseignern und Aktionärskreisen von Continental unter den spezifischen Bedingungen des Finanzmarktkapitalismus der Weimarer Republik, und nicht zuletzt die konjunkturellen Wechsellagen, die in die Weltwirtschaftskrise Anfang der 1930er Jahre mündeten. Continental erfolgreich durch all diese Herausforderungen zu steuern und den Verhältnissen entsprechend anzupassen, stellte eine herkulische Aufgabe dar.

Zunächst konfrontierten die veränderten politischen Verhältnisse nach Kriegsende Tischbein und die Unternehmensleitung auch mit veränderten sozialpolitischen Verhältnissen innerhalb des Unternehmens. Die Einführung des 8-Stunden-Arbeitstages, lohnpolitische Forderungen und wachsende Streikbereitschaft führten zu Konfliktlinien zwischen Unternehmensführung und Belegschaft. Und anders als das Seligmann zugesprochene Charisma als gütiger Firmenpatriarch der großen „Continental-Familie" haftete Tischbein schnell das Image des beinharten klassenkämpferischen und kapitalistischen Großindustriellen sowie Scharfmachers in Arbeitszeit- und Lohnfragen an. Tischbein taugte denn auch als Feindbild für die Gewerkschaften viel besser als Seligmann, zumal ersterer auch Vorstandsmitglied im Arbeitgeberverband der Chemischen Industrie und der Vereinigung der deutschen Arbeitgeberverbände war. Im Frühjahr 1924 hatten die Konflikte zwischen Tischbein und dem inzwischen gebildeten Arbeiterrat der Continental mit Streiks und Aussperrungen einen ersten Höhepunkt erreicht, wobei sich Vorstand und Arbeitervertreter mit gegenseitigen Aufrufen und Erklärungen eine regelrechte Kommunikationsschlacht lieferten. Die Aussicht auf eine kommunistische Mehrheit bei den anstehenden erstmaligen Betriebsratswahlen bereitete Tischbein zweifellos schlaflose Nächte. Aber schon damals erwiesen sich die zur Chemiearbeiter-Gewerkschaft gehörenden Gummiarbeiter als weit weniger radikal als ihre Kollegen in der Eisen- und Metallindustrie.

Erneut für böses Blut bei Continental und erhebliche Konflikte sorgte dann die seit der zweiten Hälfte der 1920er Jahre von Tischbein betriebene Rationali-

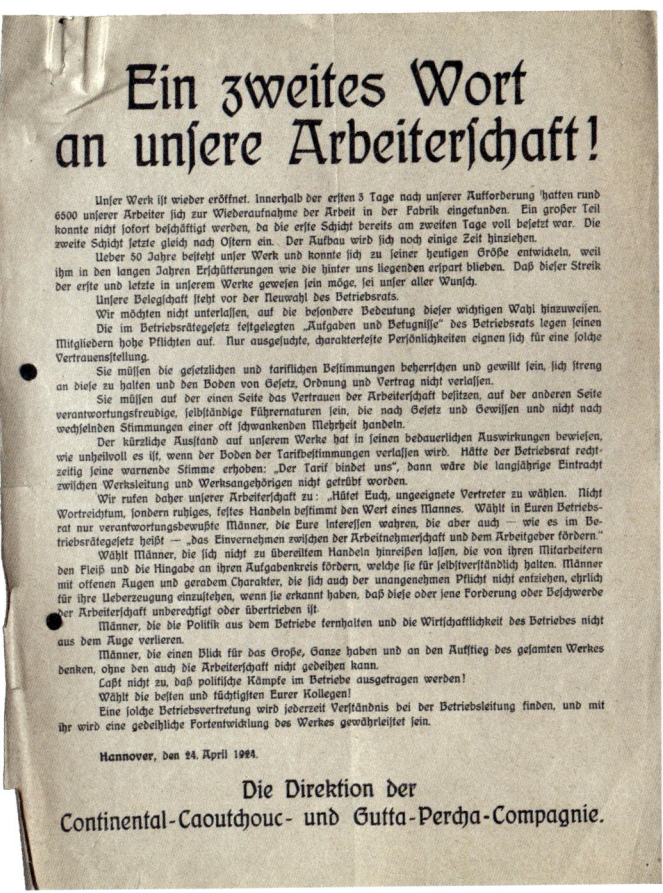

Abb. 21: Aushang der Continental-Direktion vom 24. April 1924 an die Belegschaft zur Erläuterung ihrer Sicht des Streikgeschehens.

sierungswelle, die durch Einführung von Arbeitsbewertungsverfahren und leistungsbezogener Entlohnung nach dem amerikanischen Bedaux-System das bisher bei Continental praktizierte Lohn- und Arbeitszeitgefüge grundlegend veränderte. Als Antreiber- und Ausbeutersystem von den Gewerkschaften verteufelt, von Tischbein jedoch – der dazu auch noch als Vorsitzender der neu gegründeten Deutschen Bedaux-Gesellschaft die weitere Verbreitung dieses Rationalisierungssystems in der deutschen Industrie propagierte – als erfolgreiches Mittel der Produktivitätssteigerung und gleichzeitigen Kostensenkungen gepriesen, spaltete die Rationalisierungsmaßnahme die Gemüter im Unternehmen. Im Rückblick erwiesen sich die Maßnahmen jedoch als einer der entscheidenden Faktoren, die Continental – anders als praktisch sämtliche Konkurrenten – vergleichsweise unbeschadet durch die Weltwirtschaftskrise kommen ließen. Vorgewarnt durch den kurzen, aber scharfen Konjunktur- und Börseneinbruch im Jahr 1926 hatte Tischbein ein Gespür für die kommenden Krisenjahre entwickelt und daher früh damit begonnen, kostenmäßig dagegen zu steuern. „Das Geschäftsjahr 1926 war eins der schwierigsten in der Geschichte unserer Gesellschaft", berichtete Tischbein auf der Generalversammlung im April 1927. Preisverfall, Absatzeinbrüche und eine von Tischbein immer wieder scharf attackierte „übergroße Steuer- und Sozialkostenbelastung" für Unternehmen durch die Reichs- wie Landesregierung hatten für einen deutlichen Umsatz- und Gewinnrückgang gesorgt. So kam man aus Sicht des Vorstands nicht umhin, dass man in den Krisenjahren zwischen 1929 und 1932 auch bei Continental zu Massenentlassungen schritt.

Tischbeins Augenmerk galt dabei aber auch einer Modernisierung der Unternehmensorganisation, die nach amerikanischem Vorbild durch die stärkere Trennung von Reifen- und Technischem-Produkte-Geschäft in Richtung einer Gliederung in Divisionen umgebaut wurde. Auch die Verkaufsorganisation wurde gestrafft und entsprechend neu ausgerichtet: Um das Fahrrad- und Pkw-Reifengeschäft kümmerten sich jeweils eigene Niederlassungen, vielfach auch mit eigenen Werkstätten und anderen Servicedienstleistungen ausgestattet, während auf der anderen Seite das Geschäft mit technischen und chirurgischen Artikeln von eigenen Vertretern und Außendienstmitarbeitern betrieben wurde. Tischbein erwies sich auch als höchst innovatives Marketing-Genie, ohne dass der Begriff damals schon existiert hätte. Er setzte vor allem auf das Sponsoring von Rennsportveranstaltungen und ließ erstmals auch berühmte Sportler nicht nur mit Continental-Produkten auftreten, sondern auch auf ihren Trikots mit dem Firmennamen werben. Unter seiner Führung wurde Continental mit dieser Verbindung von Sport und Werbung zum Vorreiter eines frühen Sportmarketings in Deutschland. Die gleichsam permanente Verknüpfung und Gleichsetzung von Hochleistungsreifen und Höchstleistungen im Rennsport prägten ein Image von Continental, von dem das Unternehmen jahrzehntelang profitieren und zehren sollte. Mit dazu bei trug auch die schon 1921 erfolgte Umsetzung der neuesten amerikanischen Reifentechnologie auf dem deutschen Markt. Als erstes Unternehmen präsentierte Continental die neuen Ballonreifen, die eine Revolution im Reifenbau bedeuteten.

Auch sonst startete Continental unter Tischbein eine auf breite Kunden- und Käuferschichten angelegte Kommunikationsstrategie. Die 1913 erstmals erschiene Kundenzeitschrift *Echo Continental* erreichte in den 1920er Jahren eine Auflage in die Zehntausende und präsentierte das Unternehmen als maßgeblichen Hersteller der zahllosen Produkte, die für die sich rasch entwickelnde Freizeit-, Sport- und Konsumgesellschaft der Weimarer Republik unabdingbar waren. Eine gewisse Imagekampagne tat, zumindest 1926 und 1927 gegenüber der Hannoverschen Bevölkerung, auch durchaus not, denn mehrmals musste sich der Magistrat der Stadt mit Beschwerden einzelner Fraktionen über „Flugasche und Gerüche aus den Betrieben der Continental" befassen. Die Klagen über Rauch- und Rußbelästigungen endeten erst, als man in Vahrenwald neue Kesselanlagen errichtet und Ventilatoren eingebaut hatte.

Auch im Erstausrüstungsgeschäft mit den Automobilfirmen, das damals – anders als in den späteren Jahren, als infolge der weiteren Entwicklung des Automobils zum Massenverkehrsmittel das Ersatzgeschäft in den Mittelpunkt rückte, – das Hauptgeschäft im Reifenbereich ausmachte, praktizierte Tischbein eine geschickte Strategie. Bei Opel, dem größten Automobilhersteller Deutschlands, besaß Continental als Reifen- und Schlauchlieferant praktisch eine Monopolstellung, was unter anderem in dem engen persönlichen Verhältnis von Tischbein und Fritz Opel, das aus gemeinsamen Jahren als erfolgreiche Radrennfahrer resultierte, seinen Ursprung hatte. Opel orderte etwa im März 1925 täglich ca. 300 Garnituren Reifen und Schläuche in Hannover, zusammen mit weiteren Bezügen durch die Opel-Händler und Privatkundschaft kam eine wöchentliche Nachfrage nach ca. 4.000 Decken und Schläuchen zusammen. Tischbein gewährte Opel dafür einen Umsatzrabatt von 3 Prozent, dessen Garantie auch in einem eigenen Geheimabkommen festgelegt worden war. Dieser Rabatt floss auf ein eigenes Sonderbonus-Konto und die dort auflaufenden Beträge summierten sich schnell auf fünf- bis sechsstellige Reichsmark-Beträge. Der Clou war, dass für diese Beträge dann zugunsten Opels Continental-Aktien gekauft wurden, die dann auf ein Sonderdepot „Adam Opel" bei der Hannoverschen Filiale der Commerzbank gelegt wurden und damit gleichsam automatisch Opels Aktienanteil erhöhte. Seit Herbst 1924 waren so Boni und Aktienkäufe in Höhe von 780.000 RM allein bis Juni 1926 zusammengekommen. Das entsprechende Abkommen wurde bei Bedarf auch regelmäßig um weitere Reifengrößen und Reifentypen erweitert und die geforderten Reifenpreise neu ausgehandelt und festgesetzt. Die Differenz zwischen ursprünglich gefordertem Preis je Reifengarnitur von 256 RM und dem nachträglich bewilligten und von Opel tatsächlich bezahlten Preis (von 245 RM) betrug immerhin knapp 5 Prozent, aber das System funktionierte offenbar zu beiderseitigem Vorteil. Denn Tischbein sicherte sich damit längerfristig einen Großabnehmer und baute gleichzeitig auch noch einen potenziellen Großaktionär als Gegengewicht zu den Banken auf.

Längst war Tischbein mit seinen nahezu unübersichtlichen Vorstands- und Präsidiumsmitgliedschaften in Vereinen, Verbänden und Institutionen zum Grandseigneur der Automobil- und Zulieferindustrie in Deutschland geworden. Auf seine Initiative hin unternahmen die Zubehör-Fabrikanten, wie sie damals genannt wurden, Ende der 1920er Jahre den Versuch, durch eine Vereinbarung zwischen Continental, Bosch, Sachs, d. h. der Kugellagerindustrie und den Räderfabriken wie Kronprinz, die Automobilfabriken zu zwingen, endlich zu einer Normierung und Typisierung überzugehen, um im sich verschärfenden internationalen Konkurrenzkampf bestehen zu können. Doch der Versuch misslang, und die Mehrzahl der damaligen Automobilhersteller überlebte die folgende Wirtschaftskrise nicht. Neben der einflussreichen Stellung als Vorsitzender des Reichsverbands der Automobilindustrie saß Tischbein aber unter anderem auch im Beirat für das Kraftfahrwesen im Reichsverkehrsministerium, war Mitglied des Börsenvorstands in Hannover und Aufsichtsratsmitglied bei der Darmstädter- und Nationalbank. Die Eintragungen über seine zahllosen Ämter, Funktionen und auch Orden und Auszeichnungen füllten im *Reichshandbuch der Deutschen Gesellschaft* 1929 dutzende engbedruckte Zeilen. Tischbein war wohl einer der am besten und weitläufigst vernetzten Industriellen der Weimarer Republik.

Obwohl nach Seligmanns Tod eine deutliche zahlenmäßige Erweiterung des Continental-Vorstands auf zunächst vier, dann zeitweise sogar zehn Mitglieder erfolgt war, war die Unternehmensführung fast ganz auf Tischbein konzentriert, der sich 1926 in der Nachfolge Seligmanns nicht nur zum Vorstandsvorsitzenden ernennen ließ, sondern auch erstmals den Titel eines Generaldirektors für sich beanspruchte und führte. Die Fluktuation innerhalb des Vorstands war dabei erheblich und es mag gut sein, dass Tischbein dies durch mehrmalige Umbildungen der Unternehmensleitung auch beabsichtigte. Vermutlich stand er auch hinter dem doch überraschenden Ausscheiden von Seligmanns Sohn Edgar 1929 aus dem Vorstand und dessen Wechsel in den Aufsichtsrat.

Was die Rückkehr auf den Weltmarkt anging, erwiesen sich Tischbeins Bemühungen allerdings als weit weniger erfolgreich, nicht zuletzt, da sie von ihm auch eher halbherzig und zögerlich betrieben worden waren. Zwischen 1920 und 1922 bereits hatte er unter anderem auch mit Hilfe des befreundeten amerikanischen Gummiunternehmens Goodrich versucht, die enteignete Fabrik in Clichy bei Paris wieder zurückzubekommen oder aber sich maßgeblich an einem französischen Kautschukunternehmen zu beteiligen. Doch die Versuche scheiterten, wohl unter anderem auch deshalb, da die Amerikaner selbst kurz zuvor in Colombes bei Paris eine Zweigfabrik erreichet hatten und wenig Interesse an einem neuen Konkurrenten auf dem französischen Reifenmarkt hatten.

An die von Seligmann vor dem Ersten Weltkrieg betriebene Gründung von Auslandsfabriken und damit die Formierung Continentals zu einem multinationalen Konzern konnte Tischbein nicht anknüpfen, wohl auch, weil er unter den veränderten weltwirtschaftlichen Bedingungen das damit verbundene Risiko scheute. Gegenüber den großen europäischen Konkurrenten wie Michelin und Dunlop, ganz zu schweigen von den aggressiv auf den Weltmarkt drängenden amerikanischen Reifenkonzernen, die alle in diesen Jahren zahlreiche Auslandswerke errichteten, fiel Continental damit deutlich zurück. Und nicht zuletzt war man damit auch weit stärker und mehr denn je von der Außenwirtschafts- und Währungspolitik der Reichsregierung abhängig, die mit ihrer nach wie vor auf Zölle setzenden Handelspolitik die Rückkehr Continentals auf den Weltmarkt zusätzlich erschwerte. „Du hast wohl gelesen", so schrieb Tischbein im August 1925 an seinen Duzfreund Fritz Opel, „daß man uns bei den Zollverhandlungen als einzigste Industrie Deutschlands geopfert hat. Ich befürchte, daß nur wenige Gummifabriken in Deutschland durch den damit verbundenen Wertzoll von 10 Prozent in der Lage sein werden, den Konkurrenzkampf längere Zeit auszuhalten."

Als Gegenüber Tischbeins im Aufsichtsrat, als Repräsentationsorgan der Aktionäre sowie als Kontroll- und Überwachungsgremium saß nach dem Rückzug Bernhard Caspars im Mai 1918 als Aufsichtsratsvorsitzender nun der Bankier Julius Mendel, seit Mitte der 1880er Jahre schon Aufsichtsratsmitglied. Die Amtszeiten Mendels, der bis April 1926 amtierte, und dessen Nachfolgers, Julius B. Caspar, dem Sohn des Amtsvorgängers, der dann bis 1935 das Amt ausüben sollte, signalisierten eine Kontinuität und Stabilität in der Anteilseignerstruktur von Continental, die es tatsächlich jedoch nicht gab. Obwohl auch bei den übrigen Aufsichtsratsmitgliedern mit Hermann Hecht und Heinrich Tramm langjährige Vertreter der Aktionäre weiter amtierten und daneben mit Julius B. Caspar, Ernst Magnus und Alexander Coppel drei Anteilseigner Aufsichtsräte geworden waren, die die Sitze ihrer Väter gleichsam geerbt hatten – dazu sollte auch 1929 noch Seligmanns Sohn Edgar kommen, der vom Vorstand in den Aufsichtsrat wechselte, – herrschte über die Jahre gesehen ein reges Kommen und Gehen im Continental-Aufsichtsrat. Den Anfang unter den zum Teil illustren, zum Teil aber auch dubiosen oder undurchsichtigen Aufsichtsratsmitgliedern machte der Amerikaner Bertram G. Work, hinter dessen Berufung allerdings ein strategischer Coup Tischbeins stand. Um sich vor dem Hintergrund des sich abzeichnenden Währungsverfalls der Mark vor unfreundlichen Übernahmen durch ein ausländisches Unternehmen zu schützen, hatte Tischbein den amerikanischen Gummi- und Reifenkonzern B. F. Goodrich überzeugt, ca. 25 Prozent des Grundkapitals zu übernehmen und sich damit als Ankeraktionär an Continental zu beteiligen, ohne sich aber weiter in die Unternehmensbelange einzumischen. Das brachte nicht nur frisches, vor allem wertbeständiges Kapital, sondern auch den Zugang zur neuesten Reifentechnologie in das Unternehmen. Durch die Beteiligung stand dem damaligen Vorstandsvorsitzenden von Goodrich, Bertram G. Work, auch ein Aufsichtsratssitz zu, der aber eine reine Formalie blieb. Faktisch übertrug Work sein Mandat und auch die Vertretung seiner Stimmanteile in den Hauptversammlungen an Tischbein.

Das zweite neue Gesicht im Aufsichtsrat war Ernst Rosskopf, eine ebenso schillernde wie dubiose Figur, die wie aus dem Nichts auf der Generalversammlung der Continental im April 1922 auftauchte und einen stimmberechtigten Aktienanteil von 20,9 Mio. Mark oder 34.952 Stimmen präsentierte, die 41,6 Prozent des vertretenen Kapitals ausmachten. Rosskopf war Miteigentümer einer Bank für Niedersachsen AG, die 1921 von niedersächsischen Gutsbesitzern und Bankiers gegründet worden war und bereits 1926 wieder in Liquidation gehen sollte. So schnell wie Rosskopf als scheinbarer Großaktionär auftauchte, so schnell verschwand er auch wieder. Auf der Generalversammlung im April 1923, auf dem Höhepunkt der Inflation, ließ er sich noch mit 107.133 Stimmen oder 26,4 Prozent des vertretenen Kapitals registrieren, danach finden sich in den Anwesenheitslisten der Generalversammlungen keine entsprechenden Einträge mehr. Tatsächlich trat aber inzwischen vor allem die Commerzbank mit Anteilen von zeitweise bis zu 30 Prozent des angemeldeten Kapitals als Großaktionär von Continental auf, vor allem, nachdem man 1918 auch das Bankhaus Mendel & Rosenthal übernommen hatte. Im Übrigen waren nach Inkrafttreten der entsprechenden Mitbestimmungsgesetze im August 1922 erstmals auch zwei Vertreter der Arbeiter und Angestellten von Continental bei den Aufsichtsratssitzungen als neue Mitglieder aufgetreten.

Die dritte auffallende Figur unter den Aufsichtsräten und Anteilseignern war der Bankier Jakob Goldschmidt, persönlich haftender Gesellschafter der Darmstädter- und Nationalbank (Danat-Bank), die 1920 das Bankhaus Caspar übernommen hatte und kurz zuvor erst selbst aus einer Fusion hervorgegangen war. Goldschmidt war 1920 erstmals als Anteilseigner von Continental aufgetreten und hatte sich schon 1922 im Zuge einer Erweiterung des Gremiums von sieben auf neun Mitglieder einen Aufsichtsratssitz übertragen lassen. Noch in den Inflationsjahren hatten Goldschmidt und seine Bank ihren Anteil auf knapp 30 Prozent aufgestockt und präsentierten sich auf der ersten Generalversammlung nach der Währungsreform am 28. April 1924 mit 71,5 Prozent der stimmberechtigten Aktien als neuer Großaktionär von Continental. In der Folgezeit sank der Anteil wieder auf um die 50 Prozent, blieb aber vor dem nächstgrößten Anteilseigner Commerzbank, die etwas über 10 Prozent innehatte, weiterhin Hauptaktionär. Inzwischen mischten allerdings auch weitere Großbanken wie die Deutsche Bank, die ihrerseits 1920 die Hannoversche Bank übernommen hatte, und die Dresdner Bank mit nennenswerten Aktienanteilen bei den Continental-Generalversammlungen mit. Der Umbruch der Bankenlandschaft nach 1918 spiegelte sich mithin im Continental-Aufsichtsrat und in den Anteilseignerstrukturen geradezu exemplarisch wider. Der vierte illustre Großaktionär, der sich aber zunächst im Hintergrund hielt und nicht im Aufsichtsrat auftauchte, war schließlich Fritz Opel bzw. die Familie Opel. Fritz Opel hatte seit 1922 Continental-Aktien gekauft und seinen Anteil bis 1928 sukzessive auf knapp 20 Prozent des Grundkapitals erhöht. Seit dem erfolgreichen Verkauf seines Automobilunternehmens an General Motors im Jahr 1929 wurden die Zukäufe an Continental-Aktien noch einmal deutlich ausgeweitet, und auf der Generalversammlung vom 1. Juni 1932 präsentierte Opel einen Mehrheitsanteil von 50,04 Prozent des vertretenen Kapitals. Die Danat-Bank tauchte als Anteilseigner nicht mehr auf. Sie war im Juli 1931 im Zuge eines Bilanzfälschungsskandals und als Hauptakteur der großen Bankenkrise der Weimarer Republik untergegangen.

Willy Tischbein, der im Übrigen selbst eine namhafte Anzahl von Continental-Aktien von zeitweise bis zu 5 Prozent des Grundkapitals gekauft hatte, sah sich viele Jahre mit unübersichtlichen Anteilseignerstrukturen konfrontiert, aus denen sich erst Anfang der 1930er Jahre mit den Großaktionären Danat-Bank und Opel eine neue Formation herauskristallisierte. Lange Zeit hatten die Banken das Sagen im Continental-Aufsichtsrat gehabt. Mit Coppel, Opel und dem 1926 in den Aufsichtsrat eingetretenen Kugellager-Industriellen Ernst Sachs hatte Tischbein aber auch maßgebliche Repräsentanten der Automobil- und Zulieferindustrie für den Continental-Aufsichtsrat gewinnen können. Im operativen Geschäft hatte der Aufsichtsrat dabei Tischbein freie Hand gelassen. Im November 1922 war zwar seitens des Aufsichtsrats eine Finanzkommission als Steuerungs- und Kontrollgremium für den Vorstand eingesetzt worden, aber deren Befugnisse reichten nicht weit und letztlich diente sie nur als Mobilisierungsorgan der Finanzkompetenzen der Aufsichtsratsmitglieder, die halfen, das Unternehmen durch die Wirren der Inflation zu steuern. Dazu waren gleichsam flankierend zwei weitere Aufsichtsrats-Kommissionen gebildet worden, eine für Arbeiter- und Angestelltenfürsorge und die andere für generelle soziale Angelegenheiten. Auch bei den folgenden zahlreichen Kapitalmaßnahmen, den Umstellungen des Grundkapitals von Mark auf die neue RM-Währung, der Ausgabe von Vorzugsaktien und Anpassungsmaßnahmen der Kapitalausstattung an die

Wirtschaftskrise, führte Tischbein und nicht die jeweiligen Großaktionäre die Feder. Vor allem zwei Meisterstücke von Kapitalmarkttransaktionen gingen nicht nur auf seine Initiative zurück, sondern wurden auch von ihm erfolgreich über die Bühne gebracht. Sie zeigten, dass Tischbein sich höchst virtuos der Klaviatur der Finanzmärkte der damaligen Zeit zu bedienen wusste.

Das erste Meisterstück Tischbeins waren die erfolgreiche Abwicklung des Ausstiegs von Goodrich und der Rückkauf des Continental-Aktienpakets der Amerikaner im Dezember 1928. Nach langen Verhandlungen, zu denen Tischbein dutzende Male nach Akron/Ohio, der damaligen Gummihauptstadt der Welt flog, gelang es, dass nicht nur Goodrich, sondern auch das die Aktien übernehmende Bankenkonsortium mit den finanziellen Transaktionen zufrieden war und alle Beteiligten ihr Gesicht hatten wahren können. Ursprünglich war es Tischbeins Vision gewesen, die „enge Gemeinsamkeitsarbeit" mit Goodrich auch langfristig anzulegen, zusammen mit den Amerikanern den europäischen Reifenmarkt aufzurollen und die Konkurrenten Michelin und Dunlop aus dem Feld zu schlagen. Nach dem plötzlichen Tod von Bertram G. Work, dem Goodrich-Präsidenten, im August 1927 ließ sich dafür jedoch im neuen Goodrich-Management keine Unterstützung mehr finden, und die Amerikaner wollten ihre Kapitalbeteiligung wieder los werden. Das zweite Meisterstück war die mit langem Atem und strategischer Weitsicht verfolgte Konsolidierung der Kautschukbranche, die in die sukzessive Übernahme einer Reihe von Konkurrenten, allen voran die Übernahme der Excelsior AG, und schließlich in die Fusion 1929 mündete. Aus ihr ging Continental als dominierender „Gummi-Trust" der deutschen Kautschukindustrie hervor, auch wenn nicht alle Rechnungen Tischbeins dabei aufgegangen waren. Die Übernahme und Verschmelzung mit den Hamburger Gummiwerken Phoenix – obschon lange verhandelt und im Juli 1928 von der Presse bereits als so gut wie vollzogen gemeldet – kam letztlich nicht zustande. Eine Kapitalerhöhung zur Finanzierung der Fusion war im Übrigen nicht notwendig. Zum einen verfügte Continental noch über 6 Mio. Vorratsaktien, die man als Kaufwährung einsetzen konnte, zum anderen genügte aber schon fast das von dem Bankenkonsortium unter Führung der Danat-Bank von Goodrich zurückerworbene Aktienpaket von ca. 7,5 Mio. RM zum Umtausch der 9 Mio. Peters-Union-Aktien und der 2,1 Mio. Titan-Polack-Aktien, wenn man das jeweilige Umtauschverhältnis von 3:4 ansetzte. Bei der langfristig angelegten Strategie zur Konsolidierung der Branche durch Fusionen und Übernahmen, aber auch um das Ausscheiden von Konkurrenten aus dem Markt zu befördern, um damit die bestehenden Überkapazitäten abzubauen, gelang es Tischbein immer wieder geschickt, die Interessen und Eitelkeiten der Bankiers gegeneinander zu seinem

Nutzen auszuspielen. Das galt insbesondere für die Vertreter der auf stärkeren Einfluss drängenden Deutschen Bank bzw. Diskontogesellschaft, die sich etwa im November 1925 Sorgen darüber machten, „durch das enge persönliche Verhältnis zwischen Herrn Direktor Tischbein und Herrn Jakob Goldschmidt" von lukrativen Kredit- und Aktiengeschäften ausgeschlossen zu werden. In der Öffentlichkeit waren im Zusammenhang mit den Übernahmeaktivitäten Tischbeins bald die Gerüchte und Spekulationen ins Kraut geschossen. Sie reichten von der weiteren Orchestrierung von Zusammenschlüssen durch Continental, auch im Bereich der Nicht-Reifen-Gummifirmen, bis hin zu der Annahme, dass Continental selbst inzwischen in die Abhängigkeit von einem in- oder ausländischen Automobilkonzern geraten sei, was beides Tischbein zu heftigen Dementis veranlasste.

Nach der formalen Übernahme der vier Gummiunternehmen machte sich Tischbein umgehend daran, die Einzelteile zu fusionieren und daraus einen neuen Konzern zu schmieden. Und er ging dabei nicht zimperlich vor: Einige der übernommenen Fabriken und Standorte wurden geschlossen, die übernommene Firma Titan-Polack ganz liquidiert. Den anderen Werkstandorten wurden aber zunächst einmal ihre Identität und fertigungstechnische Eigenständigkeit gelassen, gleichzeitig aber auch gemeinsame unternehmenskulturelle Werte betont. Schon 1928 hatte er in einem Rundschreiben an alle leitenden Mitarbeiter einen 12-Punkte-Kanon „zur Beherzigung" geschickt.

In seinen zahlreichen öffentlichen Stellungnahmen und Interviews strahlte Tischbein Selbstsicherheit und Zuversicht über die Lage von Continental aus, die sich auch auf die Beschäftigten übertrug. Gegenüber dem *Berliner Börsen-Courier* äußerte er im Dezember 1931: „Wir stehen auch den Schwierigkeiten, die die gegenwärtige Lage mit sich bringt, mit einer gewissen Ruhe gegenüber, da wir ja schon seit Jahren eine sehr vorsichtige Dividenden-, Abschreibungs- und Rückstellungspolitik betrieben und auch der zu erwartenden Wirtschaftsschrumpfung und Verschlechterung entsprechende Sparmaßnahmen gegenübergestellt haben, die sich schon für das laufende Jahr auszuwirken beginnen." Tatsächlich hatte Tischbein seine konsequenten Kostensenkungsmaßnahmen nicht nur auf dem Rücken der Arbeiter ausgetragen, sondern die Verwaltungsangestellten gleichermaßen Bedaux-Rationalisierung und Personalanpassung unterworfen und vor allem auch von den Aktionären durch gekürzte Dividenden deutliche Abstriche eingefordert. Damit riskierte er einen Bruch mit der Tradition hoher zweistelliger Dividendensätze, die die Aktionäre bislang verwöhnt und das Image Continentals als großzügige Ausschüttungsmaschine zementiert hatte. Im Hyperinflationsjahr 1923 war erstmals in der Unternehmensgeschichte keine Dividen-

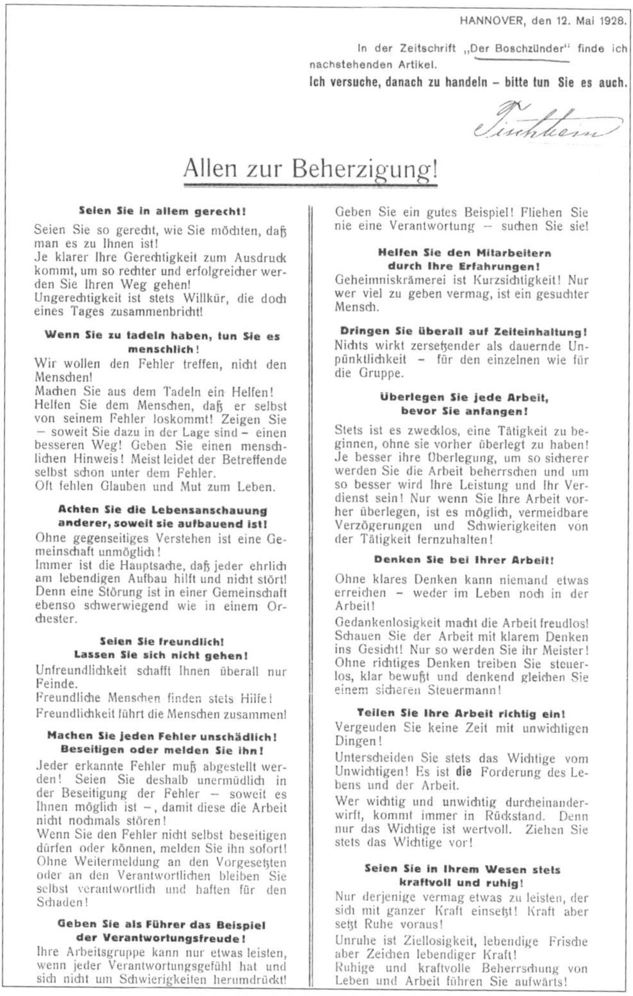

HANNOVER, den 12. Mai 1928.

In der Zeitschrift „Der Boschzünder" finde ich
nachstehenden Artikel.
Ich versuche, danach zu handeln – bitte tun Sie es auch.

Allen zur Beherzigung!

Seien Sie in allem gerecht!

Seien Sie so gerecht, wie Sie möchten, daß
man es zu Ihnen ist!
Je klarer Ihre Gerechtigkeit zum Ausdruck
kommt, um so rechter und erfolgreicher werden Sie Ihren Weg gehen!
Ungerechtigkeit ist stets Willkür, die doch
eines Tages zusammenbricht!

**Wenn Sie zu tadeln haben, tun Sie es
menschlich!**

Wir wollen den Fehler treffen, nicht den
Menschen!
Machen Sie aus dem Tadeln ein Helfen!
Helfen Sie dem Menschen, daß er selbst
von seinem Fehler loskommt! Zeigen Sie
– soweit Sie dazu in der Lage sind – einen
besseren Weg! Geben Sie einen mensch-
lichen Hinweis! Meist leidet der Betreffende
selbst schon unter dem Fehler.
Oft fehlen Glauben und Mut zum Leben.

**Achten Sie die Lebensanschauung
anderer, soweit sie aufbauend ist!**

Ohne gegenseitiges Verstehen ist eine Gemeinschaft unmöglich!
Immer ist die Hauptsache, daß jeder ehrlich
am lebendigen Aufbau hilft und nicht stört!
Denn eine Störung ist in einer Gemeinschaft
ebenso schwerwiegend wie in einem Or-
chester.

**Seien Sie freundlich!
Lassen Sie sich nicht gehen!**

Unfreundlichkeit schafft Ihnen überall nur
Feinde.
Freundliche Menschen finden stets Hilfe!
Freundlichkeit führt die Menschen zusammen!

**Machen Sie jeden Fehler unschädlich!
Beseitigen oder melden Sie ihn!**

Jeder erkannte Fehler muß abgestellt werden! Seien Sie deshalb unermüdlich in
der Beseitigung der Fehler – soweit es
Ihnen möglich ist –, damit diese die Arbeit
nicht nochmals stören!
Wenn Sie den Fehler nicht selbst beseitigen
dürfen oder können, melden Sie ihn sofort!
Ohne Weitermeldung an den Vorgesetzten
oder an den Verantwortlichen bleiben Sie
selbst verantwortlich und haften für den
Schaden!

**Geben Sie als Führer das Beispiel
der Verantwortungsfreude!**

Ihre Arbeitsgruppe kann nur etwas leisten,
wenn jeder Verantwortungsgefühl hat und
sich nicht um Schwierigkeiten herumdrückt!

Geben Sie ein gutes Beispiel! Fliehen Sie
nie eine Verantwortung – suchen Sie sie!

**Helfen Sie den Mitarbeitern
durch Ihre Erfahrungen!**

Geheimniskrämerei ist Kurzsichtigkeit! Nur
wer viel zu geben vermag, ist ein gesuchter
Mensch.

Dringen Sie überall auf Zeiteinhaltung!

Nichts wirkt zersetzender als dauernde Un-
pünktlichkeit – für den einzelnen wie für
die Gruppe.

**Überlegen Sie jede Arbeit,
bevor Sie anfangen!**

Stets ist es zwecklos, eine Tätigkeit zu beginnen, ohne sie vorher überlegt zu haben!
Je besser ihre Überlegung, um so sicherer
werden Sie die Arbeit beherrschen und um
so besser wird Ihre Leistung und Ihr Verdienst sein! Nur wenn Sie Ihre Arbeit vorher überlegen, ist es möglich, vermeidbare
Verzögerungen und Schwierigkeiten von
der Tätigkeit fernzuhalten!

Denken Sie bei Ihrer Arbeit!

Ohne klares Denken kann niemand etwas
erreichen – weder im Leben noch in der
Arbeit!
Gedankenlosigkeit macht die Arbeit freudlos!
Schauen Sie der Arbeit mit klarem Denken
ins Gesicht! Nur so werden Sie ihr Meister!
Ohne richtiges Denken treiben Sie steuer-
los, klar bewußt und denkend gleichen Sie
einem sicheren Steuermann!

Teilen Sie Ihre Arbeit richtig ein!

Vergeuden Sie keine Zeit mit unwichtigen
Dingen!
Unterscheiden Sie stets das Wichtige vom
Unwichtigen! Es ist **die** Forderung des Le-
bens und der Arbeit.
Wer wichtig und unwichtig durcheinander-
wirft, kommt immer in Rückstand. Denn
nur das Wichtige ist wertvoll. Ziehen Sie
stets das Wichtige vor!

**Seien Sie in Ihrem Wesen stets
kraftvoll und ruhig!**

Nur derjenige vermag etwas zu leisten, der
sich mit ganzer Kraft einsetzt! Kraft aber
setzt Ruhe voraus!
Unruhe ist Ziellosigkeit, lebendige Frische
aber Zeichen lebendiger Kraft!
Ruhige und kraftvolle Beherrschung von
Leben und Arbeit führen Sie aufwärts!

Abb. 22: Tischbeins Rundschreiben vom 12. Mai 1928 betr. 12-Punkte-Kanon
zum Verhalten im Unternehmen.

denzahlung erfolgt. In den ersten Nachinflationsjahren 1924 und 1925 wurde
zwar wieder mit der Ausschüttung begonnen, es wurden aber jeweils nur noch
10 Prozent Dividende ausgeschüttet. Im Krisenjahr 1926 kam es dann erneut zur
Streichung der Dividende, ehe zwischen 1927 und 1932 dann wieder mit Pro-
zentsätzen zwischen 6 bis 9 Prozent die Dividendenzahlungen aufgenommen
wurden. Bei den Aktionären kam das nicht gut an, dafür aber bei den Arbeitern

und Angestellten. An diese wandte sich Tischbein nun regelmäßig, um einerseits Disziplin zur Bewältigung der anstehenden Probleme einzufordern, anderseits aber auch Motivation und Zusammenhalt zu mobilisieren. Im September 1929 etwa mahnte er in einem Appell an die Konzernfabriken angesichts der absehbaren weiteren Erschütterungen auf dem Geldmarkt zur konsequenten Überwachung der Kunden-Obligos und zur Einziehung aller Außenstände (die zu diesem Zeitpunkt immerhin knapp 4,5 Mio. RM betrugen). In seinem Bericht zur Geschäftslage 1931 – mitten in der Krise – beschwor er anlässlich des Gründungsjubiläums von Continental seine Überzeugung, dass dieses 6. Jahrzehnt der Continental-Geschichte später einmal „ein Markstein sein wird für vorausschauende, harmonische Zusammenarbeit von Aktionären, Leitung, Angestellten und Arbeitern". Berühmt-berüchtigt (das Erste bei den Mitarbeitern, das Zweite bei den Konkurrenten) wurde auch Tischbeins Rede vor seinen leitenden Angestellten am 8. Januar 1932, die später in einer zwölfseitigen Broschüre auch gedruckt wurde. In ihr versuchte er die im ganzen Unternehmen liegenden „dynamischen Kräfte" für die Überwindung der Krise, deren Ende sich zu diesem Zeitpunkt noch nicht abzeichnete, zu mobilisieren; und seine Beschreibung der desolaten Lage der Konkurrenten im Vergleich zur „außerordentlich günstigen Lage unseres Hauses" dürfte sein Ziel nicht verfehlt haben.

Unter dem Strich konnte man Tischbeins Unternehmenspolitik als „Amerikanisierungspolitik" bezeichnen, wobei er aber am Ende doch wieder auf den nationalen Weg zurückschwenkte. Tischbein gilt zu Recht als zweiter Vater der langen Erfolgsjahre von Continental. Allerdings betrieb er auch seine Unternehmenspolitik mit weit härteren Bandagen als Seligmann. Und er organisierte den reibungslosen Übergang von Continental in die nationalsozialistische Zeit. In einer Reihe von Mitteilungen begrüßte Tischbein ausdrücklich das neue Regime und dessen propagandistische Ziele zur ökonomischen und nationalen Größe Deutschlands. Den Höhepunkt von Tischbeins Anpassung an das NS-Regime stellte für diesen vermutlich der Besuch Hitlers am Continental-Stand anlässlich der Internationalen Automobil-Ausstellung (IAA) im Mai 1934 in Berlin dar. Und er zwang seine damaligen Vorstandskollegen und auch die leitenden Angestellten zum Eintritt in die NSDAP. Unter letzteren war auch sein Ziehsohn Fritz Könecke, den er zweifellos als Nachfolger vorgesehen hatte, der aufgrund seiner 34 Jahre jedoch 1934 zunächst nur ordentliches Vorstandsmitglied wurde, ehe man ihn 1938 zum Vorstandsvorsitzenden von Continental ernannte. Vor diesem Hintergrund fällt die Würdigung seiner unternehmenspolitischen Bilanz mithin ambivalent aus. Tischbein überwarf sich zudem mit Fritz Opel, mit dem er schon 1932 wegen einer geplanten Dividendenkürzung in Streit geriet und dann hatte klein beigeben müssen. Im Dezember 1934 schied Tischbein, auch gesundheitlich stark angeschlagen, schließlich vorzeitig aus dem Continental-Vorstand aus und zog sich auf sein Gut Rixförde bei Celle zurück, wo er 1946 starb.

Großaktionär zwischen Weimarer Republik und den „Wirtschaftswunderjahren": Continental und die Familie Opel

Die Unternehmerfamilie Opel, angefangen bei Friedrich (Fritz) von Opel, dann Wilhelm von Opel und Georg von Opel, prägte als Großaktionär von Continental fast 40 Jahre lang die Geschicke des Unternehmens mit. Die Wege der beiden Unternehmen hatten sich schon früh gekreuzt. Friedrich Opel, ein Sohn des Firmengründers Adam Opel, war erfolgreicher (Hoch-)Radrennfahrer wie Willy Tischbein und mit diesem befreundet. Daneben wurde Continental zu einem der wichtigsten Fahrrad- und Automobilreifenzulieferer für den Opel-Konzern, während Fritz Opel als Herrenfahrer bei den bald allerorts durchgeführten Automobilrennen wie dem Gordon-Bennett-Rennen von 1904 durch den Taunus, Deutschlands erstem Automobilrennen, auf Continental-Reifen zahlreiche Siege errang. Seit Anfang der 1920er Jahre beteiligte sich Opel auch durch den Kauf von Aktien an Continental, allerdings zunächst noch als reines Finanzinvestment. Auf der Generalversammlung am 12. April 1922 trat Fritz von Opel erstmals auch öffentlich als Aktionär in Erscheinung, als er den Antrag stellte, das Kapital zu verdreifachen und die neuen Aktien den Altaktionären zum Kurs von 150 Prozent anzubieten. Mit sämtlichen übrigen vertretenen Stimmen wurde der Antrag jedoch abgelehnt. Fritz von Opel hielt zu diesem Zeitpunkt zusammen mit seinem Bruder Carl von Opel 3,17 Prozent der Anteile, bis April 1925 stockte er diesen Anteil auf 4,9 Prozent auf, um dann infolge der Aktienkäufe aus dem Sonderbonus-Konto im Mai 1928 bereits 20,5 Prozent Continental-Anteile zu besitzen. Seit dem Auftritt 1922 war Opel dennoch im Hintergrund geblieben, aber im Mai 1932 trat die „Gruppe Opel", die nun nach dem sukzessiven Verkauf ihres Automobilunternehmens an General Motors zwischen 1929 und 1931 auf der Suche nach lukrativen Anlagemöglichkeiten inzwischen 43,8 Prozent des Continental-Kapitals hielt, auf der Generalversammlung wieder öffentlich auf. Ultimativ forderte Opel von Tischbein die Rücknahme der geplanten Dividendenkürzung von 8 auf 6 Prozent und dazu einen Verzicht von Vorstand, Aufsichtsrat und leitenden Angestellten auf die entsprechenden Tantiemen-Anteile. Begleitet von heftigen Konflikten zwischen Tischbein und Opel, da das Geld für die Dividendenerhöhung nicht durch Gewinne gedeckt war, sondern durch Auflösung stiller Reserven finanziert werden musste, sah sich Ersterer schließlich gezwungen, sich dem Wunsch des Mehrheitsaktionärs zu beugen. „Soll die Conti ausgeschlachtet werden? Was plant die Familie Opel", titelte dazu eine Hannoversche Zeitung. Doch Fritz von Opel, der sich im Mai 1932 auch zum stellvertretenden Aufsichtsratsvorsitzenden hatte wählen lassen und damit erstmals auch formal in diesem Gremium vertreten war, erwies sich in der Folgezeit als gegenüber dem Vorstand durchaus kritischer, aber am weiteren Geschäftserfolg von Continental interessierter Großanteilseigner, der neben der Finanzinvestition auch ein Interesse an der weiteren Expansion des Gummikonzerns hatte. Tischbein musste dennoch im Verlauf des Jahres 1934 seinen Vorstandsposten räumen. Seine Nachfolger, allen voran der 1938 berufene Fritz Könecke, gewannen dann wieder erheblich an Einfluss und Gewicht innerhalb des Corporate-Governance-Gefüges bei Continental. Denn im Zuge der Ausbreitung des nationalsozialistischen Wirtschaftssystems sollte sich die Position der Aktionäre und damit insbesondere auch der Großanteilseigner massiv verändern.

Abb. 23 u. 24: Fritz Opel (links) und Wilhelm von Opel (rechts).

Bis April 1937 hatte Opel seinen Anteil an Continental noch einmal leicht auf knapp 50 Prozent erhöht, aber das neue Aktiengesetz vom Januar 1937 räumte nicht nur dem Vorstand als Unternehmensführer größeres Gewicht gegenüber dem Aufsichtsrat ein, sondern es beschnitt mit der Dividendenabgabeverordnung auch die Möglichkeiten der Aktionäre, Gewinne aus dem Unternehmen abzuziehen. Noch einmal schüttete Continental zwischen 1935 und 1939 auch auf Drängen Opels bis zu 14 Prozent Dividende aus, wovon aber inzwischen 6 Prozent an Treuhandfonds der Deutschen Golddiskontbank abgeführt werden mussten. Im Krieg sank der Dividendensatz auf 5,5 Prozent, ab 1944 wurden keine Dividenden mehr ausgeschüttet. Fritz von Opel hatte sich zunächst auch gegen die immer höheren und auch mit immer größerem Risiko behafteten rüstungspolitischen Investitionen ausgesprochen, die das NS-Regime im Zuge seiner Autarkie- und Aufrüstungspolitik auch von Continental forderte. Auch politisch hielt er sich, obzwar 1933 der NSDAP beigetreten, gegenüber den Nationalsozialisten eher zurück und überließ im April 1936 den Aufsichtsratsvorsitz bei Continental seinem Vertrauten Joseph C. Uebel, dem jungen Leiter der Opelschen Vermögensverwaltung. Mit dem Vorstand kam es nun immer häufiger zu Konflikten, sei es bei der Personalaufstockung (Opel plädierte für eine zurückhaltende Politik), bei Investitionen (1935 forderte Opel massive Sparmaßnahmen und 1936 ein „Stillhaltejahr" beim Finanzprogramm), bei der Berechnung und Verteilung von Gratifikationen und Tantiemen (Opel war strikt gegen jede Erhöhung), bei der Besetzung des Aufsichtsrats (Opel erweiterte im April 1937 den Aufsichtsrat um zwei altgediente Weggefährten aus der Automobilindustrie) und nicht zuletzt bei der „Selbstarisierung" des Unternehmens (Opel plädierte für eine hinhaltende Taktik gegenüber dem wachsenden politischen Druck zur Abberufung des jüdischen Aufsichtsratsvorsitzenden Julius B. Caspar, während Könecke eine schnelle Amtsenthebung betrieb). All das lief der sich zunehmend auf die Ziele des NS-Regimes ausrichtenden Unternehmenspolitik Köneckes zuwider. Ende August 1938 starb Fritz von Opel überraschend, an seine Stelle rückten nun Anfang 1939 sein Bruder, Wilhelm von Opel, und sein Neffe, der zu diesem Zeitpunkt erst 27 Jahre alte Georg von Opel, in den Aufsichtsrat.

Der Aufsichtsratsvorsitzende Uebel vertrat zwar weiterhin aktiv die Interessen der Familie Opel als Großaktionär, aber er versah sein Amt eher in der Art eines Buchhalters und hatte bei weitem nicht die Durchsetzungskraft und das unternehmerische Gespür eines Fritz von Opel. Und die beiden direkten Vertreter der Familie Opel verstanden sich wieder eher als passive Finanzinvestoren und hielten sich von Einmischungen in die Unternehmenspolitik des Vorstands zurück. Das Machtdreieck zwischen Vorstand, Aufsichtsrat und Vertrauensrat verschob sich dabei, trotz der oftmaligen Interventionen der Familie Opel als Hauptanteilseigner, zugunsten Ersterem, zentriert in der Person von Fritz Könecke, der sich im November 1942 auch noch wie sein Mentor und Vorbild Willy Tischbein den Titel eines Generaldirektors verleihen ließ. Continental gehörte zu jenen Unternehmen, die die neue NS-Betriebsgemeinschaft nach innen wie nach außen zelebrierten und sich sehr schnell zu nationalsozialistischen Musterbetrieben wandelten, mit einer starken Ausrichtung nicht nur der Unternehmenskultur, sondern auch der Unternehmenspolitik an den ideologisch-politischen Zielen des NS-Regimes, ohne allerdings die Interessen des Konzerns hintanzustellen. Das Betreiben des operativen Geschäfts wurde für den Continental-Vorstand mit dem nun schwächer auftretenden Aufsichtsrat leichter, allerdings hatten sich die unternehmenspolitischen Zwangslagen und Handlungsspielräume, das Aushandeln von Entscheidungen und die Durchsetzung von Unternehmensinteressen inzwischen längst weitgehend der innerbetrieblichen Corporate Governance entzogen. Im Prinzip änderte sich auch nichts am Aktienanteil der Familie Opel, der im April 1940 noch 30,6 Prozent des Grundkapitals betrug. Erst danach zeigten sich signifikante Änderungen. Im Juli bzw. Oktober 1941 und damit noch vor der Kapitalberichtigung sank der Anteil des Großaktionärs auf nur noch 17,2 Prozent, danach stockte Georg von Opel in den Jahren 1942 und 1943 den Bestand wieder leicht auf 17,9 Prozent bzw. 18,1 Prozent des Grundkapitals auf. Der Anteil der Opels hatte sich dennoch nahezu halbiert; am prinzipiell bestimmenden Einfluss änderte sich dadurch nichts, jedoch signalisierte der geschrumpfte Anteil doch ein geschwundenes Interesse des Hauptaktionärs.

Der Großanteilsbesitz der Familie Opel überdauerte auch das Kriegsende. Allerdings zeigten sich bald divergierende Interessen der einzelnen Familienmitglieder. Anfang Mai 1946 war Wilhelm von Opel gestorben, wodurch sich die innerfamiliären Anteilsgewichte insofern verschoben, dass nun Martha von Opel, Wilhelms Witwe, den zweitgrößten Anteil hielt und vor allem Margit von Opel, eine Nichte Wilhelms, verstärkt Ansprüche auf einen Sitz im Aufsichtsrat von Continental geltend machte. Georg von Opel hatte nun den Aufsichtsratsvorsitz übernommen und verfolgte wieder eine aktivere Rolle als Hauptaktionär in der Unternehmenspolitik der Continental. Zunächst hatte er dabei allerdings vor allem mit den turbulenten politischen wie innerbetrieblichen Verhältnissen der unmittelbaren Nachkriegsjahre zu kämpfen, die von Schwarzmarkthandel, Ernährungskrise und Währungsreform gekennzeichnet waren. Vor allem sah er sich zusammen mit dem neuen Vorstand selbstbewusst auf verstärkten Einfluss auf die Unternehmenspolitik drängenden Gewerkschaften und Betriebsräten gegenüber. „Hungerstreiks" und massive Proteste gegen eine Rückkehr von Fritz Könecke in den Vorstand und auch gegen die Wiederwahl von Joseph Uebel in den Aufsichtsrat erschütterten zwischen 1946 und 1948 die Continental. Den dabei allenthalben von Seiten des Betriebsrats und der Belegschaft erhobenen Forderungen nach einer direkten Mitwirkung im Vorstand wie im Aufsichtsrat hatte Opel insofern nachgegeben, als er im Herbst 1946 eine Betriebsvereinbarung unterschrieb, nach der künftig ein Arbeitervertreter bei den Vorstandssitzungen dabei sein konnte und zudem an den Sitzungen des Aufsichtsrats teilnahm. Georg von Opel unterstützte zudem Anfang 1949 die Ablehnung des Betriebsrats gegenüber einer Wiederberufung Köneckes und aufgrund seiner strikten Weigerung kam diese dann auch tatsächlich nicht zustande. Auch in den Folgejahren, als in vielen Betrieben bereits wieder ein konfliktgeladenes Klima eines Klassenkampfs zwischen Unternehmensführung, Großaktionär und Gewerkschaften bzw. Betriebsräten herrschte, behielt von Opel seine auf moderate Verständigung und letztlich auch – hinsichtlich der noch allenthalben ausstehenden sozialpolitischen Gesetzgebung um Mitbestimmung und Arbeitnehmerrechte – abwartende Haltung bei. Als er allerdings im April 1949 in der *Frankfurter Abendpost* eine kleine Notiz mit der Überschrift „Was geht bei Conti in Hannover vor?" las, hatte ihn dann doch kurzzeitig die Panik überkommen. In dem Bericht war als Ergebnis der Betriebsratswahlen eine zwölfköpfige Mehrheit von KPD-Mitgliedern gegenüber nur fünf SPD-Betriebsräten gemeldet worden. Das traf jedoch, wie der damalige Vorstandsvorsitzende Ernst Fellinger eilends nach Frankfurt berichtete, nur für das Werk Hannover zu, während in Stöcken und Limmer bei weitem die SPD-Betriebsräte dominierten, so dass sich das Kräfteverhältnis der Belegschaftsvertreter auf 13 von der KPD zu 35 von der SPD bemaß. Im Prinzip sah Georg von Opel aber in der direkten Unternehmensbeteiligung der Arbeiter durch Aktien eine Lösung des alten Konflikts zwischen Kapital und Arbeit, und er plädierte daher im Februar 1951 bereits vehement für die Schaffung von Kleinstaktien und damit den Aufbau einer Schicht von Belegschaftsaktionären. Damit war von Opel seiner Zeit weit voraus, vor allem was die Haltung des Continental-Vorstands zur Ausgabe von Belegschaftsaktien anging, der darin ein Einfallstor für die Übernahme des Unternehmens durch „marxistische Gewerkschaftssekretäre" sah.

Georg von Opel zeichnete sich auch durch eine ausgeprägte Amerika-Orientierung aus, die er künftig auch unternehmenspolitisch stärker berücksichtigt sehen wollte. Er war denn wohl auch die treibende Kraft hinter den Besichtigungsreisen des Continental-Vorstands in die USA und der Kontaktaufnahme zunächst 1949 mit dem US-Konzern General Tire, später dann mit Goodyear. Im Bereich der Herstellung von „Asbest-Fließen" als Bodenbelag gab es zudem einen Vertrag mit dem US-Konzern Johns-Manville. Die Continental-Vorstände erhielten

Abb. 25: Georg von Opel ca. 1966.

regelmäßig auch konkrete Hinweise oder Zeitungsartikel mit entsprechenden Anregungen, aus dem Vorbild Amerika Profit für die Unternehmenspolitik von Continental zu schlagen. Zum Teil muten diese Anregungen heute kurios an, obwohl sich dahinter immer ein ernstzunehmender Kern verbarg. Mitte März etwa erhielt Ernst Fellinger einen Brief von Opel, in dem er seine Beobachtung mitteilte, dass in Frankfurt amerikanische Reifenfirmen zwei Brücken mit Reklame beschriftet hätten, die täglich von vielen tausenden Fahrzeugen passiert und von deren Fahrern gelesen würden. „Ich bitte Sie deshalb, bevor es zu spät ist, Anweisung zu geben, daß auch Continental ca. 50 Brücken in der Westzone zu Reklamezwecken mietet." Den Continental-Vorstand drückten zu diesem Zeitpunkt allerdings ganz andere Sorgen, die sich in der kurzen Formel: „Was nützt uns die Reklame, wenn wir nicht ausreichend liefern können" zusammenfassen ließ. Dennoch war von Opels Hinweis über die aktuellen Probleme hinausblickend durchaus weitsichtig. Auch was die Art und Weise der Publikationspflicht und die zahlenmäßige Gestaltung des Geschäftsberichts anging, verwies von Opel auf die amerikanischen Vorbilder und begrüßte ausdrücklich die – für damalige deutsche Verhältnisse ungewöhnliche – Darstellung der Erfolgsrechnung in prozentualer Ausrechnung als Netto-Gewinn- und Verlustrechnung, „da dies in den USA allgemein üblich ist." Continental beschritt hier im Vergleich zu den übrigen deutschen Unternehmen zweifellos Neuland.

Gleichzeitig hielt sich Georg von Opel in der Folgezeit mit deutlicher Kritik an einzelnen wie generellen Maßnahmen der Unternehmenspolitik des Vorstands nicht zurück. „Ich bedaure, daß es Dunlop anscheinend gelungen ist, im Fußbodengeschäft den größeren Marktanteil an sich zu reißen, obwohl wir auf diesem Gebiet doch die Ersten waren", hieß es im April 1953 in einem Brief an den Vorstand. „Meiner Ansicht nach wird das Verkaufsgeschäft nicht aggressiv und intensiv genug betrieben. Ehrlich gesagt, war ich erstaunt darüber, daß Sie meine Ansicht nicht teilen." Mitte Januar 1954 sah sich Opel zu einem regelrechten Brandbrief an den Vorstand veranlasst. „Seit Beginn meiner Tätigkeit als Aufsichtsratsvorsitzender haben wir schon viele Briefe gewechselt; wollen Sie bitte den heutigen als den bemerkenswertesten ansehen", hieß es darin, und dann äußerte er seine größte Besorgnis um die seit 1949 fallende Tendenz beim Gesamtergebnis und der Entwicklung der Continental. „Sinn dieser Zeilen ist der, daß Sie sich mit meinen Gedanken bereits jetzt befassen und sich überlegen können, auf welchem Wege die seitherige Entwicklung aufgehalten werden kann." Lange ehe der Vorstand, vielfach geblendet von den steigenden Umsatzzahlen der „Wirtschaftswunderjahre", die tatsächlichen Probleme des Unternehmens wahrnahm, versuchte von Opel gegenzusteuern.

Zu diesem Zeitpunkt musste sich Georg von Opel jedoch noch mit einem ganz anderen Problem herumschlagen: einer vom Ehemann seiner Cousine Margit auf Basis deren Aktienanteils angezettelten „Hauptversammlungs- und Aktionärs-Opposition", mit Vorwürfen gegen den Continental-Vorstand und den bisherigen Aufsichtsrat wegen der angeblich nicht sachgerecht betriebenen Rückerstattung des Continental-Auslandsvermögens in Spanien und in der Schweiz sowie diversen Veruntreuungsbehauptungen. Die ganze Angelegenheit schlug damals hohe Wellen und sollte sich bis Mitte des Jahres 1956 hinziehen. Es ging dabei nicht nur um die Einflussnahme der Tagesordnungspunkte auf der Hauptversammlung im Juli 1954 und um Einberufung einer außerordentlichen Hauptversammlung im Juni 1955, auf der unter anderem eine Erhöhung der Aufsichtsratsmitglieder von sechs auf neun beschlossen werden sollte, sondern auch um ständige Spekulationen in der Öffentlichkeit über angebliche Verkäufe des „Leimer-Pakets" an Continental-Aktien an interessierte Ausländer, allen voran den Firestone-Konzern, der zu diesem Zeitpunkt bereits eine maßgebliche Beteiligung an den Gummiwerken Phoenix hielt. An dem Streit unter den Großanteilseignern beteiligten sich dubiose Bankiers und Vermittler, opportunistische Kleinaktionärsgruppen und auf den eigenen Vorteil bedachte Konkurrenten wie die deutsche Dunlop, die sich mit eigenen Continental-Aktien im Wert von 400.000 DM der Hauptversammlungs-Opposition anschloss. In einer Reihe von Gesprächen mit seiner Cousine versuchte Georg von Opel zu vermitteln und vor allem diese aus dem seiner Meinung nach schädlichen Einfluss ihres Ehemanns herauszulösen. Die Angelegenheit wurde schließlich durch den Verkauf der Anteile an verschiedene Investoren, darunter auch die Deutsche Bank, beigelegt.

Die 1960er Jahre standen dann ganz im Zeichen der heraufziehenden Krise und der Diskussion um zu hohe Lohn- und Personalkosten und eines infolgedessen einzuschlagenden Sparkurses bei Continental. Das Unternehmen schüttete inzwischen wieder üppige Dividenden zwischen 12 und 18 Prozent aus. Im Geschäftsjahr 1961 waren es 16 Prozent gewesen, die jedoch, wie Vorstand und Aufsichtsrat in einer gemeinsamen Erklärung im Mai 1962 erläuterten, auch höher hätten ausfallen können. Verbunden mit der Forderung nach einem Verzicht der Sozialpartner bei Lohn- und Gehaltsforderungen, habe man diese aber bewusst niedriger im Sinne eines Maßhaltens gehalten. Der Vorstand hatte allerdings ungeachtet dessen ein riesiges, 500 Mio. DM umfassendes Expansionsund Modernisierungsprogramm in Gang gesetzt, dem von Opel durchaus misstrauisch gegenüberstand, auch wenn er prinzipiell ein Verstärken der Bemühungen zur Rationalisierung der Fertigungsabläufe bei Continental anmahnte. Im September 1964 stellte er dabei auch den gesamten Kunststoffbereich von Continental zur Disposition. Von Opel riet zur Desinvestition und mahnte den Vorstand eindringlich zur Konzentration auf das Kerngeschäft, den Reifen. Angesichts der im Nicht-Reifen-Bereich erwirtschafteten roten Zahlen stelle sich die Frage, „ob es richtig ist, daß angesichts der großen Probleme, die auf dem Gummisektor zu bewältigen sind, so viel Zeit, Arbeit und Geld auf Kunststoffe verwendet wird. Seit Jahren quält sich der Vorstand mit diesen Fragen ab, ohne recht weiterzukommen", hieß es dazu im Protokoll der Aufsichtsratssitzung über die Wortmeldung von Opels. Die Entwicklung des Konkurrenten Metzeler war ihm dabei ein warnendes Beispiel dafür, wohin eine zu expansiv betriebene und zu sehr am amerikanischen Vorbild ausgerichtete Diversifikationsstrategie führen konnte. Unter dem seit 1957 eigenwillig und als Alleinherrscher agierenden Hauptgesellschafter und zugleich Vorstandsvorsitzenden Willy Kaus hatte Metzeler sich in den 50er und 60er Jahren ein Konglomerat aus 33 Beteiligungen im Chemie-, Kunststoff- und Baumaterialien-Bereich zusammengekauft, in dem die alte Reifen-AG umsatz- wie belegschaftsmäßig nur noch eine marginale Rolle spielte.

Unmut gab es bei von Opel auch über die Entscheidungsprozesse im inzwischen neun-köpfigen Continental-Vorstand, der einvernehmlich an dem Prinzip des Kollektivvorstands ohne expliziten Vorstandsvorsitzenden festhielt, obwohl Opel schon angesichts der inzwischen erreichten Größe von Continental auf einen solchen seit langem drängte. Zum 1. Januar 1964 wurde auf seinen Wunsch hin immerhin Dr. Georg Göbel zum Sprecher des Vorstands ernannt, was an der Schwerfälligkeit der Entscheidungsprozesse allerdings nicht viel änderte. Misstrauen hegte von Opel auch gegenüber dem vom Vorstand vehement betriebenen Einstieg in den Kunststoffmarkt. Einen auskömmlichen Gewinn könne man hier, so von Opel auf einer Aufsichtsratsitzung im Januar 1964, nur bei hinreichender Größe erreichen, woran es Continental noch bei weitem fehlte. Und auch was das Reifengeschäft anging, musste sich der Vorstand harte Kritik gefallen lassen. Angesichts der enormen Steigerungsziffern in der Automobilindustrie halte er die Zuwachsraten von Continental für „sehr bescheiden". Und dann gab es aber auch wieder eines jener eher kurios anmutenden Schreiben von Opels an den Continental-Vorstand. Im September 1964 etwa schlug er angesichts des bestehenden Arbeitskräftemangels auch bei Gastarbeitern aus dem europäischen Ausland die Einstellung von Chinesen vor. In Amerika habe man mit diesen keine Sorgen. Und zwei Jahre später versuchte er den Vorstand massiv davon zu überzeugen, auf der Suche nach neuen lukrativen Geschäftsfeldern in die Fertigung von Kunststoff-Skiabfahrten einzusteigen, die in den USA der letzte Schrei seien und die mit der weltweiten Eroberung des Skisports als Freizeitbeschäftigung auch für Continental interessant sein müssten. Bei Continental sei dies aber vermutlich nicht bekannt, „weil man mit den USA keinen Kontakt mehr hat", und populär würde das natürlich erst bei Entwicklung eines billigen Belagmaterials, aber „leider kann Continental nicht entwickeln".

In diesen Zeilen kam die zweifellos inzwischen eingetretene Distanz zum Unternehmen und auch die Enttäuschung über dessen seitherige Entwicklung zum Ausdruck. Im Mai 1966, als Georg von Opel die 100. Aufsichtsratsitzung im Hause Continental abhielt, bereitete der deutlich eingebrochene und seit Jahren sinkende Aktienkurs keine große Freude mehr. Und die beiden Kapitalerhöhungen 1965 und 1966 von zunächst 140 Mio. DM auf letztlich 266 Mio. DM, an denen sich Georg von Opel mitbeteiligt hatte, bedeuteten eine erhebliche Belastung für ihn als Großaktionär; sie riss große Löcher in seine Finanzen und hatte ihn sogar zur Aufnahme umfangreicher Kredite gezwungen. Viel früher als der Vorstand sah er die Krise auf Continental zukommen, der aber alle Warnungen nach wie vor in den Wind schlug und offenbar auch dafür sorgte, dass diese nicht an die Öffentlichkeit drangen. Im Juli 1967 etwa beschwerte sich von Opel in einem Brief an Göbel massiv darüber, dass seine Ausführungen über die immer stärker werdende Invasion der Amerikaner auch in der Reifenindustrie nicht in der Presse wiedergegeben worden waren. „Ich vermute, daß auch hier ein Überängstlicher, von denen es ja bei Continental eine ganze Reihe gibt, die Presse gestoppt hat. Eines steht fest: Wenn wir versuchen, einen Kampf zu führen wie die Amerikaner in Südvietnam, dann ist Continental verloren." Auch der inzwischen im Unternehmen geradezu überhandnehmende und unübersichtliche Einsatz von externen Beratern missfiel von Opel, war dies doch in seinen Augen nur ein Zeichen für die schon jahrelang zu beobachtende Unsicherheit und Unfähigkeit zur Entscheidungsfindung im Vorstand. Und von Opel sah sehr wohl auch, dass sich der Vorstand inzwischen die Dinge schönredete. Regelmäßig wurde der Aufsichtsrat mit umfangreichen, mit vielen Zahlen gespickten Berichten versehen, in denen vor allem höchst optimistische, rosige Zukunftsaussichten prognostiziert wurden, jedoch, wie Opel im März 1967 anmahnte, „zu wenig auf die aktuellen Sorgen des Unternehmens eingegangen wird." Auf der Aufsichtsratssitzung im September 1967 wies von Opel auf die besondere Wichtigkeit der Sitzung hin, „da die Situation bei Continental ernster ist als jemals vorher. Es müssen Entscheidungen gefällt werden, die für die Zukunft von Continental bedeutend sind. Es darf Continental auf keinen Fall so gehen wie etwa Borgward oder Glas". Eine Lösung in den schon damals allenthalben betriebenen Spekulationen um Sanierungsfusionen zwischen den zum Teil bereits deutlich angeschlagenen deutschen Gummi- und Reifenunternehmen wie etwa Metzeler, sah von Opel dabei nicht. „Die Expansionspolitik von Herrn Kaus werde eines Tages ein schlechtes Ende nehmen und für Metzeler über Nacht eine sehr schwierige Situation auftreten", äußerte er geradezu hellsichtig im März 1966. Und auch die wenig später auf europäischer Ebene geführten Gespräche des Continental-Vorstands mit Pirelli, Dunlop und Michelin zur Schaffung eines europäischen Reifenkonzerns als Gegengewicht zu den scheinbar übermächtigen Amerikanern schätzte er kritisch ein, stellte sich aber weiteren Verhandlungen gegenüber nicht quer.

Im Herbst 1969 verkaufte die Familie von Opel ihre Continental-Anteile von noch ca. 20 Prozent, von denen Georg von Opel selbst die Hälfte hielt, an die Deutsche Bank. Die Transaktion war relativ geräuschlos und unter Wahrung der Interessen des Unternehmens, sprich ohne Verkauf an einen externen ausländischen und damit auch letztlich unkalkulierbaren Interessenten, von dem von Opel sicherlich hätte mehr erlösen können, über die Bühne gegangen. Tatsächlich hatte ihm ein lukratives Angebot von Seiten Dunlops vorgelegen, das Continental-Paket zu übernehmen und die deutsche Dunlop-Gesellschaft in das neue Unternehmen einzubringen. Doch von Opel hatte einer nationalen Lösung des Problems der deutschen Reifenindustrie den Vorzug gegeben. „In der Hoffnung, daß für Continental sich in der nächsten Zeit eine bessere Entwicklung anbahne", übergab Georg von Opel am 23. Oktober 1969 seinen Aufsichtsratsvorsitz an den Deutsche Bank-Vorstand Dr. Karl Klasen, blieb aber weiter Mitglied im Aufsichtsrat. Anfang Juli 1971 meldete er sich noch einmal auf der Hauptversammlung zu Wort. Dabei äußerte er massive Kritik an der inzwischen allenthalben diskutierten Fusion zwischen Continental und Phoenix. „Ich bin der

Überzeugung, daß die Firma Phoenix an zwei Krücken geht, und Continental an einer Krücke. Deswegen verspreche ich mir von einer Fusion nicht sehr viel und auch nicht viel von diesem Dreisprung, wohl aber von der Notwendigkeit eines Hochsprungs der Continental durch junge Leute, die Continental führen. Für eine richtige Verhandlung braucht Continental in Ihrer aller Interesse schnellstens einen Generaldirektor!" Der sollte, wenn auch nicht mit diesem Titel, allerdings erst im April 1973 in der Person von Carl H. Hahn kommen. Dieses Kapitel der Continental-Geschichte erlebte Georg von Opel nicht mehr. Er verstarb plötzlich wenige Wochen nach seiner Hauptversammlungsrede am 14. August 1971. Jahrzehntelang hatte die Familie von Opel als verlässlicher Ankeraktionär von Continental agiert. Der spätestens seit Anfang der 1960er Jahre auseinanderdriftenden Wahrnehmung der wirtschaftlichen Realitäten und der Unternehmensentwicklung von Continental von Aufsichtsrat und Vorstand hatte man dann aber doch nichts entgegenzusetzen gehabt. Der Mut für einen rechtzeitigen scharfen Schnitt in der Besetzung des Vorstands fehlte, vermutlich auch der Rückhalt durch die übrigen größeren Aktionäre wie der Deutschen und der Dresdner Bank. Aber selbst für eine Phoenix, die in den Nachkriegsjahren den großen Rückstand zu Continental aufgeholt hatte und mit Hilfe einer längeren Beteiligung von Firestone sowie eines charismatischen Vorstandsvorsitzenden Otto A. Friedrich ihren großen Aufschwung erlebte, sah die Zukunft Ende der 1960er Jahre düster aus; sie blieb vor der folgenden Existenzkrise der deutschen Reifenindustrie nicht verschont.

Alfred Herrhausen und Carl H. Hahn: Steuerung von Continental durch die große Krise

In der Folgezeit prägten zwei Persönlichkeiten die Entwicklung von Continental, jeder auf höchst unterschiedliche Weise und von unterschiedlichem Charakter sowie in verschiedenen Funktionen und in unterschiedlicher Zeitdauer, dennoch aber in vielem eng verwoben: Alfred Herrhausen, Vorstandsmitglied der Deutschen Bank und Aufsichtsratsvorsitzender bei Continental von Oktober 1970 bis November 1989, und Carl H. Hahn, Vorstandsvorsitzender bei Continental von April 1973 bis Dezember 1981. Sie führten das Unternehmen mit einer Mischung aus hartnäckig verfolgten industriepolitischen Plänen, manchmal geradezu verzweifelten Restrukturierungsversuchen, mutiger Vorwärtsstrategie und harter Sanierungspolitik durch die bis dahin größte und vor allem auch längste Krise. Und ihre Wirkungsphase markiert gleichsam auch Anfang und

Ende der später als „Deutschland-AG" bezeichneten engen Verquickung von Großbanken und Versicherungen als Großanteilseigner in den deutschen Industrieunternehmen. Als Alfred Herrhausen am 16. Oktober 1970 zum Aufsichtsratsmitglied bestellt und nur einen Monat später, am 19. November, neuer Aufsichtsratsvorsitzender wurde, befand sich Continental bereits im freien Fall. Es war eine Besonderheit gewesen, dass Herrhausen nicht durch eine Hauptversammlung gewählt, sondern durch gerichtliche Berufung nach § 104 Aktiengesetz bestellt worden war. Nach der Abgabe des Aufsichtsratsvorsitzes durch von Opel hatte zunächst Karl Klasen diese Funktion übernommen. Klasen war Vorstandsmitglied der Deutschen Bank und saß bereits seit Juli 1953 im Continental-Aufsichtsrat, da die Deutsche Bank schon seit Anfang der 1950er Jahre wieder bei Continental eingestiegen war und Anteile erworben hatte. Klasen wurde jedoch kurz nach der Übernahme des Aufsichtsratsvorsitzes zum Präsidenten der Deutschen Bundesbank gewählt und hatte sein Amt dann Hans Janberg, ebenfalls Mitglied des Vorstands der Deutschen Bank, übergeben. Janberg starb aber nur zweieinhalb Monate später überraschend, und so musste der junge, damals 40 Jahre alte Herrhausen einspringen. Innerhalb eines Jahres hatte Continental damit vier Aufsichtsratsvorsitzende gehabt, was mit dazu beigetragen haben dürfte, dass die angesichts der turbulenten Entwicklungen dringenden Beratungs- und Kontrollfunktionen gegenüber dem zunehmend unsicher agierenden Vorstand nahezu fehlten.

Herrhausen sah von Anfang an weit deutlicher als der Vorstand, der im Vergleich zu ihm nicht nur aus einer anderen Generation, sondern auch aus einer anderen industriepolitischen Epoche stammte, in welche dramatische Lage das Unternehmen geraten war: Die Billigimporte, begünstigt durch die Aufwertung der D-Mark bei gleichzeitig stark wachsenden eigenen Lohnkosten setzten Continental bei den Diagonalreifen unter Druck; zugleich stand man bei den neuen Radialreifen fertigungstechnisch wie vertriebsorganisatorisch auf verlorenem Posten. Continental steckte mitten in diesem Umstrukturierungsprozess, als Anfang der 70er Jahre auch ein gesamtwirtschaftlicher Konjunkturabschwung einsetzte. Nach grober Schätzung waren 1971 im Herbst 2.000 bis 2.500 Arbeiter und Angestellte „zu viel beschäftigt". Der dann tatsächlich erfolgte Personalabbau sollte aber noch weit höher ausfallen. Kaum im Amt, galt es für Herrhausen aber zunächst, das 100jährige Gründungsjubiläum der Continental zu begehen. Bei den Feierlichkeiten am 8. Oktober 1971 hielt er eine denkwürdige Rede über die „Risiken und Chancen der Demokratie" und die Gründe für die offensichtlich von weiten Teilen der Gesellschaft empfundenen Unzulänglichkeiten und Unzufriedenheit mit dem System der Sozialen Marktwirtschaft – eine Rede, deren Lektüre heute mehr denn je wieder lohnt. Vor dem Hintergrund der nachhallenden 1968er-Bewegung und der akuten Mitbestimmungsdebatte sah Herrhausen die Unternehmen mit einem gesellschaftlichen Wandel konfrontiert, auf den sie sich noch höchst unzureichend eingestellt hatten. Herrhausen konnte das Aufbegehren der im Vergleich zu ihm nur wenig jüngeren Generation und die im Aufkommen der Terrorgruppe „Rote Armee Fraktion" sich radikalisierende Unzufriedenheit mit den Gegebenheiten nicht nachvollziehen, aber die Veränderung des gesellschaftlichen Klimas beschäftigte ihn sehr, und er suchte nach Erklärungen, um der Unzufriedenheit etwas entgegenzusetzen. „Für ihn stand fest, dass das Wirtschafts- und Gesellschaftsmodell der Bundesrepublik gegen seine Kritiker verteidigt werden musste." (Sattler). Wann hatte sich je zuvor und auch danach ein deutscher Manager vor dem Hintergrund der Frage „Was ist unsere heutige Wirklichkeit, was geht in ihr, was geht in uns vor?" mit ähnlich analytischem Tiefgang mit gesellschaftspolitischen Grundsatzfragen beschäftigt.

Zu diesem Zeitpunkt war Herrhausen schon intensiv mit den industriepolitischen Bemühungen der Deutschen Bank zur Sanierung der deutschen Gummi- und Reifenbranche beschäftigt, in deren Mittelpunkt eine Fusion von Phoenix und Continental stand. Die Deutsche Bank hielt bei dem Hamburger Gummiunternehmen gleichfalls eine Aktienmehrheit und stellte mit ihrem Vorstandsvorsitzenden Hermann Josef Abs auch den Aufsichtsratsvorsitz, so dass einem raschen Zusammenschluss der beiden Unternehmen scheinbar nichts entgegenstand, zumal auch die industriepolitische Logik der Fusionsbemühungen unbestritten schien. Doch die Deutsche Bank und vor allem auch Herrhausen selbst hatten nicht mit dem hartnäckigen Widerstand und einer regelrechten Obstruktionspolitik der Vorstände, vor allem auf Phoenix-Seite, gerechnet. Und er hatte auch nicht die Uneinigkeit der anderen Großanteilseigner von Continental, des Chemiekonzerns Bayer, der Dresdner Bank sowie der beiden Versicherungskonzerne Allianz und Münchner Rück, einkalkuliert. Alle Großanteilseigner hatten eigentlich ihre Anteile in einer Beteiligungsgesellschaft „Corona" gebündelt – was die gesellschaftspolitische Kritik an der Herrschaft des Finanzkapitals über Privateigentum und Arbeiterklasse nur befeuerte –, aber die Koordination derer Interessen und unterschiedlichen industriepolitischen Logiken und Strategien, die jeweils verfolgt wurden, erwies sich für Herrhausen als weit aufwändiger als erwartet. Dutzende Anläufe zu einem Zusammenschluss von Continental und Phoenix zwischen 1970 und 1973, die zum Teil schon sehr weit gediehen waren, scheiterten und sorgten, statt sich auf die nötigen Restrukturierungsanstrengungen zu konzentrieren, für Verunsicherung und

Lähmung im jeweiligen Management wie auch in den Belegschaften. Schon im März 1972 stellte sich Herrhausen die Frage, warum er als Aufsichtsratsvorsitzender hinsichtlich der halbherzigen und wenig effektiven Restrukturierungsbemühungen des Vorstandes nicht schon früher eingegriffen hatte, und gab sich auch gleich die selbstkritische Antwort, dass er sich offensichtlich von den viel zu optimistischen Prognosen und den keineswegs die Realität widerspiegelnden Zahlen und Informationen durch den Vorstand hatte blenden lassen. Im Frühjahr 1973 holte er schließlich Carl H. Hahn als neuen Vorstandsvorsitzenden – der erste in der Continental-Nachkriegsgeschichte nach der langen Reihe des seit 1951 amtierenden bloßen Kollegial-Vorstandes –, um den internen Sanierungskurs von Continental endlich voranzubringen.

Abb. 26: Carl H. Hahn als Vorstandsvorsitzender im Jahr 1974.

Carl H. Hahn entstammt einer Industriellenfamilie, die bereits mit den Anfängen des Automobilbaus in Deutschland verbunden war. Sein Vater hatte zu den Mitbegründern der Auto Union 1932 gehört. Nach dem Studium der Wirtschafts- und Politikwissenschaften war er im Dezember 1954 zu Volkswagen nach Wolfsburg gekommen, wo Hahn zunächst als Assistent des legendären VW-Chefs Heinrich Nordhoff arbeitete. Von 1959 bis 1964 leitete er die „Volkswagen of America" und eroberte mit dem VW-Käfer die USA. Hahn hatte in dieser Zeit wesentlichen Anteil an den außergewöhnlichen Exporterfolgen des Volkswagen-Konzerns in Richtung Nordamerika, was ihn 1964, mit 38 Jahren, in den VW-Vorstand geführt hatte. Dort wurde Hahn jedoch mit wachsenden Differenzen und Konflikten über die strategische und unternehmenspolitische Ausrichtung des Automobilkonzerns konfrontiert, so dass einer Abwerbung durch Herrhausen auf den Posten des Vorstandsvorsitzenden bei Continental nichts im Wege stand. Sein dort in der Folgezeit eingeschlagener harter Sanierungskurs ließ keinen Stein auf dem anderen. Innerhalb von zwei Jahren wurden 4.500 Beschäftigte entlassen, das undurchsichtige und gleichfalls verlustbringende Beteiligungsgeschäft restrukturiert und die Fertigungsprozesse modernisiert und in ihrer Produktivität erheblich verbessert. Hahn hatte auch keine Skrupel, Hand an Continental-Symbole zu legen: Im November 1973 verkaufte er das Continental-Hochhaus, das Wahrzeichen des Konzerns, und mietete es im „Sale-and-Lease-Back-Verfahren" wieder zurück. Nicht zuletzt brach Hahn mit dem alten Continental-Stil der dicken, zahlengesättigten, aber beschönigenden, intransparenten und vernebelnden Lageberichte und Darstellungen des operativen Geschäfts. Stattdessen prägten nun ungeschminkte, selbstkritische und klare Aussagen sowohl die gesprochenen wie zu Papier gebrachten Schilderungen des Vorstands zur Unternehmenslage. Einen ersten Beweis für den neuen Ton innerhalb des Unternehmens wie auch gegenüber der Öffentlichkeit lieferte Hahn schon auf der Aufsichtsratssitzung im Mai 1973, wenige Wochen nach seinem Amtsantritt. Die Debatte ging um die Frage, ob oder ob nicht der tatsächliche Verlust auch öffentlich ausgewiesen werden sollte, d. h. ob die alte Bilanzkosmetik oder neue Bilanzwahrheit die Kommunikation gegenüber der Belegschaft wie den Aktionären bestimmen sollte. Die Bilanzsumme entsprach zu diesem Zeitpunkt der Umsatzhöhe, was einen Verlustausweis von 41 Mio. DM implizierte und bedeutete, dass Continental vor allen Augen am schlechtesten von allen Wettbewerbern abgeschlossen hatte und damit als Schlusslicht der deutschen Kautschukindustrie betrachtet werden musste, wie Herrhausen frustriert konstatierte. Der Aufsichtsrat folgte Hahn und beschloss eine entsprechende Pressenotiz. Erstmals in der Geschichte Continentals wurde damit ein Bilanzverlust ausgewiesen.

Hahn entmachtete auch weitgehend die noch verbliebenen alten Vorstände, indem er ihnen eine Riege junger Generalbevollmächtigter gegenüberstellte, die wenig später dann als neue Vorstände aufrückten und damit den längst fälligen Generationswechsel in der Unternehmensführung vollzogen. In der Folgezeit machte er sich daran, die größten Problemfelder von Continental zu beseitigen: den Verlust des technischen Anschlusses, die überholten Forschungs- und Entwicklungsstrukturen, die heruntergekommenen Fabriken mit niedriger Produktivität und hohen Personalkosten, die ineffizienten Vertriebswege, die schlechten Arbeitsbedingungen der Belegschaft, die zu massiven Qualitätsproblemen geführt hatten, – und das alles unter enormem Zeitdruck, da die Umsätze weiter einbrachen, das Unternehmen laufend steigende Verluste machte und die Verschuldung rasch stieg. Mit einer auf den ersten Blick nachgerade altertümlich anmutenden, tatsächlich aber nicht zuletzt auch in ihrer symbolischen Wirkung mit erheblichem Wert verbundenen Politik des „Management by walking around" förderte er den Zusammenhalt und schuf eine Aufbruchstimmung bei den Continental-Beschäftigten. Hahn war ständiger Gast bei den Betriebsversammlungen in den Werken, um den Beschäftigten den Ernst der Lage vor Augen zu führen und auf den noch sehr dornenreichen Weg zurück zu schwarzen Zahlen hinzuweisen, aber auch die vom Vorstand in die Gänge geleiteten Maßnahmen zu einem möglichst schnellen Ausweg aus der Krise zu schildern. Bereits im März 1974 schlug Hahn auch eine Politik der Kooperation mit internationalen starken Partnern ein, in diesem Fall dem amerikanischen Reifenkonzern United States Rubber Co. (Uniroyal), der auf seiner Expansionspolitik in Europa das belgische Traditionsunternehmen Englebert übernommen hatte, dessen Werk in Aachen auch die Europazentrale von Uniroyal war. Im Mai 1975 stellte Hahn im Aufsichtsrat erstmals eine „Langfristplanung Continental 1975 bis 1979" vor, es waren „Mindestziele für das Überleben der Continental", und die kurze Zeitspanne von gerade einmal vier Jahren macht deutlich, wie stark das Unternehmen nur auf Sicht oder zum Teil noch immer durch dichten Nebel gesteuert werden konnte.

Und trotz aller radikalen Maßnahmen zeichnete sich nur langsam ein Erfolg ab, unterbrochen von immer wieder neuen Rückschlägen. Im Herbst 1976, dreieinhalb Jahre nach seinem Amtsantritt, musste Hahn immer noch rote Zahlen konstatieren, nicht nur im Reifen-, sondern auch im Technische-Produkte-Bereich; aus der Perspektive der Beschäftigten waren es nun schon fünf Jahre, in denen Continental um das Überleben kämpfte. Knapp 10.000 Mitarbeiter hatten seit 1970 Continental verlassen müssen, ohne dass der Personalabbau eine Wende gebracht hätte. Vermutlich hätte das Unternehmen aber ohne den damit verbundenen Abbau der Lohn- und Gehaltskosten bereits 1972 aufgelaufene Verluste von 145 Mio. DM, d. h. mehr als die Hälfte des Grundkapitals, verbucht und das Jahr 1974 nicht mehr erlebt. Bei Herrhausen verstärkte sich angesichts dessen die Überlegung, das verlustreiche Reifengeschäft abzustoßen und damit aus dem Traditionsbereich auszusteigen, was aber bei Hahn auf vehementen Widerstand stieß. Auf der Aufsichtsratssitzung im Dezember 1976 wies er auf die auch im Geschäft mit Technischen Produkten auflaufenden Verluste hin und zudem würde zu diesem Zeitpunkt in der augenblicklichen Lage niemand Reifenwerke geschenkt haben wollen, geschweige denn dafür auch noch Geld bezahlen. „Es stellt sich für Continental die Frage des Rückzugs aus dem Reifengeschäft. Da diese Entscheidung eine Liquidation des Unternehmens bedeutet, muß von Continental eine offensive Reifenpolitik verfolgt werden", so sein Plädoyer. Obwohl sich Continental inzwischen „auf die Grenze der Kreditwürdigkeit hinzubewegte" und keine finanziellen Spielräume mehr besaß, suchte Hahn das Heil in der Flucht nach vorn. Zunächst bestand das in Überlegungen zu erneuten Kooperations- und Fusionsmaßnahmen, einmal mit dem Münchner Reifenunternehmen Metzeler, hinter der die Finanzkraft des Großaktionärs Bayer stand, oder aber mit Phoenix, dessen Vorstand man mit einem erneuten Anlauf zum Zusammenschluss bewegen wollte. Doch spätestens Ende 1977 mussten sich Herrhausen und Hahn erneut ein Scheitern ihrer diesbezüglichen Bemühungen eingestehen. Continental steckte nach wie vor im Teufelskreis von Strukturproblemen der gesamten Branche, schrumpfenden Märkten mit Überkapazitäten, sinkenden Erlösen infolge von immer heftigeren Preiskämpfen und hausgemachten Problemen. Auch das inzwischen rapide gesunkene Image der Marke Continental bedurfte dringend einer Aufpolierung. „Wir haben einen guten Namen", äußerte Hahn offen in einem Gespräch mit Aktionärsvertretern im Mai 1977, „der im Unterbewusstsein ruht. Wir alle haben die 60er Jahre noch erlebt, aber die heute 20jährigen sind schon in der Michelin-Welt aufgewachsen." Ein Lichtstreifen am Horizont war allenfalls, dass das Geschäft mit Transportbändern und Schaumstoffen sowie Schläuchen mit seiner Produktvielfalt inzwischen schwarze Zahlen schrieb und einen Ausgleich zur defizitären Reifensparte darstellte. Und im Laufe des Jahres 1977 schloss das jahrelang verlustreiche Geschäft mit Pkw-Reifen nicht mehr mit roten Zahlen ab. Erstmals konnte mit 20,2 Mio. DM wieder ein Jahresüberschuss im zweistelligen Bereich verbucht werden, dem aber schon 1978 ein erneuter Absturz folgte. Für die Aktionäre war es das siebte dividendenlose Jahr, und vor allem unter den Großanteilseignern, allen voran Herrhausen, machte sich zunehmende Resignation und die Überzeugung breit, dass Continental „letztlich am Reifensektor verbluten" würde. Alle sichtbaren Erfolge und Verbesserungen schrumpften durch die anhaltenden Schwierigkeiten der Branche auf vergleichsweise marginale Dimensionen zusammen. Zugleich sah er sich aber nach wie vor in der Pflicht. Auf der Hauptversammlung im Juni 1978 äußerte er dann auch: „Es ist eine herkulische Arbeit, ein großes Unternehmen, in dem auch nichts mehr so war, wie es sein sollte, wieder in Ordnung zu bringen. Wir werden die Arbeit weiter leisten."

Im Dezember 1978 war jedoch abzusehen, dass es für Continental nach wie vor um das Überleben ging. Das Betriebsergebnis betrug minus 30 Mio. DM, und maßgeblichen Anteil hatte wieder der Reifenbereich, der mit minus 45,2 Mio. DM eine dramatische Verschlechterung des Betriebsergebnisses verbuchen musste. Auf der Aufsichtsratssitzung am 15. Dezember 1978 lagen daher bei Vorstand wie Aufsichtsrat die Nerven blank. Zwischen Herrhausen und Hahn kam es dabei erstmals auch zu einem offen ausgetragenen Disput, der sich über die genauen Ursachen der Betriebskostenverschlechterungen bis zur grundsätzlichen Politik der Großanteilseigner spannte, denen Hahn massive Vorwürfe machte. „Continental habe seitens der Aktionäre nicht nur keine Unterstützung bekommen, sondern die Aktionäre hätten sich im Kriegsschauplatz draußen bekämpft wie die schlimmsten Feinde." Hahn hatte dabei mit seiner Kritik durchaus recht. Herrhausens Problem war, dass für die Münchner Rück die Continental-Beteiligung längst ein lästiges und wenig ertragreiches Finanzinvestment darstellte, und Bayer mit seiner Beteiligung an Metzeler eine vor allem am Absatz ihrer Synthesekautschuk-Rohstoffe orientierte eigene Politik der Branchenstrukturbereinigung verfolgte. Tatsächlich stellt sich die Frage, inwieweit Herrhausen bei der Suche nach einer rein deutschen Lösung der Gummiindustrieprobleme nicht auch längst unter dem Druck und Diktat der spezifischen Interessen des Deutsche-Bank-Großkunden Bayer stand, dem es bei den Fusionsgesprächen allein um die Sicherung des Kunstkautschukabsatzes des Tochterunternehmens Chemische Werke Hüls AG (CWH) ging. „Zwischen der Deutschen Bank und Bayer besteht eine Verabredung", so hieß es in einer internen Notiz vom April 1971, „wonach die Vertretung des Conti- und Phoenix-Paketes durch die DB nur unter Wahrung der Rohstoffinteressen von Bayer und Hüls erfolgt". Die Deutsche Bank stand mit ihren weitreichenden industriepolitischen Plänen inzwischen aber zunehmend allein da, so dass unter dem Strich die nach außen hin scheinbar stabile Großaktionärsstruktur bei Continental nicht nur keine Stabilisierung und keinen Rückhalt bedeutete, sondern eher das Gegenteil. Das gestand sich auch Herrhausen inzwischen ein. Am Ende prägte auf der einen Seite Ratlosigkeit das Bild. Unter den „obwaltenden Umständen" gebe es kein Rezept, „die Überlebenschance der Continental tatsächlich zu garantieren", so äußerte sich Herrhausen auf der Aufsichtsratssitzung. Er habe „seit Jahren mit allen ihm zu Gebot stehenden Kräften um die Überlebenschancen der Continental gekämpft", dass ihm jedoch nun nichts mehr einfalle und er nicht mehr wisse, was er noch machen solle. Solche offenen, ehrlichen und ungeschminkten Aussagen eines Aufsichtsratsvorsitzenden dürften wohl einmalig in der Unternehmens- und Industriegeschichte Deutschlands sein, vor allem auch die Tatsache, dass diese überhaupt so dokumentiert und damit der Nachwelt überliefert worden sind. Heute wäre das angesichts der inzwischen völlig geänderten Art und Weise der Abfassung von Aufsichtsratsprotokollen nicht mehr der Fall. Auf der anderen Seite jedoch betonte Hahn auf derselben Aufsichtsratssitzung unbeirrbar die Fortsetzung der offensiven Reifenstrategie. Während einer nach dem anderen der früheren deutschen Konkurrenten wie Phoenix und Metzeler ihre Reifenfabriken schlossen, gebe es für Continental von der Strategie her keine anderen Rezepte oder Ausweichmöglichkeiten, als den eingeschlagenen Pfad weiter voranzugehen. Hahn war sich bewusst, dass Continental dabei auch von der deutschen Automobilindustrie keine Unterstützung erwarten konnte, da diese selbst zu diesem Zeitpunkt unter dem massiven Kostendruck der japanischen Wettbewerber stand.

Der Befreiungsschlag und Durchbruch kam im Juli 1979 mit dem Kauf des Europa-Geschäfts von Uniroyal, im Zuge dessen Continental vier Reifenwerke in Belgien, Deutschland, Frankreich und Schottland hinzubekam und damit endlich eine kritische Größe erreichte, um im Reifengeschäft international weiter mitspielen zu können. In der europäischen Reifenbranche schob sich Continental damit vom siebten auf den dritten Rang vor. Die Finanzierung dieses selbst von Herrhausen als riskanter „Ritt über den Bodensee" bezeichneten Coups wurde dabei gemeinsam von Finanzvorstand Horst W. Urban und dem Stab Herrhausens ausgeklügelt, denn angesichts der angeschlagenen Lage Continentals kam weder eine Kapitalerhöhung noch die Begebung einer Anleihe am Kapitalmarkt in Frage, so dass man die Aufnahme ungesicherter Darlehen bei einigen Großinvestoren erfand, die dann später in börsengängige Wandelanleihen bzw. in Aktien getauscht werden konnten. Gleichzeitig verhandelte Hahn auch noch an einem weiteren Coup, der die europäische Ausrichtung von Continental noch erheblich gesteigert hätte: dem Erwerb des französischen Reifenunternehmens Kléber, der jedoch dann aber im Sommer 1980 trotz intensiver Verhandlungen mit Michelin scheiterte. Im Herbst 1981 führte er daher erneute Fusions- und Kooperationsgespräche, diesmal mit Pirelli, die – von Hahn initiiert – auf einen Erwerb der Reifensparte von Pirelli durch Continental und im Gegenzug die Abgabe des Bereichs der Technischen Produkte an die Italiener hinauslief. Doch noch während die Verhandlungen liefen, kehrte Hahn im Januar 1982 zu VW zurück und übernahm dort den Vorstandsvorsitz.

Herrhausen und der vier Jahre jüngere Hahn hatten sich im Verlauf der Jahre zu kongenialen Partnern entwickelt, die der unbedingte Wille zur Sanierung von Continental verband, die allerdings über die Mittel und Wege und vor allem auch das Tempo dorthin oftmals unterschiedlicher Meinung waren. Ohne Herrhausens Rückhalt und das Ruhighalten der Deutschen Bank sowie der anderen Großanteilseigner wäre Hahns Sanierungspolitik kaum erfolgreich gewe-

Abb. 27: Hauptversammlung am 7. September 1979 (v. l. n. r.: Alfred Herrhausen, Albert Englebert (Mitglied des Aufsichtsrats), Helmut Werner (Vorstandsmitglied) und Carl H. Hahn).

sen. Der unternehmenspolitisch erforderliche lange Atem hätte gefehlt. Ohne Hahns Wagemut, Entschlossenheit und zupackende Dynamik, mit der er sich auch das eine und andere Mal über die Meinung des Aufsichtsratsvorsitzenden hinwegsetzte, wäre aber auch Herrhausens Mission gescheitert, eine international wettbewerbsfähige deutsche Gummi- und Reifenindustrie zu erhalten. An dessen Erfolg hatte dieser selbst ohnehin oft große Zweifel. Hahn hatte Continental zu einem erfolgreichen Turnaround geführt, das Unternehmen auf einen neuen Kurs gebracht und unternehmenspolitisch die Weichen gestellt. Der eingeleitete Umbruch und die endgültige Abwendung der Existenzprobleme waren allerdings bei seinem Abgang im Dezember 1981, als er wieder zu VW als neuer Vorstandsvorsitzender zurückkehrte, keineswegs in trockenen Tüchern. Im März 1980 noch hatte er „nach schwierigen Jahren einen deutlichen Aufschwung" und damit das Ende der langen Krisenjahre verkündet. Als Jahresüberschuss wurden 12,7 Mio. DM verbucht, doch im Jahr darauf kam es zu einem erneuten, auch konjunkturell bedingten massiven Einbruch, durch den Continental erneut 17,8 Mio. DM Verlust ausweisen musste.

Erst 1983 konnte von einer nachhaltigen Gesundung von Continental, begleitet von einem stetigen Umsatz- und Gewinnwachstum, die Rede sein. Fast zwölf Jahre hatte Continental damit um das Überleben gekämpft, die längste Krisenphase in der Unternehmensgeschichte, in der das Schicksal nicht nur ein Mal am seidenen Faden gehangen hatte. Noch im Herbst 1982 waren aber Herrhausen und die Deutsche Bank erneut ins Visier der Öffentlichkeit geraten, da Gerüchte über einen möglichen Verkauf ihrer Continental-Aktien an Goodyear aufgekommen waren und sich auch in der Folgezeit hartnäckig hielten. Trotz vehementer Dementis Herrhausens gab es sowohl beim damaligen Vorstand als auch bei den Betriebsräten von Continental erhebliches Misstrauen. Das war nur ein Zeichen dafür, dass sich insgesamt seit der Übernahme von Uniroyal das Verhältnis von Aufsichtsrat und Vorstand verändert hatte. Schon Hahn war seit dem von ihm weitgehend auf eigene Faust eingefädelten Coup deutlich selbstbewusster gegenüber Herrhausen aufgetreten und hatte diesen mit nur noch spärlichen Informationen über das operative Geschäft versorgt. Dass etwa Details über die Verhandlungen mit Michelin und Kléber in der Presse erschienen, ehe der Aufsichtsrat davon offiziell erfuhr, sorgte bei Herrhausen für einen regelrechten Wutausbruch. Zudem erfuhr Herrhausen im Herbst 1980 auch erst hinterher von waghalsigen Devisenhandelsgeschäften der Continental, die diese ohne Konsultation der Deutschen Bank auf eigene Faust vorgenommen und damit aber Verluste von 5,5 Mio. DM erlitten hatte. Unter dem Hahn im Jahr 1982 folgenden Vorstandsvorsitzenden Helmut Werner setzte sich diese Haltung fort, so dass man von einem regelrechten „partiellen Kontrollverlust" (Sattler) Herrhausens sprechen konnte. 1983 hat die Deutsche Bank den Großteil ihrer Continental-Aktien dann tatsächlich verkauft, allerdings stillschweigend und geräuschlos im regulären Börsenhandel, ein Schritt, von dem Herrhausen offenbar selbst überrascht worden war.

Herrhausen blieb weiterhin Aufsichtsratsvorsitzender, agierte in diesen Jahren allerdings, ohne noch große Akzente zu setzen, wozu auch angesichts des nun einsetzenden Wachstumskurses keine Notwendigkeit bestand. Unter Werner, der von Uniroyal gekommen war, erfuhr Continental wieder einen gewissen Amerikanisierungsschub. Mit einer ausgeklügelten Mehrmarkenstrategie und einem intensivierten Innovationsmanagement sowie strategischen Allianzen mit amerikanischen und japanischen Reifenunternehmen führte er die eingeschlagene Europäisierung und Internationalisierung von Continental weiter. Im November 1987, nach nur knapp sechs Jahren, übergab Werner dann die Unternehmensleitung an den bis dahin als Finanzvorstand amtierenden Horst W. Urban und wechselte zu Daimler Benz. 1985 wurde ein Konzernjahresüberschuss von

77,2 Mio. DM ausgewiesen, der dann bis 1988 auf knapp 200 Mio. DM kletterte. Am 30. November 1989, kurz vor der Verkündung neuer Rekord-Umsatz- und Gewinnzahlen von Continental, wurde Herrhausen bei einem Attentat der RAF ermordet. Dennoch bedeutete dies und der weitgehende Ausstieg der Deutschen Bank keineswegs einen Schlussstrich unter die langjährige Industriebeteiligung bei Continental. Auch nach 1983 hatte man noch ca. 5 Prozent des Anteils behalten und schon 1990/91 sollte die Deutsche Bank im Zusammenhang mit der versuchten Übernahme durch Pirelli ihren Anteil wieder erhöhen und ein, allerdings nur hinter den Kulissen, maßgeblicher Player in dem damaligen Ringen sein. Erst im November 2002 erfolgte der völlige Ausstieg. Die Deutsche Bank informierte die Verwaltung in Hannover, dass sie ihre Continental-Anteile von 7,65 Prozent an eine Vielzahl institutioneller Anleger verkauft hatte.

Zwei Übernahmeversuche und die Suche nach einem Ankeraktionär: Turbulente Corporate-Governance-Strukturen zwischen 1990 und 2010

Die Corporate-Governance-Strukturen bei Continental seit den 1990er Jahren bis in die Gegenwart hinein waren von erheblichen Turbulenzen geprägt, vor allem von zwei, von den damaligen Vorständen jeweils als unfreundlich eingestuften, Übernahmen – die eine 1990/91 durch Pirelli, die scheiterte, die andere 2008 durch Schaeffler, die letztlich erfolgreich war. Die Vorgänge sorgten für erhebliche Belastungsproben für das Verhältnis von Vorstand und Aufsichtsrat, da sich offensichtlich mehr wahrgenommene und antizipierte als tatsächlich nachweisbare Unterschiede in den Interessen der Leitungs- und Überwachungsorgane auftaten mit der Folge von massivem Misstrauen. Die Periode ist aber auch von viel Fluktuation im Vorstandsbereich und von einem weiteren Generationenwechsel in der Leitungsebene geprägt gewesen, im April 1997 kam dabei die erste Frau in eine Führungsfunktion bei Continental, allerdings nur als Generalbevollmächtigte für den Einkauf und für strategische Reifentechnologie, der dann der Sprung in den eigentlichen Vorstand verwehrt blieb. Die traditionell bei Continental herrschende Männerriege im Vorstandsbereich blieb bis 2012 unter sich. Auch im Aufsichtsrat herrschte ein reges Kommen und Gehen; vor allem im Zusammenhang und nach den beiden Übernahmeattacken stieg die Fluktuation von Vorstands- und Aufsichtsratsmandatsträgern an. Nach der Auflösung der „Deutschland-AG" und der damit verbundenen Großaktionäre aus dem Bereich Banken und Versicherungen folgte bei Continental im Zeichen des sich allenthalben weiter ausbreitenden Finanzmarktkapitalismus eine Ära des Streubesitzes mit schnell wachsenden Beteiligungen durch institutionelle und vor allem auch ausländische Investoren. Mit Private-Equity-Gesellschaften betraten ganz neue Player und Interessenakteure die Bühne.

Pirelli hatte die noch von Hahn selbst angestoßenen Verhandlungen über eine Zusammenarbeit und Verständigung auch nach dessen Ausscheiden zunächst mit Herrhausen, dann mit dessen Nachfolger Ulrich Weiss als Aufsichtsratsvorsitzenden, und gleichfalls im Vorstand der Deutschen Bank sitzend, weitergeführt. Der Continental-Vorstand wusste davon nichts und war daher überrascht, als Mitte September 1990 Pirelli öffentlich ein Fusionsangebot abgab, verbunden mit der Information, dass man zusammen mit befreundeten Unternehmen wie der Mediobanca und auch Fiat über maßgebliche Anteile von Continental-Aktien verfügte, deren Gewicht man bei den künftigen Hauptversammlungen entsprechend zum Einsatz bringen würde. Längst war Continental ohne den Schutz eines großen Ankeraktionärs zu einem öffentlich diskutierten Übernahmekandidat geworden; die Spekulationen über den Einstieg eines neuen Großanteilseigners reichten von VW über den Flick-Konzern bis Goodyear und spekulative Investoren, die damals als gefürchtete ‚raider' die Finanzszene auch in Europa bestimmten; nach wie vor gehörte aber auch Pirelli zu den potenziellen Interessenten an Continental. Unter dem bezeichnenden Codenamen „Varus" wurde daraufhin vom Continental-Vorstand eine Abwehrstrategie entworfen, um die Übernahme der Italiener zu vereiteln und dabei spielten auch Heerscharen von externen Beratern und Wirtschaftsanwälten eine maßgebliche Rolle. Auf einer außerordentlichen Hauptversammlung am 13. März 1991 gelang mit der mehrheitlichen Ablehnung einer Fusion durch die Aktionäre ein erster Sieg, doch die Konfrontation zog sich weiter hin, vor allem auch durch interne Differenzen zwischen dem Aufsichtsratsvorsitzenden Weiss und dem Vorstandsvorsitzenden Urban, die soweit gingen, dass der Vorstand aus Misstrauen gegenüber der Haltung des Aufsichtsrats und den eventuellen strategischen Überlegungen und Interessen der Deutschen Bank von den Vorstandsprotokollen und den internen Beratungen eigene Versionen für den Aufsichtsrat erstellte. Erst im April 1993, als Pirelli ihr Engagement in Continental-Aktien und -Optionen endgültig löste, konnte das Kapitel als beendet betrachtet werden, das auf beiden Seiten nicht nur viel Kraft, Geld und Reputation, sondern auch die Köpfe der jeweiligen Vorstandsvorsitzenden gekostet hatte.

Der Fall hatte auch deshalb Aufsehen erregt, weil damit in vielen Bereichen des Aktienrechts und der damals noch nicht so bezeichneten Corporate Governance Neuland betreten wurde. Dutzende von Fachjuristen befassten sich in

Abb. 28: Außerordentliche Hauptversammlung am 13. März 1991.
Am Rednerpult: Ulrich Weiss, der Aufsichtsratsvorsitzende.

der Folge mit der Frage der Zulässigkeit von Stimmrechtsbegrenzungen und den Grenzen des Verhaltens von Vorstand und Unternehmensverwaltung bei Beteiligungsänderungen und der Pflicht zu strikter Neutralität, oder aber eben dem Recht auf Einflussnahme auf den Kreis der Aktionäre. Das dezidierte Abwehrverhalten des Continental-Vorstands hatte auf jeden Fall die bisher vertretene herrschende Meinung konterkariert, dass diesem die Hände gebunden seien und er sich in Fatalismus und Ergebenheit gegenüber dem potenziellen Mehrheitsaktionär zu üben habe. Eine der Schlussfolgerungen war es dann auch, dass die Aktionärsstruktur und das Aktionärsverhalten für Vorstand wie Aufsichtsrat kein Tabuthema waren, sondern eine ständige Herausforderung, die im Interesse des Unternehmens auch eine ständige Beobachtung des Kapitalmarkts und eine ausreichende Akzeptanz des Unternehmens bei den Aktionären, vor allem in Form eines möglichst hohen Aktienkurses, implizierte. Im Mai 2002, im Zuge der Verrechtlichung (und Verkomplizierung) der Corporate-Governance-Verfassung erfolgte dann auch bei Continental erstmals eine Formulierung und formelle Festlegung von entsprechenden Grundsätzen, in die die seitdem weiterentwickelten aktienrechtlichen Bestimmungen entsprechend einflossen. Als Kodex „guter Unternehmensführung" galt eine verantwortungsvolle, transparente und auf Wertschaffung gerichtete Leitung und Kontrolle des Konzerns, durch die das Vertrauen von Anlegern, Kunden, Mitarbeitern und Öffentlichkeit gewonnen und gestärkt wurde. Sechs Jahre später standen diese Regeln auf dem Prüfstand und sie sollten, wie die damaligen Entwicklungen zeigten, die Bewährungsprobe nicht bestehen.

Der Ausgangspunkt des zweiten Übernahmegeschehens vom Sommer 2008 unterschied sich von dem des Jahres 2001 völlig, war aber letztlich eine Folge des ersteren. Den Vorstandsvorsitz hatte inzwischen Hubertus von Grünberg übernommen, aber an der Aktionärsstruktur von Continental hatte sich inzwischen nicht viel geändert. 1994 konnten Deutsche Bank, Nord/LB, Dresdner Bank und Allianz mit Anteilen zwischen 5 und 17 Prozent nur bedingt als Großaktionäre bezeichnet werden, während der sogenannte Free float 60 Prozent betrug. 2005 hatte sich daran insoweit etwas geändert, als es mit den Versicherungskonzernen Axa und Allianz nur noch zwei Großaktionäre mit jeweils 10 Prozent Anteilen gab, während der Streubesitz an Aktien 80 Prozent betrug. Das machte Continental erneut zu einem potenziellen Übernahmekandidat trotz des inzwischen deutlich gestiegenen Aktienkurses, doch der mögliche und bei Vorstand wie Aufsichtsrat gleichermaßen unerwünschte Übernahmeakteur würde diesmal – so die Überlegungen – aus China kommen. Die mit Macht in die deutsche Automobil- und deren Zulieferindustrie drängenden Chinesen sahen sich bei Unternehmen wie VW, BMW, Bosch und ZF durch Stiftungskonstruktionen, Staatsbeteiligung, familiären Ankeraktionären und andere Regelungen der Anteilseignerstrukturen unüberwindlichen Hindernissen gegenüber, nur bei Continental standen gleichsam die Tore offen. „Wir wollen nicht als Tochter eines chinesischen Konzerns enden", verkündete der damalige Vorstandsvorsitzende von Continental, Manfred Wennemer, im Frühjahr 2005. Im Sommer 2006 sah sich der Vorstand dann aber plötzlich mit einem Übernahmevorhaben der Private-Equity-Gesellschaft Bain Capital konfrontiert, das zwar zurückgewiesen wurde, aber dennoch erste Zweifel aufkommen ließ, ob Vorstand und Aufsichtsrat weiterhin noch an einem Strang zogen. Zunächst jedoch klopften Wennemer und von Grünberg im Verlauf des Jahres 2007 bei Maria-Elisabeth Schaeffler, zusammen mit ihrem Sohn Eignerin des in Herzogenaurach sitzenden gleichnamigen Automobilzulieferunternehmens, an und präsentierten ihr die Idee, künftig die Rolle einer „Johanna Quandt von Continental" zu übernehmen und mit einem Anteil von ca. 15 Prozent als Ankeraktionär mit Sperrminorität zu fungieren. Schaeffler signalisierte dazu ihre Bereitschaft, aber im Frühjahr 2008 wurde Continental plötzlich von der Unternehmensgruppe mit der Forderung nach einem 30-prozentigen Aktienanteil konfrontiert. Es folgten dutzende formelle wie informelle Gespräche zwischen den Verantwortlichen beider Unternehmen, die schließlich im Juli 2008 mit der Ankündigung einer sehr weitgehenden Beteiligung und der Bekanntgabe, dass man bereits direkt und indirekt über 36 Prozent der Continental-Aktien verfügte, ihren vorläufigen Abschluss fanden. Dass dabei gleichzeitig auch regelmäßig vertrauliche Informationen aus den Besprechungen an die Medien geflossen waren, sorgte für eine zusätzliche Belastung des Verhältnisses der beiden Unternehmen.

Abb. 29: Blick in die Hauptversammlung am 25. April 2008.

Was folgte, war eine regelrechte, zu weiten Teilen auch in der Öffentlichkeit ausgetragene Schlacht zwischen beiden Unternehmen mit zahlreichen Akteuren, darunter Heerscharen von externen Beratern und auch die Medien, die mit Spekulationen, durchgestochenen vertraulichen Informationen und öffentlichen Verlautbarungen der jeweiligen Presseabteilungen der beiden Unternehmen ihrerseits erheblich zur Undurchsichtigkeit und einem schnell vergifteten Klima zwischen Continental und Schaeffler beitrugen. Die Vielzahl unterschiedlicher Interessen der Beteiligten und die bald darauf ausbrechende Börsenkrise führten dazu, dass die Sache völlig aus dem Ruder lief und dabei auch persönliche Vertrauensverhältnisse zu Bruch gingen. Continental wurde zeitweise zum Spielball der scheinbar neuen Regeln und Mechanismen des Finanzmarktkapitalismus. Vor allem gab es aber wie schon 2001 in Hannover kontroverse Einschätzungen der Lage und Optionen bei Aufsichtsrat und Vorstand. Unter dem Codenamen „Projekt Comet" wurde von Wennemer eine Abwehrstrategie gegen den inzwischen längst als unfreundlich gedeuteten und in seinen Augen allein auf eine Zerschlagung des Unternehmens ausgerichteten Übernahmeversuch von

Schaeffler entworfen, die unter anderem auf die Feststellung der Unrechtmäßigkeit des über sogenannte „Schaeffler-Swaps" erschlichenen Continental-Anteils von 36 Prozent durch die BaFin abzielte. Der Abwehrversuch scheiterte. Im August wurde eine weitreichende Investorenvereinbarung mit Schaeffler geschlossen, die detailliert die künftige Rolle als Großaktionär regelte, d. h. bis 2012 die maximale Beteiligung auf 49,9 Prozent des Aktienkapitals begrenzte sowie Zusagen über den Erhalt der Standorte und der Unternehmensstruktur, also keine Zerschlagung des Konzerns, beinhaltete. Wennemer trat, nachdem der Aufsichtsrat grünes Licht für diese ausgehandelte Investorenvereinbarung gegeben hatte, von seinem Amt zurück. Anfang Januar 2009 war das Übernahmeangebot von Schaeffler schließlich vollzogen und damit die Investorenvereinbarung in Kraft. Allerdings hatten die inzwischen ausgebrochene schwere Kapitalmarktkrise und der Börsenkrach nach der Lehman-Insolvenz im September 2008 massive Turbulenzen mit sich gebracht, die Schaeffler und damit auch Continental in die Tiefe zu reißen drohten. Zudem sorgten die weiteren Verhandlungen zwischen Continental und Schaeffler über die verschiedenen Zukunftsszenarien für die beiden Automobilzulieferer für anhaltende Differenzen. In der Presse kursierten unter anderem „höchst vertrauliche Informationen" über Denkmodelle von Grünbergs, die Rubber-Sparte von Continental im Rahmen eines Management-Buy-outs und mit Hilfe von Großinvestmentgesellschaften wie KKR und Goldman Sachs aus dem Unternehmen herauszulösen und eventuell danach mit Goodyear zu fusionieren. Im Frühjahr 2009 war es darüber dann zum Zerwürfnis zwischen Schaeffler und von Grünberg gekommen, worauf dieser im März als Aufsichtsratsvorsitzender zurücktrat.

Erst Monate später sollten die Entwicklungen wieder in halbwegs ruhigere Bahnen gelenkt werden; im August 2009 wurde mit Elmar Degenhart ein neuer Vorstandsvorsitzender ernannt, im Oktober 2009 übernahm Wolfgang Reitzle den Vorsitz des Aufsichtsrates. Der Anteil der Schaeffler Gruppe an Continental betrug seit Januar 2009 durchgängig 49,9 Prozent der Aktien. Durch eine Kapitalerhöhung Anfang 2010 hat sich der Anteil auf 42,17 Prozent reduziert, dann 2012 durch Zukauf aus den von den Banken gehaltenen und von ihnen verkauften Aktien wieder auf 49,9 Prozent erhöht und wurde schließlich 2013 durch Abverkauf auf 46,0 Prozent verringert. Das führte zu einem Anstieg des Free float auf inzwischen wieder 54 Prozent, brachte aber auch neue Anteilseigner wie den Vermögensverwalter und Großinvestor Black Rock mit 4,49 Prozent in den Kreis der Continental-Aktionäre. Seitdem herrschen relativ stabile Anteilseignerverhältnisse. Das ursprüngliche Ziel der Suche nach einem Ankeraktionär bei Continental wurde damit doch noch erreicht.

3 Die Continentäler. Identitäten und Interessen im Zeichen von Umbrüchen in der Arbeitswelt

Der „Homo Continentalis" hat vermutlich nie existiert, auch wenn er einem in den Quellen nachgerade permanent begegnet. Eigentlich müsste es zudem genauer „Continentälerinnen und Continentäler" heißen, denn der Anteil der Frauen unter den beschäftigten Arbeitern wie Angestellten bei Continental war seit jeher groß. Die jeweiligen Identitäten und Interessen der Beschäftigten im historischen Rückblick zu erfassen und zumindest kursorisch nachzuzeichnen, ist komplex. Wann und wie wurde aus einem Continental-Mitarbeiter ein „Continentäler"? Man könnte dazu eine Anlehnung an den historischen Prozess der Herausbildung des Klassenbewusstseins in der Arbeiterschaft vornehmen. Demnach lässt sich für die Arbeiter- wie Angestelltenschaft von Continental und ihr gemeinsames Kollektiv der Gesamtbelegschaft ein Prozess der Identitätsbildung und des Selbstverständnisses konstatieren, in dem diese zum einen Objekt betrieblicher Sozial- und Lohnpolitik waren, zum anderen aber wachsendes Selbstbewusstsein als „Continentäler" entwickelten und damit handelnde Subjekte mit eigenen Interessen wurden und der Bereitschaft, für diese auch zu kämpfen. Die Entwicklung vom „Continentäler an sich", d.h. als Objekt, zum „Continentäler für sich selbst", d.h. als Subjekt, war dabei kein linearer Prozess vom 19. Jahrhundert bis in die Gegenwart, sondern verlief ambivalent und ungleichzeitig. Meist gab es eine Kongruenz von Unternehmens- und Arbeitnehmerinteressen, immer wieder gab es aber in der Continental-Geschichte auch klassenkämpferische Auseinandersetzungen und Interessenkonflikte, die – allerdings nur selten – in offen ausgetragene Protestaktionen, Arbeitsniederlegungen und Streiks mündeten. Der Prozess der Identifikation und Identitätsbildung unter den Beschäftigten war dabei oft unternehmenspolitisch „von oben" gesteuert, durch betriebliche Sozialpolitik, unternehmensideologische Zielsetzungen, Identifikations- und loyalitätsfördernde Maßnahmen, hinter denen vor allem Ziele zur Steigerung von Qualität und Produktivität standen, vor allem aber durch unternehmenskulturelle Wertevermittlung, die umso wichtiger wurde, je heterogener, größer und komplexer die Zusammensetzung der Gesamtbeschäftigten wurde. Der Prozess verlief daneben aber auch mit vielfältigen ungesteuerten Eigendynamiken.

Die Mitarbeiter entwickelten dabei gleichsam multiple Identitäten und Selbstverständnisse – als Arbeiter oder Angestellte, deren Statusbewusstsein sich schließlich in einem allgemeinen Arbeitnehmerstatus auflöste, als Werk-

https://doi.org/10.1515/9783110731613-003

angehörige mit starker Standortidentität, sprich als „Limmeraner", „Stöckener", „Uniroyal-Mann" oder „Korbacher", „Tevesianer" oder „Ate-Isten", VDO'ler in den bestehenden Traditionsstandorten, dazu kamen die Beschäftigten in den dutzenden kleinen und mittelgroßen Unternehmen, die im Laufe der Jahrzehnte die heterogene und „multikulturelle" ContiTech prägten. Währenddessen kam in den neu errichteten Standorten auf der grünen Wiese, den *Greenfields*, die übergeordnete Konzernidentität unmittelbar zum Tragen. Die Identitäten und das Selbstverständnis der „Continentäler" wurde aber auch stark von den hergestellten Produkten (und dem Stolz darauf) geprägt und den damit oft zusammenhängenden Hierarchien in den Arbeitswelten. Jahrzehntelang waren die Reifenwickler die Elite unter den Beschäftigten, nicht nur gegenüber denjenigen, die in den Rohbetrieben, d. h. Mischerei und Kalandersälen, die schmutzigere Arbeit verrichten mussten, sondern auch gegenüber den „Nicht-Reifen-Leuten", die die technischen oder chirurgischen Gummiartikel sowie früher auch die zahllosen Konsumgüter aus Gummi wie Bälle und Puppen herstellten. Mit den „Automotive-Leuten" und ihren sicht- wie immer mehr unsichtbaren Produkten erfolgten hier aber weitere Differenzierungen. Einzelne Elemente dieser vielschichtigen Identitäten verblassten im Laufe der Jahre (unter anderem, wenn Standorte geschlossen wurden, aber auch, weil sie sich später als Continentäler identifizierten), manche wurden auch durch verordnete Ideologien (insbesondere in der NS-Zeit) verdrängt, wieder andere verstärkten sich aber auch im Laufe der Zeit.

Schon immer stellte sich dabei für die Unternehmensleitung das Problem der Diversität, auch wenn es früher anders bezeichnet wurde: 1929 nach der Fusion und dem Hinzukommen von Belegschaften aus vier anderen Firmen, nach 1939/40 mit dem Einsatz von ausländischen Zwangsarbeitern, in den 1960er Jahren im Zuge der Anwerbung von „Gastarbeitern" und schließlich seit 1979 und besonders in den 1990er Jahren und danach durch die Internationalisierung und Globalisierung der Unternehmensaktivitäten mit neuen Fertigungsstandorten zunächst in Europa, dann in den USA und schließlich weltweit, in denen die neuen Continentäler aus unterschiedlichsten Kulturen, Ländern und Ethnien arbeiteten. Auch die Begrifflichkeiten und mit ihnen die jeweilige unterschiedliche ideologische Aufladung wechselten: Mal war von Betriebsgemeinschaft die Rede, mal von Gefolgschaft, Mitarbeiterschaft, von Arbeitnehmern, Belegschaft, von Werk- und Betriebsangehörigen oder Mitgliedern der „großen Unternehmensfamilie Continental", von (Stamm)Personal bzw. Werkpersonal oder von Humanressourcen. Immer ging es dabei aber nicht nur um Identifikation und Selbstbewusstsein, sondern auch um Machtprozesse im Unternehmen, um Verteilung von Einfluss auf Entscheidungsprozesse und Verteilung von Geld, sei es in Form von Investitionen, Dividenden oder Lohn bzw. Gehalt. Darüber hinaus aber ging es immer auch um Erfahrungsprozesse, in denen der Betrieb als Ort der Transformation, als politischer Raum von praktizierter Sozialpartnerschaft und Mitbestimmung, als Ort von Solidarität und Kollegialität ebenso wie als kultureller Raum wahrgenommen wurde, in dem es auch – mal mehr, mal weniger verbreitet – so etwas wie Stolz auf die Unternehmenszugehörigkeit gab. Continental wurde über die Arbeitswelt hinaus auch zu einem wesentlichen Bestandteil der Lebenswelt der „Continentäler".

Die Entwicklung der Continental-Belegschaft im Spiegel betrieblicher Sozial- und Fürsorgepolitik (1871 bis 1918)

Am Anfang dieser Periode waren es ein Dutzend, am Ende ca. 4.500 Beschäftigte, von ihnen knapp 3.000 Arbeiter. Im September 1873 erst war im Werk Vahrenwald die Fertigung aufgenommen worden, vor allem Gummibälle, Hufpuffer und Vollgummireifen für Kutschen und für die ersten Automobile. Mit Beginn der Reifenfertigung nahm auch die Zahl der Arbeiter und Angestellten rasch zu: Wies Continental Anfang der 1890er-Jahre noch knapp 600 Belegschaftsmitglieder auf, so stieg deren Zahl um die Jahrhundertwende auf über 1.500 und erreichte 1913 mit 11.590 ihren Höhepunkt.

Der Großteil der Continental-Belegschaft war aus dem ländlich-agrarischen Umland von Hannover gekommen und ungelernt, und die Fluktuation war aufgrund der zunächst ungewohnten, harten und gefährlichen Arbeitsbedingungen sehr hoch. Seit den 1880er und verstärkt in den 1890er Jahren setzten daher bei Continental Maßnahmen der betrieblichen Sozialpolitik ein, „um dadurch einen Stamm tüchtiger Arbeiter dauernd an uns zu fesseln", wie es im Geschäftsbericht 1882 hieß. Schon 1872 hatte man eine Krankenunterstützungskasse eingerichtet, die 1875 zu einer Pflichtkasse wurde und 1884 den Charakter einer regulären Betriebskrankenkasse erhielt. 1882 wurde mit dem Aufbau einer Pensions- und Invalidenkasse „für Arbeiter und Vorarbeiter, welche sich um das Etablissement verdient gemacht haben", begonnen, 1892 wurden Werkvereine wie der „Club älterer Arbeiter" sowie der „Paraclub" gegründet und mit dem Bau von Werkwohnungen begonnen. Im Zuge dessen entstand 1905 eine eigene Werkwohnungssiedlung in der Spittastraße im damaligen noch weitgehend ländlichen Außenbezirk Hannovers. Die dortigen 100 Wohnungen wurden

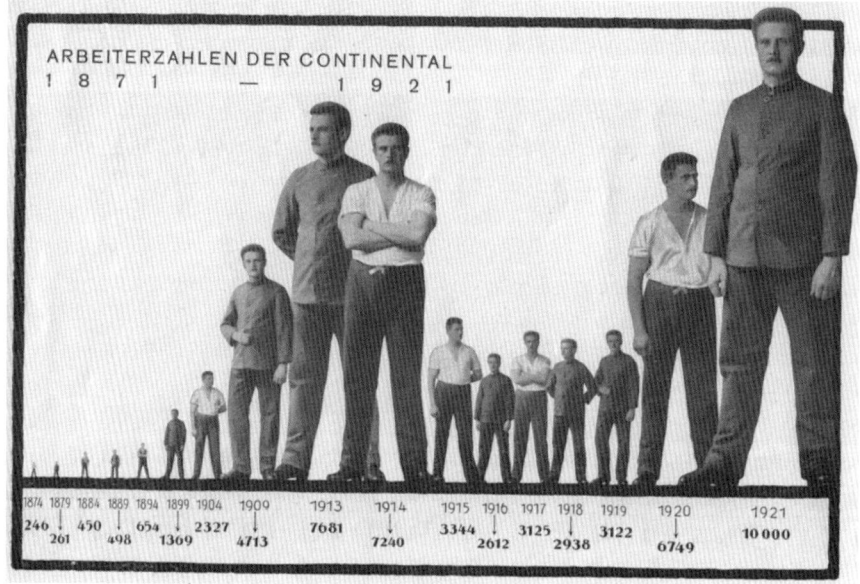

Abb. 30: Schaubild zur Entwicklung der Continental-Arbeiter 1871 bis 1921.

vor allem den Angestellten und Werkbeamten zur Verfügung gestellt und erhielten im Volksmund bald die Bezeichnung „das Gummidorf". Nicht nur aufgrund des Zeitpunkts der Einführung, sondern auch aufgrund des Umfangs der betrieblichen Sozialpolitik nahm Continental eine zum Teil über die Gummiindustrie hinausgehende Vorreiterrolle ein.

Eine Besonderheit war etwa, dass seit 1885 die Unternehmensleitung für alle Mitarbeiter mit mehr als 10jähriger Firmenzugehörigkeit eine beim 65. Lebensjahr fällige Lebensversicherung über 1.500 Mark (Arbeiter) bzw. 5.000 Mark (Betriebsbeamte) abschloss, deren Prämien sie während der Dauer der Betriebszugehörigkeit selbst trug und die bei etwaigem vorherigem Ausscheiden in Besitz des Begünstigten verblieb. 1911 besaßen immerhin bereits 510 Arbeiter und Angestellte eine derartige Lebensversicherungspolice. Dazu kam ein Arbeiterfonds und ein „Fonds zur Unterstützung von Witwen und Waisen", es erfolgten Gratifikationszahlungen an die Belegschaft, und sämtliche Werkmeister, Vorarbeiter und diejenigen Arbeiterinnen und Arbeiter, die mindestens zehn Jahre bei Continental beschäftigt waren, kamen auch in den Genuss eines acht- bis 14-tägigen Urlaubs bei voller Lohnfortzahlung. Im Jahr 1907 profitierten immerhin schon 608 Arbeiterinnen und Arbeiter, das waren 14 Prozent der Arbeiterschaft, von dieser Regelung. Dazu gab es seit 1907 auch eine jährliche Gratifikation, deren Höhe ebenfalls abhängig von der Dauer der Betriebszugehörigkeit war. Wer mindestens ein Jahr bei Continental war, der bekam als Arbeiter 40 Mark, als Arbeiterin 20 Mark. Die Belegschaft von Continental war allerdings wie insgesamt in der Reifenindustrie stark jugendlich geprägt. Vom 30. Lebensjahr an machte sich in der Regel ein verstärktes Abwandern vieler Kräfte bemerkbar, die sich eine leichtere und ungefährlichere Arbeit in den umliegenden Industrien suchten. Nur etwa 10 Prozent der Continental-Belegschaft wies daher zur Jahrhundertwende eine Betriebszugehörigkeit von fünf Jahren und länger auf. Dies und die betriebliche Wohlfahrtspolitik der Unternehmensleitung führten dazu, dass die Gummiarbeiter relativ immun gegen gewerkschaftliche Organisationen waren, zumal sich erst 1890 mit der Gründung des „Verbandes der Fabrik-, Land- und gewerblichen Hilfsarbeiter Deutschlands", kurz Fabrikarbeiterverband (FAV), eine organisatorische Anlaufstelle anbot.

Einen wachsenden Anteil der Belegschaft bei Continental stellten Frauen. Sie waren nicht nur im Zuge der Bürokratisierungstendenz der Industrie und des damit erfolgten Ausbaus von Büropersonal in das Unternehmen gekommen, sondern prägten auch die Beschäftigten ganzer Produktionsabteilungen. Nach einer Zusammenstellung der Fabrikorganisation des Jahres 1899 waren von insgesamt 1.537 Beschäftigten bei Continental 590 Frauen, d. h. 38,4 Prozent. Knapp 100 von ihnen waren im Ballmacher- und Ballmalerei-Saal beschäftigt, 419 aber auch in den Reifensälen, wo sie mehr als die Hälfte der dort eingesetzten Arbeiterschaft stellten. Die Fahrradreifenherstellung war nahezu ausschließlich eine Frauendomäne.

Automatisierungs- und Rationalisierungsabläufe hielten seit der Jahrhundertwende vor allem mit den Mischwalzwerken, den Waschwalzen und Vakuumtrocknern sowie bei der Schlauchfertigung und dem Reifenwickeln Einzug, erleichterten die Arbeit und sorgten für eine höhere Produktivität. Während um die Jahrhundertwende zum Beispiel für die Fertigung eines 40 Meter langen Gummischlauchs eine Kolonne von 15 bis 18 Arbeitern nötig war, von denen zwölf bis 14 nur damit beschäftigt waren, den auf dem Tisch liegenden Schlauch in rollende Vorwärtsbewegung zu setzen, erreichte man durch die Einführung von Wickelmaschinen, dass dieselbe Tätigkeit von einem Arbeiter ausgeführt werden konnte. 1910 hielten dann die in den USA entwickelten Spritzmaschinen Einzug in die Fabrikationshallen von Continental. Einfache Maschinen bei der Reifenfabrikation erlaubten es nun, dass ein Wickler in gleicher Zeit vier bis fünfmal so viel Reifenkerne anfertigen konnte und damit eine erhebliche Produktionsverbilligung erzielt wurde. Wurden bei Continental anfangs (1893) nur

Abb. 31: Reifenfertigung um die Jahrhundertwende (oben Fahrradreifen, unten Automobilreifen).

zehn Autoreifen pro Tag gefertigt, so erreichte man 1912/13 einen Ausstoß von 3.000 pro Tag. Viele Arbeitsprozesse wie das Gummieren der Stoffgewebeeinlagen im Streichsaal, wegen der hohen Brandgefahr und der giftigen Dämpfe einer der Fertigungsabläufe mit den schlechtesten Arbeitsbedingungen, aber auch wesentliche Teile des Reifenwickelns entzogen sich allerdings noch der Mechanisierung und Maschinisierung. Nach wie vor erforderte die Tätigkeit eines Gummiarbeiters ein großes Maß an Geschick wie Kraft und zunehmend Maschinenkenntnisse. Produktionsstörungen durch Unkenntnisse der Arbeiter und unrationeller Einsatz der Maschinen waren vor allem in der komplizierten Autoreifenfertigung in den Anfangsjahren offenbar an der Tagesordnung. Eine rasche Reaktion auf die gestiegenen Qualifikationsanforderungen etwa der Reifenwickler durch Intensivierung und zeitliche Ausdehnung der ca. sechs Wochen dauernden Einarbeitungszeiten, wie es bei Continental praktiziert wurde, zahlten sich daher schnell aus. Bereits kurz nach der Jahrhundertwende wurde allenthalben der Ruf nach gut ausgebildeten „Berufsgummiarbeitern" sowie akademisch qualifizierten Gummitechnikern laut.

Die Unternehmensleitungen von Continental sowie der benachbarten Gummi-Kamm-Compagnie führten dabei auch Maßnahmen zur Flexibilisierung der Arbeitszeit ein, hinter der das Bestreben stand, die Arbeitszeit unter Wegfall oder Verkürzung der Pausen möglichst zusammenzuziehen. So verlegte man den Beginn der Arbeitszeit bei Continental von 7:00 auf 7:30 Uhr und ließ dafür die Frühstückspause wegfallen. Die Unternehmensleitung erzielte dadurch eine ununterbrochene Arbeitsphase am Vormittag und bekam, was nicht weniger wichtig war, ausgeruhtere Arbeitskräfte. Gummi- und Reifenarbeiter verdienten dabei im Vergleich zu ihren Kollegen in den anderen Industriebetrieben Hannovers nicht schlecht – aus heutiger Sicht allerdings kaum zu glaubende Lohnsätze. Der durchschnittliche Stundenlohn betrug etwa 33 Pfennig (1892), der bis 1913 auf 47 Pfennig stieg. In der Woche verdiente ein Reifenwickler im Motorsaal I von Continental im Dezember 1902 daher zwischen 35 und 37 Mark, der sich zu einem Monatslohn von 130 bis 145 Mark summierte, wobei die Frauen durchweg gerade einmal etwas mehr als die Hälfte der Männerlöhne bekamen. Die Einkommens- und Lohndifferenzierungen zwischen den beschäftigten Arbeitern waren allerdings je nach Tätigkeit erheblich. Den zuvor genannten Monatslohn, der einem Jahresverdienst von 1.500 bis 2.000 Mark entsprach, bekamen im Jahr 1907 nur 22 Prozent der Arbeiter, 35 Prozent erreichten nur durchschnittliche Monatslöhne von knapp über 100 Mark, und die große Mehrheit von 43 Prozent, darunter alle Frauen, kamen nur auf Durchschnittsmonatslöhne von 80 Mark, d. h. unter 1.000 Mark auf das ganze Jahr gerechnet.

Continental war auffälligerweise von Arbeitsniederlegungen nahezu ganz verschont geblieben. Ein eintägiger Streik von 120 Arbeitern der Automobilreifenabteilung im Dezember 1905 und kurzzeitige Arbeitsniederlegungen der Maschinisten und Heizer im Februar/März 1906 blieben die Ausnahme. Das über dem Branchendurchschnitt liegende Lohnniveau sowie die frühzeitig eingeführten umfangreichen Maßnahmen paternalistisch geprägter betrieblicher Sozialpolitik zeigten offenbar ihre Wirkung. Die Ansprache, die Direktor Adolf Prinzhorn am 20. April 1906 an die Arbeiterinnen und Arbeiter der Continental richtete, war dafür symptomatisch. Auf Antrag des Vorstands, so Prinzhorn, habe die gestrige Generalversammlung sehr große Summen „zum Besten der Arbeiter und Arbeiterinnen" bestimmt. Beträchtliche Gelder flössen u. a. in die Pensions-, Witwen- und Waisenkasse, in einen Arbeiter-Unterstützungsfonds sowie als Gewinnbeteiligung direkt an die Belegschaftmitglieder und nicht zuletzt in Form freiwilliger Leistungen in die Kranken- und Invaliditätskasse. „Wenn ich Ihnen diese Zahlen mitgeteilt habe", so Prinzhorn weiter, „so geschah das aus dem Grunde, um Ihnen zu zeigen, daß wir weit über die gesetzlichen Verpflichtungen hinaus für Sie sorgen. Sie sind bei uns nicht nur eine Nummer, die am Sonnabend den Lohn erhält, nein, wir haben ein rein menschliches Interesse für Sie und interessieren uns für Ihre Wohlfahrt und die Ihrer Familie."

Prinzhorn knüpfte an diese Worte allerdings auch „einige ernste Ermahnungen". Erstens:

Wir werden jede in gehöriger Form bei uns vorgebrachte Bitte um Lohnerhöhung wohlwollend prüfen. Niemals aber werden wir uns durch Gewalt oder durch Drohungen zwingen lassen, etwas zu bewilligen, was wir vorher nach reiflicher Überlegung abgelehnt haben [...] Zweitens: Wir werden niemals Verhandlungen mit unseren Arbeitern und Arbeiterinnen durch Mittelspersonen führen, die außerhalb unseres Werkes stehen. Ich liebe es, Auge in Auge zu verhandeln, und ich bin überzeugt, jeder vernünftige Mann und jede verständige Frau wird mir darin beipflichten; und ein Drittes wollte ich noch sagen: Es wurden im Laufe des Jahres mehrmals um 6 Uhr hier an der Pforte grüne und gelbe Zettel verteilt. Darin wird aufgefordert, in eine Versammlung zu kommen, in welcher über die Betriebsverhältnisse der Continental verhandelt werden soll und die dort herrschenden Missstände klargelegt werden sollen. Meine Kollegen und ich haben Ihnen schon ein paar Mal gesagt, daß wir es absolut mißbilligen, wenn Arbeiter von uns, ehe sie zu den Meistern oder zur Direktion gekommen sind, nach einem Versammlungsredner oder Zeitungs-Redakteur laufen und dem Mitteilung machen. Wir wissen ganz gut, daß in unserem Betriebe manchmal Missstände herrschen. Bei einem solchen Riesenbetriebe, wie dem unsrigen, mit fast 4000 Arbeitern, der noch dazu so kolossal rasch gewachsen ist, läßt es sich gar nicht vermeiden, daß mal etwas nicht in Ordnung ist, und wir, meine Kollegen und ich, sind jedem dankbar, wenn er kommt und sagt: Da und da ist etwas nicht in Ordnung. Haben wir auch die feste Absicht, es abzustellen, so geht es manchmal doch nicht so rasch, wie wir selbst möchten. Aber unsere stete Sorge und unser eifriges Bemühen ist, dass alles in vollkommener Ordnung und unser Betrieb ein Musterbetrieb ist.

Und Prinzhorn schloss mit Worten, die im Prinzip auch heute noch in der Unternehmenskultur von Continental Platz finden könnten:

> Nur durch einträchtiges Zusammenarbeiten und durch gegenseitiges Vertrauen lassen sich solche Resultate erzielen, wie wir sie erzielt haben, und auch nur dann können wir in einem solchen Maße weit über unsere gesetzlichen Verpflichtungen hinaus für Sie sorgen, wie wir es seit Jahrzehnten tun. Nicht bekämpfen sollen sich Arbeiter und Kapital. Sie sind aufeinander angewiesen, sie sollen zusammenarbeiten und zwar noch mit einem dritten Faktor – ohne den geht es auch nicht – Intelligenz. Wenn diese drei zusammenarbeiten, dann blüht unsere Fabrik, blüht Industrie und Handel, und dann kann für Sie Außergewöhnliches geschehen.

Schon wenige Monate nach diesen Äußerungen Prinzhorns gab es dann aber doch auf Seiten des Continental-Vorstands Bemühungen, sich an der Gründung eines Arbeitgeberverbands der Deutschen Gummiwarenfabriken zu beteiligen. Man halte, so hatte es der Vorstand gegenüber dem Aufsichtsrat begründet, einen Zusammenschluss der Arbeitgeber für ebenso notwendig wie wünschenswert,

> umsomehr, als die Arbeiter fast durchweg festen Organisationen angehören oder im Falle von Lohnkämpfen in dieselben hineingezwungen würden. [...] Leider sind die Arbeitnehmer auch in unserer Industrie schon lange organisiert, und wie stark die Organisation ist, hat sich gerade bei dem großen Streik auf der Gummi-Kamm-Compagnie im Herbst 1906 gezeigt. Ein enges Zusammenschließen der Fabriken unter sorgsamer Vermeidung jeder Provokation und unter Anerkennung gleicher Berechtigung für die Arbeitnehmer, halte ich für das beste Mittel, um Streitigkeiten vorzubeugen.

Doch der Aufsichtsratsvorsitzende Bernhard Caspar äußerte Bedenken gegen einzelne Bestimmungen des neuen Arbeitgeberverbands, insbesondere hinsichtlich der Bedingungen, unter denen Aussperrungen beschlossen werden konnten, so dass Prinzhorn im Juni 1907 das Amt als Verbandsvorsitzender niederlegte und Continental aus dem Verband wieder austrat, um „ganz unabhängig von anderen Herr im eigenen Hause zu sein und zu bleiben", wie Caspar notierte.

Tatsächlich erwiesen sich die Arbeiter der Gummi-Kamm-Compagnie im benachbarten Limmer im Vergleich zu den Continental-Arbeitern als weit besser organisiert und hinsichtlich der Vertretung ihrer Interessen auch als weit selbstbewusster. Regelmäßig schickte Jakob Lewin, der Leiter der Verwaltungsstelle

Hannover des Fabrikarbeiter-Verbands, umfangreiche Berichte an die Betriebsleitung der wenig später in Excelsior AG umbenannten Gummi-Kamm-Compagnie, in der er unter Nennung von konkreten Namen und Vorkommnissen zahlreiche Missstände im Betrieb anprangerte und umgehende Abhilfe forderte. „In
einer am 9. des Monats stattgefundenen Abteilungsversammlung der Arbeiter
und Arbeiterinnen des Kasten-Klebesaals", so hieß es etwa in einem Schreiben
vom 10. August 1912, „wurde seitens der Arbeiterschaft über die unwürdige Behandlung, die ihnen von dem Aufseher Herrn Wossitzki zuteil wird, lebhaft Klage geführt, und die unterzeichnete Organisation beauftragt, Ihnen die Beschwerden der Arbeiterschaft zu übermitteln." Die Continental-Arbeiterschaft war weit
von ähnlichen Maßnahmen entfernt. Abteilungsversammlungen oder Beschwerden über Vorgesetzte und Aufseher erschienen undenkbar. Dabei gab es auch
bei Continental Anlass zu Beschwerden und zahlreiche Missstände im Arbeitsalltag. Diese fanden jedoch nur anonym über den Umweg in verschiedenen Artikeln der sozialistischen Tageszeitung Hannovers, *Der Volkswille*, den Weg in die
Öffentlichkeit. Schon im Dezember 1902 waren dort Berichte über das „Dividen-
denungeheuer Continental" erschienen und kostspielige Privilegien der Direktion wie Fahrten mit Dienstwagen und Firmen-Chauffeur in die Urlaubsorte nach
Bayern angeprangert worden. Im Februar 1903 sorgte dann eine Meldung über
die schlechten Arbeitsbedingungen im Werk Vahrenwald für Aufsehen. „Die
10stündige Arbeitszeit steht für eine große Anzahl der Arbeiter nur auf dem
Papier der Fabrikordnung", hieß es darin. „Überstunden sind an der Tagesordnung. Es dürfte nur wenige Kollegen geben, die nicht bis zu 12, 13 oder sogar
14 Stunden arbeiten müssen [...]. Als geradezu schikanös wird dabei von den
Arbeitern empfunden, wenn ihnen erst in den letzten Stunden des Arbeitstages
mitgeteilt wird, daß sie Überstunden machen müssen [...] Wir können nicht
kontrollieren, nach welchen Maximen hier Arbeiterschweiß in Geld verwandelt
wird", aber die Schilderungen zeigten das Los der Arbeiter, „aus deren Knochen
man solche ungeheuren Dividenden herauswirtschaftete." Die öffentlichen Vorwürfe waren in den Augen der Continental-Direktion völlig unberechtigt, wogen
aber offenbar so schwer, dass man sich zu einer Gegenmaßnahme gezwungen
sah. In einer handschriftlichen und namentlich von 48 Arbeitern unterschriebe-
nen Erklärung wurde von diesen versichert, dass man aufgrund der Reifensai-
son die geleistete Mehrarbeit „freiwillig und ohne Zwang ausgeführt" und zudem auch „nicht fortgesetzt lange Überstunden gemacht [habe]".

Die Continental-Leitung hielt an ihrem eingeschlagenen und unter dem
Strich aus ihrer Sicht auch erfolgreichen Kurs der selbst entworfenen und auch
auf eigene Rechnung betriebenen paternalistischen Wohlfahrts- und Sozialpo-

litik im Unternehmen auch in den Folgejahren fest. 1912 druckte man zu den die „Wohlfahrtseinrichtungen der Continental-Caoutchouc- und Gutta-Percha-Compagnie" eine eigene Broschüre, in der die umfangreichen freiwilligen Sozialleistungen detailliert aufgeführt wurden, von den erwähnten Gratifikationen und Lebensversicherungen über den Werkwohnungsbau bis zu bezahlten halbstündigen Stillpausen und Stillprämien für Arbeiterinnen und „besonderen Geldgeschenken" an Weihnachten für kranke Arbeiterinnen und Arbeiter. In einem „Merkblatt für die Arbeiterschaft" hatte man 1912 künftig das Mitbringen oder Einnehmen von Branntwein im Betrieb strikt verboten, dafür waren aber schon im Jahr 1910 an die Werkangehörigen kostenlos 1.110.500 Liter Kaffee mit Milch und Zucker verteilt worden, und „um die Arbeiter während ihrer Tätigkeit innerhalb der Fabrik frisch zu erhalten", sorgte man dafür, „daß jeder Arbeiter und jede Arbeiterin während der Arbeitszeit ohne Lohnabzug innerhalb der Fabrik ein Brausebad nehmen kann und gewährt hierzu Seife und Handtuch". Continental konnte sich aufgrund ihrer schnell gewachsenen Gewinne diese großzügige Belegschaftspolitik auch leisten. Selbst wenn nur ein Bruchteil dieser Maßnahmen tatsächlich praktiziert wurde, konnten die Arbeiter in den übrigen Hannoverschen Betrieben davon nur träumen. Für Streik gab es in dieser Mischung aus Disziplinierung und Sozialfürsorge, die den Continentälern zuteil wurde und die ihre Wirkung im Sinne der Loyalität offenbar nicht verfehlte, schwerlich einen Anlass, zumal mit Siegmund Seligmann auch eine Vaterfigur an der Spitze des Unternehmens stand, die bei den Arbeitern wie Angestellten – wie nicht zuletzt die große Feier anlässlich dessen 25jährigen Dienstjubiläums im April 1901 gezeigt hatte – hohes Ansehen und ungebrochene Autorität genoss. Gegen Radikalisierungsmaßnahmen und klassenkämpferische Aufrufe der sich formierenden Gewerkschaften, für die eigenen Interessen zu kämpfen, waren die Continentäler nachgerade immun. Das sollte sich nach 1918 in einem deutlich frostiger werdenden Betriebsklima und den veränderten politischen Rahmenbedingungen der Weimarer Republik schnell ändern.

Doch zunächst wurden mit Ausbruch des Ersten Weltkriegs die Maßnahmen betrieblicher Sozialpolitik unter dem Signum von Kriegsfürsorge bei Continental weiter ausgebaut. Innerhalb kürzester Zeit waren von den inzwischen knapp 12.000 Beschäftigten 5.200 Arbeiter und Angestellte oder „Betriebsbeamte", wie es damals hieß, zum Heer eingezogen worden, am Ende sollten es dann 6.234 Continentäler, d. h. über die Hälfte der Gesamtbelegschaft sein, von denen 776 nicht mehr aus dem Krieg zurückkehrten. Für die Männer wurden verstärkt Frauen eingestellt, die nun oft auch die schwere Männerarbeit im Werk übernahmen.

Abb. 32: Kriegs-Frauen-Einsatz November 1917.

Für die Hinterbliebenen der gefallenen Belegschaftsmitglieder wurde ein mit eineinhalb Millionen Mark ausgestatteter Unterstützungsfonds eingerichtet, zur Überbrückung des Bargeldmangels insbesondere in den ersten Kriegsmonaten druckte man eigene „Continental-Kriegsgutscheine" als wertbeständigen Ersatz, es gab eine Hunderttausend-Mark-Spende der Continental für die Kinderfürsorge in Hannover und Linden und ein eigenes *Continental-Kriegs-Echo* „für die Angehörigen unseres Werks im Felde", in dem namentlich nicht nur die mit Kriegsauszeichnungen versehenen „Helden", sondern auch alle Gefallenen aufgeführt wurden. Unter dem Strich, so rechnete der Vorstand bei Kriegsende vor, hatte das Unternehmen über 10 Mio. Mark für Kriegsfürsorgezwecke ausgegeben. Auch in den damaligen Zeitungen wie dem *Hannoverschen Courier* war ausführlich über die „einzigartigen Leistungen der sozialen Betätigung" von Continental berichtet worden. Continental besaß längst auch in einer breiten Öffentlichkeit das Image des mustergültigen Vorreiters betrieblicher Sozialmaßnahmen, von dem auch die Arbeiter profitierten. Wer bei Continental beschäftigt war, der genoss inzwischen durchaus Anerkennung und Ansehen, das auch mit erheblichem Stolz verbunden war, zumal wenn man den rasanten Aufstieg des Unternehmens zur weithin bekannten Weltfirma selbst miterlebt und miterarbeitet hatte.

Selbstbewusste Continentäler und instrumentalisierte Betriebsgemeinschaft. Arbeitswelt, Konflikte und Identitäten (1918 bis 1945)

In den folgenden Jahren kam es zu vielfältigen und tiefgreifenden Umbrüchen in der Struktur der Continental-Beschäftigten. Beide Jahreszahlen der Betrachtungsperiode markieren das Ende eines Weltkriegs und dazu sorgten auch Wirtschaftskrisen schon rein zahlenmäßig für hohe Schwankungen. Wurden 1918 ca. 8.000 Beschäftigte gezählt, davon 2.900 Arbeiter, so waren es Ende 1945 nahezu gleich viel, allerdings hatte sich die altersmäßige und geschlechtsspezifische Zusammensetzung massiv verändert. Zudem verbargen sich hinter den Zahlen zum Teil dramatische Entwicklungen: Bis 1929 war die Continental-Belegschaft zunächst rasant gewachsen, 1922 bereits auf 14.125 Arbeiter und Angestellte, 1929 im Zuge der Übernahmen auf 16.765, dann kam es durch Entlassungen zu einem Rückgang um über 40 Prozent auf 9.800 Beschäftigte. Es folgte eine neuerliche Expansionsphase bis 1938, in der die Zahl der Continentäler wieder auf 16.478 kletterte, auf diesem Niveau auch im Krieg bis 1943 blieb, um dann bei Kriegsende wieder um mehr als 10.000 auf 6.739 zu schrumpfen. Zwei Prozesse flankierten diese dramatischen Schwankungen: Zum einen das Hinzukommen von „neuen Continentälern", zunächst im Gefolge der Übernahmen, als unter anderem ca. 7.000 „Limmeraner" von der Excelsior AG sowie mehrere tausend Arbeiter und Angestellte der Peters Union im hessischen Korbach die Gesamtbelegschaft ergänzten. Dann erfolgte nach Kriegsbeginn eine bis dahin noch nie gekannte Heterogenität und Fluktuation der Beschäftigten, mit ausländischen Zwangsarbeitern, deutschen Dienstverpflichteten (vor allem Frauen) und auch weiteren „neuen Continentälern" in den beiden neu errichteten Zweigwerken im ehemals polnischen Posen und slowenischen Krainburg, wo knapp 2.500 Arbeiter und Angestellte als Teil des Continental-Konzerns Reifen und Schläuche für die Wehrmacht herstellten. Zum anderen erfolgte in diesen Jahren eine massive Politisierung der Continentäler, die durch die neue Mitbestimmungsgesetzgebung der Weimarer Republik und den Durchbruch der von SPD und KPD dominierten Gewerkschaften und Betriebsrätebewegung zunächst auch ein neues Selbstbewusstsein und eine ausgeprägte Konfliktbereitschaft entwickelten. Doch dann kam es zu einer Unter- und Einordnung in die nationalsozialistische Betriebsgemeinschaft-Ideologie, flankiert und befördert durch spezifische Maßnahmen betrieblicher Sozialpolitik, die darauf abzielte, aus der heterogenen Belegschaft eine neue Betriebsgemeinschaft zu formen, um Arbeitsleistung und Produktivität in der NS-Kriegswirtschaft zu mobilisieren.

Die neue Zeit nach dem Untergang des Kaiserreichs und dem verlorenen Krieg machte sich bei Continental mit einem deutlich veränderten Betriebsklima und nachhaltigen Veränderungen der Arbeitswelten bemerkbar. Orientiert an den amerikanischen Vorbildern erfolgte schon kurz nach Kriegsende eine Umstellung der Fertigung auf „neuzeitliche Arbeitsmethoden" mit der Einführung der Transportkette, die als endloses Band ununterbrochen alle Arbeitsstätten miteinander verband und das im Entstehen begriffene Produkt ohne Zeit- und Kraftverlust und zum Teil über mehrere Stockwerke von einem Arbeiter zum anderen beförderte. Daraus entwickelte sich dann schnell die moderne Fließbandarbeit nach amerikanischem System.

Abb. 33: Fließbandfertigung bei Continental in den späten 1920er Jahren.

Die Modernisierung der Arbeitsmethoden schlug sich auch in der Verwaltung nieder und damit in den Tätigkeitsbereichen der Angestellten. Buchungsmaschinen und Parlographen, d. h. Schreib- und Diktieraufnahmegeräte, revolutionierten die Buchhaltung und den Schriftverkehr.

Der von den Gewerkschaften schon 1918 erstrittene und allgemein verbindlich eingeführte Achtstundentag sowie das Betriebsrätegesetz von 1920 und das Mitbestimmungsgesetz von 1922, das erstmals die Entsendung von Arbeitnehmervertretern in den Aufsichtsrat vorsah, hatten der Interessenvertretung der Arbeiter und Angestellten innerhalb wie außerhalb der Betriebe einen massiven Aufschwung verschafft. Aber dem zuerst gebildeten Angestellten-Ausschuss bei Continental, dem dann später auch ein Arbeiter-Rat folgte, stand mit Willy Tischbein ein Vorstand gegenüber, der von Anfang an mit harten Bandagen kämpfte. Zu einer ersten innerbetrieblichen Machtprobe war es schon im März 1919 gekommen, als der Angestellten-Ausschuss von der Direktion die Rücknahme einer Reihe von Kündigungen gefordert hatte. Dazu wurden auch zwei jeweils

Abb. 34: Blick in die Continental-Verwaltung. Oben: die Parlographen-Abteilung, unten: die Buchhaltung („Buchhalterei").

von den Schreibkräften und den Werkmeistern und Vorarbeitern der Fabrik formulierte Petitionen übergeben, in denen diese „eine Revision ihrer Löhne", höhere Gratifikationszahlungen, Teuerungszulagen sowie eine generelle Gleichstellung mit den Angestellten forderten. Tischbein war allerdings zu keinen Konzessionen bereit, da, so sein Argument, die kriegsbedingte Überbesetzung der Verwaltung, verbunden mit den ungewissen wirtschaftlichen Aussichten in der Nachkriegszeit, noch verschärft durch die große Anzahl aus dem Krieg zurückkehrender Continental-Arbeiter, Entlassungen in größerem Umfang notwendig machten. Unter der Belegschaft hatte sich daher erhebliche Unruhe breitgemacht. Zusammenkünfte und formulierte Petitionen, Eingaben und Forderungen an die Unternehmensleitung waren in diesen Monaten in Vahrenwald an der Tagesordnung, und Ende März 1920 entlud sich der Unmut dann in dem republikweit ausgerufenen viertägigen Generalstreik. Auch die Continental-Beschäftigten beteiligten sich an dem Ausstand, auf den Tischbein allerdings, ganz auf der Linie der Arbeitgeberverbände, mit klaren Sanktionen reagierte. Soweit die Angestellten der Fabrik, so hieß es in einem Rundschreiben Tischbeins vom 27. April 1920, nicht zur Verrechnung der ausgefallenen Arbeitszeit mit Überstunden oder tariflichen Urlaubstagen bereit seien, werde bei ihnen ein entsprechender Abzug bei der Gehaltszahlung vorgenommen. Eine Ausnahme gab es nur bei denjenigen, die eine auf Vordruck und namentlich unterschriebene schriftliche Erklärung abgaben, in der sie versicherten, „daß ich in den Tagen des Generalstreiks arbeitswillig war. Die Nichterfüllung meiner dienstlichen Obliegenheiten ist auf Gründe zurückzuführen, die nicht in meiner Person liegen".

Als Vertreter der Belegschaft und neue Mitglieder des Aufsichtsrats zogen der Angestellte Karl Brinkmann, später Hugo Schlesinger, und für die Arbeiter Fritz Leyfeld, ab Oktober 1924 abgelöst durch Albert Kammann, Arbeiter in der Mechanischen Werkstatt, in das Aufsichtsratsgremium ein. Doch schon im März 1924 war es zu einer neuen Machtprobe und einem erneuten Streik gekommen. Hintergrund war der Versuch der Arbeitgeberverbände, den Achtstundentag zu kippen und durch die Hintertür wieder zum alten Zehnstundentag zurückzukehren. Der staatliche Schlichterspruch in dem Konflikt zwischen Arbeitgebern und Gewerkschaften sah einen Neunstunden-Arbeitstag vor, doch die Arbeiter und Angestellten bei Continental lehnten auch diesen „Kompromiss" strikt ab und vor allem die im Betrieb inzwischen auch stark vertretenen KPD-Betriebsräte zettelten schließlich einen wilden Streik an – auf den Tischbein mit der radikalen und kompromisslosen Aussperrung aller damaligen 11.000 Continentäler antwortete. Der Ausstand dauerte drei Wochen, wobei allerdings schon nach wenigen Tagen und auf einen entsprechenden Aufruf der Continental-Direktion hin die Streikfront gebröckelt war und mehr und mehr Arbeiter wieder in die Fabrik zurückkehrten. Das war ein deutliches Indiz dafür, dass der Konflikt einen Riss durch die Belegschaft bewirkt hatte, mit radikalisierten Arbeitern auf der einen und den gewerkschaftlichen Kompromissen eher zuneigenden Arbeitern auf der anderen Seite. Am 25. April 1924 jedenfalls konnte Tischbein zufrieden an den Aufsichtsrat berichten, dass „der bei uns seinerzeit ausgebrochene Streik restlos zusammengebrochen ist. Der größte Teil der Belegschaft hat zu den alten Bedingungen die Arbeit wiederaufgenommen".

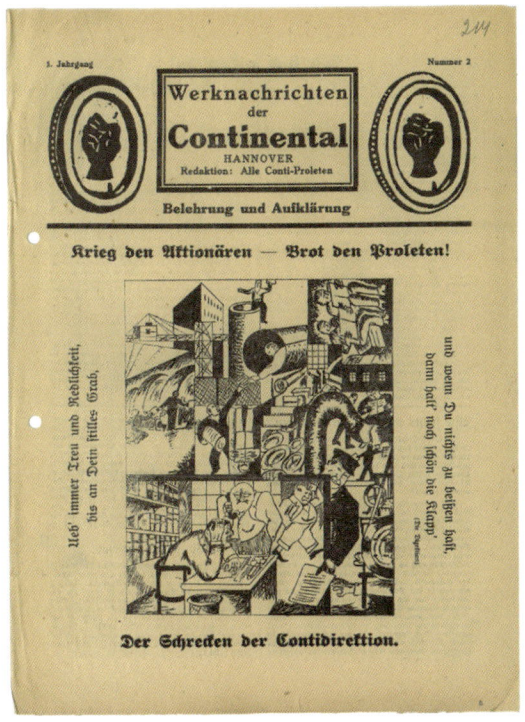

Abb. 35: Eine der ersten, kunstvoll gestalteten gewerkschaftlichen „Werknachrichten" für die Belegschaft von 1925.

Einen rüden Ton schlug Tischbein nicht nur gegenüber den Arbeitern, sondern auch gegenüber den Angestellten und seinen Führungskräften an. Seit 1925 verfolgte er einen strikten Sparkurs, der nicht nur die Arbeiter betraf, sondern auch umfangreiche Angestelltenentlassungen vorsah „und von dem verbliebenen Reste erhöhte Leistungen [verlangte]". In einem regelrechten „Brandbrief" an seine leitenden Angestellten vom 12. November 1925 beklagte Tischbein, „daß der Ernst der Lage von vielen unserer Herren noch nicht recht begriffen ist, [...] und wenn es nicht gelingt, den Prozentsatz der Unkosten in die richtige Relation zum Umsatze zu bringen, werden wir sämtlich dieses in kurzer Zeit am eigenen Leibe büßen müssen". Der Continental-Generaldirektor verband dies auch mit der Forderung an jeden Abteilungsleiter, umgehend eine Liste von weiteren zu entlassenden Angestellten abzuliefern.

Hauptstreitpunkt zwischen Unternehmensleitung und Belegschaft war aber dann das seit 1927 sukzessive eingeführte Bedaux-System, ein umfassendes und zum damaligen Zeitpunkt höchst modernes Rationalisierungssystem, das Arbeitsleistung, Lohn und Arbeitsprozesse eng miteinander verband und bei Continental, die hier in Deutschland zum Vorreiter bei der Einführung dieses Systems wurde, auf eine neue Stufe hob. Aus betriebswirtschaftlicher Sicht war das Bedaux-System ein geradezu modern anmutendes Betriebsführungs- und Betriebsrechnungssystem, denn die Bedaux-Analyseblätter lieferten – in Wochen- und Monatsübersichten zusammengestellt – ein klares Bild von den Kostenfaktoren und dem jeweiligen Rentabilitätsgrad, d. h. den Leistungsfaktoren der jeweiligen Werkstatt und Betriebsabteilung. Praktisch auf einen Blick konnten Arbeitsverluste, Leerlauf, Abfall usw. festgestellt werden und damit auch, ob der Abteilungsmeister richtig disponiert hatte oder nicht. Entsprechende Werte auf dem Bedaux-Analyseblatt gaben unmittelbar Anlass, den Ursachen von Leistungssenkungen und Kostensteigerungen nachzugehen. Einmal etabliert und eingespielt, ergab sich dadurch sozusagen ein permanenter Zwang zur systematischen Aufdeckung und Bekämpfung von betrieblichen Verlustquellen sowie zu dauernden Betriebsverbesserungen technischer und organisatorischer Art. Auch die Auswirkungen und Effektivität neuer Arbeitsverfahren ließen sich damit überprüfen und vergleichen. Im Februar 1928 arbeiteten schließlich bereits 60 Prozent der Gesamtbelegschaft, d. h. 5.500 Beschäftigte, in Hannover nach Bedaux. Die durchschnittlichen Leistungssteigerungen betrugen zwischen 40 und 50 Prozent bei Verdienststeigerungen für die Arbeiter um 18 Prozent und gesamten Lohnkosteneinsparungen von 25 bis 30 Prozent. „Das System", so berichtete Willy Tischbein einem Geschäftsfreund, „gewinnt mehr und mehr das Vertrauen unserer Belegschaft. Die Arbeiterschaft sieht die Betriebsleitung auf vorhandene Fehler aufmerksam gemacht, sieht sich gerecht entlohnt und sieht vor allem ihr Arbeitsentgelt garantiert, so daß das befürchtete ‚Köpfen der Akkorde' vollständig ausgeschaltet ist."

Die Beschäftigten empfanden das neue Arbeitsbewertungs- und Leistungslohnsystem jedoch vielfach als Antreiber-System, gleichzeitig nahm man aber durchaus auch die positiven Effekte durch eine Flexibilisierung der Arbeitsprozesse und positive Leistungsanreize wahr, die sich auch in spürbar höheren Löhnen niederschlugen. Wieder einmal ging ein Riss durch die Belegschaft, diesmal allerdings weniger zwischen Arbeitern und Angestellten, denn diese wurden ebenfalls dem strikten Rationalisierungssystem unterworfen und fühlten sich gleichfalls, befeuert durch entsprechende neue Agitationen der KPD-nahestehenden Betriebsräte, als „Bedaux-Sklaven" und Opfer der „Bedaux-Hölle" bei Continental. Eine Kluft ergab sich vielmehr zwischen den „alten Continentälern" im Werk Vahrenwald, in dessen Abteilungen die Bedauxisierung vergleichsweise zügig durchgeführt wurde, und den seit 1929 hinzugekommenen „neuen Continentälern" der Excelsior AG im Werk Limmer, die dem neuen System zum Teil massiven Widerstand entgegenbrachten. Auch drei Wochen nach Einführung des Systems waren dort die erreichten Ergebnisse geradezu vernichtend und die Arbeitsleistungen gesunken statt gestiegen. „Dieses ist darauf zurückzuführen", so der zuständige Bedaux-Ingenieur in seinem Wochenbericht vom 5. Juli 1928, „daß die Reihenführer und Einspanner mit ihrer Leistung zurückhalten und passiven Widerstand leisten [...] Sie behaupten, daß die Leistung nicht möglich ist, die nach Bedaux von ihnen verlangt wird." Als Anfang August die Lage unverändert war, statt der erhofften Kosteneinsparungen Mehrkosten entstanden waren, und zusätzlich durch mangelhafte Arbeitsorganisation eine schlechte Maschinenauslastung konstatiert wurde, griff die Firmenleitung durch. Alle „unbrauchbaren" Einspanner, die durch Leistungsverweigerung aufgefallen waren, wurden entlassen und die freien Stellen durch Frauen besetzt, die erfahrungsgemäß schnell überdurchschnittliche Leistungen erbrachten – nicht zuletzt auch deshalb, da die Bedaux-Prämie geschlechtsunspezifisch angelegt war und deshalb für sie eine Lohnangleichung an die höheren Männerlöhne bewirkte. Aber auch dem Aufsichtspersonal ging es an den Kragen. Eine Reihe von Vorarbeitern und Werkmeistern wurden wieder als Arbeiter zurückgestuft oder versetzt. Tatsächlich zeigten sich ab Mitte August dann deutliche Leistungsverbesserungen.

Die „Limmeraner" hatten die im Dezember 1928 erfolgte Übernahme durch Continental überhaupt als höchst unfreundlich empfunden. „Das Pferd frisst den Klee", hieß es damals in Anspielung auf die jeweiligen Warenzeichen und Markenembleme der beiden Unternehmen in Hannover, und dazu machte ein Trauerlied über das Ende der Excelsior die Runde, mit dem Refrain: „Verhülle Dein Haupt mit schwarzem Flor, fang' an zu weinen, zu klagen: Die alte, liebe Excelsior wird heute zu Grabe getragen". Die ebenfalls im Zuge der großen Fusion in den Konzernverbund integrierten Peters-Union-Leute bzw. „Korbacher" waren offenbar aufgrund der geographischen Entfernung von Hannover zunächst nicht oder kaum Objekte von Tischbeins Spar- und Rationalisierungskurs geworden; sie sollten auch künftig ihr eigenständiges Selbstbewusstsein bewahren, zumal sie und ihr fern einer Großstadt liegendes Werk im Zweiten Weltkrieg vor Luftangriffen und Zerstörungen verschont bleiben und der große Gewinner bei den kriegsbedingten Produktionsverlagerungen innerhalb des Continental-Konzerns sein sollten.

Die Implementierung des Bedaux-Systems sollte sich bis Anfang der 1930er Jahre hinziehen, aber die Effekte bei Kostensenkungen, Einsparungen und Produktivitätssteigerungen zeigten sich sehr schnell. Mit dazu beigetragen hatte auch die Einführung des Verbesserungsvorschlagwesens im September 1930. Der erste eingereichte Vorschlag hatte sich mit Verbesserungen an der Abblasvorrichtung bei der Schlauchmaschine befasst und war mit 10 RM prämiert worden. Im vierzehnköpfigen Angestelltenrat dominierte inzwischen mit acht Vertretern der sozialdemokratische Allgemeine freie Angestelltenbund, dem aber schon seit 1931 auch zwei Vertreter der Nationalen Sozialisten gegenüberstanden, mit denen künftig bei Abstimmungen auch die beiden Vertreter des rechten deutschnationalen Handlungsgehilfenverbandes gemeinsame Sache machten. Wenig später wurden im Gefolge der Machtübernahme der NSDAP Gewerkschaften wie Betriebsräte verboten und durch das neue nationalsozialistische Betriebsgemeinschaftssystem mit Deutscher Arbeitsfront, Vertrauensrat und Betriebsführer-Ideologie ersetzt. In den Continental-Werken herrschte bald ein neues Produktionsregime mit zunächst durchaus unsicheren Arbeitsverhältnissen aufgrund von starken Rohstoffschwankungen, dann massiver Arbeitskräftemobilisierung, steigenden Arbeitszeiten, Lohnstopp-Verordnung und vor allem auch verschlechterten Arbeitsbedingungen, die die Umstellung von Naturkautschuk auf den künstlichen Buna-Kautschuk mit sich brachte. Entgegen der allenthalben auch in der Continental-Betriebszeitung *Die Werks-Gemeinschaft* propagierten „Schönheit der Arbeit" mit hellen und sauberen Arbeitsräumen, als dessen Vorzeigebeispiel unter anderem der Neubau des Verwaltungsgebäudes in Limmer 1937 galt, waren viele Arbeitsplätze nach wie vor schlecht beleuchtet und in ihnen herrschten Lärm, Schmutz und giftige Dämpfe. Und in weiten Teilen der Fertigungsprozesse waren mehr denn je Frauen beschäftigt, die zuerst als Ersatz für den Arbeitskräftemangel, dann für die zur Wehrmacht eingezogenen Männer rekrutiert wurden und einsprangen.

Die NS-Betriebsgemeinschaftsideologie schliff aber auch das noch bestehende Eigenbewusstsein der im Zuge der Fusion hinzugekommenen Arbeiter und Angestellten ab und beförderte eine übergreifende Konzernidentität als neue große Gemeinschaft der „Continentäler". Die Identifikations- und Loyalisierungsanreize dazu, teils vom NS-Regime von oben gesteuert, teils von der neuen Unternehmensführung auf Betriebsebene organisiert und vorangetrieben, waren mit Berufswettkämpfen, Verleihungen von Werkauszeichnungen, Leistungsurkunden, DAF-Fahne, Ernennung zum „NS-Musterbetrieb" und Betriebsversammlungen bzw. Betriebsappellen zahlreich und vielfältig. Und sie verfehlten ihre Wirkung nicht. Allerdings hielten nun auch Denunziantentum gegen politisch Andersdenkende und gegenüber dem NS-Regime kritisch eingestellte Beschäftigte Einzug in Hannover. Und dann sorgte der immer stärkere Einsatz von ausländischen Zwangsarbeitern für zusätzliche Veränderungen im Betriebsklima und in der Arbeitswelt der Belegschaft. Der typische „Continentäler" des Jahres 1944 wies erst wenige Jahre der Betriebszugehörigkeit auf, war weiblich und angelernt oder aber männlich und Kriegsgefangener oder zur Zwangsarbeit verschleppter Franzose. Beide Gruppen verband vielfach der Zwangscharakter ihres Arbeitsverhältnisses und vor allem auch die ständige Angst und gemeinsame Erfahrung von Bombenangriffen; aber sie trennte auch Abneigung, wenn der Einsatz der Zwangsarbeiter mehr und mehr dazu führte, dass die ehemals bei Continental beschäftigten Väter, Söhne oder Ehemänner zum Einsatz an der Ostfront freigesetzt wurden. Daneben waren viele erfahrene Werkmeister, Vorarbeiter und leitende Angestellte inzwischen in dem über ganz Europa verstreuten Konzernverbund von Continental, in den zahllosen Pacht-, Betreuungs-, Beteiligungs- und Beratungsfirmen sowie den beiden neuen „heimischen" Konzernwerken in Posen und Krainburg tätig, wo sie die Einführung der neuen Buna-Technologie überwachten, neue Fertigungszweige aufbauten und die jeweiligen Belegschaften vor Ort nach den „Continental-Methoden" anlernten. Einige von ihnen waren aber auch in den Einsatz von KZ-Häftlingen im noch weitgehend unfertigen neuen Werk Nordhafen und in der Vorbereitung von Untertageproduktionsstätten involviert und machten sich an Misshandlungen mitschuldig. Mit der Implosion des Konzerns in den letzten Kriegstagen erfolgte eine oft fluchtartige Rückkehr nach Hannover, wo die Continental-Ingenieure und Werkmeister inzwischen nur noch Trümmer vorfanden.

Kalter Krieg und Klassenkampf bei Continental. Tarifkonflikte, Standortdebatten und ein Schulterschluss (1945/48 bis 1990/91)

Die Nachkriegszeit brachte einen neuen Aufschwung bei den Beschäftigungszahlen, aber auch krisenbedingte Schwankungen und eine Welle von Massenentlassungen. Flankierend dazu erfolgte seit 1979 mit dem Hinzukommen von „neuen Continentälern", diesmal aus ganz Europa im Zuge der Expansionspolitik, der Aufbruch in ganz neue Dimensionen der Beschäftigtenzahlen und -strukturen. Zur Währungsreform 1948 arbeiteten bereits wieder 11.332 Arbeiter und Angestellte bei Continental, deren Zahl sich bis 1965 auf 27.447 mehr als verdoppelte. Nie zuvor hatten so viele Menschen „bei der Conti" gearbeitet und schon 1954 war der bisherige historische Beschäftigtenhöchststand von 1938 überschritten worden. Doch dann kam die große Krise, während der die Mitarbeiterzahlen bis 1977 zunächst auf 18.100, dann bis 1984 sogar auf 15.400 schrumpften. Doch diese Zahlen bezogen sich auf die „alte Continental". Im sich neuformierenden Konzern dagegen stieg die Belegschaft 1979 auf zunächst 31.100, erreichte unter Schwankungen und von zwischenzeitlichen Personalabbaumaßnahmen unterbrochen 1988 dann 45.907 und übersprang schließlich 1990 die Schwelle von 50.000 (genau 51.064). Diese Jahre waren voll von Ereignissen und Entwicklungen: Der Arbeitskräftemangel der „Wirtschaftswunderjahre" brachte mit den „Gastarbeitern" eine neue Diversität in die Belegschaft, es gab eine Modernisierung des Personalmanagements, begleitet aber auch von einer Verhärtung der Interessenfronten zwischen Unternehmensleitung und Arbeitnehmern, die zeitweise Züge von unverhohlenem Klassenkampf annahmen. Es gab Kurzarbeit, Lohnkonflikte und einen neuen Streik, erste Debatten um die Zukunft der traditionellen Werkstandorte und nachhaltige Umbrüche in der Arbeitswelt, aber auch ein langsames Einspielen der praktizierten Mitbestimmung und der betrieblichen Sozialpartnerschaft, die am Ende 1990/91 in einem gemeinsamen Schulterschluss gegen den als bedrohlich empfundenen Übernahmeversuch des italienischen Reifenkonzerns Pirelli mündete.

In den ersten Nachkriegsjahren bis etwa Mitte der 1950er Jahre hatte sich, zumindest auf den ersten Blick, das Machtgefüge im Unternehmen zunächst deutlich zugunsten der Betriebsräte und organisierten Interessenvertretung der Beschäftigten verschoben. Bereits unmittelbar nach Kriegsende war der neu gewählte Betriebsrat offensiv mit einer ganzen Reihe an Forderungen nach personellen Erneuerungen, Lohnzuschlägen und Mitbestimmungsregelungen an die ebenfalls neue Unternehmensleitung herangetreten, und diese setzte, auch um der drohenden Machtzunahme der wiedererstarkten KPD-Gruppen etwas entgegenzusetzen, auf eine „Werk- und Unternehmens-Harmonie", ganz in der Continental-Tradition zur Jahrhundertwende. Tatsächlich war eine KPD-Betriebsgruppe bei Continental höchst aktiv, sie gab regelmäßig eine eigene Mitarbeiterzeitung, den *Roten Reifen*, heraus und hatte auch höchst öffentlichkeitswirksam 1946 organisiert, dass eine Delegation der SED aus der Sowjetischen Besatzungszone unter Leitung von Walter Pieck das Werk Vahrenwald besuchte. Aus den allgemeinen Unruhen unter den Arbeitern und Angestellten im Zusammenhang mit der Ernährungskrise, die sich auch bei Continental in kurzzeitigen „Hungerstreiks" entluden, konnte man aber keinen Nutzen ziehen. „Wie bisher haben wir nichts unversucht gelassen, die berechtigten Interessen unserer Belegschaft zu fördern", notierte dazu der Vorstand in seinem Bericht über das Geschäftsjahr 1949.

> Seit Jahren ist der Vorsitzende des Hauptbetriebsrates Mitglied unseres Aufsichtsrates; ein weiteres Betriebsratsmitglied nimmt an den Sitzungen des Aufsichtsrates teil. Durch weitgehenden Meinungsaustausch mit dem Hauptbetriebsrat und einzelnen Betriebsratsmitgliedern haben wir die Belegschaft am Leben unserer Gesellschaft wirkungsvoll teilnehmen lassen. Mit Genugtuung stellen wir fest, daß der Arbeitsfriede ungestört blieb, daß eine Tätigkeit bei unserer Gesellschaft seitens der Arbeitnehmer aber auch gesucht wird.

Und man verwies im selben Atemzug auch auf die inzwischen eingetretenen beträchtlichen Lohnerhöhungen und Einkommensverbesserungen. Unter der bezeichnenden Bezugnahme auf das Jahr 1938 konnte, so die Argumentation, ein Continental-Beschäftigter im Mai 1953 bereits mehr als doppelt so hohe Brutto-Stundenverdienste verbuchen.

Abb. 36: Betriebsversammlung in Vahrenwald 1950.

Das Hauptproblem für die Continental war aber in diesen Jahren des Nachkriegsbooms und der „Wirtschaftswunderjahre", in ausreichender Zahl neue Belegschaftsmitglieder zu finden. Zur Beseitigung des auch schon 1946 spürbaren Arbeitskräftemangels hatte die britische Militärregierung eine aus heutiger Sicht ebenso kuriose wie mangelnde politische Sensibilität und das alleinige Interesse an Maßnahmen zur schnellen Produktionssteigerungen ergriffen. „Seit Mitte August 1946 ist insofern ein Wandel [im Arbeitskräfteproblem] eingetreten", so hieß es in einem Bericht des Vorstands an den Aufsichtsrat,

> als auf Befehl der Militärregierung Ostarbeiter aus dem Baltikum und der Ukraine bei uns eingesetzt werden, und zwar sollen bis auf weiteres wöchentlich bis zu 100 Mann eingestellt werden. Nachdem der Sprecherausschuss der Belegschaft Gelegenheit hatte, den Vertretern der Militärregierung seine erheblichen Bedenken vorzutragen, wurde vereinbart, daß dieser Einsatz von Ostarbeitern in dem Umfange nicht zur Durchführung kommen soll, als es gelingt, hierfür deutsche Arbeitskräfte zu erhalten. Bislang ist allerdings eine nennenswerte Zuweisung von ausländischen Arbeitern nicht erfolgt.

Tatsächlich gelang es unter anderem auch durch umfangreiche Maßnahmen betrieblicher Sozialpolitik, allen voran eine Intensivierung des Wohnungsbaus für 450 Belegschaftsmitglieder und deren Familien im Jahr 1948, neue „Continentäler" anzuwerben.

Liest man die damals als streng vertraulich deklarierten Jahresberichte der Personalabteilung in den 1950er und 1960er Jahren, so blieb das Arbeitskräfteproblem aber weiterhin dominierend. Dabei galt, nicht nur neue Arbeiter und Angestellte zu gewinnen, sondern auch die alten wie die oft eben eingestellten zu behalten. Von Anfang an wurde dabei auch versucht, die kriegsbedingt inzwischen eingetretene und nach wie vor bestehende starke Überalterung der Belegschaft durch die gezielte Rekrutierung von jungen Arbeitskräften insbesondere auch im Bereich der qualifizierten Angestellten zu überwinden. Der Bericht zur Personalsituation des Jahres 1950 wirft ein bezeichnendes Schlaglicht auf die damaligen Verhältnisse: „Die Mangellage bei brauchbaren Stenotypistinnen hält weiter an", hieß es darin. Dagegen konnte bei den ebenfalls erforderlichen Einstellungen von Ingenieuren, Konstrukteuren und Chemikern „der vorhandene Bedarf bestens befriedigt werden". Mit dazu bei trug auch die inzwischen eingerichtete Trainingsschule, in der Jungingenieure ca. ein Jahr in den wichtigsten Fabrikabteilungen praktisch ausgebildet wurden. Man hatte dabei an die Tradition der schon seit 1913 bestehenden „Werkschule der Continental" angeknüpft, die Bestandteil des sich in Deutschland herausbildenden dualen Berufsausbildungssystems gewesen war und in der über 300 jugendliche ungelernte Arbeiter wie auch Arbeiterinnen eine zusätzliche schulische Allge

meinbildung erhalten hatten. Der Anteil der Frauen an der Continental-Belegschaft war dabei, anders als in all den Jahrzehnten zuvor, mit ca. 20 Prozent
eher gering und trotz der seit Mitte der 1950er Jahre zögerlichen Bemühungen,
in den Tarifverträgen auch eine tendenzielle Annäherung der Frauenlöhne an
die der Männer festzuschreiben, waren die Lohnunterschiede nach wie vor gewaltig. Ein kaufmännischer Angestellter erhielt im Jahr 1950 bei Continental
384 DM im Monat, seine weibliche Kollegin dagegen nur 248 DM, eine Diskrepanz von über 35 Prozent. Erste Ansätze zu einer Modernisierung des „Perso-
nalwesens" gab es bei Continental im Übrigen erst seit 1958. Die heterogene
Continental-Belegschaft wurde nun als Objekt von systematischer Personal-
organisation, Personalstellenplänen, Personalausbildung und Personalführung
im Sinne bewusst betriebener Personalpolitik entdeckt. „Je mehr unsere Betriebe wirtschaftlich und technisch durchrationalisiert werden", so hieß es dazu
in einem entsprechenden Konzept, „desto mehr wird der Mensch in ihnen zur
wichtigsten Leistungsreserve." Aus heutiger Sicht und auch im Vergleich zu vielen modern anmutenden Maßnahmen der Belegschaftspolitik des Continental-
Vorstands im 19. Jahrhundert und danach befand sich das Personalmanagement
bei Continental in diesen Jahren jedoch nachgerade in der Steinzeit. Man vertraute auf die Wirkung von Heftreihen mit dem Titel „Richtig führen" an die
Abteilungsleiter und vor allem ging es auch um die richtige „Personalauslese".
Der Duktus der entsprechenden Unterlagen war beredter Ausdruck der damaligen Sichtweisen und praktizierten Personalpolitik.

In den Mittelpunkt rückte seit der zweiten Hälfte der 1950er Jahre der Kampf
gegen die rasant ansteigende Fluktuation. Allein im Jahr 1960 wechselten bei
Continental 32 Prozent der weiblichen Angestellten, 9 Prozent der männlichen
Angestellten und 29 Prozent der Lohnempfänger. Ein eigens eingestellter Be-
triebspsychologe machte sich daran, die Ursachen der Fluktuationsbewegun-
gen in den Werken und Abteilungen zu untersuchen, angefangen von gesamt-
wirtschaftlichen und nicht vom Unternehmen zu beeinflussenden Ursachen wie
der allgemeinen Arbeitskräfteknappheit – auch 1960 interessanterweise noch
immer bei Stenotypistinnen und Maschinenschreiberinnen – über persönliche
Lebensumstände bis zu den zahlreichen von den Abgehenden genannten und
als unzureichend empfundenen Arbeitsbedingungen. Das Ergebnis der dann
vorgelegten Fluktuationsstudie überraschte allerdings die Verantwortlichen in
der Vorstandsetage. Denn im Vergleich mit anderen Großunternehmen war die
Fluktuationsziffer bei Continental relativ gering, wofür drei Gründe geltend
gemacht wurden: Erstens „unsere Lage in Hannover abseits der industriellen
Ballungsräume, zweitens [der hohe] Anteil eines langjährigen, zum Teil seit
Generationen mit uns verwachsenen Mitarbeiterstammes und drittens die vor-

herrschende Stellung, die wir in Hannover durch den Ruf des Unternehmens auf dem Arbeitsmarkt haben". Doch die Studie schloss auch mit der Prognose, dass es zu erwarten sei, „daß sich aufgrund der gesamten Entwicklung diese Vorteile im Laufe der Jahre mindern werden". Und tatsächlich kletterte die Fluktuationsziffer bei den Lohnempfängern zeitweise auf über 35 Prozent. Continental hatte dabei mit der starken Expansion seiner Belegschaft und dem Bau bzw. der Übernahme gleich drei neuer Werke wesentlich zum Arbeitskräftemangel beigetragen.

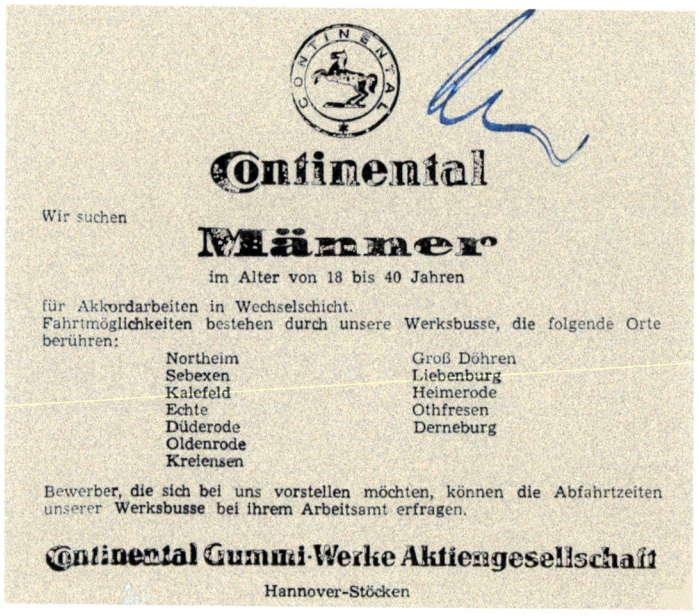

Abb. 37: Stellenanzeige zur (männlichen) Arbeitskräftegewinnung für das Werk Northeim vom 28. September 1963.

Zu diesem Zeitpunkt waren bereits über 1.000 Gastarbeiter bei Continental tätig. Die ersten ausländischen Arbeitskräfte, zunächst vor allem aus Griechenland, Italien und Spanien, waren 1962 nach Hannover gekommen. Etwa ein Drittel von ihnen waren Frauen. „Für die unbedingt zu beschaffenden weiteren Gastarbeiter von 600 bis 1.000 Personen stehen in eigenen und gemieteten Heimen ca. 600 Betten zur Verfügung", hieß es dazu unter der Überschrift „Leute-Situation" im Bericht an den Aufsichtsrat vom Januar 1963. „Neben den Schwierigkeiten der Heranschaffung geeigneter Gastarbeiter darf nicht übersehen werden, welche besonderen Bemühungen und Kosten es ausmacht, die verschiedenen

Abb. 38: Reifenfertigung 1958.

fremdsprachigen Arbeitskräfte sinnvoll einzuordnen und anzulernen. Unser Auf-
sichts- und Führungspersonal wird durch die Gastarbeiter-Situation beträchtlich
zusätzlich belastet." Auch hier sprach der Duktus des Berichts Bände über die
Perzeption dieses Arbeitskräfteeinsatzes; von neuen Continentälern war jedenfalls nicht die Rede. Bis 1973 stieg die Zahl der ausländischen Beschäftigten, die
inzwischen aus 29 Ländern kamen, auf über 4.000 an, das waren 23 Prozent der
beschäftigten Arbeiter; einzelne kleinere Abteilungen waren schon 1965 mit über
50 Prozent Gastarbeitern besetzt. In den Folgejahren schrumpfte der Anteil dann
zum Teil deutlich und erreichte erst 1980 wieder mit 3.175 den Stand von 1970,
allerdings betrug der Anteil an der inzwischen stark geschrumpften deutschen
Belegschaft nun fast 17 Prozent. Den größten Anteil mit fast der Hälfte bildeten
inzwischen Arbeitskräfte aus der Türkei. Die Anwerbung ausländischer Arbeitskräfte löste zwar das „Leute-Problem" bei Continental, ließ aber zugleich, da
diese zunächst meist ungelernt waren, die Unfallzahlen deutlich steigen und
auch die Fluktuationsraten in die Höhe schnellen. Die Fluktuation unter den
männlichen Gastarbeitern war aus den unterschiedlichsten Gründen mehr als
doppelt so hoch wie bei den deutschen Mitarbeitern, dagegen war der Arbeits-
platzwechsel bei den ausländischen Frauen weit geringer und nur um etwa ein
Drittel höher als bei den deutschen Continentälerinnen – das lag allerdings auch

insgesamt am Beschäftigtenstatus der Gastarbeiter, die in der Regel nur auf wenige Jahre befristete Arbeitsverträge erhielten, einzig bei einer Minderheit der „Vertrags-Gastarbeiter" ergaben sich darüber hinausgehende längerfristige oder dauerhafte Beschäftigungsverhältnisse. Damit ergab sich aber für die Unternehmensleitung die Möglichkeit, eine flexible Personalpolitik mit Einstellungen und Entlassungen bzw. vorzeitiger Aufkündigung der Arbeitsverträge je nach konjunktureller Lage zu praktizieren.

Die große Herausforderung war, angesichts hoher Fluktuationsraten und eines wachsenden Anteils ausländischer Arbeitskräfte eine von gemeinsamem Continental-Bewusstsein geprägte Gesamtbelegschaft zu formen, ohne dass dies jedoch explizit als Ziel je so formuliert wurde. Die Betriebsräte und Vertrauensleute hatten inzwischen das ihre dazu beigetragen, dass es gemeinsame Interessen gab und ein Bewusstsein dafür entstand, für alle gemeinsame Arbeitsbedingungen zu schaffen. Dies wurde auch im Betriebsalltag zunehmend spürbar. Nach sechsjährigen Verhandlungen war die alte noch aus der NS-Zeit stammende Arbeitsordnung ersetzt worden, in der unter anderem ein Rechtsanspruch auf die Treueprämie festgelegt wurde. Und 1956 waren die Gratifikationszahlungen neu geregelt worden. Nunmehr erhielten alle Arbeitnehmer entsprechend einer gleitenden Skala bei der Ausschüttung der Dividende an die Aktionäre pro Prozent zehn Stundenlöhne mehr. Die alte Werkleistungsprämie wurde mit einem festen Satz von 12,5 Pfennig pro Arbeitsstunde in die Richtlinien der Gratifikation mit eingebaut, zudem galt nun statt der monatlichen die jährliche Kündigung. 1957 erfolgte auch erstmals eine Verkürzung der Arbeitszeit auf 45 Stunden, die in den Folgejahren weiter gesenkt wurde und 1967 mit Einführung der 40-Stundenwoche ein vorläufiges Ende fand. Bei einer Abstimmung hatte eine Mehrheit der Arbeiter und Angestellten in den drei Continental-Werken sich im Übrigen für die Gemeinschaftswahl bei den Betriebsratswahlen ausgesprochen und damit der anonymen Listenwahl eine Absage erteilt.

In den 1960er Jahren schlugen dann die sich unter dem Vorzeichen von Kaltem Krieg und Klassenkampf verändernden politischen und gesellschaftlichen Verhältnisse auch im Betriebsklima von Continental nieder. Im November 1963 war durch die Personalabteilung die fristlose Kündigung von drei Arbeitern erfolgt, da diese bei einer unter dem bezeichnenden Codewort „Reifenpanne" vom Landesamt für Verfassungsschutz durchgeführten Aktion gegen Mitglieder der illegalen kommunistischen Partei verhaftet worden waren. Ihnen wurde zum Vorwurf gemacht, dass sie eine verbotene KP-Betriebsgruppe gebildet und die Betriebszeitung des „Conti-Arbeiters" hergestellt und vertrieben hatten. Die Betroffenen wehrten sich und die ganze Angelegenheit landete schließlich vor

Abb. 39: Schichtwechsel im Werk Stöcken 1965.

dem Arbeitsgericht Hannover. Vor allem gelangte der Vorfall schnell an die Öffentlichkeit, was bei der Personalabteilung eine Rufschädigung des Unternehmens befürchten ließ. „Continental ist ein geschützter Betrieb. Strafbare kommunistische Aktionen sind in einem solchen Betrieb besonders schwer zu verurteilen", lautete die Begründung für das radikale Vorgehen. Die Angelegenheit war allerdings keineswegs so klar, wie man in der Personalabteilung tat, denn einer der Beschuldigten war gewählter Betriebsrat und unterlag daher einem besonderen Kündigungsschutz. Bei zwei der Beschuldigten mussten die Kündigungen zurückgenommen werden, bei dem betroffenen KP-Betriebsrat jedoch und einem weiteren Kollegen hielt das Arbeitsgericht die Kündigung für gerechtfertigt. Aber die Aktivitäten „kommunistischer Umtriebe" in den Continental-Werken nahmen nicht ab, sondern eher noch zu. Schon im März 1964 landete Continental erneut in den Schlagzeilen der Zeitungen, und diesmal in Ost wie West. „Roter Sabotagering sollte die Werksanlagen zerstören", berichtete *die Hannoversche Rundschau*, während zur gleichen Zeit das *Neue Deutschland* in Ost-Berlin verkündete: „Bei Conti wird jeder entlassen, der die Kriegspolitik ablehnt. Aussperrungen und Schwarze Listen gegen fortschrittliche Arbeiterfunktionäre". Der Kalte Krieg hatte damit das Unternehmen erreicht und der Fall führte sogar zu einer Sondersendung im Sender RIAS-Berlin, in dem die „irreführende und verfälschende Propaganda des SED-Regimes" gegeißelt wurde.

Die innenpolitisch umstrittene Notstandsgesetzgebung sorgte dann 1967 für einen weiteren spektakulären Vorfall, durch den Continental in das Scheinwerferlicht der Öffentlichkeit geriet. In der Juni-Ausgabe des Satire-Magazins *Pardon* war ein Artikel erschienen, wonach gleichsam als Vorwegnahme der Notstandsgesetzgebung in zahlreichen Großunternehmen bewaffnete Werkschutztruppen aufgestellt werden würden. Verfasser des Artikels war der Enthüllungsjournalist Günter Wallraff, der sich bei seinen „Recherchen" als Vertreter eines fiktiven Zivilschutzausschusses beim Bundesinnenministerium ausgegeben und unter dem Decknamen Kröver auch bei den Continental-Werken angerufen hatte. Dort war er an einen leitenden Angestellten geraten, dem er eine Reihe von Äußerungen entlockte, die leicht den Eindruck zu konstruieren halfen, dass auch bei Continental eine bewaffnete Werkmiliz aufgebaut werde, die bei wilden Streiks und Arbeiterprotesten zum Selbstschutz des Unternehmens eingesetzt werden würde. Der Vorfall zog auch deshalb weite Kreise, weil er vor dem Hintergrund eines aufgeheizten innenpolitischen Klimas in der damaligen Bundesrepublik tatsächlich für Unruhe unter den Continental-Beschäftigten sorgte. Auch die IG Chemie griff mit einem kritischen Flugblatt zur Notstandsgesetzgebung den Fall auf und machte ihn zum Gegenstand zweier Betriebsversammlungen in Vahrenwald und Korbach. Die jeweiligen Werkleitungen sahen sich sogar in eigenen Rundschreiben an die Belegschaften zu entsprechenden Stellungsnahmen über die Haltlosigkeit der Vorwürfe gezwungen, und auch der Continental-Vorstand dementierte aufs Heftigste.

Es war kein Wunder, dass in diesem Klima der seit Mitte der 1960er Jahre amtierende Leiter der Continental-Personalabteilung und seit Oktober 1970 auch in den Vorstand berufene Gerhard Lohauß sich zu einem Gegenspieler der „linken" Aktivitäten der diversen Betriebsgruppen wie des Betriebsrats entwickelte. „Aus der diesjährigen Tarifrunde scheint eine Erfahrung besonders wichtig", so notierte er 1968.

> Die Gewerkschaften und der Betriebsrat – der entgegen den Vorstellungen der Schöpfer des Betriebsverfassungsgesetzes immer mehr als verlängerter Arm der Gewerkschaften auftritt – üben einen Einfluß auf die Belegschaft aus, dem wir zur Zeit nichts Gleichwertiges entgegenzusetzen haben. Diese Erfahrung mag schmerzlich sein, vor allem, wenn man bedenkt, daß die allgemeine Situation der Belegschaftsangehörigen heute eigentlich viel weniger als vor 70 Jahren Anlaß dazu gibt. Auf längere Sicht werden wir diesen Zustand nur dann ändern, wenn wir nicht nur das Führungskorps, sondern auch die Belegschaft allgemein stärker über unseren Standpunkt und die sachlichen Gegebenheiten informieren.

Mit einer Mischung aus Diplomatie und rabiaten Maßnahmen wollte er vor allem den in seinen Augen kommunistischen Umtrieben bei Continental ein Ende bereiten und war dabei insbesondere auch um eine rechtzeitige politische Immunisierung der Führungskräfte besorgt. 1969/70 organisierte Lohauß eine Vortrags- und Informationsreihe „für leitende Herren", die unter dem Oberthema „Gesellschaft heute. Analysen und Prognosen zu partiellen Unruhen in unserer Industriegesellschaft und Wohlstandsdemokratie" stand. Im Jahr darauf lautete der Titel der Vortragsreihe „Die neue Linke. Bedrohung der sozialen Marktwirtschaft?", bei der unter anderem Lohauß selbst über die Herausforderungen der kommenden Jahre referierte.

Die diversen KP-Gruppen im Unternehmen hatten dabei ihre vor allem publizistischen Aktivitäten inzwischen weiter intensiviert. Der *Rote Reifen*, dem eine Betriebszelle des Kommunistischen Bundes Westdeutschland mit der Zeitschrift *Arbeitersache* Konkurrenz machte, wurde regelmäßig vor den Werktoren verteilt. Und dann gab es auch noch eine „Betriebsgruppe Conti" der KPD/ML, die als Herausgeber der Betriebszeitung *Roter Conti-Arbeiter* fungierte. Um endlich hier ein Gegengewicht mit Darstellungen und Berichten aus der Perspektive der Unternehmensleitung zu schaffen, hob Lohauß schließlich im April 1971 eine eigene Werkzeitung, die *conti intern*, aus der Taufe. Knapp 30 Jahre nach dem letzten Erscheinen der nationalsozialistisch gefärbten Belegschaftszeitung *Die Betriebs-*

Abb. 40: Titelseite der Betriebszeitung *Roter Reifen* der DKP-Betriebsgruppe Conti vom Januar 1977.

Gemeinschaft entstand damit wieder eine zunächst als „Mitarbeiterbrief" bezeichnete Zeitung für alle Continental-Beschäftigten. Und in der Folgezeit sollten sich beide Zeitungen einige publizistische Gefechte liefern.

Unter dem Strich war die Belegschaftspolitik von Continental, vor allem auch was die Verjüngung der Beschäftigten insgesamt anging, durchaus erfolgreich. In dem erstmals 1965 erstellten Belegschaftsbericht stand über die Belegschaftsstruktur zu lesen: „Miss Conti wurde 1930 geboren, damit liegt das Durchschnittsalter unserer weiblichen Mitarbeiter bei 35 Jahren, und dieses Fräulein Conti ist schon fast 5 Jahren bei uns tätig, das ist die mittlere Betriebszugehörigkeit". Bei den Männern betrug das Durchschnittsalter inzwischen 38 Jahre, und sie waren sogar fast zehn Jahre bei Continental. Doch dann sorgten wachsende Lohnkonflikte und vor allem das Ende der „Wirtschaftswunderjahre" und das lange Krisenjahrzehnt bei Continental mit Kurzarbeit und Entlassungen dafür, dass die Belegschaft wieder einmal gehörig durcheinandergeschüttelt wurde. Und vor allem wurde auch das Verhältnis zwischen Unternehmensleitung und Betriebsrat merklich rauer. Erstmals war das im Krisenjahr 1966/67 deutlich geworden, als der Vorstand auf die Produktions- und Absatzrückgänge mit einer 25tägigen Kurzarbeit in den betroffenen Fertigungsabteilungen sowie einer Rücknahme freiwilliger Sozialleistungen, dann auch mit Arbeitskräfteabbau reagierte. Zwischen 1965 und 1967 mussten fast 3.000 Continentäler den Betrieb verlassen, das waren 10 Prozent der Gesamtbelegschaft. Der damalige Betriebsratsvorsitzende Benno Adams signalisierte dabei im Aufsichtsrat durchaus Verständnis für die Anpassungsmaßnahmen und hielt sich explizit mit Forderungen nach Lohnerhöhungen zurück. Er verwies aber auch gleichzeitig auf die wachsende Zwangslage der Gewerkschaften und Betriebsräte, die angesichts einer wachsenden Bereitschaft bei den Beschäftigten zu „wilden Streiks" die Zügel aus der Hand zu verlieren drohten. Die Unruhe in der Belegschaft war durch den Wegfall der laufenden Gratifikationen – seit jeher ein bei Continental stark mit Emotionen aufgeladenes Thema –, die Berichtigung von Akkorden und Kürzung von Sozialleistungen tatsächlich erheblich. Dazu kamen seit 1960 umfassende Verlagerungsmaßnahmen einer ganzen Reihe von Fertigungsabteilungen und Fabrikationsgruppen aus den Hannoverschen Werken in Vahrenwald, Stöcken und Limmer in die kostengünstigeren, billigeren Standorte in Northeim, Dannenberg, Korbach und in das 1964 neu gebaute Reifenwerk im französischen Sarreguemines. Damit begann die sich über Jahrzehnte hinziehende Verlagerung von Fertigungszweigen aus den Hannoverschen Traditionswerken in kostengünstigere Fertigungsstandorte, hier zunächst noch in staatlich subventionierte „Zonenrandgebiete" der Bundesrepublik. „Das Unternehmen wird langfristig auf lohnintensive Fertigung in den Stammwerken Hannover verzichten müssen", lautete das auch später immer wieder vorgetragene Credo des Vorstands.

Mit ein Grund für die Verlagerungen war aber auch, dass die hannoverschen Fabriken inzwischen völlig überaltert waren und dort durch Ruß- und Chemikalienfahrer ein derartiger Dreck verbreitet wurde, „daß das Arbeiten bei der Continental absolut keinen Spaß mehr macht", wie einer der Betroffenen auf einer Hauptversammlung kritisierte, zumal seitdem es aus Einsparungsgründen dort keinen Reinigungsdienst mehr gab. Gewinner dieser Maßnahmen war das Werk Korbach, das auf dem Weg war, das bedeutendste Reifenwerk im Konzern zu werden und damit dem ursprünglichen Stammwerk in Vahrenwald die traditionelle Vorrangstellung abnahm. „Wenn wir das Lohnniveau von Korbach im ganzen Konzern hätten, wäre das Betriebsergebnis um viele Millionen besser gewesen", mussten sich die hannoverschen Betriebsräte in den folgenden Jahren immer wieder von Seiten des Vorstands vorhalten lassen. Und dann sorgten der Regierungsantritt der sozialliberalen Koalition 1969 und das wenig später erlassene neue Betriebsverfassungsgesetz für eine zusätzliche politische Aufladung des Betriebsklimas. Wie sich die mit dem Gesetz geschaffene „neue Grundordnung" der Betriebe konkret auswirken würde, wusste niemand, aber die Befürchtungen auf der einen Seite und die Erwartungen auf der anderen Seite waren hoch. Klar war nur, dass dadurch in weiten Bereichen, insbesondere in der betrieblichen Personalpolitik, aber auch bei wirtschaftlichen und unternehmensstrategischen Angelegenheiten die unternehmerische Entscheidungs- und Planungskompetenz unmittelbar oder mittelbar tangiert wurde. „Außerdem bringt es eine Komplizierung und Verlangsamung der betrieblichen und unternehmerischen Entscheidungsprozesse mit sich", wie Lohauß in einer Information für den Aufsichtsrat notierte. Einer Personalabteilung, die die Mitarbeiter bis weit in die 1980er Jahre hinein nahezu ausschließlich unter der Perspektive von „Personalaufwand pro Mitarbeiter", „Anteile der Fehlzeiten an der Bruttoarbeitszeit" und „Personalaufwand je geleisteter Stunde" sah, verlangte das neue Gesetz einiges an Umdenken ab.

Die große Krise der Jahre 1970 bis 1982 brachte gleich die erste Bewährungsprobe für das neue Verhältnis von Belegschaftsvertretern und Vorstand, mit erbitterten Kämpfen um die Lohnkosten, monatelanger Kurzarbeit und massiven Entlassungen. Von Seiten des Vorstands als „neue Wege der Entlohnung" und „flexible Personalpolitik" deklariert, hinterließ dies bei den Beschäftigten den Eindruck, das alleinige Opfer der nun eingeschlagenen strikten Restrukturierungs- und Sanierungspolitik zu sein. Auf der Aufsichtsratssitzung vom 1. März 1972 gab daher der Betriebsrat im Auftrag der Belegschaft eine lange Erklärung ab, in der zum einen die anhaltenden Sorgen der Beschäftigten über ihre Arbeitsplätze zum Ausdruck gebracht wurde, zum anderen das „unfassbare Unvermögen" und die Versäumnisse des Vorstands, der sich zudem offensichtlich bei den anstehenden Fusionsverhandlungen „völlig von der Phoenix überrollen lässt" und damit ein weiterer Verlust von Arbeitsplätzen drohe. Und man forderte mit einem Katalog detaillierter Fragen endlich Auskunft über die künftige Unternehmenspolitik zur Lösung der Krise. Eine Antwort bekam man nicht, auch wenn Alfred Herrhausen als Aufsichtsratsvorsitzender Verständnis für die Stellungnahme äußerte und hinter den Kulissen auch selbst das Gespräch mit der IG Chemie gesucht hatte. Viele Continentäler hatten in dieser Phase das Vertrauen in „ihre Conti" und vor allem deren Vorstand verloren; die Identifikation bröckelte.

Abb. 41: Der Continental-Betriebsrat Mitte der 1970er Jahre: v. l. n. r.:
Bartilla (Vorsitzender), Berkemeier, Lehnhoff, Riemer, Gall, Bernd, Schubert, Appel,
Holzhausen, Gussner, Bergmann, Sammann, Muß, Ziulkowski, Graser, Gonschiar.

Neben den Meinungsäußerungen der Betriebsräte im Aufsichtsrat nutzten in dieser Zeit die Gewerkschaftsvertreter und auch einzelne Continentäler sowie Vertreter der Belegschaftsaktionäre die Hauptversammlungen als Bühne, um „einmal einiges aus der Stimmung der Belegschaft" zu Gehör zu bringen. „Wenn man das Ohr an der Belegschaft hat und Betriebsversammlungen besucht, hört man immer wieder, daß die Continental wohl den Zug verpaßt hat und daß es trotz einer sehr guten Forschung wohl nie ganz gelungen ist, Artikel auf den Markt zu bringen, die echte Verkaufschancen haben und darüber hinaus auch qualitativ gut sind", hieß es etwa in einer Wortmeldung des Hannoverschen Geschäftsführers der IG Chemie auf der Hauptversammlung im Juli 1973. In dem Bestreben, die Continental wieder gemeinsam flott zu bekommen, hatten die Belegschaftsvertreter auch im Folgejahr eine umfangreiche Situationsanalyse mit Vorschlägen zur Beseitigung der Schwachstellen vorgelegt, beim Vorstand dafür allerdings nur eine reservierte Resonanz erhalten. Ende Januar 1976 mündete die aufgeheizte Stimmung schließlich in einen von den Gewerkschaften und Betriebsräten so gefürchteten „wilden Streik". Es war, wenn man nur die genuin Continental-spezifischen Konflikte zählt, nach dem Ausstand von 1924, der bemerkenswerterweise ebenfalls ein „wilder Streik" gewesen war, erst die zweite große Arbeitsniederlegung in der Unternehmensgeschichte. Anlass war die Neufassung einer Betriebsvereinbarung, die Vorstand und Betriebsrat ausgehandelt hatten. Es ging dabei um eine Neuregelung der Arbeitszeit und auch der Feiertagsarbeit, gleichzeitig waren damit aber auch Lohneinbußen für die betroffenen Mitarbeiter von 30 bis 120 DM im Monat verbunden. Als der Betriebsrat das Verhandlungsergebnis der Belegschaft bekannt machte, gab es dort massive Proteste und Ablehnung. Ein Großteil der Arbeiter in der Vahrenwalder Reifenfabrik legte die Arbeit nieder, man diskutierte heftig über die neue Vereinbarung und dabei richteten sich auch besonders scharfe Angriffe gegen den Betriebsrat. Die Aufforderungen der Geschäftsführung wie des Betriebsrats, die Arbeit sofort wieder aufzunehmen, wurden ignoriert, und in den Folgetagen schlossen sich weitere Teile der Belegschaft, nun auch im Werk Stöcken, den Arbeitsniederlegungen an. Während der Betriebsrat verzweifelt versuchte, die Arbeiter wieder zur Rückkehr an ihre Arbeitsplätze zu bewegen, leitete der Vorstand Kündigungsmaßnahmen gegen „einige Rädelsführer" ein, was die Stimmung weiter aufheizte. Gleichzeitig gab es aber immer kontroversere Einschätzungen über das weitere Verhalten innerhalb der Belegschaft, zumal auch noch die ganze Angelegenheit für einen riesigen Wirbel in den Medien, allen voran der Hannoverschen Ausgabe der *BILD*-Zeitung, gesorgt hatte. Daneben wurden die Continental-Werke während der Streikaktionen geradezu mit einer Flut von Flugblättern linker politischer Gruppen überschwemmt, die die Situation in ihrem Sinne auszunutzen versuchten. Erst nach fünf Tagen, am 4. Februar 1976, brach der Streik zusammen. Fast 1.300 Mitarbeiter hatten sich daran beteiligt, und auch Wochen später war keine Ruhe in den Fabriken eingekehrt. „In allen Hannoverschen Betriebsversammlungen waren die den Streik auslösenden Maßnahmen Gegenstand der Diskussion, und es wurden jeweils Resolutionen zur Rücknahme der [inzwischen gegen die Streikführer ausgesprochenen] Kündigungen gefasst", berichtete Herrhausen auf der Aufsichtsratssitzung am 12. Ap-

ril. Und er verlas dann einen Misstrauensantrag zweier Vertrauensleute aus dem
Werk Vahrenwald, der gegen den Vorstand gerichtet war.

> Die Kollegen der Auto-Reifenheizung Abt. 15407 und viele Kollegen anderer Abteilungen
> der Autoreifenfabrik Vahrenwald sehen aufgrund der rigorosen Personal- und Lohnmaß-
> nahmen des Vorstandes, der das bisherige gute Betriebsklima und die vertrauensvolle
> Zusammenarbeit zerstört haben, keine Möglichkeit mehr, mit diesem zusammenzuarbei-
> ten und sprechen ihm auf diesem Wege ihr Mißtrauen aus. Sie wünschen eine Anhörung
> vor dem Aufsichtsrat. Vielleicht kann hierdurch eine für beide Seiten vernünftige Lösung
> gefunden werden, um das Wohl der Firma und den Erhalt der Arbeitsplätze für die Zu-
> kunft zu sichern,

hieß es darin.

Zusätzlich aufgeheizt wurde das Betriebsklima noch durch die im Juni 1976
Continental-intern ebenso intensiv wie kontrovers geführte Diskussion um die
sogenannte erweiterte Mitbestimmung. Personalvorstand Gerhard Lohauß und
der damalige Vorsitzende des Gesamtbetriebsrats, Benno Adams, lieferten sich,
in der Betriebszeitung *conti intern* dokumentiert und verbreitet, hitzige Wort-
gefechte zu den Vor- und Nachteilen der neuen Bestimmungen. Und es gab aus
der Perspektive der Continentäler eine ganze Reihe weiterer strittiger Punkte,
die dringend zu klären waren und, wenn sie weiterhin ungelöst blieben, den
Keim zu neuen Protesten in sich trugen. Es ging dabei etwa um die Regelung
der betrieblichen Alterssicherung, um neue Lohnformen wie einen „Puffer-
lohn", um „Auswahlrichtlinien" bei Einstellungen, Versetzungen, Umgruppie-
rungen und auch Kündigungen und um ein Ende der Personalabbaumaßnahmen sowie die Sicherung der Arbeitsplätze. Auch die Betriebsdatenerfassung
und der Einsatz neuer EDV-Technologien waren umstritten und vielfach unge-
klärt. Doch in allen Punkten rauften sich Betriebsrat und Vorstand schließlich
zusammen und schlossen etwa im Juli 1978, federführend ausgehandelt vom
Bezirksleiter Hannover der IG Chemie und dem Arbeitgeberverband der Deutschen Kautschukindustrie, das erste „Arbeitsplatzsicherungsabkommen" der
Continental-Geschichte. Unter dem Strich sank zwischen 1970 und 1984 die Zahl
der Beschäftigten von 27.880 auf 15.400 im Kernunternehmen, d. h. der alten
Continental AG. 12.500 Continentäler wurden entlassen oder sie gingen frustriert und enttäuscht vorzeitig freiwillig, das waren 45 Prozent der Gesamtbelegschaft. Dazu kamen für die Verbliebenen deutliche Lohnkürzungen. Ohne diese
Opfer und die damit verbundene drastische Senkung der Personalkosten hätte
Continental jedoch nicht überlebt. Vor allem der harte Sanierungskurs des Vorstandsvorsitzenden Carl. H. Hahn verlangte den Beschäftigten wie den Arbeitnehmervertretern erhebliche Zugeständnisse unter anderem bei den nur noch

moderaten Tariflohnerhöhungen ab, wobei Hahn aber zugleich pausenlos auf Betriebsversammlungen in den Werken und in Besprechungen mit dem inzwischen 136köpfigen Betriebsrat, davon 44 freigestellt, unterwegs war, um mit ziemlich ungeschminkten Worten („Conti ist zu teuer geworden") auf den Ernst der Lage hinzuweisen und damit aber auch eine auf Vertrauen und Entschlossenheit basierende neue Krisensolidarität zwischen Unternehmensleitung und Belegschaft zu schaffen. Und tatsächlich machte sich im Gesamtunternehmen zunehmend eine Aufbruchstimmung breit.

Die Continentäler waren gleichzeitig auch noch mit erheblichen Umbrüchen in der Arbeitswelt konfrontiert, die durch weitere Automatisierung die körperliche Belastung am Arbeitsplatz vielfach senkten, daneben aber veränderte Qualifikationen erforderten. In den Werkhallen hatten bei den Reifenwicklern hocharbeitsteilige Einzelarbeitsplätze vorgeherrscht, die mehrfachen Kontrollen, unter anderem durch Abteilungsleiter und Schichtführer unterlagen. Mitte 1982 begann man dann im Werk Korbach mit dem neuen Konzept der Gruppenarbeit zu experimentieren. Der Reifenwickler als Teil eines Arbeitsteams montierte, kontrollierte, versorgte, disponierte nun und musste gemeinsam mit seinen Kollegen im Produktionszusammenhang mitdenken. Nachdem er seine eigene Qualitätsleistung auch selbst kontrollieren musste und für sie Verantwortung trug, lag es von vornherein in seinem eigenen Interesse, Qualität zu produzieren. Bis zur allgemeinen Einführung der Gruppenarbeit auch in den anderen Werken sollten dann aber noch Jahre vergehen. Vor allem aber hielten nun auch allenthalben die neuesten japanischen Produktionsmethoden und neuen Formen der Arbeitsorganisation in den Werken Einzug. Unter den Schlagworten TQM (Total Quality Management), Lean Management, Kanban und Just-in-time-Fertigung erfolgten immer neue Umstrukturierungen der Arbeitsprozesse und Fertigungsorganisation, die zum Teil in eigene, auf die Continental-spezifischen Prozesse ausgerichtete und konzipierte Programme mündeten, die unter weiteren Kürzeln wie AMF (Arbeitszufriedenheit verbessern, Motivation verbessern und Fehlzeiten normalisieren) verkündet und eingeführt wurden, flankiert von neuen „Quantensprüngen in der Reifenproduktion" wie etwa der bald sagenumwobenen Ein-Stufen-Aufbaumaschine ESA, einer vollautomatischen Reifenwickelmaschine aus der unternehmenseigenen Formen- und Maschinenfabrik.

Mit zwei Maßnahmen sorgte Continental weit über Hannover hinaus für Schlagzeilen und präsentierte sich als Vorreiter moderner Belegschaftspolitik. Zum einen war schon 1975 ein Forschungsprojekt zur damals allenthalben als Schlagwort die Öffentlichkeit beherrschende „Humanisierung der Arbeitswelt" gestartet worden, in dem es vor allem um die Optimierung der Arbeitsbedingun-

gen für ältere Arbeitnehmer, sprich: „altersadäquate Arbeitsplätze für Reifenwickler", ging. Zum anderen startete man 1978 einen Modellversuch, in dem
erstmals Frauen in vormals allein Männern vorbehaltenen Berufen wie Betriebs-
schlosser, Fräser, Produktionstechniker, Dreher und Chemiefacharbeiter ausgebildet wurden. Die lange Tradition von Frauenarbeit bei Continental bekam damit eine neue Dimension, auch wenn die Durchsetzung am Arbeitsplatz und
vor allem der Aufstieg in Führungspositionen noch ein langer Weg sein sollte.
Allein dass Continental für die innovative Maßnahme in der Öffentlichkeit mit
der rückschrittlichen Schlagzeilenformulierung „Mädchen für Männerberufe"
warb, sprach Bände.

Abb. 42: Bericht aus der Belegschaftszeitung *conti intern* vom Dezember 1988.

Seit 1986 ging das Unternehmen auch vor dem Hintergrund eines knappen Angebots an qualifizierten Hochschulabsolventen im technisch-naturwissenschaftlichen Bereich neue Wege der Personalakquisition und der Nachwuchsförderung, unter anderem durch entsprechende Nutzung der Messestände und Kontakte zu den Hochschulen. „Personalmarketing" hieß das damalige Zauberwort, mit dem die Jagd auf Fachkräfte eröffnet wurde. Für die Berufsanfänger bot sich zudem seit 1980 der neue Ausbildungsweg zum „Kautschuk- und Kunststoff-Formgeber" an. Die Reifenwickler waren aber, ungeachtet des Vordringens von Frauen auch in diesen Bereich, noch immer die Elite unter den Continentälern, auch wenn sich im Verwaltungsbereich und im Zuge der wachsenden Akademisierung der Berufsfelder die Beschäftigtenhierarchien zunehmend verschoben.

Verschiebungen in der Struktur der Continental-Belegschaft ergaben sich auch noch durch eine weitere Entwicklung: Mit der Übernahme der Uniroyal-Englebert-Gruppe 1979 kamen knapp 8.000 „neue Continentäler" in das Unternehmen, die allerdings von einem neuen gemeinsamen Konzernverständnis weit entfernt und zudem unternehmenskulturell ganz anders geprägt waren. Vor allem die 2.044 Beschäftigten am Traditionsstandort Aachen sahen sich noch als Englebert-Leute oder „Uniroyalisten", daneben gab es weitere jeweils zwischen 1.000 und 1.700 Beschäftigte in den Werken in Belgien, Frankreich, Großbritannien und Luxemburg. Die Continental-Belegschaft wurde international. Genau genommen war dies schon seit Ende der 1960er Jahre der Fall, da das Unternehmen im Zuge einer Beteiligungsstrategie mit dem Namen Conti-Calan Ltd. eine Holding in Südafrika besaß, in der ca. 1.300 Beschäftigte in fünf Fabriken diverse technische Gummiartikel wie Akku-Kästen, aber auch Gummiarbeitsschuhe herstellten. Eine ähnliche Beteiligungsform gab es auch seit 1970 in Brasilien. Aus Sicht des Vorstands war die Beteiligung wirtschaftlich erfolgreich, aber über die dortige Situation der „Nicht-Weißen" im damals noch herrschenden Apartheid-Regime wusste man in Hannover ebenso wenig – oder wollte es nicht wissen – wie über die unter einer Militärdiktatur leidenden brasilianischen Arbeitskräfte. Das Thema Apartheid war 1978 in der deutschen Öffentlichkeit präsent, und in einer Gewerkschaftszeitschrift erschien unter der Überschrift „Schwarze unterdrückt. Wie Conti in Südafrika Rassenpolitik betreibt" ein Artikel mit entsprechenden Vorwürfen. Der Vorstand dementierte umgehend, und in der Mitarbeiter-Zeitung *conti intern* wies der für das Beteiligungsgeschäft zuständige Manager alle Anschuldigungen als unzutreffend zurück. Der typische Continentäler war dennoch 1987 ein deutscher Arbeiter in der Reifenproduktion, seit 17 Jahren im Unternehmen und durchschnittlich

42 Jahre alt. Mit der in diesem Jahr erfolgten Übernahme von General Tire und den im Zuge dessen hinzugekommenen neuen knapp 13.000 Mitarbeitern mit vier Reifenwerken in den USA, einem Reifenwerk in Kanada und Marokko sowie zwei Reifenwerken in Mexiko änderte sich dies jedoch schlagartig. Nun waren die 17.700 deutschen Continentäler gegenüber den für den Konzern im Ausland beschäftigten 24.500 Arbeitern und Angestellten in der Minderheit.

Die neuen Fertigungsstandorte im Ausland ließen die Debatte über die Kosten- und Produktionsausrichtung der Traditionsstandorte in Deutschland schnell wieder aufflammen. Mit dem seit Januar 1980 amtierenden und entsprechend den neuen Mitbestimmungsregelungen benannten Arbeitsdirektor Hans Kauth sowie dem schon zwei Jahre zuvor erfolgten Wechsel in der Funktion des Gesamtbetriebsratsvorsitzenden von Günter Bartilla zu Hans-Joachim Nöthel standen sich zwei neue Vertreter der betrieblichen Sozialpartnerschaft gegenüber, die zunächst noch mit den Nachwehen des langen Überlebenskampfs von Continental rangen und sich um gegenseitige Vertrauensbildung bemühten. Im Juni 1981 waren erstmals eingehende Prinzipien und „Grundsätze zur Arbeitssicherheit" im Unternehmen formuliert worden, in denen diese zum gleichrangigen, im Zweifelsfall aber immer vorrangigen Unternehmensziel neben der Qualität der Produkte und dem wirtschaftlichen Erfolg erklärt wurden. Im Mai 1984 wurden diese durch eine in drei Sprachen verfasste „Unternehmensrichtlinie Qualität" ergänzt. Für ein zumindest kurzzeitiges Ende der langen Verunsicherung bei den Hannoverschen Beschäftigten sorgte dann im Februar 1982 ein mit insgesamt 80 Mio. DM an Investitionen gestartetes Programm zur Neustrukturierung und Modernisierung der dortigen Werke. Für 7 Mio. DM wurde in Limmer das modernste Mischwerk Europas gebaut, ein erheblicher Teil der Reifenfertigung wurde aus Vahrenwald nach Stöcken verlegt und damit der dortige Fertigungsstandort gestärkt. Die Zukunft des Werks Vahrenwald war allerdings ungewiss und dies blieb bis weit in die zweite Hälfte der 1980er Jahre hinein so. Im Laufe des Jahres 1988 verdichteten sich schließlich die Anzeichen dafür, dass dem Werk mittelfristig als Produktionsstandort unter den vom neuen Vorstandsvorsitzenden Horst W. Urban allenthalben propagierten Prämissen von wettbewerbsfähigen Kostenstrukturen keine Zukunft beschieden sein würde. „Hannover bringt Verlust, Korbach einen geringen Gewinn und Sarreguemines einen besseren Gewinn", hatte schon 1977 der damalige Vorstandsvorsitzende Carl H. Hahn konstatiert, und an dieser Kosten- und Rentabilitätskonstellation hatte sich nichts geändert. Die kritischen Äußerungen Urbans zum Standort Vahrenwald sorgten in den Betriebsversammlungen für erheblichen Zündstoff, zumal er gleichzeitig ein 15-Punkte-Programm zu Kosteneinsparungen vorgelegt hatte. Das neue Sparprogramm brachte erhebliche Konflikte zwischen Vorstand und Betriebsrat mit sich, die dann aber letztlich doch einen Konsens fanden. „Mit neuen Löhnen wieder wettbewerbsfähig", hatte Personalvorstand Kauth die Einigung gefeiert, während der inzwischen amtierende Gesamtbetriebsratsvorsitzende Rudi Alt die Haltung der Arbeitnehmervertreter auf die nüchterne Formel brachte: „Zugestimmt, um Schlimmeres zu verhindern".

Für die Vahrenwalder Arbeiter und Angestellten musste all dies umso schmerzlicher sein, als gleichzeitig mit großem Pomp das 50jährige Bestehen des Werks Stöcken gefeiert wurde. „Stöcken soll Vorzeigewerk werden", lauteten die entsprechend ventilierten Botschaften aus der Vorstandsetage. Und im Werk Korbach hatte man schon 1984, von den Umstrukturierungsmaßnahmen nicht betroffen, stolz die Produktion des 50-millionsten Stahlgürtelreifens gefeiert. 1989 arbeiteten infolge eines konjunkturbedingten Nachfrageschubs schließlich sämtliche Continental-Werke unter Vollauslastung. Im Werk Stöcken war daher die Sechstage-Woche eingeführt worden, während im Werk Aachen ähnliche Bemühungen zur Einführung eines kontinuierlichen Arbeitszeitmodells, sprich Siebentage-Woche mit fünf Schichten, scheiterten, allerdings nicht am Widerstand der Beschäftigten, sondern der nordrhein-westfälischen Landesregierung. Auch das Werk Korbach erhöhte seine Kapazitäten durch Einführung einer 16. Schicht. Darüber hinaus wurde mit der Restrukturierung und dem Ausbau des irischen Werks in Dublin begonnen.

Abb. 43: Automatisierte Reifenfertigung Anfang der 1990er Jahre.

Mit den neuen internationalen Produktionsstandorten sah sich das Personalmanagement von Continental vor völlig neue Aufgaben und Herausforderungen gestellt, was allerdings auch für die Betriebsräte galt. In den meisten Ländern gab es zwar Gewerkschaften, aber das deutsche Mitbestimmungssystem war ihnen fremd, so dass vielfach andere Formen der Interessenvertretung der Beschäftigten vorherrschten oder gefunden werden mussten. Und es gab andere Traditionen der Regelung betrieblicher Konflikte. Das erlebte man in Hannover spätestens am 20. September 1989, als aufgrund von Lohnkonflikten im US-amerikanischen General-Tire-Werk Charlotte, in dem 1.850 Arbeitskräfte täglich 25.000 Reifen herstellten, die Gewerkschaft United Rubber Workers (URW) einen Streik ausrief, der erst nach 67 Tagen und erbitterten Auseinandersetzungen Ende November beendet wurde.

Kurz zuvor hatte die Ankündigung eines umfassenden Rationalisierungs- und Kostenanalyseprogramms für neue allgemeine Verunsicherung unter den Continentälern gesorgt. Die Unternehmensberatungsgesellschaft Roland Berger wurde damit beauftragt, den gesamten Konzern unter dem Stichwort OIS (optimale Infrastruktur) im In- und Ausland einer Gemeinkosten-Wertanalyse zu unterwerfen. Es war das größte Rationalisierungsprogramm seit der Bedaux-Einführung Ende der 1920er Jahre und verknüpfte wie dieses Leistungs-, Kosten- und Produktivitätsanalysen, die bis auf die einzelnen Abteilungen heruntergebrochen werden sollten. Für Urban war die Durchführung des Programms „ein notwendiges Stück Zukunfts- und Existenzsicherung des gesamten Unternehmens", doch eine nachhaltige Wirkung wie Bedaux erreichte man damit bei weitem nicht. Es sollte nicht lange dauern, bis die Continentäler mit dem nächsten Restrukturierungs- und Rationalisierungsprogramm konfrontiert wurden. Zugleich hatte die Unternehmensführung auf dem langen Weg zur Formierung des Konzerns zu einer internationalen Einheit an der Formulierung von Grundsätzen zur Neuausrichtung des Unternehmens gefeilt. Mit Hilfe von sieben „Basics" als Pfeiler einer neuen Konzernkultur und zur Überwindung der kulturellen und sprachlichen Unterschiede, der unterschiedlichen Denkgewohnheiten und langjährigen Unternehmenstraditionen sollte bei den Mitarbeitern das Bewusstsein geschaffen werden, Teil eines global operierenden Konzerns zu sein. Damit verband sich auch ein im Vergleich zu der noch wenige Jahre zuvor praktizierten Personal- und Belegschaftspolitik ein radikaler Umdenkungsprozess. Verbesserung des fachlichen Könnens, Selbstmanagement, Partizipation, Interdisziplinarität und Internationalität sowie Synergien aus kulturspezifischer Dezentralisierung – so lauteten die Anfang 1989 formulierten Schlagworte und Konzepte. Noch nie zuvor in der Unternehmensgeschichte von Continental waren die Auswirkungen der Internationalität im Konzern so spürbar geworden. Allerdings war gleichzeitig auch festzustellen, dass die geographische Ausbreitung des Konzerns dem „internationalen Verhalten" und dem Selbstverständnis der Mitarbeiter weit vorauslief.

Von ruhigen Jahren nach der Überwindung der großen Krise seit 1983 konnte mithin aus der Sicht der Continental-Beschäftigten kaum die Rede sein. Und dann sorgte der unfreundliche Übernahmeversuch durch Pirelli 1990/91 für neue Turbulenzen. Diesmal kamen die Angriffe aber von außen, und mit neuem Vorstand ebenso wie neuem Betriebsratsvorsitzenden hatte sich auch ein gegenüber den konfliktreichen Jahren verändertes und von konstruktiver Zusammenarbeit bestimmtes Verhältnis von Vorstand und Belegschaftsvertretung ergeben. In ihrer Ablehnung des Übernahmeversuchs waren sich Urban und der neue Konzernbetriebsratsvorsitzende Richard Köhler von Anfang an einig, und spätestens auf der außerordentlichen Hauptversammlung im März 1991 wurde der Schulterschluss, formuliert unter anderem in einer Resolution aller 200 Continental-Betriebsräte in Deutschland, auch in der Öffentlichkeit sichtbar. Die Betriebsräte und auch die Gewerkschaftsvertreter im Continental-Aufsichtsrat unterstützten den Vorstand in seiner Ablehnung des Übernahmeangebots von Pirelli, verwiesen auf den unabdingbaren Erhalt der Mitbestimmungsprinzipien und erteilten allen Finanzspekulanten eine klare Absage. Diese Einheit war ein wesentlicher Grund dafür, dass der Übernahmeversuch tatsächlich scheiterte. Knapp 20 Jahre später sollten die Konstellationen anders sein.

Die Globalisierung der Continentäler im Zeichen von Produktionsverlagerungen und Umbrüchen der Arbeitswelt (1990er Jahre bis zur Gegenwart)

In dieser Phase stößt die zahlenmäßige Entwicklung der Konzern-Belegschaft in neue Dimensionen vor, gleichzeitig erreicht der Grad der Diversität durch das Hinzukommen „neuer Continentäler" im Zuge der Expansions- und Akquisitionsstrategie eine neue Qualität. Vier Problemaspekte ziehen sich wie ein roter Faden durch diese 30 Jahre: der lange Abschied von Traditionsstandorten in Deutschland, Umbrüche im Produktionssystem und in den Arbeitswelten, die Weiterentwicklung eines modernen Human-Relations-Managements und nicht zuletzt die Praxis gelebter Mitbestimmung sowie zugleich auch artikulierter Proteste und Arbeitskonflikte im Zeichen der Globalisierung von Continental.

Am Anfang dieses Betrachtungszeitraums stehen wie auch am Ende dieser Periode drastische Personalabbaumaßnahmen. Zwischen 1991 und 1993 sank im Rahmen des eingeleiteten Sanierungsprogramms und der „Straffung der Ressourcen" die Zahl der Mitarbeiter um über 10.000 oder 20 Prozent auf knapp über 40.000, allein 1993 wurden weltweit 5.041 Arbeiter und Angestellte entlassen. Der Personalabbau zog sich, wenn auch in moderaterem Tempo, bis 1997 hin. Die Struktur der Belegschaft war dabei noch ganz von der alten Ausrichtung des Geschäftsmodells auf Reifen und Technische Produkte geprägt: 36,3 Prozent der Beschäftigten arbeiteten im Bereich Pkw-Reifen, 10,2 Prozent produzierten Nfz-Reifen, 10,5 Prozent waren im Handel tätig, 14,9 Prozent gehörten zum amerikanischen Reifenbereich, d. h. der Division General Tire, 26,3 Prozent arbeiteten im Bereich ContiTech und 0,3 Prozent steuerten den Konzern in der Holding, dazu kamen noch 1,3 Prozent Auszubildende. Die „Reifenleute" in Deutschland, Europa und den USA bestimmten mit über 60 Prozent der Beschäftigten das Bild, wobei nur noch etwas über 40 Prozent an den deutschen Heimatstandorten beschäftigt waren, während 20.522 „Continentäler" in europäischen Ländern arbeiteten und 7.131 in Nordamerika. Continental war damit vor allem noch ein europäisches Unternehmen, trotz der weltweiten Vertriebsaktivitäten. Durch die großen Akquisitionen von Teves, Temic, des Automotive-Bereichs von Motorola, Phoenix und Siemens VDO zwischen 1997 und 2008 kletterte dann die Konzern-Beschäftigtenzahl rasant von 44.800 auf 148.400, d. h. innerhalb von knapp zehn Jahren verdreifachte sich die Zahl der „Continentäler", deren große Mehrheit sich aber zunächst nicht als solche verstand. Insbesondere Tevesianer, Phoenix-Leute und VDO'ler brachten zunächst ein ausgeprägtes Selbstverständnis und eine eigene unternehmenskulturelle Prägung mit, und vor allem auch eine Fertigungstradition, die jenseits von Kautschuk und Reifen lag. Eine von Metallverarbeitung, dem Umgang mit Elektronik und Sensorik sowie Softwarekompetenzen geprägte Arbeitswelt bildete nun den Erfahrungshintergrund, und damit auch eine nicht von der eher moderaten Chemiegewerkschaft beeinflusste Interessenvertretung, sondern ein von einer weit radikaleren Metallgewerkschaft gesteuertes Konfliktverhalten. Die Struktur der Mitarbeiter in den Konzernbereichen wie den Regionen änderte sich dadurch drastisch: 2009 stellten die „Reifenleute" nur noch 25,4 Prozent der Beschäftigten, 16,4 Prozent arbeiteten im Bereich ContiTech, während inzwischen 58,1 Prozent der Automotive Group angehörten. In Deutschland arbeitete nur noch ein Drittel der Continentäler, ebenfalls ein Drittel in den übrigen europäischen Ländern, dagegen 14 Prozent in Nordamerika und 14 Prozent in Asien sowie weitere 6 Prozent in verschiedenen weiteren Ländern. Und bis 2019 sollten sich die jeweiligen Strukturverschiebungen noch verstärken. Vor allem der Anteil der in Deutschland Arbeitenden sank weiter (auf 25 Prozent), während der Anteil der in Asien Beschäftigten stieg (auf 20 Prozent). Continental war nun tatsächlich ein nicht nur global operierender, sondern auch weltweit produzierender Konzern geworden.

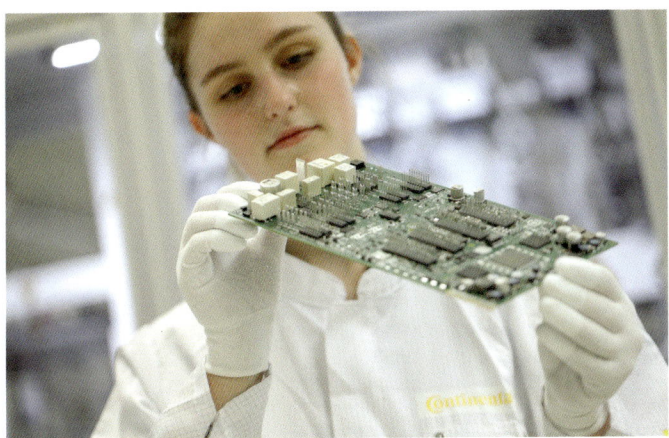

Abb. 44: Eine Continental-Mitarbeiterin führt eine optische Überprüfung des Karosseriesteuergeräts durch.

Ehe aus diesem multikulturellen Vielvölker-Konzern Continental langsam eine neue Continental mit neuen Continentälern und einer übergreifenden, umfassenden Konzernidentität entstand, hatten allerdings die Weltwirtschaftskrisen von 2001 und 2009 für Turbulenzen und kurzzeitige Belegschaftsreduzierungen gesorgt, bevor dann eine neue Wachstumsphase einsetzte, die bis 2019 die Zahl der Mitarbeiter auf 244.100 hochschnellen ließ. Noch einmal waren innerhalb von zehn Jahren 100.000 „neue Continentäler" aus 70 übernommenen Firmen und Unternehmen in den Konzern gekommen. Im Februar 2015 zählte das Unternehmen erstmals weltweit über 200.000 Mitarbeiter in über 400 Standorten in 53 Ländern. Der typische Continentäler war inzwischen ein im europäischen Ausland oder Asien tätiger „Automotive Man", durchschnittlich 38,5 Jahre alt und konnte auf eine immerhin zehnjährige Konzernzugehörigkeit zurückblicken.

Die Frauen waren demgegenüber mit knapp 22 Prozent (2009) in der Minderheit, auch wenn ihr Anteil in den Folgejahren auf über 27 Prozent stieg. Doch dann sorgte die Strukturkrise der Zulieferbranche, verstärkt noch durch den Konjunktureinbruch im Gefolge der weltweiten Corona-Pandemie für drastische Personalmaßnahmen, die auf den Abbau von 30.000 Arbeitsplätzen weltweit, davon ein gutes Drittel in Deutschland, hinauslaufen.

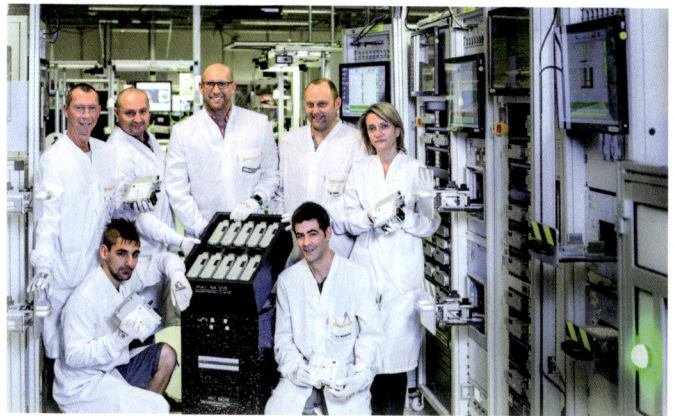

Abb. 45: Die Mitarbeiter im Continental-Werk Brandýs (Tschechien) präsentieren am 11. 01. 2018 stolz die 1 -millionste gefertigte Infotainment Unit „OVIP silverboxes".

Hinter den Zahlen verbergen sich aber nicht nur krisenbedingte Entlassungen, Akquisitionen und der Erwerb neuer Fabriken und Unternehmen, sondern auch ein permanenter, seit 1992 jedoch verschärft in Gang gesetzter Umbruch der Fertigungsstandorte, sei es durch die Schließung „zu teurer" Werke auf der einen oder durch den Bau neuer kostengünstigerer Werke auf der grünen Wiese auf der anderen Seite. Was auf Konzernebene und in der Öffentlichkeit als eher moderate Personalanpassungsmaßnahmen daherkam, bedeutete für die betroffenen Beschäftigten massive Einschnitte – sowohl bei den Arbeitern, die mit Standortschließungen konfrontiert wurden, als auch bei den Arbeitern, denen sich an den neuen Vorzeigestandorten neue Beschäftigungsmöglichkeiten erschlossen, die sich aber erst zu neuen Standortbelegschaften zusammenfinden und ein Continentäler-Bewusstsein entwickeln mussten. Den Auftakt hatte noch der frühere Vorstand unter Horst W. Urban gemacht, der das Aus der Reifenproduktion im Traditionswerk Vahrenwald beschloss, wo am 28. April 1989 der letzte Reifen die Vulkanisierform verlassen hatte.

Die veraltete Reifenfabrik wurde 1990/91 abgerissen und an ihrer Stelle ein neues Verwaltungsgebäude errichtet. Der neue Vorstandsvorsitzende Hubertus von Grünberg machte mit der Neuordnung der Produktionsstandorte dann radikal Ernst und leitete ein umfassendes Restrukturierungsprogramm ein. Über alle Konzernbereiche hinweg begann er mit Maßnahmen zur Schließung von Werken – darunter als eines der ersten das kanadische Werk von General Tire – und der Verlegung an kostengünstigere Fertigungsstandorte, vor allem in Ost-

Abb. 46: Der letzte Reifen, der am 28. 04. 1989 im Werk Vahrenwald hergestellt wurde.

europa. Während die Mitarbeiter in Korbach Ende 1993 die Produktion des dort hergestellten 100-millionsten Reifen feierten, mussten die Kollegen in den Werken in Aachen und Traiskirchen (Österreich) bangen. Vor allem standen aber auch die Zukunftsperspektiven der Traditionsstandorte Limmer und Stöcken in Hannover zur Debatte. Das Werk am Nordhafen war dabei zunächst gesichert. Der Vorstand fuhr zwar die Reifenfertigung dort um 1.500 Beschäftigte zurück, dafür wurde aber mit einer Investition von 100 Mio. DM ein neues Technologiezentrum errichtet, in dem die konzernweiten F&E-Aktivitäten des Reifenbereichs konzentriert wurden, was unter dem Strich die Schaffung von 450 neuen hochqualifizierten Arbeitsplätzen bedeutete. Im Frühjahr 1995 traf es dann aber die Beschäftigten im Traditionsstandort Limmer. Den dort bereits nur noch knapp 1.500 Limmeranern wurde am 9. Mai auf einer Betriebsversammlung eröffnet, dass der Standort geschlossen und bis zum Jahr 2000 alle Produktions- und Verwaltungsbereiche, darunter vor allem die Formen- und Maschinenfabrik, jahrzehntelang das Herz der Fertigungsmodernisierung von Continental, nach Stöcken verlagert werden würden. Nach 50 Jahren holte das Werk Limmer das Schicksal ein, das zuvor wesentlich mit zum Wiederaufstieg der Continental nach dem Zweiten Weltkrieg beigetragen hatte. Denn Limmer war unzerstört geblieben, inzwischen aber die Werksstrukturen viel zu groß und überwiegend veraltet. Ein Teil der Limmeraner Fertigung ging auch bereits in ein neues Conti-Tech-Werk in der Slowakei.

Es folgten weitere Verlagerungen innerhalb des Konzerns: die Lastwagen-reifen-Produktion wurde aus dem elsass-lothringischen Werk Sarreguemines in das tschechische Werk Barum, die Landwirtschaftsreifenproduktion per exter-ner Auftragsvergabe nach Polen verlegt. Teile der Fahrradreifenherstellung er-folgten nun in Thailand, das irische Reifenwerk in Dublin wurde geschlossen, die Produktionskapazität im österreichischen Werk in Traiskirchen herunterge-fahren. „Traiskirchen bleibt – aber 1.000 Jobs bis Ende 1997 weg", überschrieb die Mitarbeiterzeitung *conti intern* ihren entsprechenden Bericht im November 1996, ehe auch dieser Standort dann im Juli 2002 zunächst seine Reifenferti-gung einstellte und 2009 nach Aufgabe der verbliebenen Vorfertigung von Gum-mimischungen endgültig geschlossen werden sollte. Auch der nicht minder tra-ditionsreiche Standort von General Tire in der einstigen Reifenhauptstadt der Welt, Akron/Ohio, wo schon 1982 die Reifenfertigung aufgegeben worden war und nur noch die Verwaltungszentrale bestand, wurde nun endgültig geschlos-sen und die verbliebenen Reste nach North Carolina ins dortige Werk Charlotte verlagert. Gewinner dieser Verlagerungen waren die damals noch als europä-ische Niedrigkostenstandorte geltenden Werke in Tschechien, Portugal und der Slowakei. „Low-tech-Produkte wie Pkw-Reifen für niedrige Geschwindigkeiten sowie bestimmte Landwirtschafts-, Industrie- und Fahrradreifen waren am In-dustriestandort Deutschland kostendeckend nicht mehr zu fertigen", so lautete die Argumentation. Gleiches galt für arbeitsintensive Produkte und Fertigungs-verfahren von ContiTech. Zur selben Zeit entstanden am Produktionsstandort Mt. Vernon (USA) von General Tire, in Tschechien (Otrokovice), im portugiesi-schen Lousado (Mabor) und im slowakischen Púchov (Matador) neue „Parade- und Vorzeigewerke" von Continental, in letzterem entstand das modernste und größte Lkw-Reifenwerk Europas. „Schon bald Conti-Reifen aus Weißrußland?" lasen die Continentäler im Juni 1998 in ihrer Mitarbeiter-Zeitung und nur wenig darunter auf derselben Seite „Schon nächstes Jahr Reifen aus Brasilien". Das modernste Reifenwerk des Konzerns wurde im Zuge der kurz zuvor entwickelten Produktionsstrategie Pkw-Reifen „Vision 2003 Continental Greenfield" im Jahr 2000 in Timișoara in Rumänien auf der grünen Wiese errichtet, wo zunächst 218 Mitarbeiter die Fertigung aufnahmen, im Juli 2003 dann bereits die Produk-tion des 10-millionsten Pkw-Radialreifens gefeiert wurde und inzwischen (2019) über 2.500 neue Continentäler arbeiten.

Einige der Verlagerungsprojekte gingen jedoch auch schief, wie etwa die 2001 beschlossene Beteiligung am Neubau einer „Moscow Tyre Plant", die nach mehreren Jahren verlustreich aufgegeben wurde.

Es dauerte nicht lange, bis es neue Diskussionen um den Reifenprodukti-onsstandort Stöcken gab. Dort waren 2000/01 zunächst noch Investitionen in

Abb. 47: Der 10-millionste Reifen, der im Continental-Werk Timişoara gefertigt wurde.

Millionenhöhe in ein Pkw-Stahlcord-Zentrum vorgenommen worden, die den Standort sichern sollte. Ein hochmoderner Tandemmischer versorgte auch die übrige „Reifenproduktionswelt" von Continental mit den entsprechenden Vorprodukten. Um auf konjunkturbedingte Nachfrageschwankungen flexibel reagieren zu können, wurde dann 2003 ein neues Arbeitszeitmodell eingeführt. Die jeweiligen Arbeitsschichten, die zwischen zwölf bis 32 Schichten betragen konnten, wurden in Zeitkonten verbucht und am Jahresende ausgeglichen. Dazu wurden künftig Produktionsspitzen durch den Einsatz von Leiharbeitern aufgefangen – womit ein neuer Typ von Continental-Beschäftigten entstand. Das „Stöckener Modell", das die dortigen Arbeitskosten um bis zu 25 Prozent senkte und mit weiteren Investitionen in die Automatisierung der Reifenproduktion und modernen Prozesstechnologien verbunden war, verschaffte den dortigen ca. 1.000 Arbeitern in der Pkw- und Lkw-Reifenfertigung allerdings nur eine Atempause. Unter dem neuen Vorstandsvorsitzenden Manfred Wennemer wurde eine neue Runde bei den Produktionsverlagerungen in Niedriglohnländer eingeleitet. Im Dezember 2005 erfolgte mit der Ankündigung, die Pkw-Reifenfertigung in Stöcken bis zum Jahresende 2006 einzustellen, der Paukenschlag. Trotz aller Maßnahmen war das Werk die kleinste und teuerste Pkw-Reifenfertigung im Konzern geworden, in dem jährlich insgesamt über 105 Mio. Reifen gefertigt wurden.

Im Durchschnitt lagen die rentablen Werkkapazitäten bei mindestens 8 Mio. Reifen. In Stöcken wurden nur noch rund 1,3 Mio. Reifen hergestellt. Als Ausgleich waren zwar rund 20 Mio. Euro in die Modernisierung der verbliebenen Lkw-Reifenfertigung gesteckt worden, aber Ende 2009 kam dann auch für diesen Bereich und die verbliebenen 780 Mitarbeiter das endgültige Aus. Auch an den übrigen europäischen Fertigungsstandorten erfolgten Werkschließungen wie etwa im belgischen Herstal, in Newbridge (Schottland) und Gislaved (Schweden) sowie in Clairoix in Frankreich.

Nur wenige Monate zuvor, im Dezember 2007, war aber im Gegenzug der Startschuss zum Bau des ersten Continental-Reifenwerks in China gefallen. Mit einer Investition von 150 Mio. Euro entstand in Hefei eine Fertigungsstätte, in der ab 2010 zunächst 4 Mio. Pkw-Reifen hergestellt wurden, gleichzeitig die Option zum Hochfahren der Fertigungskapazitäten auf bis zu 16 Mio. Reifen im Jahr bestand.

Abb. 48: Eröffnung des ersten China-Reifenwerks von Continental in Hefei am 18. Mai 2011.

Auch an anderen Standorten auf der Welt zog Continental neue Reifenwerke hoch oder erwarb Fertigungsstätten im Zuge von Akquisitionen: im Juli 2003 bereits in Malaysia, 2006 in Brasilien, wo mit einer Kapazität von fast 7 Mio. Pkw- und Nfz-Reifen die damalige NAFTA-Region beliefert werden sollte, 2011 in Indien, im Oktober 2013 in Kaluga in Russland und 2014 wurde ein neues Reifenwerk in Sumter in den USA eröffnet, wo wenige Jahre zuvor im Zuge von

Restrukturierungen die Werke in Mayfield und Charlotte einen erheblichen Abbau der dortigen Reifenfertigungskapazitäten hatten erfahren müssen. 2019 eröffnete Continental schließlich ihr erstes Reifenwerk in Thailand, wo Premium-Reifen für die Region Asien-Pazifik produziert werden. Die beiden letzten verbliebenen deutschen Reifenfabriken in Aachen und Korbach blieben angesichts des inzwischen wieder weltweit boomenden Reifenabsatzes zunächst unberührt. Der Standort Korbach, der 2003 die Produktion des 150-millionsten Pkw-Radialreifens und 2007 mit seinen dort beschäftigten 3.200 Mitarbeitern sein 100jähriges Bestehen hatte feiern können, wurde sogar 2016 durch die Millioneninvestition eines High-Performance-Technology-Centers gestärkt. Die Reifenfertigungsanlage, auf der jährlich 350.000 Hochleistungsreifen entstehen, ist weltweit die modernste ihrer Art und markiert unter anderem durch die komplette Vernetzung aller Maschinen miteinander den Start der Reifenfertigung 4.0. Sie dient damit auch als Blaupause für alle anderen Werke. Für das Reifenwerk Aachen jedoch kam im Herbst 2020, im 91. Jahr seines Bestehens, die Entscheidung für das Aus zum Ende des Jahres 2022. Im Jahr 1989 folgte Vahrenwald, 2000 das Werk Limmer, 2009 Stöcken und 2021 das Werk Aachen – bis auf das Werk Korbach, das wie ein kleines gallisches Dorf bislang allen Produktionsverlagerungen aus dem Hochlohnstandort Deutschland trotzte, sind inzwischen alle Traditionswerke der „alten" Continental im Zuge der Globalisierung, der hohen Kostenkonkurrenz durch die großen Wettbewerber und die geographische Verlagerung der Nachfrage- und Zulieferströme aufgegeben worden. Was sich in der zweiten Hälfte der 1980er Jahre angekündigt hatte, kam damit nun 30 Jahre später und nach mehreren Restrukturierungswellen (fast) zum Abschluss. Von den langfristigen Produktionsverlagerungen mit Schließung alter Werke und dem Bau neuer Fertigungsstätten waren auch die Bereiche Conti-Tech und Automotive Systems nicht verschont geblieben. In Rumänien war etwa 2003 ein neues Werk für Fahrzeugelektronik gegründet worden, in der Nachbarschaft hatte ContiTech kurz zuvor einen neuen Produktionsstandort eingeweiht.

Dies war aber keineswegs eine unabänderlich vorgegebene Entwicklung gewesen. Denn dass sich der Prozess so lange hinzog, hatte auch damit zu tun, dass immer wieder auch hochmoderne und innovative Produktionskonzepte entwickelt und eingesetzt wurden, die eine Fortführung der Reifenproduktion in Deutschland auch aus betriebswirtschaftlichen Gründen erlaubt hatten. Es waren Konzepte dabei, die, wie früher schon Produktionssystem und Arbeitswelt, d. h. Fertigungsleistung, Produktionskosten und Entlohnung, eng miteinander verwoben. Sie waren zum Teil modern und revolutionär, zum Teil aber auch nur unter ebenso verwirrenden wie nichtssagenden Kürzeln alte aus der japanischen Industrie übernommene Konzepte in scheinbar neuem Gewand. Sie hießen QFD (Quality Function Deployment für ganzheitliche Qualitätsverbesserungsprozesse) MMP (Modular Manufacturing Process), TPM (Total Preventive Maintenance), CTMS (Conti Tire Manufacturing System), CPS (Conti Production System) und CBS (Conti Business System). Im Zuge dessen war etwa 1994 ein neues Vergütungssystem eingeführt worden, das die bisherigen Akkordlöhne durch ein System von Festlöhnen mit Leistungsvorgaben ersetzte. Seit Mitte der 1990er Jahre trieb die Fertigungsingenieure nicht nur bei Continental die Idee und Vision einer „High Flexible Factory" um, und das mündete 1997 in das Konzept einer modularen Fertigungstechnologie, die auf den Aufbau vieler unterschiedlicher Reifenmodelle auf standardisierten Produktionsplattformen abzielte. In eigenen MMP-Fabriken sollten jene Reifendimensionen flexibel und wirtschaftlich hergestellt werden, die in kleinen Mengen anfielen und starken Nachfrageschwankungen unterlagen. MMP versprach den Eintritt in neue oder sich entwickelnde Märkte, „Globalisierung wird bezahlbar", hieß es denn auch in einer Präsentation im Aufsichtsrat im Juni 1997. Das Konzept lehnte sich an sogenannten „Mini-Mill-Projekten" an, die unter anderem auch vom Konkurrenten Michelin vorangetrieben wurden. Die durch Typen- und Markenvielfalt verursachten Kosten wurden reduziert, indem ein Standard-Reifenrohling in einem Niedrigkostenstandort vorgefertigt und erst kurz vor der Auslieferung je nach Bedarf mit dem gewünschten Laufstreifen und der Seitenwand versehen wurde. Tatsächlich meldete Continental ihr innovatives Produktionskonzept sogar zum Patent an. „Continental revolutioniert Reifenproduktion" lauteten damals die Schlagzeilen in der Presse. In der Folgezeit wurde der Aufbau von drei MMP-Standorten in Europa geplant und vorangetrieben, von denen aus die Märkte beliefert werden sollten. Für 5 Mio. Euro wurden im Jahr 1999 im Werk Traiskirchen zwei sogenannte „MMP-Linien" der Reifenfertigung aufgebaut, eine dritte sollte wenig später folgen. Doch das Konzept eines sozusagen „grünen Basis-Reifens", der dann nur noch mit den entsprechend nachgefragten Profilen ausgestattet wurde, scheiterte letztlich nach mehrjährigen Versuchen.

Viele der Produktionskonzepte zielten vor allem auf die Verbesserung der Fertigungsqualität. Unter dem Kürzel TPM etwa war schon 1997 zunächst im Werk Stöcken, dann auch in den anderen Reifenwerken ein Managementprogramm zur Steigerung der Betriebsmitteleffizienz angelaufen, das durch Installation von TPM-Teams die Ausschüsse reduzieren, die Qualität verbessern und insgesamt die Nutzung der Produktionsanlagen verbessern sollte. Maschinenausfälle, Abfälle, Geschwindigkeitsverluste und fehlerhafte Produkte sollten nicht mehr als gegeben hingenommen und in die Kalkulation einberechnet, sondern von Anfang an unter anderem durch vorbeugende Instandhaltung der Maschinen ausgeschlossen werden. Im Grunde war TPM eine Variante der schon länger eingeführten Qualitätszirkel und Gruppenarbeit. Drei Jahre nach der Einführung fällten die Verantwortlichen ein durchaus positives, aber auch kritisches Resümee: „TPM ist gut und lohnt sich, aber es erfordert viel Disziplin und Einsatzbereitschaft. Wer die nicht hat, wird keinen Erfolg sehen". Die Übertragung und Praktizierung des Konzepts in die Auslandswerke in Lousado oder Otrokovice und vor allem in das neue Werk in Timişoara erwies sich aber durchaus als erfolgreich. Dort war die Akzeptanz auch höher als in den deutschen Werken. Unter dem Strich war das Programm ein erster großer Schritt zur Vereinheitlichung der Fertigungsstandorte weltweit auf einen gemeinsamen „Continental-Standard".

Einen hohen Stand von Fertigungsqualität und damit auch eine garantierte Produktqualität zu erhalten, war aber ein Dauerproblem. In der Folgezeit durchliefen immer wieder unterschiedlich konzipierte Qualitätsoffensiven und Qualitätsstrategien den gesamten Konzern. 2008 wurde etwa im Bereich Nfz-Reifen das Continental Tire Manufacturing System eingeführt, das Standards zur Steuerung und Organisation der Werke mit Werkzeugen des Lean Manufacturing vereinte und auf eine kontinuierliche Verbesserung standardisierter Prozesse abzielte. 2010 wurde unter dem Slogan „Quality First" eine neue Strategie zur Qualitätsverbesserung vorangetrieben und diese spätestens 2015 zur Chefsache und Hauptherausforderung des Konzerns erklärt. „Ein Drittel unserer Automotive Business Units liefert nicht die Qualität, die unsere Kunden erwarten", hatte der Vorstandsvorsitzende Elmar Degenhart mit deutlichen Worten die Lage in weiten Teilen des Unternehmens angeprangert. Bei den Konzepten zur Lösung des Problems standen nach wie vor die allenthalben führenden japanischen Produktionskonzepte Pate – ob es um das Jidoka-Prinzip ging, ein Qualitäts- und Effizienzsteigerungsprogramm, um Kaizen (damit ist die permanente Verbesserung von Tätigkeiten, Abläufen, Verfahren oder Produkten durch alle Mitarbeiter eines Unternehmens gemeint), um Yokoten (best-practice-sharing und tägliche Verbesserungsbemühungen sowie eine Verankerung einer qualitätsorientierten Denkweise), „Gemba Walk" (regelmäßiger gemeinsamer Gang der Führungskräfte durch die Fertigung und damit eventuelle Problemwahrnehmungen vor Ort), um die 5S-Methode, die zur deutschen 5A-Methode umformuliert wurde (Aussortieren, Aufräumen, Arbeitsplatz säubern, Anordnungen zum Standard machen und alle Punkte einhalten und verbessern), oder um die Idee der „Lean Factory" bzw. der „Learning Factory", die vielfach nur ein von den

Consulting-Konzernen vermarkteter Aufguss des früheren „Lean Management"-Konzepts war. Der Toyotismus prägte mithin auch weit nach der Jahrtausendwende nach wie vor die Rationalisierungskonzepte von Continental wie auch der übrigen deutschen Industrie. Das allenthalben seit 2007 und vor allem seit 2011 propagierte Continental Production System (CPS) bzw. das Continental Business System (CBS) waren auf Continental-Verhältnisse ausgerichtete und maßgeschneiderte Variationen dessen. Auch das gute alte Verbesserungsvorschlagswesen wurde von den Industrial-Engineering-Experten wiederentdeckt und als innerbetriebliches Innovationsmanagement, Wissenstransfer und unter den Kürzeln CIM (Continental Ideenmanagement) sowie „Contivation" zu neuem Leben zu erwecken versucht.

Je nach Perspektive kann man die vielen verschiedenen und zugleich doch auch auf das Ziel optimierter Fertigungsprozesse hinauslaufenden Maßnahmen unterschiedlich beurteilen. Aus der Sicht der Continentäler bedeuteten die ständig neuen Mobilisierungskonzepte, Qualitätsoffensiven und Produktionssteigerungsmaßnahmen die Konfrontation mit Zumutungen, zumal wenn die Konzepte von teuren externen Beratungsunternehmen kamen und die sich auf dem Papier einfach lesenden Maßnahmen mit den oft abweichenden Realitäten der Implementierung – nach zahllosen Workshops, Schulungen, Diskussionen und Conventions – messen lassen mussten. In den Augen der Unternehmensleitung dagegen waren all dies unabdingbare Maßnahmen, um zum einen immer wieder Routinen und Schlendrian im Arbeitsalltag aufzubrechen und ein permanentes Qualitätsmanagement zu installieren, zum anderen waren sie essentiell für die Etablierung einheitlicher „Continental-Prinzipien" bei den Fertigungsstandards und Produktionsbedingungen in sämtlichen Werken und Standorten weltweit. Dazu kam ein erst in jüngster Zeit sich abzeichnender neuerlicher fundamentaler Umbruch der Produktionssysteme und damit auch der Arbeitswelten, der den Continentälern enorme weitere Anpassungsleistungen abverlangte. Die Veränderungen lassen sich bislang vielfach nur mit Schlagworten umschreiben wie „Industrie 4.0", die „intelligente Fabrik" oder „smart factory", Digitalisierung und über Sensorsysteme und Software vernetzte Produktion sowie die völlig neue Ausrichtung der gesamten Fertigungsprozesse auf Ressourcenschonung und Nachhaltigkeit. Ein Element in dieser neuen Arbeitswelt ist etwa der Einsatz von Robotern auch in der unmittelbaren Zusammenarbeit mit einzelnen Mitarbeitern und ihren Fertigungstätigkeiten, sei es bei komplizierten „Handgriffen", ungesunden Drehungen oder schweren Lasten. Die Cobots (collaborative robots) und die Mensch-Maschine-Zusammenarbeit hielten zum Teil schon 2015 in den Continental-Fabriken im Automotive-Bereich Einzug.

Für das Personalmanagement und die Human-Relations-Politik bei Continental ergaben sich durch all dies wachsende Herausforderungen. Die vielfältigen Veränderungen des betrieblichen wie gesellschaftlichen Umfelds hatten erheblichen Einfluss auf die Arbeitsbiographien der Mitarbeiter. Die Globalisierung, der technologische Umbruch und der Wettbewerb der Standorte fordern ein Höchstmaß an Flexibilität, Anpassungsfähigkeit, vor allem auch hinsichtlich der Qualifikation und der beruflichen Kompetenzen. Arbeitsprozesse werden immer komplexer, Aufgaben, die eine Spezialisierung voraussetzen, werden häufiger. Statt der Reifenwickler steigen die Software-Ingenieure zur neuen Belegschaftsaristokratie auf. Personalentwicklung und betriebliche Weiterbildung wurden angesichts einer über zweihunderttausendköpfigen, von kultureller wie nationaler Vielfalt geprägten Belegschaft zur strategischen Zentralaufgabe. Gleichzeitig zeichnet sich infolge der demographischen Entwicklung eine Verlängerung der Lebensarbeitszeit ab. Die Continentäler werden, bei Zunahme der Betriebszugehörigkeitsjahre, älter. Zum Erhalt einer längeren Berufsfähigkeit ist neben Qualifizierung ein neues besonderes Augenmerk auf die Arbeitsplätze und Arbeitsprozesse wichtig geworden, das nicht nur die Senkung bzw. Eliminierung von Unfallraten im Blickfeld hat, sondern auch ein umfassendes Gesundheitsmanagement impliziert.

Die 1990er Jahre brachten mithin einen neuen Modernisierungsschub in der Personalentwicklung von Continental. Im Zentrum standen dabei aber vor allem die Führungskräfte: Für sie gab es Traineeprogramme zur Sicherung eines internationalen Managementpotenzials, in der Regel zwölfmonatige Kurse, daneben das schon länger etablierte Junior Management Training Programm für die „Führungskräfte von morgen". Die 1995 verabschiedete mittelfristige Konzernstrategie mit einer langen Liste von Unternehmensleitlinien zu „Mitarbeiter" formulierte zwar auch allgemeine Grundsätze der Personalpolitik wie gleiche Aufstiegschancen für alle Mitarbeiter, leistungsgerechte Bezahlung, Verbesserung der Arbeitsumwelt und Sicherheit am Arbeitsplatz, kooperative Führung und Delegation von Verantwortung, vertrauensvolle Zusammenarbeit mit den gewählten Arbeitnehmervertretungen sowie Entwicklung eines Bewusstseins, dass jeder Mitarbeiter des Konzerns Teil eines global operierenden Unternehmens ist, und nicht zuletzt Aufbau von Management-Ressourcen für künftiges Konzernwachstum. Und über allem stand als Leitsatz: „Continental erwartet und fördert die Einsatzbereitschaft, Qualifikation, Aus- und Weiterbildung, Leistung, Mobilität und Loyalität seiner Mitarbeiter als wichtigste Voraussetzung für den Erfolg des Unternehmens". Dennoch war Personalentwicklung im Konzern auch nach der Jahrtausendwende vor allem Führungskräftepolitik, und es war eine „Personalpolitik von oben". Als im Mai 2002 im Aufsichtsrat (wieder einmal) ein neues Personalentwicklungs-Konzept diskutiert und verabschiedet wurde, ging es vor allem um die Steigerung der Internationalität der Führungskräfte, die Notwendigkeit, Führungskräftenachwuchs auch von außen zu rekrutieren und den „noch nicht befriedigenden Frauenanteil auf den oberen Führungsebenen". Das Problem der Diskrepanz zwischen Anspruch durch theoretisch überzeugende und wohlformulierte „PE-Konzepte" und der „Beschäftigten-Wirklichkeit" in allen Konzernbereichen wurde kaum, aber immerhin überhaupt angesprochen.

Die konkreten Themenfelder, die auf praktische Umsetzung und Lösungen warteten, waren dabei zahlreich. Im April 2000 etwa stand das Problem einer neuen betrieblichen Altersversorgung ganz oben auf der Tagesordnung, und das daraufhin entworfene Vorsorgemodell „ContiPlus", ein beitragsorientiertes Versorgungswerk, wurde auch in der breiten Öffentlichkeit als „clevere Alternative zur unsicheren Staatsrente" gelobt. Das Thema war schon allein bezogen auf Deutschland hochkompliziert, im Zuge der internationalen Akquisitionen sollte es noch komplexer werden, mit unter anderem zahlreichen verschiedenen Pensionsverpflichtungsplänen in den USA, Kanada und Großbritannien. Das zweite große Problemfeld war ein Kernbereich klassischer betrieblicher Personal- und Sozialpolitik: die Sorge um saubere und sichere Fabriken. Im April 2004 war dazu ein neuer, eigener Bereich „Gesundheitsschutz, Arbeitssicherheit und Unternehmensschutz", kurz HISS als Kürzel für die jeweiligen englischen Bezeichnungen, aufgebaut worden. Er nahm sich nicht nur der weiteren Senkung der Unfallzahlen im Konzern an, deren Rate bezogen auf 1 Mio. geleistete Arbeitsstunden innerhalb von fünf Jahren von 11,2 (2004) auf 5,0 (2009) mehr als halbiert werden konnte, sondern er sah sich auch 2006 mit einer ganz neuen Herausforderung konfrontiert: der Organisation von Vorsorgemaßnahmen gegenüber Pandemien für die weltweit verstreute Belegschaft, in diesem Fall der grassierenden Vogelgrippe. Für 30 Prozent der Belegschaft wurden Vorräte an Tamiflu-Tabletten angeschafft und dezentral gelagert. Darüber hinaus wurden rund 15 Mio. sogenannte Chirurgen-Masken als Atemschutz gekauft, dazu kam die präventive Aufstellung von Krisenteams an den potenziell besonders betroffenen Standorten und die Ausarbeitung von Notfallplänen. 2008 wurden die inzwischen ESH-Politik genannten Maßnahmen (Environment, Safety, Security and Health) neu formuliert und 2012 noch einmal erweitert, insbesondere um das Umweltschutzmanagement. Schon 2009 standen die Verantwortlichen dabei vor einer neuen Bewährungsprobe: die zweite große Pandemie, diesmal unter dem Namen „Schweinegrippe" oder „H1N1 Virusinfektion". Seit Mai 2009 gab es einen weltweit an allen Standorten angewandten detaillierten Pandemieplan, der dafür sorgte, dass die Zahl der infizierten Continental-Mitarbeiter, mit Ausnahme in Malaysia, relativ niedrig war.

Im Jahr 2010 hatte Continental dann auch die (eigentlich schon seit 1997 existierende) sogenannte Luxemburger Deklaration unterzeichnet und damit ein Bekenntnis zu den Prinzipien von Arbeitsschutz und gesundheitlicher Prävention in allen ihren Produktionsstandorten weltweit abgegeben. Mit einem schon im Jahr zuvor aufgelegten Gesundheits- und Demographie-Projekt, in dem es um ergonomisch gestaltete Arbeitsplätze für alle Mitarbeiter, daneben aber auch besonders um die Alterstauglichkeit der Arbeitsplätze für ältere Mitarbeiter ging, konnte das Unternehmen international eine Vorreiterrolle einnehmen. Angesichts der Prognosen, dass sich von 2005 bis 2015 die Anzahl der Continental-Mitarbeiter der Altersgruppe zwischen 55 und 65 in den Fertigungsstätten verdreifachen würde, kam dem „Demographie-Programm" eine erhebliche Bedeutung zu. Seit 2005 nutzte Continental auch das arbeitswirtschaftliche Instrument des „Belastungs-Dokumentations-Systems", mit dem arbeitsbedingte Belastungen gemessen und die Continental-Arbeitssysteme konzernweit menschen- bzw. mitarbeitergerechter gestaltet werden konnten. Die historischen Kontinuitätslinien zum Bedaux-System und den „Humanisierung der Arbeitswelt"-Projekten sind unübersehbar. Neue Herausforderungen ergaben sich durch die weltweite Expansion des Unternehmens auch in einem anderen klassischen Bereich der betrieblichen Sozialpolitik: der strategischen Personalplanung als antizipativ organisierte berufliche Weiterbildung, mit der Antworten auf die Frage gesucht wurden: „Welche Mitarbeiter mit welchen Fähigkeiten benötigt das Unternehmen zukünftig, um sich erfolgreich weiter zu entwickeln"? Sei es in Weiterbildungsprogrammen in Serbien für jugendliche Continental-Beschäftigte, in Kompetenztests für besonders talentierte Produktionsmitarbeiter in der Türkei, in Ausbildungsinitiativen für Frauen als Maschinenführerinnen in Mexiko oder auch in der Aufklärungsarbeit gegen Aids und im Kampf gegen Analphabetismus in Südafrika. 35 Prozent der Continental-Mitarbeiter in Südafrika, so hatte man 2003 in Hannover feststellen müssen, konnten nicht lesen und schreiben. Daneben wurden Schulungssimulatoren für Reifenbauer und andere Maschinenführer entwickelt und gleichzeitig „Cross Moves"-Programme zur Förderung des Wechsels zwischen Abteilungen und Funktionen, zwischen den unterschiedlichen Divisionen des Unternehmens und schließlich auch zwischen den Ländern aufgelegt. Und man entwickelte systematische Rekrutierungs-Offensiven, mit engen Beziehungen zu den Universitäten und Technischen Hochschulen in den unterschiedlichen Ländern, um im sich abzeichnenden „Krieg um die besten Talente" mithalten zu können.

Personalpolitik und Human-Ressource-Management war damit bei Continental längst von einer ganzheitlichen Perspektive auf alle Beschäftigten in den unterschiedlichsten Arbeits- und Verantwortungsbereichen geprägt, und der Wechsel der Sichtweise wurde nicht zuletzt auch 2014 nach außen sichtbar, als im Konzernjargon quasi offiziell der Begriff der Humanressource durch Human Relations abgelöst wurde. Der veränderte Blickwinkel der Belegschaftspolitik zeigte sich auch daran, dass man nun auch ein explizites „Diversity-Management" betrieb. Schon im Dezember 2008 hatte Continental die „Charta der Vielfalt" unterzeichnet, mit der das Unternehmen nach außen hin ein Bekenntnis zu Fairness und Wertschätzung aller Mitarbeiter abgab und sich vor allem auch zur weiteren Förderung der Geschlechter-Gleichberechtigung verpflichtete. Bis 2015, so das damals formulierte Ziel, sollte der Anteil der Frauen in Führungspositionen von ca. 8 auf 16 Prozent verdoppelt werden. Doch das Ziel wurde mit dann tatsächlich zu konstatierenden 10,5 Prozent deutlich verfehlt. Und dennoch nahm und nimmt die Zahl weiblicher Führungskräfte bei Continental, trotz des traditionell als Männerdomäne geltenden Reifenbereichs, weiter zu. Das Ziel von Diversity Management, die soziokulturelle Vielfalt der Mitarbeiter so zu nutzen, dass das Unternehmen als Organisation dadurch leistungsfähiger wird, hat sich der Continental-Vorstand mithin schon früher als viele andere Großunternehmen auf die Fahnen geschrieben. Das gilt auch für die Flexibilisierung der Arbeitsbedingungen, die unter dem Slogan „Work-Life-Balance" inzwischen viel diskutiert werden.

Seitens des Vorstands versuchte man, über regelmäßige Mitarbeiterbefragungen wenigstens partiell immer wieder ein Ohr für die Belegschaft und deren Sorgen und Stimmungslagen zu haben. Die Kluft zwischen wohlformulierten Programmen und Selbstverpflichtungserklärungen, ausgefeilten HR-Konzepten und öffentlichkeitswirksamen Bekenntnissen auf der einen Seite und der Umsetzung in der Praxis der Arbeitswelt der Continentäler weltweit mag inzwischen kleiner geworden sein, sie besteht aber dennoch weiter fort und muss sich ständig einer kritischen Hinterfragung stellen. Das gilt zum einen bei der Beachtung von gesellschaftlich-politischen Grundprinzipien der Menschenrechte und fairen Arbeitsbedingungen. Als Teil der gelebten Unternehmenskultur Continentals verpflichtet sich die Unternehmensleitung, auch einen aktiven Beitrag zur Umsetzung der Menschenrechte zu leisten, was die Continental mit ihren weltweiten Produktionsstätten unter anderem auch in Ländern wie China, der Türkei und Russland in Dilemmata bringen kann. Das galt und gilt zum anderen aber auch vor allem dann, wenn sich zwischen der Belegschaft und ihren Interessenvertretern und der Unternehmensleitung Konflikte auftaten, die die gelebte Sozialpartnerschaft immer wieder auf die Probe stellten.

Die Kette der Konflikte und Auseinandersetzungen zwischen Belegschaft und Unternehmensleitung bei Continental vom Anfang der 1990er Jahre bis in die Gegenwart ist nicht lang, aber verglichen mit den früheren Perioden der Unternehmensgeschichte doch von einer deutlichen Intensität geprägt. Mit Hubertus von Grünberg und dem neuen Gesamtbetriebsratsvorsitzenden Richard Köhler standen sich zwei neue Mitspieler in der betrieblichen Sozialpartnerschaft Continentals gegenüber, dazu kamen Wolfgang Schultze, stellvertretender Vorsitzender der IG Chemie, Papier, Keramik, Adolf Bartels, Hannoverscher Bezirksleiter der Gewerkschaft und Wilfried Hilverkus, Betriebsrat im Werk Stöcken, als Arbeitnehmervertreter im Aufsichtsrat hinzu. Schon die Umstrukturierung des Traditionsstandorts Vahrenwald hatte dabei 1990/91 für Auseinandersetzungen mit der Unternehmensleitung gesorgt, die Entlassungswellen unter von Grünberg und die beschleunigte Verlagerung der Produktionsstandorte sorgten für weitere Konflikte. Als es im Herbst 1995 dann um die Zukunftsperspektive des Werks Stöcken ging, hatte der dortige Betriebsrat eine Liste von Forderungen und Punkten beschlossen, um das Schlimmste zu verhindern, und über die Aufsichtsratvertreter wurde das Papier auch Thema der Aufsichtsratssitzung, ohne jedoch am Schicksal des Werks Stöcken etwas ändern zu können. Im September 1995 war es im Vorfeld der Aufsichtsratssitzung auch zu einem direkten Gespräch zwischen von Grünberg und Schultze gekommen, in dem auf beiden Seiten Klartext geredet wurde. Der Personalüberhang, so wurde den Gewerkschaften mitgeteilt, betrug 1.300 Beschäftigte, unter Einrechnung der normalen Fluktuation blieben ca. 1.000 „Fälle" übrig, das waren Größenordnungen, „die wir in der Vergangenheit ohne größere Probleme geregelt haben". Allerdings war die wirtschaftliche Lage von Continental noch so, dass keine teuren Sozialpläne verkraftet werden konnten, man sollte daher gemeinsam versuchen, beim Arbeitsamt Erleichterungen für vorzeitige Pensionierungen zu erreichen, was dann auch zu einem Gutteil geschah. Die Diskussion um die drei Hannoverschen Traditionsstandorte Vahrenwald, Stöcken und Limmer hatte sogar zu einem Wiederaufleben der Aktivitäten der DKP-Betriebsgruppe Conti geführt, die vor den Werktoren mit einer Neuausgabe des *Roten Reifen* Proteststimmung bei der Belegschaft zu machen versuchte. „Sind Sie nur noch Ja-Sager?" musste sich Betriebsratchef Köhler selbst von der Mitarbeiterzeitung *conti intern* fragen lassen und seine letztlich kooperative Haltung und konfliktfreie Behandlung der Vorstandspläne verteidigen.

Weit schärfere Konflikte standen dem Vorstand zur gleichen Zeit beim österreichischen Tochterunternehmen Semperit bevor, wo schon die Ankündigung der Arbeitsplätze- und Produktionsreduzierungen für erhebliche Unruhe und

Protestaktionen gesorgt hatte. Und dann kam mit dem radikalen, von der US-Gewerkschaft angezettelten Streikverhalten der Belegschaft im General-Tire-Werk in Charlotte (USA) im Juni 1999 ein völlig neuer Ton in die Geschichte der Arbeitskonflikte bei Continental. Die US-Gewerkschaft hatte sogar einen Gegenantrag zu den geplanten Maßnahmen auf der Hauptversammlung von Continental eingebracht und damit den Konflikt auch in die deutsche Öffentlichkeit getragen. Im April 2002 demonstrierte eine Belegschaftsdelegation aus Traiskirchen und dem schwedischen Gislaved vor den Toren der Hauptverwaltung gegen die Schließung ihrer Werke, und auch die Hannoverschen Betriebsräte unterstützten offen den Protest. Ähnliches wie im Juni 1999 passierte dann drei Jahre später, als es 2005 aufgrund der Schließung des Reifenwerks in Guadalajara in Mexiko zu heftigen Auseinandersetzungen mit den dortigen Interessenvertretern der Beschäftigten kam. Auch diese schickten wie damals die amerikanischen Gewerkschaften eine Delegation nach Hannover, um auf der Hauptversammlung ihre Forderungen und Proteste zum Ausdruck zu bringen.

Strittige Punkte gab es inzwischen auch wieder mit den deutschen Belegschaftsvertretern, vor allem um die Einführung der 39-Stundenwoche bzw. deren Rücknahme, um Zulagenkürzungen und weitere Personaleinsparungsmaßnahmen. Der Konzernbetriebsratsvorsitzende Köhler setzte nach wie vor auf konstruktiven Dialog, aber seine Haltung wurde unter dem auf von Grünberg folgenden neuen Vorstandsvorsitzenden Manfred Wennemer auf eine harte Geduldsprobe gestellt. Auf der Hauptversammlung im Mai 2005 verteidigte dieser die Wiedereinführung der 40-Stundenwoche ohne Lohnausgleich als zwar unpopuläre, oft angefeindete, aber notwendige Maßnahme zur Sicherung der Arbeitsplätze in Westeuropa. Der Konkurrenzdruck „lässt keinen Raum für Wunschkonzerte". Köhler war inzwischen als stellvertretender Vorsitzender in den Aufsichtsrat von Continental eingezogen, aus dem er im Mai 2004 ausschied und nach 33 Jahren Arbeitnehmervertretung im Juni 2005 in den Ruhestand ging. Damit verlor Continental eine integrative Persönlichkeit. „Conti war immer das, was Sie getrieben hat", würdigte Wennemer die Arbeit seines Gegenspielers.

Köhler konnte auch nicht verhindern, dass das Betriebsklima und Verhältnis zwischen Unternehmensleitung und Betriebsrat in der Folgezeit deutlich frostiger wurde. In dem Gremium saßen inzwischen Peter Hüttenberger, Landesbezirksleiter Nord der IG Bergbau, Chemie und Energie, wie diese inzwischen hieß, daneben Heidemarie Aschermann, Betriebsrätin im Werk Northeim, Dieter Weniger, Gewerkschaftssekretär der IG BCE, sowie Hartmut Meine, Bezirksleiter Niedersachsen und Sachsen-Anhalt der IG Metall, Gerhard Knuth, Vorsitzender des Gesamtbetriebsrats von Continental Teves und Betriebsratsvorsitzender im Teves-Werk Gifhorn, dazu drei weitere Betriebsräte jeweils aus Korbach, Northeim und Vahrenwald. Noch hatten die Vertreter der eher moderaten IG BCE gegenüber den IG-Metallern die Mehrheit im Aufsichtsrat wie bei den Betriebsräten, aber das sollte sich im Verlauf der weiteren Akquisitionen schnell ändern. Die Konflikte entzündeten sich vor allem an der geplanten Schließung des Reifenwerks Stöcken. Nach den vorangegangenen Schließungen bzw. Teilschließungen der Traditionsstandorte Vahrenwald und Limmer war Stöcken „das Herz der Betriebsräte aus der Gummiwelt von Continental", und eine Schließung bedeutete für die Betroffenen weit mehr als nur ein Opfer im Ringen um die Wettbewerbsfähigkeit des Unternehmens. Die Belegschaftsvertreter warfen zudem Wennemer schlichtweg Vertrags- und Vertrauensbruch vor, da mit der Maßnahme eine früher getroffene Betriebsvereinbarung verletzt würde, was der Vorstandsvorsitzende mit der lapidaren Bemerkung konterte: „Ein Grundsatz, dass Arbeitsplätze sicher sind, so lange bestimmte Unternehmensziele erreicht werden, ist nicht akzeptabel. Arbeitsplatzgarantien kann es nicht geben, weil es keine Auftrags- und Absatzgarantien gibt". Am 6. Dezember 2005 fand als Protestreaktion gegen die Werkschließung zum ersten Mal in der Geschichte von Continental eine Betriebsvollversammlung aller in Deutschland beschäftigten Mitarbeiter an 26 Standorten statt. Dabei wurde die Rücknahme der Vorstandsbeschlüsse gefordert, am 23. Januar folgten weitere Proteste unter anderem in Form einer Demonstration von ca. 2.000 Continentälern vor der Unternehmenszentrale in Hannover-Vahrenwald. Nach Verhandlungen zwischen Vorstand, Betriebsrat und Gewerkschaften, bei denen die Gewerkschaft im Fall eines Scheiterns unverhohlen mit Streik gedroht hatte, kam es zu einem Kompromiss, der den Zeitpunkt der Werkschließung und die damit verbundenen Entlassungen von 400 Mitarbeitern auf Ende 2007 verschob.

Das grundsätzliche Problem war, dass es bei Continental in dieser Phase keine Liste der zustimmungspflichtigen Geschäfte in der Geschäftsordnung des Aufsichtsrats gab und damit Wennemer alle Werkschließungen im Aufsichtsrat gar nicht zur Abstimmung stellen musste, sondern nur darüber informierte. Das bedeutete, dass nicht nur die Betriebsräte, sondern auch die Arbeitnehmervertreter im Aufsichtsrat gegenüber entsprechenden Vorstandsbeschlüssen letztlich machtlos waren, und das wussten die Arbeitnehmervertreter ebenso wie der Vorstand.

Nur kurzzeitig kehrte Ruhe in den Beziehungen zwischen Betriebsrat und Vorstand ein, ehe im Gefolge der Wirtschafts- und Finanzkrise, kumulativ verstärkt noch durch die Ereignisse der Schaeffler-Übernahme, die Sozialpartnerschaft bei Continental einer neuen Bewährungsprobe ausgesetzt wurde. Bereits

Der Betriebsrat informiert

Der Betriebsrat informiert

Europas "rein zufällig" genau der zweiten Ausbaustufe in Tschechien. Diese Ausbaustufe hätte es also gar nicht geben dürfen. Und nun sollen die deutschen Standorte für die Managementfehler herhalten? Das ist mit uns nicht zu machen!

2. Conti: "Der Standort Hannover-Stöcken ist der teuerste Standort in Westeuropa"

Betriebsrat: Herr Wennemer vergleicht hier Äpfel mit Birnen. Denn er geht nicht von den Prozesskosten aus, sondern von den gesamten Standortkosten. Für den internen Werksvergleich waren jedoch bisher immer die Prozesskosten maßgeblich. Auch bei unseren Vereinbarungen Anfang Mai haben wir immer nur über die Prozesskosten gesprochen, denn nur sie sind veränderbar. Die Prozesskosten haben wir deutlich gesenkt und unsere Wirtschaftlichkeit damit deutlich gesteigert. Hier können wir mit anderen Standorten in Westeuropa absolut mithalten. Abgesehen davon produzieren wir in einer mit Prozent der Pkw-Reifen von Conti, erwirtschaften aber 10 Prozent des Gesamtergebnisses in dieser Sparte! Das heißt, wir sind vor allem eins: Einer der profitabelsten Standorte von Conti.

Hannover, 30. November 2005

3. Conti: "Wir haben weder einen Vertrags-, noch einen Vertragsbruch begangen. Die Betriebsvereinbarung für Stöcken enthält eine Sonderrücktrittsklausel, die wir ganz bewusst eingefügt haben ... Die Vereinbarung wäre im Übrigen bei frühzeitig absehbarer Marktentwicklung gar nicht erst abgeschlossen worden"

Liebe Kolleginnen und Kollegen,

mit einem Schreiben vom 30. November hat die Geschäftsleitung von Continental alle Mitarbeiter über die Hintergründe der Schließung in Stöcken informiert.

Betriebsrat: Kern der getroffenen Betriebsvereinbarungen war, die Wettbewerbsfähigkeit des Standortes Stöcken insbesondere im Hinblick auf Niedriglohnstandorte nachhaltig zu stärken. Wir waren bereit, Opfer zu bringen, um unsere Arbeitsplätze zu erhalten. Und: Wir haben uns an den Teil dieser Vereinbarung gehalten – Conti nicht. Im Übrigen waren die Marktverschlechterungen für das Management bereits vor den Vereinbarungen offensichtlich – man hat uns darüber jedoch erst viel später informiert und hinters Licht geführt. Hätten wir diese Informationen zum 2. Mai gehabt, hätten wir den Vereinbarungen nie zugestimmt. Auch die Vereinbarungen für die Standorte Korbach und Aachen hätte es nie gegeben.

Die hier aufgeführten Argumente sind für uns keinesfalls akzeptabel. Lesen Sie hier, warum und diskutieren Sie mit uns am 6. Dezember. Dann finden in allen Standorten bundesweit Betriebsversammlungen statt!

"Contra gegen Conti"
Stellungnahme des Betriebsrats zur Mitarbeiterinfo

1. Conti: "Wir müssen Überkapazitäten abbauen, weil der Markt sich nicht so positiv entwickelt hat wie noch vor einigen Monaten erwartet. Deshalb wird die Produktion von Pkw-Reifen am Standort Hannover-Stöcken, die die teuerste in Westeuropa ist, stillgelegt"

4. Conti: "Wir haben keine Pläne, den gesamten Standort Stöcken über einen 'Domino-Effekt' platt zu machen. Dies ist vielmehr ein bewusst entworfenes Schreckensszenario von Betriebsrat und Gewerkschaft."

Betriebsrat: Herr Wennemer spielt die Angelegenheit runter. Denn bei den 320 Mitarbeitern wird es keinesfalls bleiben. So sind circa 80 Mitarbeiter in den angrenzenden geschalteten Abteilungen von der Schließung der Produktion betroffen und immens gefährdet. Das heißt, es gibt sehr wohl einen Dominoeffekt! Und das Ende ist leider noch nicht abzusehen. Zudem werden sich die Infrastrukturkosten erhöhen und auf die verbleibenden Geschäftsbereiche verteilen.

Betriebsrat:
Der Markt hat sich tatsächlich schlechter entwickelt als erwartet. So hat Conti eine weltweite Überkapazität von 6 Millionen Reifen – davon in Europa etwa 4 Millionen. Durch die Schließung von Stöcken wird diese Überkapazität jedoch allein nicht ausgeglichen. Denn hier werden nur etwa 1,4 Millionen Reifen produziert. Das heißt, andere Standorte sind ebenfalls stark gefährdet. Die Marktverschlechterung ist im Übrigen ein Weltmarktproblem, das auch andere Reifenhersteller wie Michelin, Pirelli und Goodyear betrifft. Sie haben allerdings nicht mit Entlassungen reagiert, sondern die Problematik intelligenter und sozial gelöst, bspw. mit Kurzarbeit oder Arbeitszeitkonten. Im Übrigen entspricht die Überkapazität von 4 Millionen innerhalb

Seite 1 von 3

Seite 2 von 3

Abb. 49: Stellungnahme des Betriebsrats vom 30.11.2005 zur angekündigten Schließung der Pkw-Reifenfertigung im Werk Stöcken und Aufruf zu Betriebsversammlungen.

im Laufe des Jahres 2008 hatte die Unternehmensleitung angesichts drastischer Umsatzeinbrüche und wachsender Überkapazitäten rund 8.000 Stellen weltweit gestrichen und Ende März 2009 dann ein Restrukturierungsprogramm bekannt gegeben, durch das weitere 6.000 Arbeitsplätze abgebaut werden sollten, davon 2.600 in Deutschland. Betroffen war diesmal vor allem der Automotive-Bereich und dessen Standort Regensburg, worauf es im April zu ersten Demonstrationen von Continental-Mitarbeitern aus Deutschland und Frankreich, wo ebenfalls Werksschließungen angekündigt worden waren, in Hannover kam. Betriebsbedingte Kündigungen und Werkschließungen, so die Ankündigung der Unternehmensleitung im Juni 2009, wollte man dabei vermeiden, aber schon wenige Wochen später zwang die weitere wirtschaftliche Entwicklung zu einer erheblichen Verschärfung der Sanierungspolitik. Innerhalb der nächsten Jahre könnten bis zu 20.000 Arbeitsplätze von den als notwendig erachteten Anpassungsmaßnahmen betroffen sein, darunter etwa 7.000 in Deutschland, so die Ankündigung. Auch betriebsbedingte Kündigungen wurden nicht mehr ausgeschlossen, und zwei Standorte, einer in den USA, der andere in Malaysia, wurden geschlossen.

Die eigentliche Belastungsprobe waren aber die Ereignisse im Zusammenhang mit der Übernahme durch Schaeffler. Und hier gab es nicht nur einen erneuten Schulterschluss zwischen Vorstand und Arbeitnehmervertretern, sondern es ergab sich auch kurzzeitig eine Konstellation, die die Einflussmöglichkeiten und Machtverteilung zwischen beiden Sozialpartnern nachgerade auf den Kopf stellte. Noch unter Wennemer waren seitens des Vorstands Entwürfe für eine Investorenvereinbarung mit Schaeffler entstanden, in die dieser auch eine Reihe grundlegender Forderungen der Gewerkschafts- und Betriebsratsseite mit aufgenommen hatte, allen voran die Forderung nach Erhalt der Produktionsstandorte und der paritätischen Mitbestimmung sowie das Bekenntnis zur Gültigkeit der laufenden Tarifverträge. Diese Punkte flossen dann tatsächlich auch in die nach dem Rücktritt Wennemers am 21. August 2008 abgeschlossene Investorenvereinbarung ein. Am Tag darauf erfolgte dann aber zusätzlich eine eigene gemeinsame Erklärung von Schaeffler und den Continental-Arbeitnehmervertretern, unterzeichnet vom damaligen Vorstandsvorsitzenden sowie dem Gesamtbetriebsratsvorsitzenden von Schaeffler und für Continental durch Hartmut Meine (IG Metall), Werner Bischoff (IG BCE) und dem inzwischen amtierenden Konzernbetriebsratsvorsitzenden Bruno Hickert. Darin hieß es unter anderem: „Der Einstieg der Schaeffler KG gefährdet keine Arbeitsplätze bei der Continental AG, Schaeffler wird nicht ohne Zustimmung des Vorstandes und des Aufsichtsrates darauf hinwirken, dass die paritätische Mitbestimmung abgeschafft wird [...] ebenso auch, dass Divisionen der Continental AG veräußert oder es zur Schließung von Standorten kommt. Der Konzernsitz bleibt Hannover und die bestehenden Flächentarifverträge werden nicht in Frage gestellt." Im Gegenzug sicherte man zu, dass „die IG BCE, die IG Metall, der Konzernbetriebsrat der Continental AG sowie der Arbeitnehmervertreter im Aufsichtsrat den Einstieg der Schaeffler AG im Aufsichtsrat und in der Öffentlichkeit positiv begleiten [werden]."

Dadurch kam auf Seiten der verunsicherten Continentäler ein Stück weit Ruhe in die Werke. Was den Continental-Vorstand zu dieser Zeit anging, konnte jedoch nach wie vor keine Rede davon sein. Der dann nur kurzzeitig amtierende neue Vorstandsvorsitzende Karl-Thomas Neumann hatte schnell das Vertrauen der Schaeffler-Seite verloren und amtierte im Frühjahr 2009 praktisch ohne Machtbasis, aber auch der eingesetzte neue Aufsichtsratsvorsitzende Rolf Koerfer war nicht unumstritten. In dieser Phase des Machtvakuums nutzten die Arbeitnehmervertreter von Continental die sich eröffnende Chance sowohl für die eigenen Interessen als auch im Sinne des gesamten Unternehmens. Zum einen erreichten sie, dass auch Restrukturierungsmaßnahmen auf die Liste der zustimmungspflichtigen Geschäfte aufgenommen wurden und dies von nun an Teil der Geschäftsordnung des Aufsichtsrats war. Bei zukünftigen Standortschließungen besaßen die Belegschaftsvertreter damit zusätzliche Möglichkeiten, dagegen vorzugehen. Zum anderen kam es am 11. August 2009 in Frankfurt zu einem Treffen, das von der Commerzbank initiiert worden war, die mit erheblichen Kreditsummen in die ganze Angelegenheit involviert war und daher ein starkes Interesse daran hatte, dass angesichts der sich damals zuspitzenden Turbulenzen auf dem Kapitalmarkt nicht beide Unternehmen unter die Räder gerieten. Dabei trafen sich Maria-Elisabeth und Georg F. W. Schaeffler, der Aufsichtsratsvorsitzende Koerfer sowie Werner Bischoff und Hartmut Meine, die beiden führenden Gewerkschaftsvertreter im Continental-Aufsichtsrat. Vom Continental-Vorstand war niemand eingeladen. Es ging darum, Auswege aus der anhaltenden und vielfach in eine Sackgasse geratenen Krisenentwicklung zu finden. Dabei sicherten die Arbeitnehmervertreter ihre Zustimmung zu einer Ablösung des Vorstandsvorsitzenden Neumann und dessen Ersetzung durch Elmar Degenhart zu. Gleichzeitig wurde auch die Amtsniederlegung von Koerfer besprochen, für den Wolfgang Reitzle als neuer Aufsichtsratsvorsitzender vorgesehen war. Im Gegenzug erhielten die Arbeitnehmervertreter unter anderem die Zusicherung, dass im neuen Continental-Vorstand sowohl der Finanzvorstand als auch die drei Vorstände für die Divisionen nicht von Schaeffler kamen.

Dass es zu dieser Begebenheit überhaupt kommen konnte, hatte auch mit Continental-spezifische Konstellationen auf beiden Seiten der Sozialpartner zu tun, die vor dem Hintergrund dieser turbulenten Phase für das Unternehmen insgesamt eigentlich nicht gerade von Vorteil waren. Nach dem Abgang des legendären Gesamtbetriebsratsvorsitzenden Richard Köhler war es zu einem neuen Austarieren des Macht- und Einflussgeflechts innerhalb der Arbeitnehmervertreter von Continental zwischen den Repräsentanten des Gesamtbetriebsrats, der IG BCE und der IG Metall gekommen, die einerseits zu einer unausgesprochenen wechselseitigen Akzeptanz und einem ungeschriebenen Nichteinmischungspakt zwischen den gemäßigten IG-BCE-Betriebsräten und den vielfach für eine offensivere Interessenwahrnehmung eintretenden IG-Metall-Leuten führten. Das hatte zum anderen aber auch zur Folge, dass im Vergleich zum früheren Gewicht Köhlers der Konzernbetriebsratsvorsitzende eine schwächere Position besaß, der mit Bruno Hickert auch noch aus Aachen kam und daher bei den vielfältigen Turbulenzen vor Ort in Hannover nicht präsent war. Hickert saß auch, anders als Köhler, nicht als Arbeitnehmervertreter im Continental-Aufsichtsrat. Prekäre Konstellationen gab es aber auch auf Seiten der zuständigen Personalvorstände.

In den 22 Jahren zwischen 1991 und 2014 gaben sich acht Arbeitsdirektoren und Personalvorstände bei Continental die Klinke in die Hand, das waren im Durchschnitt keine drei Jahre an Verweildauer, und jeder versuchte dabei das Rad wieder neu zu erfinden und musste zudem auch erst wieder mühsam ein Vertrauensverhältnis zu den Betriebsräten und Gewerkschaften aufbauen. In keinem anderen Vorstandsressort war die Fluktuation so hoch. Erst nach 2014 kehrte mit Ariane Reinhart eine längere Kontinuität in diesem Verantwortungsbereich ein.

Nach dem Herbst 2009 kam endlich für ca. zehn Jahre Ruhe in die Industrial Relations bei Continental, flankiert und befeuert von einem langanhaltenden Konjunkturaufschwung und einer beispiellosen Erfolgsphase des Unternehmens, in der Werkschließungen und Verteilungskonflikte um Löhne in den Hintergrund gedrängt wurden und praktisch kein Thema mehr waren. Durch die unternehmenskulturelle Offensive des Vorstandsvorsitzenden Degenhart und die Implementierung eines „Continental-Werte-Systems" gelang es, in der Belegschaft eine neue Identifikation und ein neues Selbstbewusstsein als Continentäler zu schaffen, die mit Stolz auf die erfolgreiche Unternehmensentwicklung in diesen Jahren blickten. Spätestens im Sommer 2018 war es damit vorbei. Nach zwei kurz hintereinander erfolgten Gewinnwarnungen wurde immer deutlicher, dass ein neuer Krisenzyklus anstand und damit wieder Kurzarbeit, Entlassungen, Lohnkürzungen und Standortschließungen drohten. Im Frühjahr 2020 wurden die ersten Konturen eines Restrukturierungsprogramms deutlich, das 30.000 Stellen infrage stellte, darunter mehrere tausend auch in Deutschland. Die Ankündigungen des Vorstands 2019 und 2020 zu Personalanpassungsmaßnahmen sorgten für eine Verhärtung der Fronten. Vor allem die geplanten Stilllegungen des Standorts Babenhausen und des Traditionsstandorts Aachen ließen die Wogen der Empörung, verbunden mit Ängsten und Verunsicherungen auch an anderen Produktionsstandorten, hochschlagen. Nach intensiven Verhandlungen wurde ein Kompromiss über zumindest erst auf spätere Jahre verschobene Schließungen gefunden. Das schon oft in der Continental-Geschichte praktizierte Ritual von Protestmaßnahmen, Vorwürfen der Gewerkschaften und Forderungen der Betriebsräte nach Abfederung der sozialen Härten, während die Unternehmensführung auf die Notwendigkeit der Maßnahmen als Voraussetzung des Erhalts der übrigen Arbeitsplätze verweist, prägte wieder einmal diese Situation. Wobei beide Seiten letztendlich das Wohl und Wehe des Unternehmens und der Wille zur möglichst raschen Überwindung der Krise eint. Die Sozialpartnerschaft bei Continental wird auch diese Unternehmenskrise überstehen und Belegschaft und Unternehmensführung zu neuer Gemeinsamkeit finden lassen.

Abb. 50: Proteste am Standort Aachen im September 2020.

Die schmutzigen, übelriechenden und kräftezehrenden Arbeitsprozesse und Werkstätten, in denen Continentäler in den vergangenen 150 Jahren bis weit in die 1950er Jahre hinein Gummi von Hand formten, sind Vergangenheit. Aber die Herausforderungen, die Fertigungsprozesse so zu organisieren, dass Qualitätsprodukte entstehen, sind ungeachtet aller Umbrüche geblieben. Es war schon immer eine der größten Herausforderungen der jeweiligen Continental-Unternehmensleitungen, aus den heterogenen Arbeiter- und Angestelltenschaften eine Gesamtbelegschaft zu formen, die sich mit dem Unternehmen und seinen Produkten identifiziert und sich als Teil dieses Unternehmens fühlt. Die Entwicklung von Continental verlief und verläuft aus der Erfahrungs- und Erlebnisperspektive der Continentäler allerdings oftmals anders als vom Blickwinkel der Unternehmensleitung her betrachtet. Riesige Unternehmensgebilde wie Continental mit knapp 250.000 Beschäftigten an hunderten Standorten auf der ganzen Welt lassen sich daher eigentlich nur noch über unternehmenskulturelle Wertevermittlung steuern. Die Herausbildung eines „Continentälers an sich" zum „Continentäler für sich" bleibt damit auch in der Zukunft eine permanente Aufgabe. Die Zeiten, in denen ein Vorstandsvorsitzender von der Belegschaft anlässlich seines Dienstjubiläums im Triumphzug durch die Stadt geleitet und dann mit Geschenken und Loyalitätsbekundungen überhäuft wird, wie das 1901 bei Siegmund Seligmann passierte, sind auch bei Continental endgültig vorbei. Es ist aber schon viel gewonnen, wenn sich Führungskräfte, Arbeiter und Angestellte immer wieder neu auf die gemeinsame Geschichte verständigen und sich alle mit Stolz als Continentäler und als Teil dieser großen und langen Geschichte begreifen.

4 Kautschuk – Ressourcenmanagement, Nachhaltigkeit und Umwelt oder: Von der Metamorphose eines Schlüsselrohstoffs

Der Rohstoff prägte schon den Namen des Unternehmens: Continental Caoutchouc & Gutta-Percha-Compagnie. Allerdings wurde tatsächlich nur Kautschuk verarbeitet, nicht Gutta-Percha, eine kautschukähnliche Milch eines Baums in Malaysia. Kautschuk als Rohstoff prägte jahrzehntelang die Identität des Unternehmens wie der gesamten Gummi-Branche, und die bis in die jüngste Gegenwart hinein zum Teil heftig schwankenden Preise für Natur- und Synthesekautschuk repräsentieren gleichsam dessen Fieberkurve und fungieren als Seismograph der politisch-wirtschaftlichen Entwicklungen. Jahrzehntelang war Continental ein auf diesen Rohstoff fixiertes Unternehmen, in dem sich das Ringen um die technische Verarbeitbarkeit und um das Auffinden und Verstehen der chemisch-physikalischen Eigenschaften des Werkstoffs wie ein roter Faden durch die Unternehmensgeschichte ziehen. Dabei ergab sich nicht nur ein Wandel in der Verarbeitung und dem Wissen über den Rohstoff, sondern auch in der Bewertung und im Umgang mit diesem. Kautschuk war bis weit in das 20. Jahrhundert hinein immer wieder ein hochpolitischer Rohstoff, dem strategische Bedeutung zugeschrieben wurde, sei es in den Handelskonflikten der 1920er Jahre zwischen den USA und England, in der NS-Zeit mit der ideologisch aufgeladenen Propaganda vom „deutschen Gummi" als einem der Pfeiler der nationalsozialistischen Rohstoffautarkie oder aber auch in den Jahren des Kalten Krieges und der Ölpreiskrisen. Heute spannt sich bei der gesellschaftlichen Bewertung von Kautschuk ein weiter Bogen von der publizistischen Schmähung als „Blutgummi", so die Bezeichnung der Zeitgenossen, und Teil kolonialistischer Ausbeutung der indigenen Bevölkerung als Kautschuksammler in den Regenwäldern am Amazonas und am Kongo bis zum modernen, an den Prinzipien von Nachhaltigkeit, Sparsamkeit und Umweltschonung orientierten Ressourcenmanagement.

Globale Rohstoffkonflikte um Naturkautschuk und ein gesunkener Gummidampfer namens „Continental" in Brasilien (1870er bis 1920er Jahre)

Im November 1907 hielt der damalige Continental-Vorstand und für die Forschung, Entwicklung sowie Verarbeitung des Rohstoffs zuständige Adolf Prinz-

https://doi.org/10.1515/9783110731613-004

horn vor den Mitgliedern der Vereinigung für staatswissenschaftliche Fortbildung einen langen Vortrag über das Unternehmen und seine bisherige Entwicklung. Im Mittelpunkt stand dabei der damals vielfach noch als exotisch angesehene Kautschuk, zu diesem Zeitpunkt fast ausschließlich Wildkautschuk aus Brasilien. Der eine Teil des Vortrags drehte sich um den Handel, der bereits globale Dimensionen aufwies und daher vom damaligen Continental-Management erhebliches logistisches Wissen und die genaue Beobachtung der Lieferkette von der Erzeugung über die Verschiffung bis zum Weitertransport in das Rohgummilager des Unternehmens in Hannover erforderte. In den 1850er Jahren war der Kautschuk fast ausschließlich in der Nähe der brasilianischen Stadt Para gewonnen worden, die der besten Sorte dann auch ihren Namen gab. Nachdem der weltweite Verbrauch des Kautschuks schnell angestiegen war, waren die Gummisammler gezwungen, immer weiter in den Urwald vorzudringen. Die Folge war, dass zwei neue Städte am Lauf des Amazonas zu wichtigen Exporthäfen aufstiegen: Manaus und das peruanische Iquitos. Schon 1907 fuhren Frachtdampfer mit Kautschuklieferungen von den beiden Häfen direkt nach Liverpool und Hamburg. Auch aus den damaligen Kolonien des Deutschen Reichs, Kamerun, Togo und Deutsch-Ostafrika, kam Kautschuk, allerdings in nur marginalen Mengen und von geringerer Qualität. Der Kautschukhandel in den europäischen Importhäfen unterschied sich erheblich: In Liverpool und London wurde der Preis in Auktionen ermittelt, in Amsterdam, Rotterdam und Antwerpen dagegen erstellten Makler entsprechende Listen mit Sorte, Qualität und Taxe, d. h. geschätzter Preis, des Kautschuks, auf die dann schriftliche Gebote erfolgten, in Hamburg übernahmen Händler den Verkauf mit Hilfe von versandten Mustern und schriftlichen Angeboten an die Interessenten. Den Welthandelsmarkt für Rohgummi beherrschte zu diesem Zeitpunkt ein Kartell aus etwa zehn britischen Handelsfirmen, das mit Marktinterventionen und künstlichen Angebotsverknappungen die Preise zu manipulieren versuchte. Continental verbrauchte 1906 über 1.500 Tonnen Rohgummi, das waren 1/30 des gesamten Weltmarkts. Der Durchschnittspreis betrug damals 12 Mark pro Kilogramm, was einer Verdoppelung der Rohstoffpreise nur wenige Jahre zuvor entsprach.

Der zweite Teil des Vortrags von Prinzhorn befasste sich daher mit den massiven Preisfluktuationen von Kautschuk. Das Geschäft mit der Versorgung und Verarbeitung des Rohstoffs war riskant und barg eminente Ungewissheit. Und es war eine der Grunderfahrungen des damaligen Continental-Managements, dass dies weniger mit Schwankungen der Erntemengen, sondern weit mehr mit weltpolitischen Entwicklungen und professionellen Spekulanten zusammenhing. „Die Reifenindustrie gehört zu den risikoreichsten Industriezweigen, da die Grundstoffe der Automobilreifen, Rohgummi und Baumwolle, ungewöhnlich großen Preisschwankungen unterworfen sind", schrieb der *Berliner Börsen-Courier* anlässlich der Analyse einer Continental-Bilanz. Die Schilderung der Rohstofflage und vor allem der Kautschukpreise bestimmte denn auch von Anfang an die Berichte des Vorstands zum angelaufenen Geschäftsjahr auf den Generalversammlungen und in den Geschäftsberichten. „Die Rohgummipreise", so klagte der Continental-Vorstand etwa im März 1880,

> haben im verflossenen Jahre so bedeutende Steigerungen erfahren, dass, um diese Steigerungen nur einigermaßen zu paralysieren, wir zu verschiedenen Malen Preise für unsere Fabrikate zu erhöhen uns gezwungen sahen. Trotz dieser höheren Notierungen, die bei manchen Artikeln eine Steigerung von 40–50 Prozent ausmachte, haben wir teilweise doch nicht die Preise für unsere fertige Ware erzielen können, die wir den Rohgummipreisen entsprechend hätten erreichen müssen. Es ist uns dadurch ein nicht unwesentlicher Ausfall entstanden.

Wer sich zu früh und zu umfangreich mit Kautschuk eingedeckt hatte, der konnte bei Preiseinbrüchen schnell an die Grenze der Konkurrenzfähigkeit und Liquidität gelangen. Umgekehrt galt dasselbe im Fall von zu späten Kautschukeinkäufen. Nach einer kurzen Beruhigung der Märkte setzte Ende der 1880er Jahre eine neue Phase der Kautschuk-Hausse ein, der in einen moderaten Preisanstieg bis zur Jahrhundertwende mündete, ehe danach die Preise regelrecht explodierten.

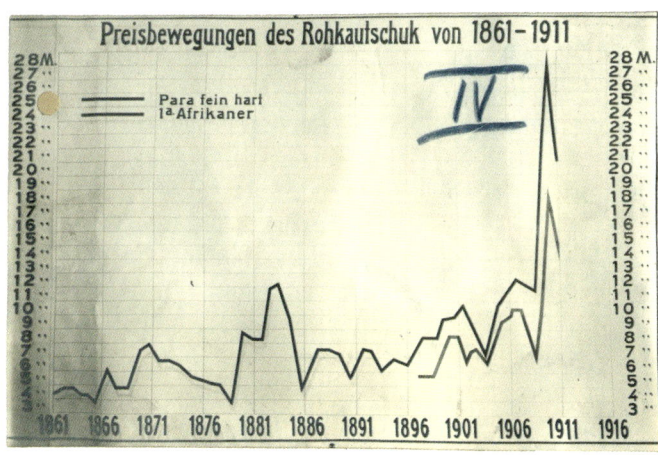

Abb. 51: Preisbewegung des Rohkautschuks 1861 bis 1911 in Mark je kg.

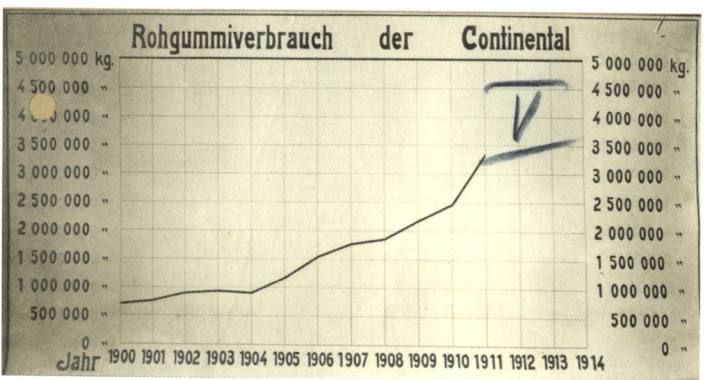

Abb. 52: Rohkautschukverbrauch der Continental 1900 bis 1911 in kg.

„Der im Jahre 1899 gezahlte Preis für Rohgummi hat eine Höhe erreicht, wie wir solche seit Jahrzehnten nicht zu verzeichnen hatten", berichtete der Vorstand im März 1900 auf der Generalversammlung.

> Selbst die geringeren und geringsten Sorten mussten noch teurer bezahlt werden als früher Mittel-Qualität und [es] steht dieser Preis in gar keinem Verhältnis zu ihrer Verwendungsfähigkeit. Hierzu kommt noch, daß die Beschaffenheit des Rohgummis bei seiner Ankunft durch die rücksichtslose Gewinnung und schnelle Weiterbeförderung bekanntlich immer schlechter wird. Die Prozentsätze der Unreinheit sind ganz erheblich gestiegen und die Fabrikanten müssen einen wesentlich größeren Waschverlust kalkulieren als früher. Und die Spekulation spielt dabei insofern eine Rolle, als sie die Situation eben ausnutzt.

In nur vier Jahren hatten sich die Preise von 5,42 Mark je Kilo auf fast 10 Mark nahezu verdoppelt, und die eigentliche Preisexplosion sollte erst noch bevorstehen. „Das abgelaufene Jahr war eines der schwierigsten, wenn nicht überhaupt das schwierigste, mit denen wir während der ganzen Zeit des Bestehens unserer Gesellschaft zu rechnen hatten", beschrieb der Vorstand 1905 die Lage auf der Generalversammlung. „Der Grund dafür lag in den außerordentlich hohen Rohgummipreisen, wie man sie noch nie zuvor gekannt hat." Angesichts des in der Zwischenzeit weiter deutlich gestiegenen Rohgummiverbrauchs von Continental summierten sich die damit verbundenen Mehraufwendungen und Kostenbelastungen längst auf Millionenhöhe. Allerdings hatte Prinzhorn einen kurzfristigen Preiseinbruch im Jahr 1907 noch dazu genutzt, die Kautschuk-Lagerbestände von Continental massiv aufzufüllen. Auch 1903 hatte man sich zu günstigen Preisen einzudecken verstanden. Ein erheblicher Teil des Erfolgs von Continen-

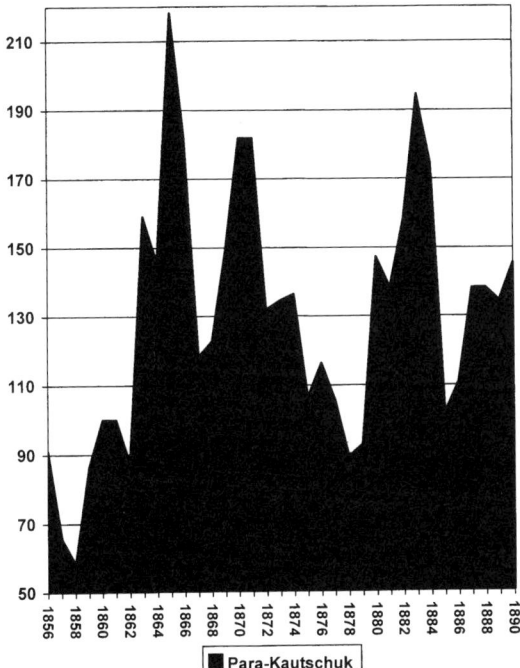

Abb. 53: Index der Preisentwicklung von Para-Kautschuk 1856 bis 1890 (jährliche Durchschnittspreise auf der Basis 1860 = 100).

tal war daher zweifellos der geschickten Rohstoffeinkaufspolitik zu verdanken. Zudem war inzwischen eine rigide Qualitätskontrolle eingerichtet worden und im Bereich der Einkaufsabteilung, allein auch schon wegen der riesigen Geldsummen, die bei den entsprechenden Transaktionen bewegt wurden, eine regelrechte Überwachungs- und Kontrollbürokratie entstanden, mit mehrfachen Gewichtskontrollen, Fakturenheften, dem Führen von Einkaufsbüchern und Buchungsüberwachungen auf das Material-Konto.

Um sich von den starken Preisfluktuationen und den damit verbundenen potenziellen Versorgungsengpässen unabhängiger zu machen, verfolgte der Vorstand gleich mehrere Strategien. Zunächst initiierte man zusammen mit der Österreichisch-Amerikanischen Gummifabrik AG 1895 die Gründung einer Rohgummihandelsfirma in Iquitos in Peru, die von je einem Hamburger und einem aus Hannover stammenden Geschäftsmann geführt werden sollte. Dafür wurden nicht nur erhebliche Geldmittel bereitgestellt, sondern für 18.000 Mark auch ein eigener Dampfer angeschafft, der den Rohgummi den Amazonas hi-

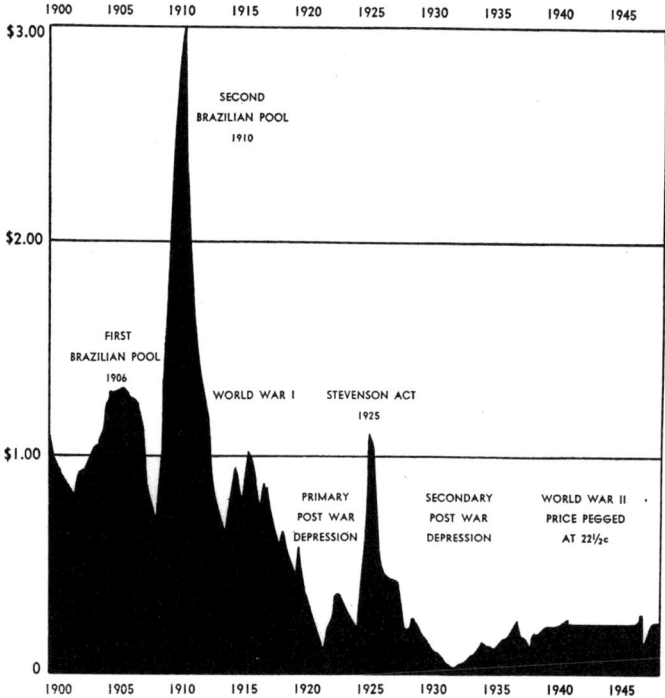

Abb. 54: Preisfluktuation von Rohkautschuk 1900 bis 1945 in Dollar je Pfund.

nuntertransportieren sollte. Doch kaum, dass das Geschäft angelaufen war, meldete der Vorstand am 7. Mai 1896 den Untergang des Dampfers „Continental" samt Ladung. Ein neuerlicher Anlauf zur Eigenversorgung mit Rohgummi wurde zunächst nicht mehr gestartet. Doch im April 1908 informierte der Vorstand die Aktionäre auf der Generalversammlung darüber, dass man es angesichts der turbulenten Entwicklungen im Rohgummigeschäft und der hohen Abhängigkeit von den europäischen Einkäufern und Kautschukhändlern für richtig erachtet habe, „sich an einem im brasilianischen Urwaldsdistrikt befindlichen Kautschuk-Unternehmen, mit welchem wir schon längere Zeit in Beziehungen standen, mit Kapital zu beteiligen". Dieser Versuch einer Rückwärtsintegration durch den Einstieg in die Rohkautschukproduktion erwies sich diesmal zunächst offensichtlich auch als erfolgreich, ging aber dann in den kurz darauffolgenden Turbulenzen im Rohgummihandel und auch in den weit verbreiteten und wilden Spekulationen mit Aktien von Rohgummi-Produktionsgesellschaften praktisch unter. „Unsere Beteiligung an dem Rohgummi-Unternehmen in Brasilien besteht nach wie vor", hieß es dazu im Geschäftsbericht für 1913. „Wir haben es indessen für richtig erachtet, dieselbe mit Rücksicht auf die unbefriedigenden Verhältnisse am Rohgummi-Markte voll abzuschreiben." Eine maßgebliche Rolle dabei spielte der nun immer stärker auf den Markt drängende Plantagenkautschuk aus den britischen Kolonien, der im Preis deutlich günstiger war und den brasilianischen Naturkautschuk schnell verdrängte.

Einige Jahre zuvor hatte man ein ganz anderes Projekt zur Rohstoffversorgung gestartet. Im nur wenige Kilometer von Hannover entfernten Seelze kaufte man 1903 ein Fabrikgebäude mit Maschinen und Dampfanlage und errichtete dort mit einer Investitionssumme von knapp 350.000 Mark ein Werk zur Regeneratgewinnung, d. h. zur Wiederaufbereitung und Verwertung von Altgummi. Der Continental-Vorstand präsentierte das neue Werk stolz auch auf den aufwändig gestalteten offiziellen Briefköpfen und vor allem während des Ersten Weltkriegs gewann das Werk an Bedeutung. Danach spielte es jedoch keine große rohstoff- und unternehmensstrategische Rolle mehr. Obwohl es auch noch 1929 das größte Werk dieser Art in Deutschland war, in dem täglich ca. 100 Arbeiter und Angestellte zwischen 9 und 13 Tonnen Altgummi regenerierten, flossen schon seit 1926 keine Investitionen mehr nach Seelze. Dort hatte ein Großbrand weite Teile der Fabrik zerstört, die danach nur noch notdürftig wieder hergerichtet wurden. „Es wird im Volksmund über Seelze auch nur von den ‚Ruinen' gesprochen", hieß es in einem internen Bericht. „Auf dem Fabrikgelände sind riesige Mengen an alten, abgefahrenen Auto-Decken, Vollgummireifen, Fahrraddecken sowie unzählige Säcke mit Gummiabfällen aus der Fabrikation aufgestapelt." Die Fabrik in Seelze wurde ungefähr 1929/30 endgültig geschlossen, als am neuen Konzern-Standort in Hannover-Limmer eine Regenerat-Anlage ihren Betrieb aufnahm. Der Bau in Seelze markierte erstmals die dahinterstehende bemerkenswerte Idee einer Wiederaufbereitung des wertvollen Rohstoffs.

Eine dritte Maßnahme des Ressourcenmanagements des Continental-Vorstands in den Jahren vor dem Ersten Weltkrieg war die Beteiligung an Forschungen zur Herstellung von künstlichem Kautschuk. 1906 war bei den Farbenfabriken Bayer in Elberfeld auf maßgebliches Betreiben von Generaldirektor Carl Duisberg eine Forschungsabteilung für Kunstkautschuk eingerichtet worden, zur gleichen Zeit hatte aber auch Continental unter Leitung von Richard Weil ein eigenes Laboratorium gegründet, um dort selbst Kautschuk synthetisch herzustellen. Über die Erfolgsaussichten bestanden dabei namentlich bei Prinzhorn durchaus Zweifel, allerdings hatte das Laboratorium schnell eine Menge anderer nützlicher Erkenntnisse über Kautschuk erbracht. Die Nase vorn hatten die Elberfelder, so dass im August 1911 aufgrund der dort gefundenen Mischungen ein Reifen hergestellt werden konnte, der zur Hälfte aus Naturkautschuk, zur anderen Hälfte aber aus Synthesekautschuk bestand. Die praktischen Ergebnisse waren vielversprechend, und Continental erklärte sich bereit, die ersten 1.000 kg des Kunstkautschuks für 9 Mark je kg zu übernehmen – bei einem zur selben Zeit bestehenden Preis von 20,5 Mark je kg für Wildkautschuk ein aussichtsreiches Geschäft. Doch bereits im Laufe des Jahres 1912 und des Folgejahrs wurde immer deutlicher, dass die anhaltende Skepsis der Continental-Chemiker berechtigt war und bei der Verarbeitung des Elberfelder „Methylkautschuks" massive Mängel auftraten, so dass die Forschungen schließlich eingestellt wurden. Das Geheimnis der Zusammensetzung und der synthetischen Erzeugung von Kautschuk blieb damit zunächst weiter ungelöst, die Idee und das Forschungsziel selbst aber virulent.

Der Erste Weltkrieg brachte einen doppelten Umbruch in der Rohstoffsituation von Continental: einmal den massiven Übergang von Wild- zu Plantagenkautschuk mit entsprechenden Herausforderungen an Qualitäts- und Verarbeitungsansprüche, zum anderen aber vor allem die Abschnürung von der Kautschukversorgung. Es entstand eine ebenso strikte wie bürokratische Rohstoffbewirtschaftung durch die bald das gesamte Wirtschaftsleben durchdringende Heeresverwaltung. Ein Kautschuk-Konsortium aus Militärs und Industriellen entstand, an dem auch Siegmund Seligmann maßgeblich mitwirkte und nachgerade abenteuerliche Ideen und Maßnahmen zur Organisation von Kautschuklieferungen aus Südamerika entwickelte. Eine Reihe mit Schmuggelschiffen gestartete Versuche, die Blockade der Kriegsgegner zu durchbrechen, gelang, allen voran die berühmte Fahrt des Handels-U-Boots „Deutschland" von 1916 mit knapp 350 Tonnen Rohkautschuk aus den USA an Bord.

Im April 1917 plädierte Seligmann daraufhin zur Rohstoffbeschaffung für die Einrichtung eines regulären U-Boot-Handels mit Mexiko, aber letztlich blieb den deutschen Gummiunternehmen und damit auch Continental nur die verstärkte Wiederverwendung von regeneriertem Kautschuk. Dabei hatte man sich zudem von der Rohstoffkriegsbürokratie eingehend in die Bücher blicken lassen und entsprechenden Produktionsvorgaben unterwerfen müssen. Die Mischungen für Autoreifen durften nur 10 Prozent Rohkautschuk enthalten, der Rest bestand aus Regenerat. Im Auftrag des Kriegsministeriums nahm zudem die Deutsche Treuhand-Gesellschaft regelmäßig die Kalkulationen des Rohgummi-Einstandspreises von Continental und die von der Kriegs-Rohstoff-Abteilung und den Heeresabteilungen geforderten Reifenpreise unter die Lupe.

Nach Kriegsende besserte sich zwar insofern die Rohstoffsituation von Continental, als man schnell wieder in den wichtigsten Kautschukhandelszentren

Abb. 55: Ein originales Stück Rohkautschuk aus der Blockadebrecherfahrt des U-Boots „Deutschland" von 1916 im Continental-Unternehmensarchiv.

der Welt, allen voran inzwischen Niederländisch-Indien und British-Indien, präsent war und sich wieder in den internationalen Handel einklinkte. Aber akuter Mangel anderer Rohstoffe, insbesondere Kohle, sowie die anziehende inflationäre Geldentwertung behinderten ein Hochfahren der Produktion auf Friedensniveau. Angesichts dessen war es ein genialer strategischer Schachzug des Vorstands, dass man sich in dem US-Gummiunternehmen Goodrich einen Kapitalgeber und befreundeten Kooperationspartner suchte, der nicht nur harte Devisen, sondern auch amerikanische Kohle und US-Plantagenkautschuk nach Hannover brachte. Nicht ungünstig war auch, dass in der Weltkautschukproduktion inzwischen erhebliche Überkapazitäten herrschten, die Anfang der 1920er Jahre zu einem regelrechten Preissturz bei Kautschuk führten. Insbesondere die Rezession in den USA hatte weltweite Auswirkungen. In Ostasien brachen die Rohkautschukpreise wegen der fehlenden Nachfrage der amerikanischen Gummiindustrie gerade zu dem Zeitpunkt ein, als die in der Vorkriegszeit gegründeten Plantagen erste Erträge brachten. Gegenüber 1913 stürzte der Kautschukpreis, der traditionell in britischer Währung gehandelt wurde, bis 1922 von 4,6 Schilling oder 113 Cents je Pfund um mehr als 80 Prozent auf unter einen Schilling bzw. 17,5 Cents je Pfund ab. Der Preisverfall rief die englische

Regierung auf den Plan, deren südostasiatische Kolonien 85 Prozent der Weltkautschukproduktion erzeugten. Um den Kollaps ihrer Rohkautschukplantagen zu verhindern, antworteten die Briten mit dem sogenannten Stevenson-Plan. Die am 1. November 1922 erlassene Produktionsrestriktion versuchte, Erzeugung und Preis künstlich zu regulieren: Die Rohkautschukexporte wurden auf 60 Prozent der Produktion von 1920 begrenzt. Infolge der Restriktion und verbunden mit einer Erholung der Nachfrage stieg der Preis tatsächlich bis 1925 rasch an, ehe er trotz der Regulierungsbestimmungen wieder deutlich absackte. Am 1. November 1928 sah sich daher die britische Regierung dazu gezwungen, das Ende der Restriktionsmaßnahmen zu verkünden. Sie hatten infolge ihrer starren Bestimmungen letztlich nicht nur die wilden Preisausschläge auf dem Rohkautschuk-Markt gefördert, sondern auch zu einem Boom der niederländischen Kolonien in Ostindien als Rohkautschukproduzenten geführt und erwiesen sich damit als Fehlschlag. Das auch in seiner langfristigen Bedeutung wichtigstes Ergebnis war, dass Großbritannien während der Restriktionsjahre endgültig seine Vorherrschaft auf dem Gebiet der Rohkautschukerzeugung verloren hatte. Und dies bedeutete auch für die britische Gummiindustrie eine nachhaltige Schwächung im internationalen Wettbewerb. Dies nutzten die amerikanischen Unternehmen zum Auf- und Ausbau einer dominierenden Weltmarktposition, aber auch Continental zu einer Rückkehr auf die internationalen Absatzmärkte.

Die Zyklizität der Rohkautschukpreise hatte sich in der zweiten Hälfte der 1920er Jahre, abgesehen von dem heftigen, aber kurzen Preisanstieg 1925 auf einen Durchschnittspreis von 10,4 RM je kg Rohgummi, deutlich verringert und eine Periode tendenziell sinkender Kautschukpreise eingeläutet. Der Kostenstruktur von Continental kam das vor dem Hintergrund der vom Vorstand eingeleiteten Rationalisierungs- und Sparpolitik entgegen. Im Jahr 1929 verbrauchte Continental 13.000 Tonnen Naturkautschuk, das war fast vier Mal so viel wie im letzten Vorkriegsjahr. In zwei Monaten verarbeitete man die Menge Rohgummi, die man 1913 im ganzen Jahr verbraucht hatte. 144 Eisenbahnwaggons mit Rohkautschuk steuerten nun die Rohstofflager in Hannover Monat für Monat an, dazu kamen 35 Eisenbahnwaggons mit Baumwollgewebe, knapp 600 Waggons Kohle und 17 Waggons mit Benzin. Um daraus 83.000 Autoreifen zu produzieren, wurden zudem 44.000 Tonnen Dampf und 3.989 Mio. KW Elektrizität verbraucht. Das waren für die Zeitgenossen allenthalben beeindruckende Zahlen, noch mehr aber für die Kalkulatoren und Finanzbuchhalter von Continental, da sich angesichts der einsetzenden Deflation der Rohstoffpreise dahinter enorme Senkungen der variablen Kosten in Millionenhöhe verbargen. Im Zuge der Weltwirtschaftskrise brach der Durchschnittseinkaufspreis je Kilogramm Rohgummi frei Werk bis 1933 auf 0,42 RM ein. Gegenüber 1927 mit 4,6 RM hatten sich damit die Kautschukkosten für Continental auf ein Zehntel verringert. Statt knapp 60 Mio. RM mussten für dieselbe Menge nur noch ca. 5,5 Mio. RM aufgewendet werden. Auch das half, die Krise zu überstehen.

Ressourcenmobilisierung in der NS-Zeit: Deutscher Kautschuk und der radikale Umbruch der Rohstoffbasis

In der Folgezeit geriet der Kautschuk jedoch bald erneut in den Strudel politischer Ereignisse. Und diesmal befand sich Continental nicht mehr am Rande, sondern im Zentrum des Geschehens. Schon lange vor dem Krieg hatte das NS-Regime ein staatliches Rohstoffregulierungssystem eingeführt und die Reichsstelle Kautschuk ins Leben gerufen, flankiert von dem „Beauftragten des Reiches für Rohstoff- und Devisenfragen", Hermann Göring. Zur Umsetzung der nationalsozialistischen Autarkie- und Aufrüstungspolitik wurde eine Vierjahresplan-Bürokratie aufgebaut, in deren Gefolge die deutsche Wirtschaft in eine Ersatzstoffökonomie verwandelt wurde. Für Continental bedeutete das die Unterwerfung unter ein neues „Rohstoffregime". Continental brauchte Baumwolle und Ruß aus Amerika, Kautschuk aus Britisch-Indien und Brasilien sowie Baumwolle aus Ägypten. Doch die notorisch knappe Devisenlage des Deutschen Reichs und der im Zuge der Weltwirtschaftskrise zusammengebrochene internationale Handel führten dazu, dass das Unternehmen unter wachsenden Versorgungsengpässen litt. Im Juni 1935 verfügte man in Hannover nur noch über Rohgummi-Vorräte für acht bis zehn Tage und musste daher zeitweise die Produktion einstellen. Ein Großteil der Arbeitszeit des Continental-Managements und der Verwaltung bestand nun darin, in permanenten Verhandlungen mit den Devisenbehörden und Wirtschaftsstellen in Berlin, die Kautschukversorgung zu sichern. Zur kurzfristigen Entspannung der Rohstoffkrise wurde wieder die Regeneratherstellung forciert. Mit einem erheblichen Investitionsaufwand weitete man die inzwischen in das Werk Limmer verlegten Kapazitäten zur Wiederaufbereitung von Altgummi von 7 auf 16 Tonnen pro Tag aus, was jedoch nur einen Tropfen auf dem heißen Stein bedeutete. Nach wie vor dominierte beim Rohgummi-Verbrauch von Continental die Verarbeitung von Naturkautschuk, 1937 waren das knapp 33.000 Tonnen, während nur 9.700 Tonnen Regenerat zum Einsatz kamen; daneben wurden aber erstmals auch 574 Tonnen Synthesekautschuk verwendet.

Unter der neuen Regierung waren die Forschungs- und Entwicklungsbemü-hungen zur Synthesekautschukgewinnung bei der IG Farben schnell wieder aufgenommen worden und hatten, befeuert von einem inzwischen auch inter-national ausgebrochenen Wettlauf um die künstliche Herstellung des strategi-schen Werkstoffs, zu ersten brauchbaren Ergebnissen geführt. Mit der Entwick-lung und dem Einsatz von synthetisch in Deutschland hergestelltem Kautschuk, der bald unter dem Namen Buna bekannt wurde, verbanden sich – zumindest auf Seiten des NS-Regimes und der Rohstoffbürokraten im Reichswirtschaftsmi-nisterium (RWM) – langfristig die größten Hoffnungen, aus dem Dilemma von notorischer Devisenknappheit und prekärer Rohkautschukversorgung heraus-zukommen. Bei Continental herrschte dagegen im Vorstand wie im Aufsichtsrat lange Zeit erhebliche Skepsis. „Die in der Presse erschienenen Artikel über die Möglichkeit einer ausreichenden Herstellung von synthetischem Gummi laufen der Entwicklung weit voraus", hieß es etwa Mitte Februar 1935 in einer Akten-notiz des Direktors der Deutsche-Bank-Filiale Hannover über einen Besuch bei dem damaligen Continental-Vorstand Carl Gehrke. Der einzige Hersteller von Buna war die IG Farben, die zu diesem Zeitpunkt gerade einmal 30 Tonnen monatlich produzierte. Der Kautschuk-Verbrauch von Continental allein betrug täglich 75 bis 80 Tonnen. Und der Preis für Synthesekautschuk belief sich auf ca. 10 RM pro Kilogramm; eventuell war bei großtechnischer Herstellung, so die Überlegungen bei Continental, mit einer Preissenkung auf 6 RM/Kilogramm zu rechnen, während aber zur gleichen Zeit das Kilogramm Naturkautschuk 0,75 Pfg./Kilogramm kostete. Zu allem Übel aus Sicht des Unternehmens ver-suchten die Vierjahresplan-Behörden Continental und die Reifenindustrie zu er-heblichen Investitionen in neue Buna-Kapazitäten zu verpflichten, gleichzeitig erhob man von den Unternehmen zur Finanzierung der IG-Farben-Kosten für die Buna-Herstellung aber auch hohe Kautschuk-Einfuhrzölle. Anstelle von 0,85 RM je Kilogramm Kautschuk zahlte Continental nun 2,10 RM. Die Kautschukpolitik hatte sich damit von allen betriebswirtschaftlichen Kalkulationen weit entfernt. Dennoch schwenkte Continental auf die Buna-Ideologie und die neue Rohstoff-politik des NS-Regimes um. Seit 1938 wurden sämtliche Ressourcen an wissen-schaftlicher Forschung, Entwicklung und Erprobung auf die neue Buna-Techno-logie und deren Anwendung bei der Produktion von Reifen wie Technischen Produkten konzentriert. Noch vor kurzem einer der größten Skeptiker, präsentier-te sich der Konzern nun als Vorreiter dieser Vierjahresplan-Technologie.

Ähnlich wie beim Synthesekautschuk wurde Continental auch bei der Her-stellung und Verarbeitung von „deutschem Ruß" den Autarkieplänen des Reichswirtschaftsministeriums unterworfen, die letztlich in eine direkte finanzi-

Abb. 56: Buna-Propaganda auf einem Continental-Messestand 1937.

elle Beteiligung am Aufbau der Deutschen Gasrußwerke mündete. Nur bei dem Ersatz von Baumwolle durch Zellstoff und Kunstseide konnte man sich heraushalten. Der massive Einsatz der „deutschen Rohstoffe" bedeutete jedoch eine riesige fertigungstechnische Umstellung. Der radikale Umbruch der Roh- und Werkstoffbasis bei der Reifenproduktion wie auch bei der Herstellung technischer, chirurgischer oder für den Alltagskonsum benötigter Gummiartikel erforderte eine völlige Neuausrichtung der Fertigungsprozesse. Die Verarbeitung von Buna war komplizierter und arbeitskräfteintensiver, sie erforderte neue Mischmaschinen und Kalander und sie war vor allem auch durch den verstärkten Einsatz von chemischen Zusatzstoffen und Weichmachern gesundheitsschädlich und benötigte daher entsprechende Arbeitssicherheitsmaßnahmen. Ungeachtet aller ungelösten technischen Fragen setzten die NS-Behörden Continental jedoch unter einen permanenten Druck, den Buna-Anteil im Reifenbau, der anfangs nur einen Bruchteil gegenüber dem Naturkautschuk-Anteil ausgemacht hatte, so schnell wie möglich auf 100 Prozent zu erhöhen. Was bei den Pkw-Reifen in der Folgezeit tatsächlich gelang, sollte bei den für die Wehrmacht weit wichtigeren Lkw-Reifen aufgrund der Lebensdauer und Leistungsfähigkeit der Riesenluftreifen scheitern. Dennoch ging in den Kriegsjahren der Einsatz von Naturkautschuk im Rohstoffverbrauch von Continental rasch auf nur noch knapp 1.500 Tonnen im Jahr 1943 zurück, während 7.800 Tonnen Regenerat und über 22.000 Tonnen Buna eingesetzt wurden. Die Buna-Technologie war inzwischen deutlich ausgereifter und die IG Farben wie Continental beherrschten diese inzwischen trotz aller bestehenden Mängel gegenüber Naturkautschuk. Es war dann auch kein Wunder, dass Buna zur strategischen Waffe bei der Instrumentalisierung und Unterwerfung der Gummiindustrie in den besetzten, aber auch verbündeten Ländern wurde. Buna wurde zu einem Vehikel der Beherrschungspolitik in der vom NS-Regime geplanten neuen europäischen Großraumwirtschaft unter deutscher Führung. Und Continental machte sich zum willigen Vollstrecker dieser Pläne. Bald spannte sich ein weitläufiges Netz aus Beteiligungs-, Betreuungs-, Beratungs- und Pachtfabriken über ganz Europa, über das Continental seine Fertigungs- und Vertriebsprozesse zu steuern und koordinieren versuchte.

Die Unterordnung und Ausrichtung der eigenen Rohstoffpolitik der Continental unter bzw. auf die Ziele des NS-Regimes zeigten sich schließlich auch in der massiven Beteiligung an den Plänen der Behörden, in großem Stil Naturkautschuk aus Kok-Sagys, dem „russischem Löwenzahn", zu gewinnen. Seit November 1940 waren Kautschuk-Experten, Verfahrenstechniker und Gummichemiker von Continental Teil eines immer schneller wachsenden Netzwerks von Züchtungsforschern, Besatzungsstellen in der Ukraine und anderen Ostgebieten, dem Generalbevollmächtigten für das Kraftfahrwesen und nicht zuletzt der SS geworden. Obwohl weder die Anbaumethoden noch die Gewinnungsverfahren geklärt waren, wurden im Herbst 1942 in einer speziell errichteten Anlage im Werk Limmer die ersten Tonnen „Löwenzahn-Kautschuk" verarbeitet und daraus auch einige wenige Versuchsreifen herzustellen versucht. Die Ergebnisse blieben jedoch weit unter den hohen Erwartungen aller Beteiligten. Ungeachtet der letztlich gescheiterten Maßnahmen zum Pflanzenanbau, der Gewinnung von „Löwenzahn-Kautschuk" und dessen Verarbeitung planten die Reichswehr wie das Reichswirtschaftsministerium dennoch den Aufbau gigantischer Pflanzenkautschuk-Plantagen in der Ukraine, der den landwirtschaftlichen Anbau von Nahrungsmitteln massiv verdrängen würde. Infolge des weiteren Kriegsverlaufs wurden die Bemühungen dann aber eingestellt. Ohne die kautschuktechnischen Versuche und Verfahrensentwicklungen von Continental hätte das Reichswirtschaftsministerium seine großspurigen Pflanzenkautschuk-Pläne im Osten aber gar nicht vorantreiben können. Offensichtlich verfolgte man in Hannover mit dem Engagement in der Pflanzenkautschukfrage die Strategie, sich die Option für ein womöglich durchaus vielversprechendes Verfahren zum Ersatz von teurem Naturkautschuk-Import durch riesige Plantagenpflanzungen im Osten offenzuhalten. Dass die Vision des RWM, in der Ukraine entsprechende Monokulturen anzubauen, nicht nur mit einer Zerstörung weiter landwirtschaftlicher Gebiete im Osten sowie vor allem auch mit erheblichem Einsatz von Zwangsarbeitern für Aussaat, Aufzucht und Ernte verbunden war, spielte dabei keine Rolle. Dabei war offensichtlich, dass es sich aufgrund des doch eher geringen Kautschukgewinnungsgrads und auch eher minderwertiger Qualität um ein höchst unwirtschaftliches Verfahren handelte, das nur durch die Ausbeutung der ukrainischen Bevölkerung und den Raub ihrer Agrarflächen funktionieren konnte.

Am Ende wanderte nach 1945 das vielfältige Rohstoff- und Kautschuk-Wissen aus Deutschland durch die gezielte Abwerbung deutscher Experten, aber auch die Aneignung im Zuge „intellektueller Reparationen" durch die alliierten Besatzungsbehörden vor allem in die USA ab. Es sollte dann wenige Jahre später wieder als amerikanische Technologie und amerikanisches Know-how nach Deutschland zurückkehren. Mit der Erfindung des Synthesekautschuks hatten Gummiindustrie und Kautschukgroßchemie quasi in einem Boot gesessen. Die Continental und der IG-Farben-Konzern arbeiteten eng zusammen und das Reifenunternehmen hatte an der Entwicklung und technischen Anwendbarkeit des Kunstkautschuks mindestens einen ebenso hohen Anteil wie der Chemiekonzern. Es gab mithin zeitweise eine große technologische Konvergenz im Rohstoffbereich, die für Continental wegen eines möglichen Einstiegs der IG Farben ins Reifengeschäft höchst gefährlich war. Diese Konvergenz löste sich aber nach 1945 wieder auf. Beide Branchen gehörten letztlich einer anderen Welt an und gingen spätestens nach dem Zweiten Weltkrieg getrennte Wege.

Rohstoffmanagement im Zeichen von Korea- und Ölpreis-Krise (1950er bis Anfang der 1980er Jahre)

Am Anfang wie am Ende dieser Periode stehen (wieder einmal) zwei weltpolitische Krisen, die die Rohstoffversorgung und Rohstoffkosten der Continental, aber auch der übrigen deutschen Unternehmen, massiv beeinflussten. Die Rohstoffversorgung der ersten Nachkriegsjahre war dabei zunächst prekär gewesen. Der Import von Naturkautschuk war aufgrund der angespannten Devisenlage äußerst begrenzt; die deutsche Synthesekautschuk-Industrie ihrerseits war der alliierten Kontrolle unterworfen worden. Mit dem Werk Schkopau lag der größte Teil der Buna-Kapazitäten in der Sowjetischen Besatzungszone und fiel damit für die Rohstoffversorgung praktisch aus, und auf westlicher Seite verzögerten die Entflechtungsmaßnahmen des IG-Farben-Konzerns durch die Alliierten eine rasche Wiederaufnahme der Synthesekautschuk-Produktion im Werk Hüls. Allenthalben lasteten Demontagedrohungen auf der als Rüstungskonzern eingestuften Fabrik, dazu kamen von der britischen Besatzungsmacht im Juni 1948 bzw. April 1949 erlassene Produktionsverbote von Buna und Butadien. Als offizielle Begründung wurden dafür die Argumente und Ziele der alliierten Demilitarisierungspolitik angegeben. Der eigentliche Grund des Verbots lag jedoch in dem Bestreben Großbritanniens, ein weiteres Vordringen des Synthesekautschuks zu verhindern. Gerade in jenen Jahren war der Überschuss malaysischen Kautschuks besonders hoch, und Großbritannien fürchtete um eine wichtige Devisenquelle. Deutschland sollte den durch die Kautschukpolitik der USA entstandenen Nachfragerückgang nach Naturkautschuk zum Teil wettmachen.

Continental war schon 1949 angesichts der anziehenden Nachfrage auf den Weltmärkten mit deutlich steigenden Natur- wie Synthesekautschukpreisen konfrontiert worden. Der 1950 ausgebrochene Korea-Krieg, der bis 1953 dauern sollte, hatte dann eine regelrechte Rohstoff-Hausse ausgelöst und auch zu einer „großen Kautschukverteuerung" geführt. Verglichen mit dem Stand am 1. Januar 1950, als man für das Kilogramm Naturkautschuk 1,80 DM zahlte, kletterten die Naturkautschukpreise bis April 1951 auf das Vierfache. Teilweise war der Preis für ein Kilogramm Naturkautschuk cif Hamburg auf über 7 DM geklettert. „Die Wagnisse infolge der ungewöhnlichen Preisschwankungen auf den Rohstoffmärkten erhöhten sich gewaltig", hieß es dazu im Geschäftsbericht für 1951. „Da auf allen Gebieten unserer Fertigung der Übergang zum Käufermarkt stattfand, standen wir laufend vor kalkulatorischen Schwierigkeiten ungewöhnlichen Umfanges. Zu keiner Zeit war es möglich, die Verkaufspreise nach dem Wiederbeschaffungspreis der eingesetzten Rohstoffe zu bilden." Das Continental-Management stand damit nach vielen Jahren wieder vor dem Problem der risikobehafteten Kauf- und Lagerhaltungspolitik bei Kautschuk, und in den Geschäftsberichten dieser Jahre nahmen die Ausführungen zu den Beschaffungsmaßnahmen bald mehr Raum ein als in den Zeiten der letzten großen Rohstoffpreis-Herausforderung nach der Jahrhundertwende. Vor allem wirkten sich die Preissteigerungen für Continental auch nachteilig auf die Wettbewerbsfähigkeit aus, die man mühsam in den Nachkriegsjahren wieder zu erreichen suchte. Denn aufgrund der noch vielfach veralteten Reifentechnologie war man in der Fertigung und Verarbeitung zu einem erheblich höheren Anteil an Naturkautschuk gezwungen, während die ausländischen Konkurrenten in erheblichem Maß auf den billigeren Synthesekautschuk zurückgreifen konnten. Dazu kamen rohstoffpolitische Maßnahmen des Bundeswirtschaftsministeriums, die stark in der staatsdirigistischen Tradition der vorangegangenen Jahre standen und die kautschukverarbeitende Industrie finanziell belasteten. Im Mai 1952 wurde eine Preisausgleichskasse zur Subventionierung der wiederentstehenden deutschen Synthesekautschukindustrie eingerichtet, die zum Großteil von der deutschen Gummiindustrie finanziert wurde. Sie bestand bis April 1960, obwohl sich die Preis- wie Produktionskonstellationen im Synthesekautschukbereich längst grundlegend verändert hatten.

Bereits im Verlauf des Jahres 1952 hatte mit der sich abzeichnenden weltpolitischen Entspannung ein erheblicher Preissturz auf den Welt-Rohstoffmärkten eingesetzt, der auch die Naturkautschukpreise ebenso wie die Baumwollpreise deutlich verbilligte. Anders als beim Synthesekautschuk prägten aber auch in der Folgezeit Mitte der 1950er Jahre erhebliche Preisschwankungen das Bild. Politische Krisen wie die Suez-Krise im Oktober 1956 schlugen bei weitem nicht mehr so stark auf den Naturkautschukpreis durch, vor allem aber hatte Continental inzwischen ihren Anteil an Synthesekautschuk am Gesamtkautschukverbrauch deutlich gesteigert – von einst knapp 5 Prozent (1950) auf 25,4 Prozent (1956). Damit kehrte endlich weitgehende Ruhe an der Preis- wie Versorgungsfront von Kautschuk ein. Ein wesentlicher Einflussfaktor war jedoch nun neu hinzugekommen: die Währungsrelationen, insbesondere zwischen DM und Dollar, die infolge von Ab- oder Aufwertungen ihrerseits doch wieder erhebliche Preisfluktuationen bei den Rohstoffen auslösen konnten. Die DM-Aufwertung von 1961 etwa sollte auch bei importierten Rohstoffen erhebliche Einsparungen für Continental bedeuten, die die Kalkulatoren in der Einkaufsabteilung mit 5,184 Mio. DM im Jahr veranschlagten. „Ebenso schnell, wie uns aus der Rohstoffsituation Gewinne zuwachsen, können auch, wie die Erfahrung gezeigt hat, Verluste entstehen", hieß es dazu aber wenig später im Geschäftsbericht für 1962. „Wir haben es immer noch bei unseren Rohstoffen mit politisch außerordentlich preisempfindlichen Gütern zu tun." Der Kautschuk hatte dabei inzwischen seine Position als strategischer Rohstoff aber weitgehend eingebüßt und diese Rolle an das Erdöl abgegeben, das nicht nur die Basis der Kunststofferzeugung, sondern auch der neuen amerikanischen Synthesekautschuksorten darstellte. Die Fieberkurve der Weltwirtschaft und ihrer Entwicklung repräsentierten nun die Ölpreischarts. Als wichtigste Rohstoffe tauchten in den Geschäftsberichten von Continental zunächst aber neben Natur- und Synthesekautschuk Baumwollcord, Kunstseidecord, Zinkweiß und Messing auf. Dahinter verbargen sich Änderungen in der Reifentechnologie, die unter anderem mit Weißwandreifen ganz auf die USA ausgerichtet war. Infolgedessen war auch der Anteil von Kunstkautschuk rasch weiter gestiegen und hatte 1961 erstmals mehr als 50 Prozent des Gesamtkautschukverbrauchs erreicht. Die jahrzehntelang so gefürchteten Preisausschläge bei Naturkautschuk, so jedenfalls dachten die Continental-Vorstände Anfang der 1960er Jahre, gehörten endgültig der Vergangenheit an. Doch sie sollten sich irren. Neben seiner Funktion „als ausgezeichneter Stabilisator für den Naturkautschukpreis" hatte sich aber auch die Qualität von Synthesekautschuk soweit verbessert, dass Naturkautschuk weiter verdrängt wurde. Es war der Chemieindustrie gelungen, Kunstkautschuktypen zu entwickeln, die der Molekularstruktur des Naturkautschuks weitgehend entsprachen. Auch die deutsche Großchemieindustrie spielte hier inzwischen wieder eine maßgebliche Rolle, aber auch in den Forschungs- und Entwicklungs-Abteilungen von Continental beschäftigte man sich intensiv wieder mit Synthesekautschuk und daneben mit den neuen Kunststofftechnologien.

Doch noch Mitte der 1960er Jahre zeichnete sich ab, dass die Ära der politischen Naturkautschukpreise keineswegs vorbei war. Im Mai 1964 trieb der ausgebrochene Konflikt zwischen Malaysia und Indonesien um Nordborneo den Continental-Rohstoffeinkäufern die Sorgenfalten auf die Stirn. Beide Länder vereinigten 65 Prozent der weltweiten Naturkautschukversorgung auf sich und beim Ausbruch eines offenen militärischen Konflikts „sieht es mit der reibungslosen Versorgung mit Naturkautschuk böse aus", wie die Einkaufsabteilung in ihrem Bericht Anfang März 1965 notierte. Dazu kamen die Zuspitzungen der Konflikte in Vietnam, hinter denen unter anderem auch die Enteignungen der dortigen Kautschukplantagen von Michelin standen. Auch in Afrika registrierten die Continental-Einkäufer besorgniserregende Spannungen zwischen Nigeria und Kongo, beide ebenfalls nicht ohne Bedeutung für die Naturkautschukgewinnung. Die Rohstoffmärkte der Welt drohten, zumindest was Naturkautschuk betraf, in Unsicherheit und Chaos zu versinken. Turbulenzen anderer Art prägten zur gleichen Zeit auch den Bereich des Synthesekautschuks. Hier gab es inzwischen ein massives Überangebot, das vor allem durch Russland als neu und in großem Stil auf den Markt drängenden Anbieter ausgelöst worden war, die Preise stark drückte und schließlich internationale Bemühungen zur Kartellierung und Absprache bei Produktionsmengen wie Preisen auslöste, auch um den „unnötigen Wettbewerb zwischen Natur- und Synthesekautschuk" zu beenden. Auf dem Synthesekautschukmarkt wurde jedoch mit harten Bandagen gekämpft. Die vier größten europäischen Produzenten strengten etwa ein Antidumping-Verfahren gegen die ausländischen Hersteller an, um ein weiteres Vordringen vor allem der Amerikaner zu verhindern. Das sich anbahnende Ende der „Wirtschaftswunderjahre", das auch in engem Kontext zu einem weltweit einsetzenden Konjunkturabschwung stand, sorgte dann Ende der 1960er Jahre für einen erneuten Preiseinbruch auch bei Naturkautschuk, zu dem 1967 die niedrigsten Notierungen seit 1950 verzeichnet wurden, auf die allerdings schon im Jahr darauf scharf anziehende Preise folgten, Schwankungen, die damals niemand mehr für möglich gehalten hatte. Neben den Russen traten dabei auch die Chinesen als umfangreiche Aufkäufer in Erscheinung. Die Rohstoffwelt der 1960er Jahre war kaum weniger turbulent wie die der späten 1920er Jahre, auch wenn sich die Konstellationen und vor allem die Akteure geändert hatten.

Abb. 57: Anlieferung von Naturkautschukballen in Hannover-Stöcken.

Continental verarbeitete zu dieser Zeit ca. 50.000 Tonnen Naturkautschuk pro Jahr; täglich rollten dutzende Lastzüge in das Gebäude 51 des Kautschuklagers in Stöcken. Die Ära der sicheren und günstigen Kautschuk- und Rohstoffversorgung ging jedoch im Verlauf der 1970er Jahre jäh zu Ende. Dafür gab es mehrere, höchst unterschiedliche Gründe. Zum einen kam es im Gefolge eines sich verschärfenden Nahost-Konflikts 1973 zu einem Lieferboykott der erdölexportierenden arabischen Länder, der sich in einem explosionsartigen Anstieg des Ölpreises niederschlug. Und diese Unsicherheit sollte bis 1983 anhalten. Nicht nur Synthesekautschuk, auch Naturkautschuk stieg in der Folge erheblich im Preis, allein zwischen Herbst 1972 und März 1973 um über 75 Prozent. Erst jetzt realisierte man in Hannover, dass Continental inzwischen weit mehr als vermutet und wahrgenommen vom Erdöl abhängig war. „Zauberwort Naphta: Darum ist

Conti vom Erdöl so abhängig" titelte die Mitarbeiterzeitung *conti intern* im Juni 1979 und versuchte damit auch der Belegschaft den Ernst der Lage zu verdeutlichen. Continental-Produkte waren im Durchschnitt zu ca. 70 Prozent vom Erdöl abhängig, und diese Abhängigkeit bekam man auch dadurch zu spüren, dass bei Synthesekautschuk und weiteren Rohstoffen der Chemiekonzern Bayer und dessen Tochterunternehmen CWH nahezu Alleinlieferant waren. 1972 bezog man dort für 94,7 Mio. DM chemische Hilfsstoffe, Lösungsmittel, Weichmacher, Schaumrohstoffe, Kunstfasern und Kunststoffe sowie für knapp 50 Mio. DM Synthesekautschuk; das waren 70 Prozent des Gesamtbedarfs. Als die Chemieindustrie im Gefolge der Ölpreisexplosion in eine tiefe Strukturkrise geriet, bekam das auch Continental zu spüren. 1974 verbuchten die Einkäufer in Hannover eine Verteuerung der Rohstoffe um ca. 30 Prozent, was Mehraufwendungen von 120 Mio. DM bedeutete – und das in einer Phase, in der Continental um das Überleben kämpfte. Angesichts der zunehmend unübersichtlichen Lage auf den Beschaffungsmärkten hatte man in Hannover den Einkaufsbereich personell verstärkt und weiter professionalisiert. Seit 1972 gab es ein eigenes Vorstandsressort „Einkauf und Logistik", die Kapitalbeteiligungen an den Deutschen Gasrußwerken und an der Drahtcord Saar wurden verstärkt und mit weiteren Investitionen abgesichert, und mit Hilfe von moderner EDV versuchte man, mehr Transparenz in das Geflecht von Lieferanten, Händlern, Bestellungen und Abrechnungen zu bekommen. Nach wie vor galt die Parole „im guten Einkauf liegt der halbe Gewinn" für die Beschaffungspolitik bei Continental, aber mehr denn je machten Währungsschwankungen und laufende Verschiebungen zwischen den Währungsrelationen den Einkäufern das Leben schwer. Naturkautschuk wurde nach wie vor traditionell in britischen Pfund gehandelt und abgerechnet, Erdöl in amerikanischen Dollar, Stahl in DM oder aber auch in französischen Francs. Das war die Geburtsstunde eines ebenso modernen wie komplexen Devisenmanagement-Systems, für das Continental in den 1980er Jahren bekannt werden sollte.

Der zweite Grund für das Ende der alten Synthesekautschuk-Welt war eine Revolution der Reifentechnologie, die Michelin ausgelöst hatte. Der Stahlcord-Radialreifen benötigte eine vom bisherigen Reifenaufbau erheblich abweichende Rohstoffzusammensetzung. Das merkte man in Hannover, noch ehe man die Technologie selbst beherrschte und anwandte, schon 1969 aufgrund einer sprunghaft angestiegenen Nachfrage nach Nyloncord bzw. Rayon, dann aber auch nach Stahlcord. Hier war über kurz oder lang ein kritischer Engpass zu befürchten, dem Continental durch den frühzeitigen Bau einer Drahtcordfabrik in Merzig/Saar zusammen mit Pirelli zu entgehen suchte. Vor allem aber benötigte man bei der Herstellung des Stahlgürtelreifens qualitativ höchstwertigen Kautschuk, was nichts anderes bedeutete, als dass nun verstärkt wieder Naturkautschuk zum Einsatz kam. Die noch 1971 geäußerte Prognose des Continental-Chefchemikers, dass man in nur zwei Jahren nur noch ein Drittel des gegenwärtigen Naturkautschukverbrauchs benötige, hatte sich als falsch herausgestellt und die F&E in Hannover auch auf einen falschen Pfad geführt. Eine Bestandsaufnahme der Struktur des Beschaffungsmarkts für das Jahr 1975 macht schlaglichtartig dessen damalige Spezifika deutlich: Bei den Rohstoffgruppen bestimmte nach wie vor Kautschuk mit 24 Prozent das Bild, gefolgt von Chemikalien (23 Prozent), Stahl (13 Prozent), Textilien (11 Prozent), Hilfs- und Betriebsstoffe (12 Prozent) und Handelsware (17 Prozent). Bei der Herkunft der Rohstoffe dominierte mit 88 Prozent Europa, wobei allein der Anteil aus der Bundesrepublik bei 65 Prozent lag. Aus Asien und Afrika kamen 10 Prozent der Rohstoffe, aus den USA 2 Prozent. Dies sollte sich 40 Jahre später geradezu dramatisch ändern.

Die auch Anfang der 1980er Jahre noch anhaltende Hektik und Unsicherheit auf den Beschaffungsmärkten mit neuerlichen Preissprüngen bei Naturkautschuk um bis zu 50 Prozent hatten dazu geführt, dass es im Vorstand 1981 ernsthafte Überlegungen gab, in Indonesien eine eigene Kautschukplantage aufzuziehen bzw. sich daran zu beteiligen. Die Gelegenheit hatte sich im Zusammenhang mit der Kooperation mit dem amerikanischen Reifenkonzern Uniroyal ergeben. Die indonesische Regierung hatte ein Interesse, ausländisches Kapital ins Land zu holen und dazu auch den heimischen Agrarlandbesitz für Externe geöffnet. Im Februar 1981 reiste der damalige Generalbevollmächtigte und spätere Continental-Vorstand, Dr. Jens P. Howaldt, nach Jakarta, um sich ein Bild von den Gegebenheiten zu machen. Als Know-how-Partner setzte man dabei auf Uniroyal, die ganz anders als Continental bereits lange Erfahrung im Management einer Kautschukplantage besaß, dort selbst eine betrieb (die allerdings Mitte der 1960er Jahre enteignet worden war und seither auf der Basis eines langfristigen Pachtvertrags weitergeführt wurde) und zudem auch über ausreichende Beziehungen zu den indonesischen Behörden verfügte. Das Projekt schien verlockend, nicht zuletzt, da die Amerikaner Howaldt das Plantagengeschäft als hochprofitabel schmackhaft zu machen versuchten, selbst aber nicht über genügend Kapital verfügten, um ein neues Projekt allein in Angriff nehmen zu können. Die Gespräche mit den Indonesiern waren dann jedoch „nur zum Teil fruchtbar", wie der Continental-Manager schnell ernüchtert feststellte. Das ganze Projekt erforderte nicht nur erhebliches Kapital von 35 Mio. Dollar und mehr, sondern man konnte auch mit keinerlei längerfristiger Investitionssicherheit durch die dortigen Behörden rechnen. Das Projekt lief schließlich anstelle einer

Neugründung auf einen anteiligen Verkauf der Uniroyal-Plantage an Continental für 14 Mio. Dollar hinaus. Angesichts der dennoch bestehenden hohen Risiken legte man das Projekt im Oktober 1981 zunächst auf Eis, ohne es je wiederaufzunehmen.

Nachhaltiges Lieferketten-Management, „Löwenzahn-Kautschuk" und „smart rubber". Umbrüche in der Rohstoff-Welt vom Anfang der 1980er Jahre bis heute

In den 1970er Jahren wurde das Verhältnis von Ökonomie und Ökologie neu definiert, allenthalben wurden die Grenzen des Wachstums und der Bedrohung der Natur diskutiert und die Chemiekonzerne wegen der Verarbeitung giftiger Stoffe und deren verantwortungslosen Entsorgung zunehmend an den Pranger gestellt. Dennoch hatten in der Unternehmenspolitik der Continental Reflexionen über die umweltbezogenen Implikationen der Rohstoffgewinnung und -verarbeitung, über ökologische Folgen der Monokultur und der Urwaldvernichtung durch die Kautschukplantagen und die Berücksichtigung von Nachhaltigkeit kaum Einzug gehalten. 1977 war im Werk Vahrenwald ein neues Kühlwasserkreislauf-System eingebaut worden, das einen Verzicht auf den bisherigen Verbrauch von Trinkwasser zur Maschinenkühlung ermöglichte. Zwei Jahre später wurde das Werk Limmer mit Luftfilteranlagen ausgestattet, um die geruchsbeladene Abluft vor allem beim Altreifenrecycling zu neutralisieren. Die Geruchs- und Lärmbelästigung der Anwohner war bei den beiden, innerhalb von Wohngebieten liegenden Werken Vahrenwald und Limmer ein altes Problem, und erst die Stilllegung der Regeneratfabrik sowie auch der Akkumulatorenkästenfertigung in den 1980er Jahren brachten eine wirkliche Entspannung. Anfang der 1980er Jahre hatte es dann aber zwei Fälle gegeben, in denen Continental zum „Umweltsünder" wurde: So lief 1983 in Stöcken ein Ölkessel aus und verschmutzte die Leine, im Juni 1984 standen dann schwarze Rußwolken über dem Stöckener Werk. Es blieben Einzelfälle, aber noch immer wurden vor allem Kohle und Öl zur Dampferzeugung in den Vulkanisationsbetrieben eingesetzt und erst nach und nach stellte man auf umweltfreundlichere Brennstoffe wie Gas um. Doch das waren letztlich nur vereinzelte Umweltschutzmaßnahmen ohne systematische Integration in die Unternehmenspolitik. Es ist bezeichnend, dass bis in die 1990er Jahre hinein der Umweltschutz beim Leiter der Energietechnik und damit in einer untergeordneten Abteilung angesiedelt war.

Erst 1992 wurde bei Continental ein umfassendes Konzept einer umweltorientierten Unternehmensstrategie entworfen. „Wir begreifen Umweltschutz als Aufgabe, das Verhältnis zwischen den Bedürfnissen der Zivilisation und der natürlichen Umwelt zu optimieren", hieß es darin. Man verpflichtete sich zur ständigen Überprüfung der Fertigung auf ihre Umweltverträglichkeit und ressourcenschonende Organisation, pries die Herstellung von Produkten mit „deutlichen ökologischen Vorteilen" wie geräuscharme und durch lange Laufleistungen benzinsparende Reifen, umweltbelastende Rohstoffe wie Fluorchlorkohlenwasserstoffe (FCKW) oder nitrosaminhaltige Kautschukchemikalien wurden ausgetauscht und verbannt und allenthalben Verfahren zur Optimierung der Runderneuerung von Lkw-Reifen und zur Wiederverwertung von Altreifen hervorgehoben. Nicht zuletzt verwies man auf den hohen Anteil (tatsächlich waren es ca. 30 Prozent) von Naturkautschuk als umweltfreundlichen, nachwachsenden Rohstoff in der Reifenproduktion. Diese positive Bilanz einer „neuen grünen Continental" bezog sich allerdings fast ausschließlich auf Deutschland und wurde durch massive Umweltprobleme in einer Reihe der inzwischen erworbenen Fabriken in den USA, allen voran der früheren General-Tire-Produktionsstätte für Synthesekautschuk in Odessa/Texas, erheblich getrübt. In der Folgezeit wurden die ökologischen Bemühungen dennoch intensiviert. 1994 wurde mit der Reifenentsorgungsgesellschaft ein eigenes Recyclingunternehmen der Continental gegründet, das die wachsenden Gummimüllberge bekämpfte und die umweltgerechte Wiederverwendung, Entsorgung und Verwertung von Altreifen nach internationalem Standard organisierte. Am 4. Oktober 1995 erhielt das Werk Korbach für seine Bemühungen zur Senkung von Strom-, Wärme- und Wasserverbrauch das europäische Öko-Zertifikat, das damit erstmals an ein deutsches Großunternehmen vergeben wurde und Continental zum Vorreiter in der deutschen Industrielandschaft machte. In den folgenden Jahren wurden dann sämtliche (deutschen) Werke einem Öko-Audit unterworfen.

Die eigentliche Rohstoffversorgung, vor allem auch im Kautschukbereich, hatte im Zeichen internationaler Regulierungsbemühungen gestanden. 1980 war erstmals seit den 1930er Jahren wieder ein „International Rubber Agreement" in Kraft getreten, das, initiiert durch die UN-Welthandelsorganisation UNCTAD, zwischen sechs Kautschukexportländern und 26 Importländern Regeln zur Abstützung des Naturkautschukpreises in vereinbarten Schwankungsbreiten festlegte. 1987 und 1995 wurden entsprechende Anschlussabkommen vereinbart. Die Rohstoffeinkäufer von Continental realisierten dennoch, dass der Rohgummikauf internationaler und auch komplizierter geworden war. Schon Mitte der 1980er Jahre waren sie zu den Lieferanten in aller Welt unterwegs, um deren

Güte und Zuverlässigkeit vor Ort zu überprüfen. Noch kam mit 76 Prozent der Löwenanteil der verarbeiteten Rohstoffe aus europäischen Ländern, aber der Anteil Asiens und auch des damaligen Ostblocks stieg merklich. 1988 war man in Hannover trotz aller internationaler Regulierungsbemühungen mit Preisen für Naturkautschuk konfrontiert, deren Höhe man seit langem nicht mehr gekannt hatte. Zusätzliche Kosten verursachten aber auch Rohmaterialumstellungen, die infolge der verschärften Umweltschutz- und Arbeitssicherheitsbestimmungen notwendig wurden. Letztere entwickelten sich nun zu regelrechten Kostentreibern und verteuerten die Rohstoffversorgung von Continental. Auch politische Ereignisse wie der Golfkrieg 1990 sorgten, wenn auch nur kurzzeitig, für Turbulenzen. „Zur besseren Versorgung des Konzerns mit qualitativ konstantem und hochwertigem Naturkautschuk" war im April 1990 auch ein eigenes Einkaufsbüro in Singapur eröffnet worden. Inzwischen verbrauchte Continental jährlich rund 200.000 Tonnen Naturkautschuk, und der Großteil davon kam aus Indonesien. Aus Singapur trafen nun regelmäßige Berichte über die Liefer- und Preissituation am Naturkautschukmarkt in Hannover ein. „Die Knappheit an Naturkautschuk hat sich im Laufe des Jahres fortgesetzt", hieß es etwa in einem Schreiben vom Oktober 1994. „China war ein sehr aggressiver buyer und dehnte die Einkaufsaktivitäten auf die gesamten Länder Südostasiens aus. [...] Erst wenn sich zudem die Spekulanten aus dem Markt zurückziehen, ist mit niedrigeren Preisen zu rechnen."

Tatsächlich war Continental zwischen 1993 und 1995 mit drastischen Preissteigerungen bei Rohmaterialien konfrontiert. Der Preis für Naturkautschuk erreichte Anfang 1995 historische Höchststände, und bei Ruß sah man sich einem Oligopol gegenüber, das Preiserhöhungen von 20 Prozent durchgesetzt hatte. Insgesamt wurde für 1995 mit einer Verschlechterung der Einkaufspreise gegenüber dem Plan von fast 350 Mio. DM gerechnet. In diesem Zusammenhang standen auch Verhandlungen mit dem Erzkonkurrenten Michelin, die 1996 in der Gründung eines Gemeinschaftsunternehmens mündeten, über das nicht nur eine Zusammenarbeit bei Recycling und Runderneuerung erfolgen sollte, sondern vor allem auch beim Einkauf von Rohstoffen und Halbfertigprodukten. Mehr Bedeutung gewann demgegenüber dann im Jahr 2000 die Beteiligung an der Rubber-Network.com, einem globalen elektronischen Beschaffungsmarkt für die Gummi- und Reifenindustrie. Wie stark sich inzwischen die weltweiten Beschaffungsmärkte im Zuge der Globalisierung verändert hatten, bekam Continental vor allem nach der Jahrtausendwende deutlich zu spüren. Im Rohstoffbereich hatten nun die Anbieter das Sagen, die Märkte hatten sich von Käufer- zu Verkäufermärkten gewandelt, und Grund dafür war vor allem das rasante wirtschaftliche

Wachstum in China, verstärkt durch eine lange Konjunkturerholung in den USA und Japan mit entsprechenden Nachfragesteigerungen. Bei den preisvolatilen, börsennotierten Rohstoffen, allen voran Naturkautschuk, setzte 2004 eine Hausse ein, die den Preis auf zeitweise über 1.200 Dollar je Tonne trieb, das waren über 30 Prozent mehr gegenüber dem Vorjahr, und 2005 auf ein Zehnjahreshoch hievte. Auch der Rohölpreis verzeichnete historische Höchststände von über 55 US-Dollar pro Barrel. Unter dem Strich mussten in Hannover im Jahr 2005 100 Mio. Euro mehr als geplant für Rohstoffe ausgegeben werden, aber das Ende der Belastungen war noch lange nicht erreicht. Die weltweit explodierenden Rohstoffkosten waren zu diesem Zeitpunkt das größte Problem für Continental, die damals ein Einkaufsvolumen von über 8 Mrd. Euro aufwies.

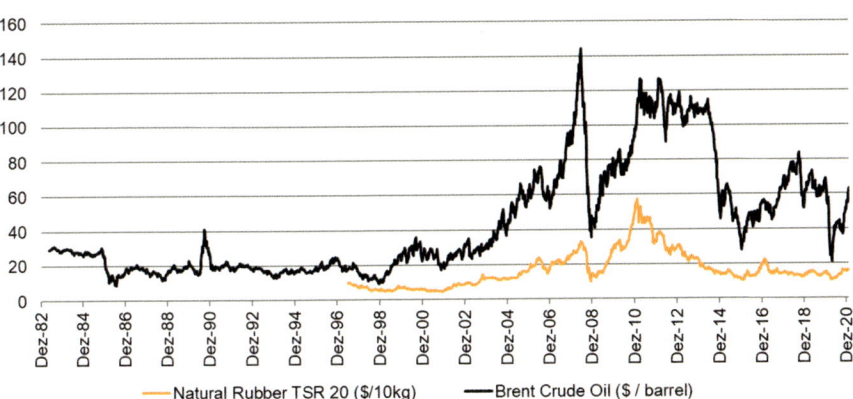

Abb. 58: Entwicklung der Preise für Naturkautschuk und Rohöl 1982 bis 2020.

Die Rohstoff-Hausse dauerte bis Juli 2008 mit Preisen von fast 3.800 Dollar je Tonne Naturkautschuk und 145,7 US-Dollar je Barrel Rohöl. Dann sorgte die Finanz- und Konjunkturkrise für einen jähen Preissturz, der jedoch nur von kurzer Dauer war und 2010 bereits wieder von signifikanten Rohstoffpreiserhöhungen abgelöst wurde. Continental hatte inzwischen ihr Beschaffungsmanagement weiter professionalisiert und eine zentrale Konzerneinkaufs-Abteilung geschaffen, in der das gesamte hochkomplex gewordene Supply-Chain-Management und die Lieferantenpolitik des Unternehmens organisiert wurde, bei der auch zunehmend die Qualitätssicherung vor Ort im Mittelpunkt stand. Längst wurden in den Werken auch Ökobilanzen erstellt, die die Umweltauswirkungen über den gesamten Produktlebensweg aufzeigten. Eine wirkliche Verquickung von Rohstoffmanagement, Umweltpolitik und Nachhaltigkeitszielen, in dessen

Gefolge auch eine neue Sichtweise auf den Kautschukeinkauf und das damit verbundene Lieferkettenmanagement vorherrschend wurde, erfolgte bei Continental jedoch eigentlich erst seit etwa 2006. Nach fast 15 Jahren wurde das Continental-Umweltmanagement-System von 1992 weiterentwickelt und neu fokussiert, und erst jetzt wurde explizit auch der Umweltschutz als fester Bestandteil der operativen Managementaufgaben verstanden und in ein umfassendes Managementsystem eingebettet. Ein eigener Bereich „Qualität und Umwelt" wachte darüber, dass die Prinzipien von Ressourcenschonung, die Verpflichtung der Mitarbeiter zum Umweltschutz sowie die Berücksichtigung der ökologischen Auswirkungen über die gesamten Wertschöpfungsketten hinweg und während des gesamten Produktlebenszyklus und nicht zuletzt die operative Umweltrelevanz in der Produktion konzernweit auch verfolgt und eingehalten wurden. Man beteiligte sich denn auch im Jahr 2018 führend an einer Initiative der weltweit größten Reifenhersteller, um mit Hilfe eines wissenschaftlichen Projekts durch den „World Business Council for Sustainable Development" den Zusammenhang von Reifenabrieb und Feinstaubaufkommen zu untersuchen.

Kontinuierlich wurden nun auch Verbrauchsindizes in der Produktion erhoben und auf deren kontinuierliche Reduzierung hingearbeitet, sei es der Energieverbrauch pro Tonne Produkt, der spezifische Wasserverbrauch, das Abfallaufkommen oder die CO_2-Emissionen. Bei allen Kennzahlen konnte man schon nach wenigen Jahren signifikante Verminderungen zwischen 30 und 40 Prozent konstatieren. Frühzeitig wurden etwa auch die verschiedenen Grenzwerte für gesundheitsschädliche Stoffe, die über europäische und nationale Umweltrichtlinien verbindlich gemacht wurden, im Produktionsbereich umgesetzt. Reifenfertigung bei Continental bedeutete längst auch die konsequente Arbeit an der Umweltverträglichkeit der eingesetzten Materialien. Mit einer Reihe von Produkten zur Förderung von Klimafreundlichkeit und Energieeinsparung konnte das Unternehmen auch öffentliche Aufmerksamkeit erregen: seien es energieeffiziente Förderbänder, ein „Öko-Zahnriemen", der aus einer Ummantelung von überwiegend nachwachsenden Rohstoffen und ohne Ruß neue Wege der Antriebstechnik einschlug, klimaneutral hergestellte Drucktücher, ein Kraftstoffqualitätssensor zur Erhöhung der Effizienz der Motorsteuerung oder ein Piezo-Einspritzsystem, mit dem der Dieselverbrauch gesenkt wurde, wofür Continental 2010 den Innovationspreis für Klima und Umwelt der deutschen Wirtschaft erhielt. Aufsehen erregte Continental auch mit einer „Hurricane Machine" zum Recyceln von Stahlcord, mit der im slowakischen Werk Púchov die jährlich im Konzern anfallenden 2.500 Tonnen Abfälle getrennt und wiederverwertet werden konnten, anstatt wie zuvor auf Deponien in Osteuropa entsorgt oder als Müllexport nach China verschifft zu werden. Nachhaltigkeit war damit vom Schlagwort zur integrierten Produkt- und Unternehmenspolitik geworden.

„Continental goes green" lautete 2011 die allenthalben verkündete Formel zur Neuausrichtung des Unternehmens auf Megatrends wie z. B. „Nachhaltige Mobilität". Man setzte sich bei der Reduzierung von Emissionen und Abfall sowie der Einsparung von Roh- und Betriebsstoffen ehrgeizige Ziele und verstärkte die Bemühungen zur Entwicklung innovativer ressourcenschonender Produkte. Die entsprechenden Aktivitäten flossen dann 2014 in die Formulierung einer neuen konzernweiten Umweltstrategie ein, die unter dem Leitbild „Schaffung nachhaltiger Lösungen" stand und die ehrgeizigen Einsparungsziele für weitere Jahre fortschrieb. Die Formulierung einer konzernweiten Umweltstrategie war allerdings eines, deren tatsächliche Umsetzung nach einheitlichen Standards weltweit in den Konzernstandorten ein anderes. Nach wie vor war die Umweltrelevanz in der Rubber Group mit ihrem großen Einsatz von Rohstoffen und Chemikalien sowie den energieintensiven Misch- und Vulkanisationsprozessen in der Produktion am stärksten. Vor allem der erhebliche Sanierungs- und Nachrüstungsbedarf in den sogenannten Brownfields, den von Continental im Zuge der Übernahmen erworbenen weltweit verstreuten Werken, stellte eine permanente Herausforderung dar und hinkte der Entwicklung in den „Greenfields", den auf der grünen Wiese neu errichteten Produktionsstandorten, oft weit hinterher. Aber auch in der Automotive Group ergaben sich vielfältige Umweltbezüge, man denke nur an die Bewältigung des jahrzehntelang ungelösten Problems des umwelt- und gesundheitsschädlichen Abriebs von Bremsbelägen.

Zwei Entwicklungen machen dabei anschaulich, wie sich der neue Umgang von Continental mit ihren Rohstoffen und allem voran mit dem nach wie vor dominierenden Hauptrohstoff Kautschuk in der Praxis niederschlug. Das eine war ein langfristig angelegtes Forschungs- und Entwicklungsprojekt zur industriellen Nutzung von Kautschuk aus russischem Löwenzahn. In enger Zusammenarbeit mit dem Fraunhofer Institut für Molekularbiologie und Angewandte Ökologie war seit 2007 ein aus Löwenzahnwurzeln extrahierter Prototyp Kautschuk (Taraxagum) entwickelt worden. 2014 präsentierte man dann auf der Internationalen Automobilausstellung in Hannover den ersten daraus gefertigten Reifen, der einen Durchbruch und Meilenstein in der jahrzehntelangen Suche nach einem nachhaltigen und vom klassischen Kautschuk unabhängigen Reifenrohstoff markierte. Die traditionellen Kautschukanbauflächen in Südostasien würden dadurch entlastet und auch – angesichts möglicher Anbauflächen vor der Haustür – die umweltbelastenden langen Transportwege verkürzt werden. Statt eines Kautschuk-Dampfers „Continental" auf dem Amazonas, so die

Vision, würde nun ein einfacher Frachtkahn, der die Löwenzahn-Ernte über Elbe und Mittellandkanal nach Hannover bringt, genügen. Von der Entdeckung eines effizienten Extraktionsverfahrens und der Fertigung eines Reifen-Prototypen bis zur industriellen Großserienreife von „Taraxagum-Reifen" ist es allerdings noch ein weiter Weg. Spätestens 2025, so die Planungen, könnte es aber so weit sein und damit die Revolution in der Kautschuk-Rohstoffgeschichte – von Wildkautschuk über Plantagenkautschuk zu Synthesekautschuk und schließlich „Löwenzahnpflanzenkautschuk" – um ein weiteres Kapitel fortgeschrieben worden sein.

Die zweite Entwicklung war eine grundlegende Neuformulierung der Rohstoffbeschaffung, die 2018 ihren Niederschlag in der Formulierung einer „Continental-Einkaufspolitik für nachhaltigen Naturkautschuk" fand. Die Lieferketten der Naturkautschukindustrie waren inzwischen höchst komplex, mit rund 6 Millionen Kleinbauern, 100.000 Zwischenhändlern und mehr als 500 Verarbeitungsbetrieben. Bereits seit 2011 verpflichtete das Unternehmen seine Lieferanten und Dienstleister nicht nur zur Einhaltung von strengen Qualitätskriterien, sondern auch zur Anerkennung eines Verhaltenskodex auf der Basis ethischer, sozialer und ökologischer Aspekte und erwartete deren Anwendung auch in den Lieferketten. Mit der Integration von Nachhaltigkeit in die Beschaffungsprozesse wurden diese Kodizes nun erweitert und einer stärkeren Überprüfbarkeit unterworfen. In enger Zusammenarbeit mit der Deutschen Gesellschaft für Internationale Zusammenarbeit wurde exemplarisch für Indonesien ein Kriterienkatalog entworfen, über den die nachhaltige Produktion von Naturkautschuk gefördert wurde. Das bedeutete unter anderem auch, die Bauern vor Ort für entsprechende Anbaumethoden zu schulen und die Rückverfolgbarkeit des gewonnenen Kautschuks vom Kleinbauern über den Transport bis hin zum Einsatz in der Fertigung bei Continental zu ermöglichen. Das umfassendere Ziel war, damit auch den Schutz der Kautschukplantagenarbeiter, die lokalen Anbaugemeinden, Wälder, deren Biodiversität und landwirtschaftliche Anbauflächen stärker in den Fokus zu rücken und potenzielle Risiken oder Fehlentwicklungen wie Abholzung von Regenwäldern, Korruption oder Landenteignungen frühzeitig zu erkennen, um gegensteuern zu können. Für sämtliche Teilnehmer und Akteure der Naturkautschuklieferkette wurden Verantwortlichkeiten und Verpflichtungen definiert und auch Mechanismen entworfen, um diese vor Ort zu überprüfen und bei Nichteinhaltung mit Sanktionen reagieren zu können. Anders als jahrzehntelang zuvor fühlte sich Continental nun als Abnehmer und Käufer auch für den Anbau und die Kultivierung der Ernte von Naturkautschuk sowie die Arbeitsbedingungen vor Ort mitverantwortlich. Das zeigte sich auch in entsprechenden Engagements in Lateinamerika, wo Continental in Ecuador schon 2009 einen landwirtschaftlichen Betrieb mit Kautschukplantage übernommen hatte und dort ein Qualitätsmanagement aufbaute, das auch die Pflanzung und Gewinnung des Gummis beinhaltete. In diesem Zusammenhang wirkte Continental auch als Gründungsmitglied der „Global Platform for Sustainable Natural Rubber", die die weltweiten Lieferketten in Zusammenarbeit mit anderen kautschukverarbeitenden Unternehmen transparenter machen sollte. Zusammen mit Michelin wurde unter dem Namen „Rubberway" zudem ein eigenes Gemeinschaftsunternehmen mit Sitz in Singapur gegründet, das in Form einer mobilen Anwendung die Lieferkette für Naturkautschuk abbilden und die Praktiken der Lieferanten in verschiedenen geographischen Gebieten bewerten sollte.

Die Preisentwicklung der Rohstoffe und des Naturkautschuks selbst war auch in der jüngsten Phase seit 2010 von Turbulenzen und zeitweiligen Verknappungserscheinungen geprägt. Und nach wie vor galt, dass die Preisfluktuationen als Fieberkurven und Seismographen der Ertragsentwicklung vor allem der Rubber Group fungierten und eine direkte Korrelation zwischen Kautschukpreisen und operativen Margen dieses Konzernbereichs bestand. Zunächst sah sich Continental 2011 bei allen Rohstoffen mit zum Teil sprunghaft angestiegenen Preisen konfrontiert, die sich zu einer Mehrkostenbelastung von 1 Mrd. Euro summierten. Butadien als wichtigste Basis für Synthesekautschuk notierte auf einem neuen Allzeithoch und lag doppelt so hoch wie in den Jahren zuvor. Daneben rückten nun auch spezifische Rohstoffe, die in der Automotive Group verarbeitet wurden, allen voran Seltene Erden, zunehmend ins Blickfeld. Es folgte dann aber eine bis 2015 dauernde Phase deutlich sinkender Rohstoffpreise, ausgelöst vor allem von einem dramatischen Preissturz bei Rohöl, der sich zuerst bei Synthesekautschuk bemerkbar machte, damit aber mittelbar auch für Druck auf die Naturkautschukpreise sorgte. Doch dann zogen die Preise für Naturkautschuk im Laufe des Jahres 2016 plötzlich wieder stark an, diesmal waren vor allem wetterbedingte Angebotsverknappungen die Ursache, die unter dem Strich neue erhebliche Kostenbelastungen für Continental bedeuteten. Die Rohstoffmärkte blieben in der Folgezeit sehr volatil und spiegelten die wechselnden Nachfrageströme aus den USA und Europa mit dem dort sich abschwächenden Reifenbedarf wider gegenüber der starken Nachfrage aus China und der dort rasant steigenden Reifenproduktion. Und 2020 führte die Corona-Pandemie nachgerade zu einem Kollaps der Rohstoffmärkte, allen voran ein kurzzeitig sogar negativ notierender Rohölpreis, dem auch wieder zeitversetzt die Preise für Synthesekautschuk und Naturkautschuk folgten. Doch schon im Herbst 2020 notierten die Kontrakte auf Rubber TSR20, der meistgehandelten Kautschuksorte an der Rohstoffbörse in Singapur, bei neuen Höchstkursen. Die Pandemie machte aber auch Continental wie den übrigen deutschen Industrieunternehmen schmerzlich die fast gänzliche Abhängigkeit von weiten Teilen der Rohstoffzulieferungen, vor allem auch bei der Versorgung mit Synthesekautschuk, bewusst. Fast 100 Prozent der Synthesekautschukproduktion erfolgt inzwischen in China, und 70 Prozent der Reifencord-Gewebe-Kapazitäten stehen dort. Von den Rubber Chemicals, einst eine Domäne der deutschen Großchemieindustrie und zeitweise monopolartig besetzt, existiert in ganz Europa heute kein einziger Hersteller mehr.

Die Krise fungierte dabei auch als Katalysator für die Umsetzung der 2019/20 formulierten neuen „Nachhaltigkeitsstrategie" von Continental, die sich auf die vier Kernthemen Klimaschutz, saubere Mobilität, zirkuläres Wirtschaften und nachhaltige Lieferketten konzentriert. Mit neuen integrierten Bauteilen im Antriebs- und Bremssystem oder umweltfreundlichen Gewebetechnologien, die man auch den Wettbewerbern zur Verfügung stellt, versucht man dabei neue Wege zu gehen und auch eine industrielle Vorreiterrolle einzunehmen. Kontrolliert und gesteuert wird die Umsetzung der neuen Politik durch ein Set von Nachhaltigkeits-Kennzahlen, eine „Sustainability Scorecard". Dazu zählt der Anteil der Produkte am Konzernumsatz, die nachweislich zur Energieeffizienz und zur Schadstoffreduzierung beitrugen (2019 waren das 40 Prozent), ebenso wie die CO_2-Emissionen, die Abfallverwertungsquote, die Zahl der gültigen Lieferanten-Selbstauskünfte, die zertifizierten Arbeitsschutzmaßnahmen in den Fabriken, die Unfallraten pro Million Arbeitsstunde und die Krankheitsrate. Die neue Strategie kulminierte letztlich in dem ehrgeizigen Ziel, bis zum Jahr 2040 kein klimaschädliches CO_2 mehr auszustoßen. Die Umweltkennzahlen sämtlicher Werke einheitlich auf ein niedriges Niveau einzupendeln und alle Continental-Standorte weltweit nach den gleichen Umweltstandards produzieren zu lassen, stellt mithin eine permanente künftige Herausforderung für die Unternehmensleitung dar. Der Vision „Continental is recognized as a sustainable company" ist man immerhin einen großen Schritt nähergekommen.

Im Rückblick zeigt sich noch einmal deutlich, wie stark die Umbrüche im Kautschuk- und Rohstoffbereich von Continental waren, aber auch wie viele zum Teil überraschende Kontinuitäten, bei der Sensibilität gegenüber Preisfluktuationen wie den politisch bedingten Abhängigkeiten, es doch gibt. Kautschuk- und Rohstoffeinkauf war bei Continental schon immer ein schwieriger und höchst anspruchsvoller Job, das galt 1880 wie 2020. Der Blick zurück zeigt aber auch, wie aus einer Naturkautschuk-Beschaffungspolitik über die Jahrzehnte hinweg langsam ein ganzheitlich ausgerichtetes, nachhaltigkeitsorientiertes komplexes Ressourcen-Management geworden ist. Dabei hat sich nicht nur die technische Verwertung des Kautschuks verändert, sondern auch der

Umgang mit, der Blick auf und das Bewusstsein über diesen Rohstoff. Naturkautschuk hat seine Bedeutung beibehalten: 2019 machte er 37 Prozent des Gesamtkautschukverbrauchs bei Continental aus, Synthesekautschuk 63 Prozent. Neben Kautschuk kamen im Laufe der Jahrzehnte weitere wichtige Rohstoffe dazu: Ruß, Nylon und andere Elastomere, Baumwolle, Kunststoffe, später auch Eisen und Stahl, Kupfer, Aluminium, Edelmetalle sowie Seltene Erden. Aus den umgerechnet 386 Mio. Euro an Aufwendungen für Rohstoffe des Jahres 1979 sind inzwischen knapp 30 Mrd. Euro Einkaufsvolumen geworden. Und „Rubber"-Rohstoffe wie Kautschuk, Ruße und ölbasierte Chemikalien machen nur noch 16 Prozent aus. Den einstigen Hauptrohstoff hat das Unternehmen längst aus seinem Namen gestrichen. Im Zuge der Übernahme von Großunternehmen vor allem im Bereich Automotive änderte sich mithin die Zusammensetzung und Struktur der Rohstoffbasis von Continental grundlegend. Dabei kam es aber auch zu vielfältigen neuen Interdependenzen zwischen Elastomeren und Kunststoffen, Elektronik und Software, aus denen auch so etwas wie „smart rubber" entwickelt wurde, d. h. Fördergurte kombiniert mit digital vernetzten Überwachungssystemen, Antriebsriemen mit datensammelnden Sensoren und Reifen, die sich selbst kontrollieren und je nach Außenbedingungen in ihren Eigenschaften anpassen. In jüngster Zeit ist dann auch verstärkt von „Daten" als dem neuen künftigen Hauptrohstoff die Rede. Damit wird aber ein ganz neues Kapitel in der Ressourcengeschichte von Continental aufgeschlagen. Ohne den anscheinend altmodischen, tatsächlich aber unverzichtbaren Rohstoff Kautschuk werden aber auch künftig keine Reifen rollen.

5 Der Continental-Reifen: Eine kurze Entwicklungsgeschichte oder: Metamorphosen eines Hightech-Produkts und des Continental-Produktportfolios

Am Anfang standen bei Continental nicht Gummireifen, sondern Hufpuffer, Gummibälle und Hartgummi-Kämme. Schnell kam es aber zu einer Ausdifferenzierung von Gummiprodukten in der Continental-Fertigung mit zeitweise bis zu 60.000 Artikeln, die die Käufer, Nutzer und Konsumenten von der Wiege bis zur Bahre begleiteten. „Ein Weiser formte diesen Satz, und das sei zugegeben: Der Mensch kann eher ohne Schatz als ohne Conti leben", dichteten die Continental-Werbeleute im Jahr 1932. Es gab wohl kaum ein anderes Unternehmen, das eine engere Verquickung seiner Produkte mit den Lebenswelten und dem Lebenszyklus seiner Kunden als Basis des Geschäftsmodells hatte. Im Mittelpunkt standen aber der Continental-Reifen und das Thema Motorisierung und Mobilität. In der Folgezeit entwickelte der Continental-Reifen dabei ein veritables Eigenleben. Mal war er schwarz (1920er Jahre), dann weißwandig (1950er Jahre), mal im übertragenen Sinne braun (1980er Jahre) oder grün (1990er Jahre). Er wechselte, wenn man so will, auch sein Geschlecht und wurde weiblich (in den 1920er Jahren, als die Frauen als Autofahrerinnen entdeckt wurden), er veränderte seine geistige Leistungsfähigkeit und wurde auch noch intelligent; er kann sogar, wenn man seine gespeicherten Daten abzurufen versteht, zum Sprechen gebracht werden. Ein Gedächtnis hatte der Continental-Reifen sowieso (im Gegensatz zu Stahl ist Gummi immer anders, je nachdem, was vorher damit gemacht wurde). Er war und ist ein Hightech-Produkt, zugleich aber auch wieder ein commodity-Artikel, er wurde zu einem nachhaltigen, umweltschonenden und umweltgerechten Produkt, zugleich aber auch ein Recycling- und Entsorgungsfall. Der Continental-Reifen hatte durch Runderneuerung nicht nur mehrere Lebenszyklen, sondern durch den „ContiLifeCycle" gleich „mehrere Leben"; zugleich ist er Teil einer höchst „vielköpfigen" Reifen-Familie und lebt in mehreren Generationen fort. Ihn zeichnen vielfältige Eigenschaften aus, die auch noch ständig optimiert werden: geräuscharm, rutschfest und schneesicher, leistungsstark und verschleißarm. Der Continental-Reifen hatte ein (Marken)Image, das wechselte, aber im Wesentlichen immer höchst positiv war. Er schluckte Hindernisse und Nägel oder Glasscherben, mal ging ihm aber auch die Luft aus, um sich dann wieder zu einem Donut oder Ballon aufzupumpen (1920er Jahre). Der Continental-Reifen konnte

https://doi.org/10.1515/9783110731613-005

singen (auf dieses auffällige Fahrgeräusch legten die jugendlichen Ersatzreifenkäufer zeitweise großen Wert) und sogar „Shimmy" tanzen, einen amerikanischen Modetanz, was die Reifeningenieure in den 1920er Jahren sich die Haare raufen ließ, und er war Objekt unzähliger Gedichte, Reime, Lieder und Legenden. Zugleich konnte er auch höchst unterschiedliche emotionale Erlebnisse verschaffen: Er sorgte für Fahrkomfort und war „ein Reifen zum Wohlfühlen". Er konnte aber auch Traumata auslösen (1970er Jahre) ebenso wie Visionen (1990er Jahre und Gegenwart). Er hat es aber, anders als einzelne Automobile, nie geschafft zur „Ikone" zu werden.

Auch das Innen- wie Außenleben des Continental-Reifens hat sich dabei radikal verändert: Mal bestand es aus Baumwolle, dann aus Stahlcord, mal besaß er einen Luftschlauch, später dann ging es ohne, mal zeigte er unzählige Varianten von Profilen, mal kam er fast ohne daher, einst waren es einige wenige Mischungen, heute sind es dutzende, die seine Form und Eigenschaften bestimmen. Der Continental-Reifen besaß unangenehme Konkurrenten und Rivalen, die ihm nach dem Leben trachteten, und er hatte mit falschen Doppelgängern zu tun (Kampf gegen Reifenplagiate vor allem aus China 2007); zeitweise besaß er dafür aber auch Markenfreunde, und er wechselte seine Nationalität: Mal war er sehr heimatverbunden (um 1900), dann zeitweise sehr amerikanisch (1920er Jahre), dann auf einmal sehr deutsch (1930er Jahre) und später eher europäisch (1970er und 1980er Jahre), ehe er multinational mit einem stark asiatischen Einschlag wurde. Immerhin wurde der Continental-Reifen nicht Objekt einer tiefgründigen „Reifenphilosophie", wie sein französischer Gegenpart, oder aber Anlass für einen „Reifenkrieg", der gelegentlich unter seinen italienischen und japanischen Konkurrenten im Formel-1-Rennsport ausbrach, dafür wurde er dann aber auch zum Repräsentanten der „wahren Geschichte deutscher Reifenkultur" erkoren. Auch die Geburtshelfer und Geburtsumstände des Continental-Reifens haben sich vielfach verändert: Jahrzehntelang wurde er von Reifenwicklern und Vulkaniseuren per Hand konfektioniert, dann maschinell gewickelt und von Fließbändern und Vollautomaten geschaffen. Es war dann auch kein Wunder, dass angesichts all dessen der Continental-Reifen dann tatsächlich auch persönlich die Bühne betrat. (Vgl. Abb. 59)

Vor allem war der Continental-Reifen dabei auch eines: der König der Gummiprodukte. Seine Innovationszyklen in den vergangenen 130 Jahren wiesen revolutionäre Sprünge auf, aber meist prägten langwierige F&E-intensive Verbesserungsinnovationen das Bild. Immer wieder dachten sich die Continental-Ingenieure am Ende des technisch Möglichen angekommen, sie erklärten „die Pneumatik-Frage für endgültig geklärt" (1907) oder einen Reifentyp „als letztes

Abb. 59: Continental-Werbeprospekt von 1926.

Wort im Reifenbau" (1930); man pries den Reifen als „Krönung jahrzehntelanger Arbeit" (1921) oder rühmte sich „des nie rastenden Fortschritts in unseren Fabrikationsmethoden, der abermals zu einer Vervollkommnung des Continental-Reifens geführt" hatte (1926); mal hielt man den Reifen schlichtweg für „perfekt" (1980er) und für ein nun ausgereiftes Produkt, „dessen Optimierungsspielräume nun wirklich ausgereizt" waren (1996). Und doch ging es dann immer wieder weiter, mit neuen Rohstoffen, neuen Mischungstechnologien, Anpassung an veränderte Formen der Mobilität und auch veränderten Anwendungsbereichen, d. h. der Anpassung des Reifens an die Ausdifferenzierungen und veränderten Formen von Mobilität. Das Prinzip „mit jedem neuen Kraftfahrzeug entsteht nahezu ein neuer Reifen und mit jedem neuen Reifen erwachsen neue Probleme" galt in den 1910er Jahren ebenso wie in den 1920er, 1970er und 2010er Jahren. Jede Dekade hatte ihre eigenen „Reifen-Paradigmen" als Funktion der jeweiligen Mobilitätsparadigmen. Und schon immer begleitet den Reifen auch die Notwendigkeit eines spezifischen „Reifenwissens", sei es bei den Kunden als Voraussetzung für den Reifengebrauch und vor allem den Reifenwechsel und die Reifenreparatur in den ersten Jahrzehnten oder aber später bei den Ersatzgeschäftskunden, die ohne entsprechende Produktvorstellungen gänzlich von den Empfehlungen der Reifenhändler abhängig waren.

Die Continental-Ingenieure sind dabei seit jeher auf der Suche nach der Quadratur des Kreises, d. h. der Optimierung der drei wichtigsten Produkteigenschaften Rollwiderstand, Nassgriff und geringer Abrieb, bei der eine Verbesserung einer Eigenschaft jedoch mit der Verschlechterung einer der anderen Eigenschaften verbunden ist. Und insgesamt träumen viele Reifeningenieure vom neuen Reifenparadigma des 21. Jahrhunderts, d. h. davon, einen revolutionären Technologie- und Innovationssprung zu machen, der wie Michelins Radialreifen in den 1970er Jahren die Weltreifenwelt aus den Angeln heben und die Karten grundlegend neu mischen würde. Dabei können die Continental-Ingenieure durchaus auf eine stolze Liste von Basisinnovationen zurückblicken: 1904 der erste Luftreifen der Welt mit Profil, 1943 der erste schlauchlose Reifen, 1951 der erste Spezial-Winterreifen mit Spikes und 1988/89 der erste Pannenlauf-Reifen. Die Liste lässt sich bei genauerem Hinsehen durchaus noch verlängern: der erste Flugzeugreifen (1910), der erste Luftreifen für Lastkraftwagen (1924), der erste pneumatische Landwirtschaftsreifen in Europa (1928), der erste Winterreifen (1934) und der erste reine Synthesekautschuk-Reifen (1936). Dazu kommt der erste „Umwelt-Reifen" (1981 bzw. 1987), das erste RunFlat-Reifensystem (1987/89), der erste „intelligente Reifen" mit integriertem Sensor (2001) und der schnellste für den Straßenverkehr zugelassene Reifen (2015). Im Zuge der Transformation vom reinen Reifenunternehmen zum integrierten Technologiekonzern erweiterte sich dabei aber das Produktspektrum von Continental. Zahlreiche Produkte mit eigenen langen technologischen Traditionslinien und Innovationszyklen kamen hinzu wie Tachometer und andere Messinstrumente bzw. Fahrerinformationssysteme, dazu Bremsen oder Halbleiterelektronik. Die Liste der Produkte, die in den Automobilen verbaut wurden und werden und die man quasi unter dem Schlagwort „Conti Inside" zusammenfassen könnte, war schon 1928 lang, ist zwischenzeitlich erheblich länger, aber vor allem auch weit komplexer geworden, ergänzt durch nicht mehr sichtbare Fahrerassistenz-Systeme, Anwendungssoftware und Datenverarbeitungsmodule. Continental-Produkte sind (fast) nicht mehr sichtbar, dafür aber als abstraktes Gefühl von Sicherheit, Komfort und Nachhaltigkeit sowie als „Nutzerlebnis in der vernetzten Mobilität von morgen" erfahrbar.

Die ewige Suche nach der Quadratur des Kreises
oder: „Ein Reifen zum Wohlfühlen"

Um den ersten Continental-Pkw-Luftreifen ranken sich viele Mythen. Nachdem bereits 1892 mit der Fertigung von Fahrradreifen begonnen worden war, startete man im Werk Vahrenwald 1898 auch mit der Produktion von Automobilluftreifen, und zwar, wie der aufwändig gestaltete Katalog zeigt, bereits in 41 Dimensionen.

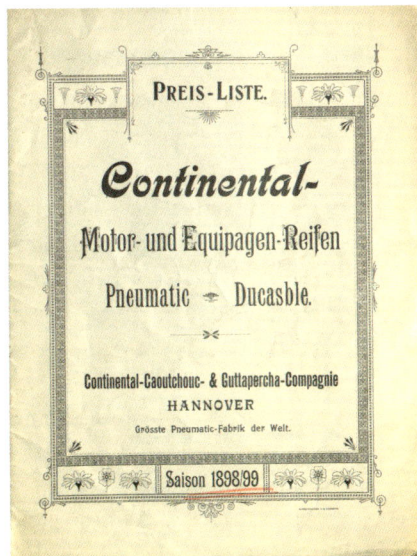 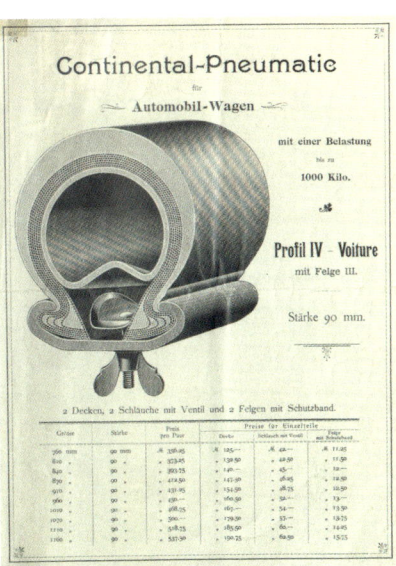

Abb. 60: Auszug aus der ersten Reifen-Preisliste von 1898/99.

„Die pneumatische Bereifung halten wir bei allen Fahrzeugen, die auf Geschwindigkeit und comfortables Fahren Anspruch machen sollen, am Platze, und ohne uns heute schon in der Frage, ob pneumatischen oder massiven Bereifungen die Zukunft gehört, allzu stark zu engagieren, glauben wir doch richtig zu handeln, wenn wir Ihnen für alle Fahrzeuge mit der Belastung bis 500 kg. per Achse die Verwendung von Pneumatics empfehlen", hieß es dazu im Katalog. Den damals führenden Motorwagen-Hersteller Carl Benz und auch seinen Konkurrenten Wilhelm Maybach konnte man allerdings zunächst nicht für die neue Bereifungstechnik begeistern, und es kostete Siegmund Seligmann und

Willy Tischbein viel Geduld und Überzeugungskraft, diese Haltung zu ändern. Continental war schließlich gezwungen, 1895 einen eigenen Versuchswagen zu kaufen, um die nötigen Tests und Erprobungen selbst durchführen zu können. Das Paar Continental-Reifen war zudem teuer, es kostete zwischen 143,75 und 537 Mark, dafür wurden eine Tragfähigkeit bis 1.000 Kilogramm und eine Laufleistung von 500 Kilometern garantiert. Für die Qualität des Produkts bürgte auch der Vorstand persönlich. An den ersten Werkstattfahrten zur Erprobung der neuen Reifen, unter anderem in das immerhin über 70 Kilometer entfernte Bad Pyrmont, hatte neben den Continental-Ingenieuren auch Direktor Prinzhorn teilgenommen, und auch Willy Tischbein als damals hauptverantwortlicher Reifenmanager bei Continental soll zur Erprobung Continental-Reifen auf seinem Privatwagen montiert haben. Der Durchbruch des Continental-Reifens kam dann aber nicht durch das Privatkundengeschäft, sondern 1901 durch den sich entwickelnden Automobilrennsport, als der neue „Mercedes"-Wagen auf Continental-Reifen das Rennen Nizza-Salon-Nizza gewann.

Der eigentliche „Continental-Reifen" war zu diesem Zeitpunkt aber noch ein Fahrradreifen. Hier gab es ein wachsendes Massengeschäft jenseits des elitären Automobilismus, und hier erregte man auf den Weltausstellungen und Messen großes Aufsehen mit den Pneumatiks und erhielt zahlreiche Auszeichnungen und Preise. Auch mit den weiterhin massenhaft gefertigten Vollgummireifen machte Continental trotz der „alten" Reifentechnologie noch jahrzehntelang erkleckliche Gewinne, vor allem auch durch deren Einsatz bei den aufkommenden schweren Lastkraftwagen. Mit garantierten Laufleistungen von 15.000 Kilometern und mehr genossen die Continental-Vollreifen bis 1914 „anerkannte vorzügliche Qualität". Gleichzeitig hatte sich aber auch mit den seit 1894 aufkommenden Benzin-Motorrädern ein neuer Absatzmarkt aufgetan.

1904 entwickelte man dann den ersten Pkw-Luftreifen mit profiliertem Laufstreifen, dem im Jahr darauf die „epochemachende Neuheit" des Continental-Antislipping-Pneumatics mit auswechselbaren Stahlstollen folgte. Die damaligen Automobile neigten aufgrund ihrer Bauweise bei gleichzeitig zunehmenden Geschwindigkeiten zum Schleudern, dem man durch stark profilierte Reifen entgegenwirkte. Gleichzeitig erfanden die Continental-Ingenieure die abnehmbare Felge, die das bis dahin mühsame Montieren eines Reifens erheblich erleichterte. „Der moderne Wagen ist undenkbar ohne abnehmbare Continental-Felge", hieß es noch viele Jahre später in den diversen Broschüren und Automobil-Zeitschriften. Eine Reifenmontage erforderte viel Schweiß und Ärger und zwei volle Stunden und zudem erhebliches technisches Reifen-Wissen – was die gut betuchten Automobilbesitzer ihren Chauffeuren überließen. Für diese,

Abb. 61: Werbe-Anzeige zu Continental-Kautschukreifen und Foto des Continental-Antislipping-Pneumatiks von 1904.

aber dann auch für die normalen Automobilisten der folgenden Jahre brachte Continental regelmäßige technische Berater und Reparatur- wie Montageanleitungen heraus und machte mit den dafür benötigten Zubehörartikeln wie dem „Continental-Panzerkitt" und dem „Continental-Uko-Hebel" (Universal-Kombinations-Hebel) ein zusätzliches Geschäft. Der Continental-Reifen war eine Mobilitätstechnologie, die erklärt werden musste, und eine der Hauptsorgen der Verkäufer galt dem pfleglichen Umgang mit dem Produkt, um den Zweifeln an der Qualität entgegenzuwirken. 58,3 Prozent der Defekte an Reifendecken und Schläuchen, so ergaben aufwändige Untersuchungen im Jahr 1910, waren „selbstverschuldet" und daher nicht dem Reifenhersteller zuzuschreiben.

Seit 1907 arbeiteten die Continental-Ingenieure auch an einer Anwendung des Pneumatik-Prinzips bei Lastwagenreifen. Zusammen mit dem Hersteller Büssing entwickelte man zunächst luftgefüllte Hohlreifen für hohe Drücke, die einen ersten Schritt auf dem Weg zum Ersatz der Vollgummireifen darstellten. 1911 präsentierte das Unternehmen dann das Konzept von Zwillings-Pneumatik-Reifen für schnelle Lastwagen, vor allem die Gästebeförderungswagen der Hotels und diverse Lieferwagen. Und es gab Verbesserungen bei den Gleitschutz-Reifen. 1913 präsentierte man in Hannover den „neuen Continental-Schneegleitschutz", eine Reihe von mit Nieten versehenen Ledergürteln, die um die Reifen geschnallt wurden und so die häufigen Beschädigungen durch die den Laufflächengummi direkt berührenden Gleitschutzketten vermieden. Im Jahr zuvor hatte Continental auch eine weitere Innovation vorgestellt: Reifen für den neuen und rasch wachsenden Mobilitätsbereich der Luftfahrt. „Die berühmtesten

Abb. 62: Informationsbroschüre für die Reifenkunden ca. 1910.

Flugmeister verdanken ihre großartigen Erfolge hauptsächlich unseren Fabrikaten", hieß es dazu in einem eigens herausgegebenen Katalog für „Aeroplan-Zubehörteile und -Bedarfsartikel". Willy Tischbein war auch Gründungsmitglied der im April 1912 entstandenen Deutschen Versuchsanstalt für Luftfahrt gewesen, und das dürfte auch in die Entwicklung des „Continental-Aeroplan-Reifens" eingeflossen sein. Der Erste Weltkrieg bereitete all diesen dynamischen Entwicklungen ein abruptes Ende. Der Continental-Reifen wurde gleichsam in die Mobilitätstechnologie der Steinzeit zurückgeworfen und nun aus Holz gefertigt, für Fahrräder wie für Lastkraftwagen.

Doch schon kurz nach Kriegsende zeigte sich der Continental-Reifen nicht nur wieder in altem Gewande, sondern auch in einer völlig neuen technologischen Version: als Ballon- und Cordreifen amerikanischer Bauweise, den das Unternehmen als erstes auch in Deutschland einführte. Das jahrzehntelang vor-

herrschende Hochdruck-Prinzip hatte dem Niederdruckreifen Platz gemacht und die starre Karkasse dem elastischen Baumwoll-Cord, was nicht nur erheblichen Fahrkomfort bedeutete, sondern auch das alte Problem von Pneumatik-Reifen für Lastkraftwagen löste.

Die technologischen Verbesserungen wurden auch bei den Fahrradreifen eingesetzt, deren bemerkenswerte Ausdifferenzierung 1921 entsprechend den unterschiedlichen Nutzungen geradezu modern erscheint und fast an heutige Tage erinnert, und vor allem der Entwicklung der Fahrradindustrie selbst weit vorausging und diese vorwegnahm. Da gab es Reifen für den „verwöhnten Fahrer", einfache Alltagsreifen, robuste Wanderfahrt-Reifen, „Continental-Gebirgsreifen" und eigene Transport-Reifen für Geschäfts-, Eilboten- und Krankenräder.

In einer Welt, in der damals fast 90 Prozent aller Automobile aufgrund von Ford'scher Massenproduktion, höherer Kaufkraft und billigem Treibstoff von amerikanischen Herstellern gebaut wurden und auch in den USA fuhren, war die individuelle Mobilität in Deutschland in den 1920er Jahren nach wie vor

Abb. 64: Werbeanzeige für die Entwicklung des Fahrradreifen-Sortiments 1871 bis 1921.

vom Fahrrad und Motorrad geprägt. Und dennoch gab es zwei markante Entwicklungen, die den Continental-Automobil-Reifen in diesen Jahren in den Mittelpunkt des Interesses schoben: Der Continental-Reifen wurde weiblich, und er wurde zum rennsporterprobten Hochleistungsreifen, um den sich eine ebenso elitäre wie illustre Schar von „Continental-Fahrern" formierte, die von den Continental-Werbeleuten als „Meister des Lenkrades" hofiert wurden. Das Unternehmen entdeckte die moderne Frau als „Selbstfahrerin", Autobesitzerin und damit auch Reifenkundin. Auf den Titelseiten der Kundenzeitschrift *Echo Continental* wurden nun allenthalben erfolgreiche Automobilistinnen wie Ada Otto mit ihrem Wagen auf „Conti-Cord" abgebildet, und spätestens seitdem Clärenore Stinnes als erste Frau mit einem Adler-Wagen auf Continental-Reifen 1927 um die Welt fuhr und zwei Jahre später erfolgreich und (fast) ohne Reifenpannen zurückkehrte, waren emanzipierte Frauen als Autofahrerinnen mit entsprechendem technischen Reifenwissen und der ebenso „moderne Continental-Reifen" image- und werbetechnisch eins. Dazu gab es zudem die entsprechende „Continental-Bekleidung", die Eleganz und Zweckmäßigkeit vorbildlich vereinte, schicke „Continental-Windjacken" für die Motorradfahrerinnen und schicke „Continental-Kopfbedeckungen". Zahllose damals prominente Filmschauspielerinnen wie Ossi Oswald ließen sich auf ihren Continental-bereiften Limousinen bei Spazierfahrten ablichten und posierten auf der jährlichen Internationalen Automobil-Ausstellung in Berlin vor den neuesten Automobilen mit den brandneuen Reifen „Continental Type-Ballon".

Abb. 65: Titelseiten von *Echo Continental*-Heften des Jahres 1926.

Wie edle Wein-Jahrgänge wurden nun der „Continental 1927" und danach der „Continental 1928" auf den Markt gebracht, jeder ein neues Ergebnis intensiver Forschungs- und Entwicklungsbemühungen mit immer neuer erhöhter Widerstandsfestigkeit, „bisher unerreichter Langsamkeit in der Abnutzung" und damit erheblich erhöhter Kilometerleistung sowie Kraftstoff-Ersparnis. Schon damals stellten sich die Continental-Ingenieure der Herausforderung der reifentechnologischen Quadratur des Kreises. „Die Chemiker und Techniker der Continental", so hieß es in einem Artikel von 1928, „haben in den verflossenen Jahren gewetteifert, jeden einzelnen Teil des Reifens aufgrund eingehender Studien im Laboratorium und immer wiederholter praktischer Versuche auf der Straße und Rennbahn [darunter auf dem neu eröffneten Nürburgring] soweit zu vervollkommnen, dass das Endergebnis alle Fortschritte der Reifentechnik in sich verkörpert und von keinem in- oder ausländischen Fabrikat mehr übertroffen wird".

Abb. 66: Reifenwerbung 1921 und 1928.

Auch die Bauern profitierten im Übrigen von den Reifenentwicklungen. Wer sich bereits einen Traktor leisten konnte, der konnte seit den späten 1920er Jahren auf den neuen „Continental-Landwirtschaftsreifen" seine Äcker bestellen. Vor allem aber entwickelten sich die Continental-Reifen zu Synonymen siegreicher Hochgeschwindigkeitsleistung. Bei zahllosen nationalen wie internationalen Automobilrennen fuhren die Sieger auf Continental-Reifen und auch bei Fritz von Opels spektakulären Versuchen im Mai 1928, mit seinem Raketenauto einen neuen Geschwindigkeitsweltrekord aufzustellen, hielten die Continental-Reifen – anders als das Auto – stand. Die Entwicklung von Renn- und Gebrauchsreifen entwickelte sich dabei zunächst deutlich auseinander. Für den Rennsport wurden nun maßgeschneiderte Continental-Reifen des „Typ Avus", „Typ Bergmeister", „Typ Monza" oder „Typ Nürburg" entwickelt, aber die Continental-Ingenieure verstanden es dann doch immer wieder, die gewonnenen Rennreifen-Erfahrungen bei den Querschnitten, der Felgenart, den Reifenabmessungen, den Laufflächenprofilen und vor allem den Festigkeitsträgern in der Karkasse und im Laufstreifen in den normalen Reifenbau einfließen zu lassen. Der wachsenden Gruppe der „Continental-Fahrer" wurde von Prominenten des Autosports, allen voran Rudolf Caracciola und Hans Stuck mit ihren Lobgesängen auf den Continental-Reifen, vermittelt, „Reifen der Sieger" zu fahren.

Auch Papst Pius XI. vertraute im Übrigen auf Continental-Reifen und hatte diese auf seinem „Papamobil" montiert.

Abb. 67: Continental-Werbung 1932.

Im Flugzeugreifenbau hatte Continental ebenfalls mit den inzwischen einsetzenden Entwicklungen zu immer schwereren und schnelleren Flugzeugen sowie den Passagierflugzeugen Schritt gehalten. Die Lufthansa flog mit ihren Junkers-Ju-Flugzeugen mit Continental-Flugzeugreifen. Und bei den Lkw-Reifen präsentierte man 1930 mit dem „Continental-Riesen-Ballon-Reifen" eine weitere

„Neuschöpfung", die auch für Kraftomnibusse und damit die öffentliche Nah-
verkehrsmobilität geeignet war und dort den Passagieren erheblichen Fahrkomfort brachte. Lange ehe BMW den entsprechenden Slogan erfand, warb
Continental mit seinen Reifen und dem emotionalen Versprechen eines „Fahrt-
genusses".

Abb. 68: Werbeanzeige aus *Der Continental-Händler*
von 1932.

Die NS- und Kriegszeit brachte einen tiefen Einschnitt, der zunächst aber noch
nicht sichtbar wurde. Den Auftakt zu neuen Reifeninnovationen hatte 1934 der
„Continental Type Aero Gelände" gemacht, ein Reifen, der speziell für unwegsa-
mes Gelände und hohe Schneelagen konzipiert war und damit als „Urvater der
Winterreifen" gelten kann, noch vor der österreichischen Semperit, die 1936 für
sich reklamierte, den ersten Winterreifen der Welt auf den Markt gebracht zu

haben. Continental hatte die Fahrrad-, Motorrad- und Pkw-Fahrer keineswegs aus den Augen verloren und dem Ersatzreifen-Geschäft weiterhin große Aufmerksamkeit geschenkt. 1936 brachte man drei neue Reifen auf den Markt, allen voran den „Continental FP 20", den ersten Continental-Allwetterreifen mit Feinprofil und hoher Rutschfestigkeit, sowie den robusten „Continental C 14", der gegenüber dem herkömmlichen Ballonreifen zwischen Protektor und Gewebe eine hitzebeständige Gummischicht gegen reifenzerstörerische Temperaturen aufwies – eine Reaktion auf die inzwischen deutlich gestiegenen durchschnittlichen Fahrgeschwindigkeiten und größeren Motorleistungen bei Pkw. Als dritten neuen Reifen gab es einen Continental-Riesenluftreifen für Lastkraftwagen, auch er eine Antwort der Automobilhersteller auf die höheren Reifenbeanspruchungen. Daneben gab es zahlreiche Spezialreifen, von „T-Reifen" (Taxi-Reifen) bis zu Zeppelin-Reifen, ganz abgesehen von Fahrrad- und Motorradreifen in unterschiedlichsten Dimensionen. Und Continental entwickelte in enger Zusammenarbeit mit Ferdinand Porsche 1935 auch den „Volkswagen-Reifen". Man beschäftigte sich zudem mit Versuchen, einen „Reichsautobahn-Reifen" herauszubringen. Letztendlich wurden die alten Continental-Reifen vom Typ „Ballon" und „Aero" durch vielfach neu konstruierte Reifen mit nahezu verdoppelter Lebensdauer nach und nach abgelöst.

Die drei modernen »Continental-Reifen« für den Personenwagen.

Abb. 69: Die drei modernen Hauptreifen-Typen von Continental 1930/31.

Die Vierjahres-Plan-Reglementierungen des NS-Regimes und dessen Ersatzstoff-Ökonomie hatten allerdings dazu geführt, dass sich zum einen die Typenvielfalt und die große Zahl der Reifendimensionen infolge staatlicher Normierungsvorgaben radikal verringerten. Stellte Continental allein im Pkw-Reifenbereich 1934 noch 114 verschiedene Sorten her, so waren es 1937 nur noch 38. Im Fahrradreifengeschäft sah es ähnlich aus, und hier hatten die behördlichen Anweisungen auch dafür gesorgt, dass alle Sonderwünsche nach rot, gelb, braun oder blau gefärbten Fahrraddecken aufgegeben werden mussten. Zum anderen aber änderte sich vor allem auch die Grundlage der Reifentechnologie durch den Einsatz von Synthese- statt Naturkautschuk sowie weitere „deutsche Werkstoffe" wie Kunstseide an Stelle von Baumwolle. Continental wurde schnell zum Pionier dieser neuen „deutschen Reifentechnologie" und fertigte 1936 den ersten zu 100 Prozent aus synthetischem Kautschuk bestehenden Reifen. Der Continental-Reifen wurde nun zum „Buna-Reifen", der weit schlechtere Reifeneigenschaften bezüglich Haltbarkeit und Leistungsfähigkeit als seine Vorgängermodelle aufwies. Wenn es nicht zu pathetisch klingen würde, könnte man sagen: Dem Continental-Reifen wurde in der NS-Zeit seine Seele geraubt. Zum Einheitsreifen degradiert, wurde er von den Ingenieuren auf die Bedürfnisse, Vorgaben und Ziele des NS-Regimes ausgerichtet und mit viel Aufwand optimiert. Es entstanden dadurch weitere Innovationen: Schon 1934 hatte man ein Patent auf einen Stahlcord-Reifen eingereicht, das die Baumwoll-Gewebeunterlage ersetzte, 1943 erfand man in Hannover den schlauchlosen Luftreifen, und es wurde ein schuss- und damit pannensicherer Luftkammer-Reifen entwickelt, der in vielem an die 80 Jahre späteren Entwicklungsbemühungen der Reifenindustrie hin zu pannensicheren und luftlosen Pneus erinnert. Statt wie früher die Freizeitmobilität der entstehenden Konsumgesellschaft zu ermöglichen, sorgte der Reifen nun dafür, dass Soldaten ins Kriegsgebiet transportiert und deutsche Düsenjäger sicher starten und landen konnten. Der Continental-Reifen wurde zum Rückgrat der deutschen Kriegsmobilität.

Der erste Nachkriegs-Continental-Reifen wurde am 10. Juli 1945 in dem noch weitgehend zerstörten Werk Vahrenwald gewickelt. Mit gar nicht so viel Werbeaufwand – in einer Zeit, in der auch bei Reifen die Nachfrage bei weitem das Angebot überstieg, – der Rückkehr in den Formel-1-Rennsport 1954, den nun auch für den Massenmarkt produzierten Reifeninnovationen der Vorjahre wie schlauchlose Reifen und VW-Reifen sowie nicht zuletzt der Rückkehr zu Kautschukrohstoffen, die den Continental-Reifen wieder in gewohnter Qualität zu fertigen erlaubten, mit all dem gelang es Continental, wieder die enge Bindung und Identifikation zwischen Reifen und Kunden herzustellen. Wie in den 1920er Jahren siegten die auf den legendären Mercedes-Silberpfeilen mit Continental-Reifen fahrenden neuen Rennfahreridole wie Juan Manuel Fangio, Hans Hermann und Karl Kling bei internationalen Rennen und wurden auch zweimal Weltmeister. Auf der Internationalen Automobilausstellung 1953 in Frankfurt

Abb. 70: Werbung für den schlauchlosen Reifen 1955.

Abb. 71: Werbeprospekt zum neuen „Continental-R-Reifen" 1955.

sorgte Continental für Aufsehen, als man erstmals vor den Augen der Besucher Reifen fast vollautomatisch produzierte. Schon 1950 hatte der Continental-Vorstand auf einem großen Presseempfang neue Reifeninnovationen angekündigt: einen Stahlcord-Reifen, der das alte Textilgewebe ersetzte, einen „SKS-Reifen" (für Schnelligkeit, Kilometerleistung und Stehfestigkeit) mit originellem Profil, einen neuen Traktor-Reifen „T4" als Voraussetzung für die Wiederingangsetzung der nun auch schnell motorisierten Landwirtschaft und einen Feinprofilreifen für Omnibusse und Lastwagen. 1954 wurde der Öffentlichkeit dann auch nach amerikanischem Vorbild der erste in Deutschland gefertigte „Weißwand-Reifen" präsentiert, der dem Reifen ein schickes und modernes Image gab.

Continental war nach wie vor und mehr denn je die populärste Reifenmarke, wie man sich in Hannover durch eine Emnid-Umfrage hatte bestätigten lassen. Und die Kraftfahrer wurden endlich auch „reifenbewusster", wie man dort feststellte. Das *Kleine Continental-Reifen-Lexikon*, inzwischen immerhin nur noch 40 Seiten stark, sorgte dafür, dass diese Haltung bei den Kunden auch durch das nötige „Reifenwissen" unterfüttert wurde. Mit dem 1960 präsentierten „Neuen Continental-Reifen" schien man (wieder einmal) den endgültigen Reifen entwickelt zu haben. Es handelte sich dabei „um eine von Grund auf neue, optimale Kombination aller Eigenschaften, die ein Autoreifen heute hinsichtlich Sicherheit, Fahrkomfort, Schnelligkeit, Bodenhaftung, Geräuscharmut, Kurvenstabilität und Lebensdauer erfüllen muß", hieß es ebenso stolz wie selbstbewusst dazu im Geschäftsbericht.

Doch diese Höhenflugphase des Continental-Reifens war nur von kurzer Dauer. Schon in den späten 1950er Jahren sorgten Tragödien, Skandale und tödliche Unfälle, in die Konkurrenten wie Firestone, Englebert, Pirelli und Dunlop verwickelt waren, dafür, dass sich auch Continental, obschon nicht direkt involviert, vom Automobil-Rennsport zurückzog. Mit der Entwicklung des „Stahlstift-Reifens" 1963 hatte man kurzzeitig das Winterreifengeschäft dominiert, ehe dann aber das gesetzliche Verbot von „Spike-Reifen" diesem Typus ein Ende bereitete. Schon seit 1962 forschten die Reifeningenieure bei Continental auch an der Entwicklung eines Notlaufrads, das platzsparend montiert werden konnte und mit dem man bis zu 150 Stundenkilometer für 20 Minuten fahren konnte. Aber während eine entsprechende Vorführung bei der Firma Teves großen Eindruck hinterlassen und die Zusicherung von Unterstützung erfahren hatte, zeigten sich die großen Automobilhersteller wie VW und Daimler-Benz skeptisch, so dass die Idee nicht weiterverfolgt wurde. Vor allem geriet man bei den reifentechnologischen Neuerungen bald ins Hintertreffen wie etwa bei der Suche nach einer Antwort auf die Lösung eines damals neuen Problems bei Serienfahrzeugen, des Aquaplanings, das die Hydrodynamik-Forscher von Uniroyal mit ihrem „Regenreifen" 1969 in den Griff bekamen. Und man verschlief die wichtigste Reifenrevolution der 1960er und 70er Jahre: die Stahlgürtel-Radial-Reifentechnologie von Michelin. Während man sich 1965 noch allenthalben der stolzen Bilanz auf dem Reifensektor lobte – 20 Prozent mehr Laufleistung durch Verwendung neuer stereo-chemischer Laufflächen und 7 Prozent kürzerer Bremsweg durch neue haftenergetische Zusätze sowie 10 Prozent größere „Einfederung" und Bodenhaftung durch flexiblere Seitenwände – war auch die fatale Fehlentscheidung zur Weiterentwicklung des Textilgürtelreifens anstelle des Stahlgürtelreifens gefallen, wobei auch hier die zunächst zögerlichen Erstausrüster ein gerütteltes Maß an Mitverantwortung trugen, da der Radialreifen auch zahlreiche konstruktive Änderungen am Automobil selbst erforderte. Es sollte zehn Jahre dauern, bis man in Hannover den verlorenen technischen Anschluss wieder aufholen konnte.

Der erste Continental-Stahlgürtel-Radialreifen moderner Bauart war der 1970 gefertigte „TS 771", aber fast wäre an seiner Stelle ein Continental-Polyurethan-Reifen gestanden: gegossen, nicht gewickelt, was den endgültigen Untergang von Continental bedeutet hätte. Seit Ende der 1960er Jahre forschten vor allem die amerikanischen Reifenkonzerne an Kunststoffreifen, die aus Polyurethan einfach gegossen werden würden und damit den teuren Rohstoff Kautschuk ebenso wie das arbeitsaufwändige Wickeln ersetzten. Im damaligen neuen „Kunststoffzeitalter" erschien die Idee einen „Gießreifens" durchaus realistisch, zumal der Traum eines Kunststoff-Gießreifens die Ingenieure schon lange verfolgte, und die verunsicherten Continental-Ingenieure und vor allem der noch weit verunsichertere Continental-Vorstand sahen sich mit der Horrorvision konfrontiert, dass das Unternehmen schon wieder dabei war, eine zentrale technische Innovation zu verpassen. Als dann 1978 noch der Konkurrent Phoenix, gestützt auf das Know-how und die Finanzkraft des inzwischen dort als Großanteilseigner eingestiegenen Firestone-Konzerns, der Öffentlichkeit einen entsprechenden Polyurethan-Reifen präsentierte, schienen alle Befürchtungen wahr zu werden. Verärgert zitierte Daimler-Benz die Continental-Entwickler nach Stuttgart, um sich die Nachlässigkeit des Hauptzulieferers erklären zu lassen, und im Aufsichtsrat äußerte Alfred Herrhausen die Befürchtung, „daß man plötzlich mit dem Phoenix-Reifen in einer völlig neuen Realität leben könnte". Die Einschätzung des Kunststoff-Reifens durch die F&E-Ingenieure bei Continental war dann aber schnell einhellig und eindeutig: Der gegossene Reifen werde in der Zukunft keinerlei Bedeutung haben, er sei weder von den Rohstoffkosten noch von seinen physikalisch-chemischen Eigenschaften her für den

Pkw- und Lkw-Reifenbereich geeignet. Alles sei letztlich nur eine geschickte PR-Maßnahme von Phoenix. Die Continental-Forscher behielten Recht. Sang- und klanglos verschwanden die noch kurz zuvor stolz präsentierten Reifen-Prototypen Anfang 1979 in der Versenkung.

Der neue Continental-Radialreifen war technisch lange Zeit noch nicht ausgereift. Eine unzureichende Beherrschung der komplizierten Fertigung und auch wachsende Zahlen von Pannen und Unfällen beherrschten die Reifenindustrie weltweit. Auch wenn Continental nicht in tödliche Autounfälle wegen plötzlich platzender oder defekter Reifen wie Firestone in den USA oder Metzeler in Deutschland Mitte der 1970er Jahre verwickelt war, so sah man sich doch auch im März 1975 erstmals in der Continental-Geschichte zu einer Reifen-Rückrufaktion gezwungen. In den USA waren Rückrufaktionen zu diesem Zeitpunkt bereits eine Selbstverständlichkeit und beschädigten das Image der Reifenmarke offenbar wenig, ganz anders als in Deutschland – zumal Continental im Herbst 1976 eine erneute Rückrufaktion starten musste, in deren Folge bis Ende des Jahres 17.000 Reifen umgetauscht wurden. Das Höhen-Breiten-Verhältnis der Reifen hatte sich inzwischen längst nachhaltig verändert. Der einst schmale Continental-Reifen mit seinen Maßen 820 × 120, d. h. einem Höhen-Breitenverhältnis von über 110 Prozent, war immer breiter geworden und wies 1978 mit seinen Maßen 205/60–15 nur noch 60 Prozent des Verhältnisses auf. Das Reifensortiment aus Hannover umfasste inzwischen wieder mehr als 1.500 Ausführungen, wobei der Radialreifen-Anteil bei Pkw- und bei Lkw-Reifen immer noch nur zwischen 60 und 80 Prozent der Gesamtproduktion lag. Erst im Dezember 1979 wurde im Werk Stöcken der letzte alte Diagonal-VW-Reifen gefertigt; genau 37.522.751 Stück hatte man dort in den vergangenen 29 Jahren produziert.

Abb. 72: Der letzte im Dezember 1979 gefertigte Diagonal-VW-Reifen.

Man setzte nun alle Kräfte daran, die Continental-Reifen, die in der „Michelin-Reifenwelt" fast untergegangen wären und deren Image auch bei den Pkw-Fahrern massiv gelitten hatte, wieder zu einem Markenartikel zu machen, was nach und nach auch gelang. Im Frühsommer 1976 war die neue Reifenfamilie der „Conti-Contact"-Serie aus der Taufe gehoben worden, die seitdem in fünfter und sechster Generation fortlebt. Schon 1983 wurde hierzu die erste Folgegeneration präsentiert. Der legendäre „ContiContact M+S TS 740" wurde als Winterreifen ein Verkaufshit ebenso wie der schnelle „ContiSuperContact CH 51 und CV 51" bei den Sommerreifen in dem von immer schnelleren Fahrgeschwindigkeiten geprägten Automobilgeschäft. Der allenthalben im Kampf gegen Tempolimits auf Autobahnen geprägte Slogan „Freie Fahrt für freie Bürger" schlug sich auch in der Reifenentwicklung nieder. Mit Marketing-Gags wie den „Sauwetterreifen von Continental" für den „ContiContact TS 730" hatte man schon im November 1976 für Aufsehen gesorgt, erst recht aber rückte man im Herbst 1981 ins Zentrum der öffentlichen Aufmerksamkeit, als Continental auf der Internationalen Automobilausstellung in Frankfurt den ersten energieoptimierten „Umweltreifen" präsentierte. Dieser Continental-Lkw-Reifen verbrauchte weniger Erdöl bei der Fertigung und sparte Energie. Anstelle von Erdöl und Ruß wurde Kieselsäure als Füllstoff wiederentdeckt, wodurch eine veränderte bräunliche Gesamtfarbe des Reifens entstand. „Mit Conti sparen Sie Benzin. Bis zu fünf Prozent weniger Sprit durch Verringerung des Rollwiderstandes", lautet auch die gleichzeitig für die Pkw-Reifen lancierte Botschaft der „Conti-Energie-Initiative". Neuheiten präsentierte das Unternehmen auch im Fahrrad- und Motorradreifen-Bereich – mit einem Schlauchreifen mit Reißverschlussöffnung, dem endlosen Fahrradschlauch und vor allem dem schlauchlosen Fahrradreifen. Was früher das Rennreifen-Image im Automobilbereich gewesen war, wurde nun im Radrennsport wiederholt. Alle damals prominenten Profi-Radrennfahrer von Dietrich Thurau über die deutsche Radfahrer-Nationalmannschaft, die bei zahlreichen Olympischen Spielen Goldmedaillen gewann, bis zu damaligen Rennidolen wie Rolf Gölz, Jan Ullrich und Erik Zabel fuhren die handgenähten Continental-Superfahrradreifen aus Korbach ebenso wie der Rekord-Bergtrikotträger der Tour de France Richard Virenque – und alle deutschen Briefträger, nachdem Continental 1987 einen entsprechenden Ausrüstungsauftrag der Bundespost erhalten hatte.

Das größte Aufsehen erregte Continental aber Mitte der 1980er Jahre, als man innerhalb kurzer Zeit mit zwei revolutionären Reifentechnologien an die Öffentlichkeit ging: das eine war in Fortführung der Idee eines Notlaufreifens das neue „Continental-Tire-System" (CTS), das erstmals den Reifen als System in Verbindung mit anderen Teilen des Automobils begriff und auch technisch konzipierte. Das andere war, diesmal in Kontinuität zu früheren Forschungen des braunen Umweltreifens, der „Continental Energy-Optimized Tire" (EOT). Kennzeichen des zunächst als „CNR-System" (Conti-Notlauf-Reifensystem) firmierenden Konzepts war, dass der Reifen nicht mehr auf den äußeren Flächen der Felge saß, sondern von außen um die Felge herumgriff und ihren Wulstsitz auf den radial innen liegenden Flächen hatte. Schlagartig eröffnete sich damit ein Entwicklungspotential für eine Reihe von Gebrauchseigenschaften, die mit dem damaligen Reifen nicht erreichbar waren. Geringeres Systemgewicht und größerer Einbauraum eröffneten dem Fahrzeughersteller konzeptionelle Vorteile; Federungskomfort, Kraftübertragung auf nasser Fahrbahn und Sicherheit gegen Aquaplaning ließen sich deutlich verbessern, und der Rollwiderstand wurde spürbar kleiner, ohne dass andere Reifeneigenschaften nachhaltig beeinflusst wurden. Bemerkenswert war aber eine weitere Eigenschaft: Das CNR-System behielt seine Fahrfähigkeit auch bei einer Reifenpanne. Der Pannenlauf im drucklosen Zustand über mehrere hundert Kilometer machte das Mitführen eines Reserverads in Zukunft entbehrlich. Hinter der Idee einer Einheit von Reifen und Felge wurden die Umrisse eines völlig neuartigen Reifens sichtbar, der Teil eines Systemkonzepts wurde. Die Pressekonferenz des Continental-Vorstands, die Ende November 1983 eine minutiös geplante PR-Aktion einläutete, versetzte die Reifenwelt in helle Aufruhr. Stolz sprach man in Hannover von einer Weltpremiere, die die konventionelle Technik buchstäblich umkrempeln werde, und gab sich überzeugt, dass sich das inzwischen als CTS (Conti Tire System) firmierende Reifensystem in einigen Jahren als Standardausrüstung durchsetzen werde. „Continental hat den Reifen neu erfunden", verkündete das Unternehmen selbstbewusst in Werbeanzeigen. Um sich ganz auf die Automobilreifen-Fertigung konzentrieren zu können, wurde auch – nach fast 75 Jahren – 1985 die Produktion von Flugzeugreifen aufgegeben.

Was die technische Entwicklung des neuen Reifen-Systems anging, war man damit tatsächlich dann aber erst 1987 am Ziel. CTS war technisch praktisch ausgereift und bereit zur Serienfertigung. Für den Vorstand war das Grund genug, diese Ergebnisse in einer zweiten großen Presseaktion der Öffentlichkeit vorzustellen. „1988/89", so erklärte man selbstbewusst, „wird das erste Auto mit dem neuen Reifensystem CTS über die Straßen rollen". Es war dann tatsächlich allerdings nur eine kleine Zahl von Automodellen, die mit CTS ausgerüstet wurden. Aus dem einst umfassenden neuen Reifenkonzept war schließlich doch nur ein auf die spezifische Pannenlaufeigenschaft zugeschnittener Spezialreifen geworden, der zwar in Serie produziert wurde, sich aber aufgrund der hohen Fertigungskosten nicht auf breiter Basis durchsetzen konnte. Die Folge war aber ein immenser Imagegewinn, der nicht nur den Börsenkurs, sondern auch das Stimmungsbarometer innerhalb des Konzerns in die Höhe schnellen ließ. Das CTS-Projekt wurde zu einem Identifikationsobjekt, das die kaum vergangenen schweren Zeiten und die Schmach der Radialreifen-Niederlage endgültig vergessen machte. Dass die technische Neuerung letztlich scheiterte, lag an den Problemen, denen sich das unternehmensexterne Innovationsmanagement gegenübersah. Es war von Anfang an klar, dass Continental aufgrund der zu geringen Finanzkraft sowie der Wettbewerbsmechanismen im Erstausrüstermarkt das neue Reifenkonzept nicht allein durchsetzen konnte. Zwei unabdingbare Partner – die Automobilindustrie und einer oder mehrere Mitkonkurrenten – waren es, die Continental benötigte. Deren Unterstützung fehlte jedoch.

Das Scheitern war für die Reifeningenieure umso schmerzlicher, als auch das zweite große Innovationsprojekt, das Continental 1982 unter dem Kennwort EOT (Energy Optimized Tire) in Fortführung des Konzepts eines „braunen Umweltreifens" gestartet hatte, die hohen Erwartungen nicht erfüllte. Bis der Reifen Ende der 1980er Jahre serienfertig war, waren die Dieselkraftstoffpreise bereits wieder deutlich gesunken, so dass sich angesichts der höheren Einstandspreise für EOT-Reifen die errechnete Kostenersparnis in Nichts auflöste. Kaum der Öffentlichkeit präsentiert, waren die neuen Reifen daher bereits ein Jahr später praktisch vom Markt wieder verschwunden. Der „EOT-Reifen" war als Marketingprojekt gescheitert, als Innovationsprojekt aber blieb das Thema Energieeinsparung auf der Tagesordnung; es floss daher – wie auch die CTS-Erfahrungen – mit allen schmerzlichen Lernprozessen in die nächsten Reifenentwicklungen mit ein.

Die folgenden Jahre standen dann ganz im Zeichen der intensiven Suche nach dem „intelligenten Reifen". Zunächst hatte man seit Anfang der 1990er Jahre eine neue Generation der ContiContact-Reifenfamilie entwickelt, darunter waren spektakuläre Exemplare wie der „ContiAquaContact" von 1991/93, der erste und einzige genuine Regenreifen von Continental, der ein auffälliges Lauf-flächendesign zeigte, daneben 1994 ein neuer „ContiWinterContact" mit Bienenwabenprofil, der „ContiEcoContact", der als Sommerreifen gute Haftung auch in nassen Kurven mit hoher Laufleistung und vor allem niedrigerem Kraftstoffverbrauch verband, sowie 1996 der „ContiSportContact" mit asymmetrischer Profilgestaltung und für die Premium-Fahrzeuge von Porsche, Audi, BMW und Mercedes entwickelt. „Ist der Reifen damit ein ausgereiftes Produkt?". Diese Frage stellte der damalige Vorstandsvorsitzende Hubertus von Grünberg auf der Hauptversammlung im Juni 1999 in den Raum. Man habe tatsächlich einen hohen Grad an Reife erreicht und verfüge nur noch über geringe Optimierungsspielräume. „Wir nähern uns dem Optimum." Der gesamte Vorstand stehe daher hinter der Entscheidung, über den „reifen Reifen" hinauszudenken. Und das tat man dann auch, zusammen mit den F&E-Ingenieuren im Stöckener Innovationszentrum des Konzerns. „Coming soon: the ‚intelligent' tire. Systems technologies for the car of tomorrow", hieß es in einer umfangreichen Broschüre schon im Herbst 1999. Darin wurde eine ganze Reihe neuer Systeme, Module und Funktionen präsentiert, die in und um den Reifen dessen Eigenschaften und Aufgaben im Zentrum der automobilen Mobilität erheblich ergänzten und erweiterten. Der „sidewall torsion sensor" maß und regulierte die Kräfte beim Beschleunigen und Bremsen des Autos, der „ContiSafetyRing" fungierte als neues Notlaufrad-System, ABS und ESP sorgten für Stabilisierung des Fahrverhaltens und das „ContiWheelSystem" präsentierte ein neues Reifen-Felge-System, das den Ersatzreifen endgültig obsolet machte. Und schließlich überprüfte das „Tire Pressure Monitoring System" kontinuierlich und automatisch die Reifendrücke. Die erste Version des „intelligenten Continental-Reifens" ging im Sommer 2002 in Serie, eine zweite Version mit in den Reifen integriertem Sensor, der nicht nur den Reifen selbst hinsichtlich Profiltiefe und Beschädigungen überwachte, sondern auch Aussagen über dessen Einsatzbedingungen wie Luftdruck, Temperatur und Zustand der Straße lieferte, war wenige Jahre später geplant.

> In seiner Funktion, zuverlässig Kräfte und Momente im Kontakt zur Fahrbahn zu übertragen und somit Fahrstabilität sowie Fahrkomfort zu gewährleisten, ist der Reifen die Systemkomponente, die alles ‚erfährt', was sich zwischen Fahrzeug und Straße abspielt. Entwicklungsziel ist ein Reifen, der als integrierte Komponente des Fahrwerks möglichst viele Informationen an Fahrer und Fahrzeug liefert. Er wird dadurch über seine ursprüngliche Funktion hinaus zum Datenträger und Datengeber,

hieß es dazu im Geschäftsbericht 2001. Das Konzept, den Reifen in die Fahrwerkregelung zu integrieren, hatte enormes Zukunfts- und vor allem auch Marktpotenzial. Der intelligente Continental-Reifen konnte eine Fülle von Informationen liefern, man musste ihn nur zum „Sprechen" bringen.

Die Umsetzung dieses Konzepts bestimmt die Arbeit der Reifeningenieure und Experten des Automotive-Bereichs bis in die Gegenwart. Gleichzeitig beschäftigte den Continental-Vorstand Mitte der 1990er Jahre aber noch eine andere Vision: die Revolution der Reifenfertigungstechnologie auf der Basis eines „grünen Reifens". Für die verschiedensten Reifentypen sollten einheitliche unvulkanisierte Rohlinge hergestellt werden, die dann vor Ort nur noch entsprechend der Nachfrage und Auftragslage mit den jeweiligen spezifischen Laufstreifen und Reifenprofilen versehen werden würden. Die Vision war Teil der von allen Reifenkonzernen verfolgten „Lean Tire Konzepte", die darauf hinausliefen, die Bauteilvielfalt des Reifens zu verringern sowie die Anzahl der Dimensionen pro Werk zu reduzieren, damit insgesamt den nach wie vor arbeitsintensiven Produktionsprozess weiter zu automatisieren und letztendlich dadurch die eigene Wettbewerbsfähigkeit zu verbessern. Der große Konkurrent Michelin schien es mit seinem geheimnisumwitterten C3M-Konzept erfolgreich vorgemacht zu haben, und auch Pirelli hatte unter dem Kürzel MIRS (Modular Integrated Robotized System) offensichtlich ein ähnliches Konzept eingeführt. Bei Continental wurde denn auch eine eigene MMP-Strategie (für Modular Manufacturing Process) entwickelt, aber das Konzept scheiterte in Hannover ebenso wie in Clermont-Ferrand und Mailand. Stattdessen gab es aber gleichzeitig einen dem Konzept des modularen „Basisreifens" völlig entgegenlaufenden Trend: die zahlenmäßige massive Zunahme der maßgeschneiderten Reifen für jeden neuen Fahrzeugtyp und jedes neue Fahrzeugkonzept. Die Zahl der Spezialreifen mit jeweils eigenen Mischungen und Materialtechnologien nahm exponentiell zu. 2009 wurde der erste SUV-Reifen von Continental entwickelt, der „ContiCrossContact UHP", und gleichzeitig auch eine Produktoffensive mit acht neuen Premium-Nfz-Reifen gestartet, der im Jahr darauf weitere 36 neue Nutzfahrzeugreifen folgten, darunter auch die Continental-Busreifen der Generation 3. Damit verfügte Continental über das technisch modernste und weit verzweigteste Reifenportfolio in diesem Bereich. Es war die bislang größte Produktoffensive, die es im Nfz-Reifen-Bereich des Unternehmens je gegeben hatte. Am F&E-Hauptstandort in Hannover-Stöcken arbeiten inzwischen rund 1.400 Chemiker und Ingenieure und entwickeln dort bis zu 9.000 unterschiedliche Reifen für die verschiedensten Anforderungen, dabei werden rund 12.000 Rezepturen unterschiedlicher Gummimischungen verarbeitet und getestet, ehe dann zwischen 15 und 25 von ihnen in die jeweiligen Pkw- oder Lkw-Reifen eingearbeitet werden. Neben neuen Hochgeschwindigkeitsreifen erforderte die neue Vielfalt der Antriebssysteme im Automobil, von klassischem Kraftstoffverbrennungsmotor über Flüssiggas-Antrieb, Wasserstoff-Motor, Hybridantrieb bis Elektromotoren mit Batterien, entsprechend angepasste Reifen wie den schon 2011 entwickelten „Conti.eContact". Die neuen Reifen mussten auch auf die spezifischen Wirkungsweisen elektronischer Fahrerassistenzsysteme abgestimmt werden, dazu kamen zahllose neue Funktionsanforderungen auch im Bereich der Industriereifen, bei Baustellenfahrzeugen, Transportmaschinen und Gabelstaplern. Der inzwischen fast 150 Jahre alte Continental-Vollgummireifen lebt hier in veränderter Form weiter. Seit 1966 wurden die „Conti Super Elastic-Reifen" (CSE) im Werk Korbach gefertigt, damals waren es rund 4.000 Exemplare – eine Menge, die 2015, zum Produktionsjubiläum des 10-millionsten CSE-Reifens, in weniger als drei Tagen gefertigt wurde. 2017 wurde schließlich auch die Fertigung von

Landwirtschaftsreifen wieder aufgenommen, die man 2004 zunächst aufgegeben hatte. Das Spezialreifen-Portfolio des Konzerns umfasste 2018 insgesamt 981 verschiedene Artikel. Die Spezialisierung ging sogar so weit, dass für besondere Anlässe und vor allem aus Marketing-Zwecken trotz geringer Stückzahlen eigene Reifen entwickelt und produziert wurden, wie der „ContiGoal-Reifen", der 2014 für die eingesetzten Mannschaftsbusse bei der Fußball-Weltmeisterschaft in Brasilien das Licht der Welt erblickte.

Wie nie zuvor wurde das Reifenportfolio von einer starken Segmentierung und Vielfalt der Reifentypen geprägt. Wesentlich mit dazu beigetragen hat zum einen die Spezialisierung und Ausdifferenzierung der Synthesekautschuksorten und der Kautschukchemikalien, zum anderen aber eine Technologie, die die Reifentechnik Mitte der 1990er Jahre wirklich revolutioniert hat: die Silika-Technologie. Der Einsatz von Kieselsäure im Reifenbau ermöglichte, den Mischprozess extrem genau zu steuern und damit auch bei der ewigen Suche nach der Quadratur des Kreises bei den Reifeneigenschaften regelrechte Performance-Sprünge zu realisieren. Die in diesem Zusammenhang von Continental 2003 entwickelte „Multi-Component-Tread-Technologie" (MCT) verbesserte nachhaltig die Fahreigenschaften von Pkw-Reifen und führte zu mehr Fahrsicherheit. Die auf sogenannten Quadroplex-Extrudern angewandte Technologie erlaubte, insgesamt vier Gummimischungen in einer Lauffläche einzusetzen, wodurch die klassischen Zielkonflikte der Reifenproduktion wie Trocken- und Nässeeigenschaft auf einem höheren Niveau aufgelöst werden konnten. Einen Meilenstein in der Mischungstechnologie markierte vor allem die 2007 gelungene Herstellung der sogenannten BlackChili-Reifenmischung. Die unter anderem im Fahrradreifen-Bereich bestehenden Zielkonflikte bei der gleichzeitigen Optimierung von Grip, Rollwiderstand und Laufleistung wurden durch Anwendung neuester Erkenntnisse aus der Polymer- und Werkstoffforschung praktisch aufgehoben. Hochentwickelte Natur- und Synthesekautschuke wurden mit nanometrischen Rußpartikeln und anderen Füllstoffen vermengt, wodurch beim „BlackChili-Reifen" Leistungen möglich wurden, die bislang undenkbar waren: 30 Prozent besserer Grip, 26 Prozent weniger Rollwiderstand und eine um 5 Prozent höhere Laufleistung. Die besten Profi-Radsportler der Welt trugen unter anderem bei der Tour de France dank der auf dieser Mischungsbasis hergestellten „Continental Competition Pro LTD-Reifen" den Sieg davon. Im Mittelpunkt der Optimierung der Reifeneigenschaften stand nun im Kontext der Nachhaltigkeitsstrategie und öffentlichen Klimadebatten die Reduzierung des Rollwiderstands, unter anderem auch durch eine neue Leichtbauweise, und damit eine nennenswerte Reduktion der CO_2-Emissionen. Das Nachdenken über den Continental-

Reifen bekam vor dem Hintergrund von Umweltkrise und ökologischen Zielen auch hinsichtlich seines Basisrohstoffs eine ganz neue Qualität. 2013 wurde mit dem „ContiSilent-Reifen" ein speziell konzipierter Schallschluck-Reifen präsentiert, 2014 folgte der Prototyp eines aus Löwenzahn-Kautschuk hergestellten Reifens. Der Continental-Reifen könnte daher in absehbarer Zeit wieder einmal in seiner langen Geschichte einen Großteil seiner Rohstoffbasis ändern. Und es folgten weitere reifentechnische Innovationen: Im Februar 2019 stellte Continental eine neue Spiketechnologie, „ContiFlexStud" für die nächste Generation von Winterreifen vor. In der langen Kontinuitätslinie der Gleitschutz-, Nietengürtel- und Stahlstift-Reifentechnik hatte man aus Gummi bestehende Spikekörper entwickelt, die, in den Reifen einvulkanisiert, nicht nur für größere Fahrsicherheit auf Eis, sondern zugleich für leisere Fahrgeräusche und geringeren Fahrbahnabrieb sorgen.

Schließlich wurden 2017 auf der Internationalen Automobilmesse in Frankfurt zwei neue Reifensysteme vorgestellt, die eine neue Etappe auf dem langen Weg zum intelligenten Reifen markieren und zugleich auch den Blick in die Zukunft der Continental-Reifentechnologie richten. Unter den Namen „ContiSense" und „ContiAdapt" wurden zwei Konzepte von Systemtechnologien präsentiert, die einerseits eine kontinuierliche Überwachung des Reifenzustands und gleichzeitig die Fähigkeit ermöglichen, die Reifenleistungseigenschaften an die jeweiligen Straßenverhältnisse anzupassen. „ContiSense" basiert auf der Entwicklung elektrisch leitfähiger Gummigemische, durch die elektrische Signale von einem Sensor im Reifen an einen Empfänger im Fahrzeug gesendet werden können. „ContiAdapt" kombiniert in das Rad integrierte Mikrokompressoren, um den Reifendruck durch eine Felge mit verstellbarer Breite anzupassen. Auf diese Weise kann das System die Größe der Kontaktfläche verändern. Dies ist ein entscheidender Faktor für die Sicherheit und den Fahrkomfort bei unterschiedlichen Straßenbedingungen. Die Konstruktion des Reifens umfasst drei verschiedene Lauflächenzonen für das Fahren auf nassen, rutschigen und trockenen Straßen. Je nach Reifendruck und Felgenbreite werden unterschiedliche Lauflächenzonen aktiviert, und der Konzeptreifen passt den erforderlichen „Fußabdruck" in jedem Fall an. Hierdurch passen sich die Reifeneigenschaften an die jeweiligen Straßenbedingungen oder die Vorlieben des Fahrers an. Damit wurde der selbstständig mitdenkende Continental-Reifen erfunden, der die Mobilität der Zukunft entscheidend mitprägen wird.

Der Continental-Autoreifen der Zukunft wird dennoch weiterhin starke Rivalen haben. In den F&E-Laboratorien der großen Konkurrenten wird über luftlose Bereifung (AirFree-Reifen) nachgedacht, über nachhaltige Reifen, die per

Abb. 73: Konzept-Studie des neuen „smarten" Continental-Reifens der Zukunft.

Kapsel immer wieder erneuert werden können, über Kugelreifen (eine Idee, die schon in den 1920er Jahren verfolgt worden war) und Reifen aus dem 3D-Drucker und aus nachwachsenden Rohstoffen wie Stroh. Smarte Autoreifen der Zukunft verfügen über integrierte Sensoren, selbstständige Anpassungsmöglichkeiten und Selbstheilungskräfte. Zunächst jedoch sehen sich die Reifeningenieure in Hannover mit ihren auch praktisch einsetzbaren Reifen jenseits aller Konzepte mit der inzwischen 6. Sommerreifen-Generation, dem „PremiumContact" wieder einmal am Ende eines Innovationszyklus stehend: der perfekte Reifen „zum Wohlfühlen", und das als Ergebnis immer kürzerer Entwicklungszeiten, die einst viele Jahre dauerten und nun im Durchschnitt auf zwei Jahre geschrumpft sind. Blickt man allein auf die Entwicklungen der vergangenen 50 Jahre zurück, so ergeben sich tatsächlich beeindruckende Innovationsleistungen und Performance-Verbesserungen des Continental-Reifens: Die Bremswege wurden halbiert, die Laufleistungen um 15.000 Kilometer erhöht und damit verdoppelt, der Rollwiderstand um 30 Prozent und mehr verringert. Der Continental-Reifen ermöglicht nicht nur erheblich sicherere und komfortablere Mobilität, sondern zeichnet sich auch durch optimale Umwelteigenschaften aus. Und dennoch ist er letztendlich gleichsam im Gefolge einer innovationsgetriebenen Metamorphose aus dem Ur-Reifen von 1898 hervorgegangen. Vor allem aber: Dem „König der Gummiprodukte" wird von anderen Continental-Produkten zunehmend der Platz streitig gemacht.

„Conti inside". Zum Wandel des Produktportfolios oder: Aspekte einer Erfahrungsgeschichte der Continental-Produkte

Die Liste der versunkenen Continental-Produkte ist ebenso lang wie spektakulär, weil sich darunter viele derjenigen Artikel befinden, die das nachhaltige und jahrzehntelange Image des Unternehmens in den Dekaden zwischen den 1890er und den 1920er Jahren geprägt haben, als Hersteller von Produkten, die das Freizeit- und Alltagsleben aller Schichten der damaligen Gesellschaft bestimmten. Das geht los bei den Fußballblasen und Gummibällen, reicht über das damals breite Spektrum der chirurgischen Artikel wie Gummisauger und Gummibettunterlagen und endet bei den Gummieinkochringen, Gummihandschuhen und der erst Ende der 1990er Jahre eingestellten Produktion von Gummi-Schlauchbooten. Auch die Continental-Turnierbande für Billardtische gibt es nicht mehr.

Abb. 74: Fußballblasenfertigung um 1900.

Abb. 75: Continental-Regenmantel Klebe- und Nähsaal 1913.

Zwei Produkte stechen dabei hervor: zum einen die berühmte Continental-Wärmflasche. Das seit Anfang der 1890er Jahre hergestellte Produkt, das bald zur berühmtesten Wärmflasche der Welt wurde und noch Mitte der 1960er Jahre in keinem Haushalt fehlte, wurde Ende 1996, nachdem die Fertigung 1966 aus den Werken Limmer und Vahrenwald nach Northeim verlagert worden war, aus dem Fertigungsprogramm genommen.

Abb. 76: Werbeanzeige der Continental-Wärmeflasche 1928.

Noch im Juli 1982 hatte es ein modernisiertes und gestrafftes „Contimed-Programm" mit diversen medizinischen Gummiwaren gegeben, darunter auch die Wärmflasche. Doch dann verdrängte das veränderte Gesundheitsverhalten in der Gesellschaft und vor allem die gesunkene Rentabilität das Produkt. Schwarze Zahlen hatte die Wärmeflasche aber über die ganzen hundert Jahre ihrer Existenz geschrieben. Zum anderen waren die Continental-Regenmäntel und die „Continental-Moden für den Kraftfahrer" früher ein viel beachtetes und wahrgenommenes Standardprodukt des Unternehmens. Continental war tatsächlich damals ein regelrechtes Modeartikelunternehmen, angefangen von den Gummiparfüm-Zerstäubern über die Sportmodeprodukte wie Badehauben und Skianzüge bis hin zu den erwähnten Regenmänteln.

Abb. 77: Beitrag über moderne Continental-Kraftfahrer-Bekleidung im *Echo Continental* von 1922.

„Ich bin von Kopf bis Fuß auf Conti eingestellt", dichteten 1931 die Werbeleute in Hannover und präsentierten die moderne Frau als modebewusste Konsumentin der verschiedenen Continental-Produkte von der schicken Badehaube bis zu den eleganten Continental-Schuhabsätzen.

Abb. 78: Continental-Artikel für die moderne Frau. Anzeige aus *Echo Continental* von 1931.

All das waren vor allem Produkte, die im damaligen Alltag der Menschen ebenso präsent waren wie in der Freizeit und beim Sport. „Und bis ins hohe Alter reicht Dir Conti seine Gaben, auf Conti-Absatz kannst Du leicht noch eine Welt durchtraben. Und so ist aller Weisheit Schluß, daß man mit Conti leben muß. Will man zufrieden leben, mit Conti – das ist's eben!", hieß es in einer Anzeige von 1932. Mehr an die Emotionalität appellierende Kundenbindung und Verquickung von Produktportfolio und Lebenszyklus des Verbrauchers geht nicht.

Der lange Abschied des Unternehmens vom Vollsortimenter zog sich bis weit in die 1960er Jahre hinein. Und damit begann auch der Abschied von Continental und ihrer Produkte aus der Erfahrungswelt der Konsumenten – mit Ausnahme des Reifens.

Abb. 79 u. 80: Anzeige für Continental-Ski-Anzügen von 1924 (links). Werbeanzeige für Continental-Badehauben und Wasserbälle von 1927 (rechts).

Abb. 81: Continental-Artikel als Lifestyle-Produkte. Werbeseite aus dem *Echo Continental* von 1932.

Es gibt aber auch eine erstaunlich lange Liste von Produktkontinuitäten, teils in direkter Generationenabfolge wie beim Reifen, teils als wiederaufgelegter oder wieder neu erfundener Artikel. Dazu gehören die Schuhsohlen, deren Produktion bis 1987 im Werk Limmer lief, dann verlagert wurde, ehe im Frühjahr 1999, nach 90 Jahren, das endgültige Aus kam. Doch keine 20 Jahre später meldete das Unternehmen stolz: „Neuer Weltrekord dank ContiGrip", nachdem ein Extremsportler auf adidas-Laufschuhen mit Continental-Hightech-Sohlen die steile Skiflugschanze in Oberstdorf hinaufgelaufen war. Bei zahlreichen ContiTech-Produkten gibt es sogar eine durchgehende Kontinuität: Schläuche, die zu „Mobile Fluid Systems" wurden, Transportbänder und Hochleistungskeilriemen („Power Transmission"), Luftfedern und Gummi-Metall-Verbindungen („Vibration Control") und nicht zuletzt auch Zeppelin-Ballonstoffe, Aeroplan-Bespannungen und Automobil-Verdeckstoffe, die heute als „Surface Solutions" firmieren. Graf Zeppelin war ein häufiger Gast in Hannover, um die Fertigung der maßgeschneiderten Außenbespannungen für seine Luftschiffe zu überwachen, und auch Louis Blériot, der erstmals 1909 mit einem Flugzeug den Ärmelkanal überflog, hatte der Qualität der Continental-Aeroplanstoffe vertraut. Die von den Continental-Ingenieuren bei den verschiedenen Artikeln und Produktgruppen im Laufe der Jahrzehnte erreichten Innovationen und technischen Verbesserungen sind beeindruckend: Schon der 1899 erstmals entwickelte Continental-Antriebsriemen setzte Maßstäbe, indem er dreimal mehr Kraft bei den Webstühlen und anderen Maschinen übertrug als die bisherigen Lederriemen. Dank den Continental-Ingenieuren tauchten seit Anfang der 1990er Jahre Keilriemen nicht mehr in der ADAC-Pannenstatistik auf, der „Conti-V-Pioneer-Keilriemen" für industrielle Anwendungen erhielt 2010 als erster „Ökoriemen" den Zukunftspreis der Deutschen Wirtschaft. Die im Kohle- und Erzbergbau eingesetzten Transportbänder erleichterten seit 1901 die Förderung und steigerten durch immer größere Leistungsfähigkeit – vor Nachahmern geschützt durch den patentierten „Continental-Kantenschutz" – auch die Produktivität der Minen, bis 2019 in China die längste Steinkohleförderungsanlage mit Rollfördergurten von Continental entstand. Seit den 1920er Jahren beschäftigten sich die Continental-Entwickler auch mit dem Problem der geeigneten Federung für Schienenfahrzeuge, man experimentierte mit Luftreifen für Eisenbahnen und „Schwingmetall-Verbindungen", aber erst 1955 gelang die Fertigung moderner Luftfederungen für Pkw, Omnibusse, Lastwagen und später dann auch U-Bahnzüge, bis nach der Jahrtausendwende elektronisch gesteuerte Luftfedersysteme – „das Continental Electronic Air Suspension System" – entwickelt wurden und weltweite Verbreitung fanden. Selbst das Ur-Produkt von Continental, der Hufpuffer, der bis in die 1920er Jahre hinein gefertigt worden war, erlebte 2018 mit dem „Continental-Turfcord", einem Kautschuk-Hufschutz, der das traditionelle Hufeisen ersetzt, eine Wiederauferstehung.

Am längsten ist allerdings die Liste von Continental-Produkten, die völlig neu sind und außerhalb des ursprünglichen Produktionsspektrums des Konzerns liegen: Fahrerassistenzsysteme, Steuerungsmodule, Lichtsysteme, Sensoren, Microchips, Infrarot-Empfänger, elektronische Messgeräte, Aktuatoren, Kamerasysteme, Software- und Datenverarbeitungssysteme zur digitalen Überwachung der verschiedenen Antriebs- und Fahrzeugkomponenten. Der Blick in die Kraftwagen von damals bis heute und der Vergleich von Art und Umfang des jeweiligen „Conti inside" machen deren unaufhaltsamen Aufstieg als essentielle Bestandteile des technischen Systems Automobil und „enabler" der Mobilität der Zukunft sichtbar – auch wenn sie für den „Continental-Fahrer" immer unsichtbarer wurden. Als 1928 Continental erstmals die von ihr stammenden Gummiteile in den Automobilen auflistete, kamen 24 konstruktionstechnische Zubehörteile zusammen, vom Reifen über Gummidichtungen an den Fenstern, Kühlerschläuche und Ventilatorriemen, dazu kamen weitere 21 Ausstattungs-Zubehörteile wie Scheibenwischer, Fußbodenmatte, Gummibelag auf der Stoßstange und Verdeckstoff.

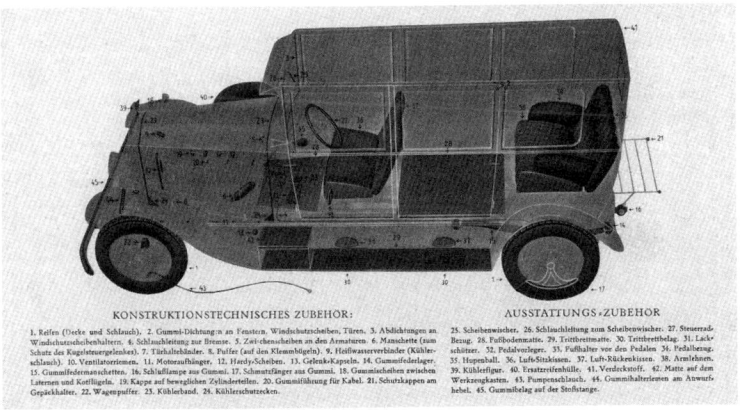

Abb. 82: Continental-Produkte im Automobil 1928.

Im Jahr 1937, als Continental auch erstmals mit der Präsentation eines entsprechenden Pkw-Querschnitts auf der Internationalen Automobilausstellung Aufsehen erregte, waren aus den insgesamt 45 Zubehörteilen neun Jahre zuvor inzwischen 157 geworden.

Wir besuchen unsere Ausstellungsräume

157 mal Continental=Zubehörteile am modernen Kraftwagen

Abb. 83: Continental-Produkte im Automobil 1937. Ausgestelltes Werbemodell auf der IAA 1937.

40 Jahre später, 1973, hatte sich das Bild erneut dramatisch gewandelt. Bis zu 300 Continental-Artikel aus Gummi und Kunststoff fanden nun im modernen Automobil von damals Verwendung, vom Kunstleder-Dachbezug über Polsterschaum, Batterie-Akku-Kästen, Gelenkgummis und Tankdeckeldichtungen bis zum Stoßdämpfer-Schutzrohr und zur Kraftstoffpump-Membran. Das Continental-Zubehör-Programm für die Automobilindustrie umfasste genau 6.136 Artikel und Einzelteile.

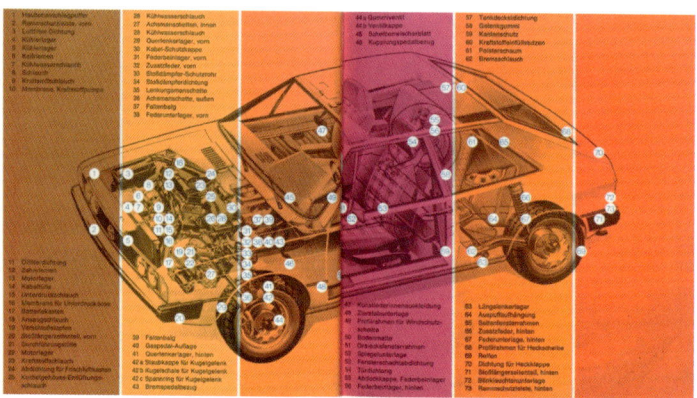

Abb. 84: Continental-Produkte im Automobil 1973.

Knapp 30 Jahre später hatte sich das Bild erneut gründlich gewandelt. Die Zahl der Continental-Produkte in einem Pkw des Jahres 2000 war deutlich auf ca. 30 bis 40 Teile gesunken, dafür tauchten aber nun komplexe Systeme und Module, Halbleiter-Relais und Steuerungsgeräte auf wie Achsmodule, Antiblockiersysteme, Elektronische Stabilitätsprogramme, Sensoren, elektromechanische Bremsen und die automatische Abstandskontrolle.

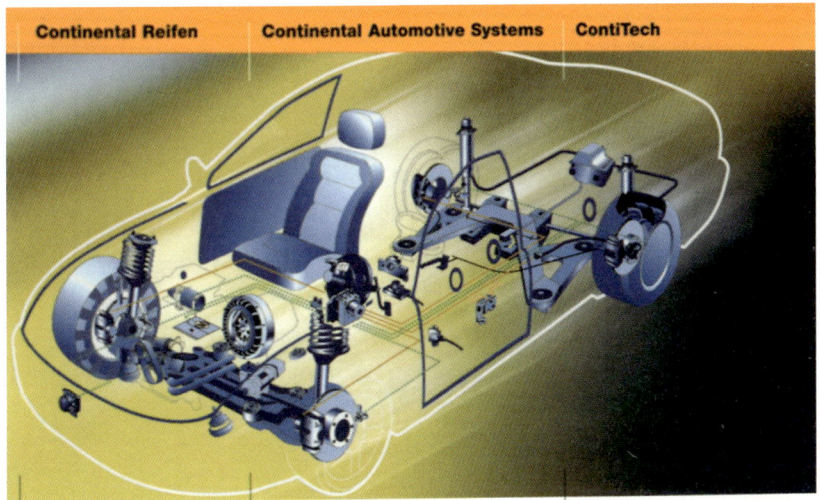

Continental Reifen   **Continental Automotive Systems**   **ContiTech**

▸ Reifen für Personenwagen
▸ Pannenlaufsysteme
▸ „Intelligenter Reifen"
▸ Reifen für Nutzfahrzeuge
▸ Industriereifen
▸ Landwirtschaftsreifen
▸ Motorradreifen
▸ Fahrradreifen

▸ Achsmodule, Cornermodule
▸ Antiblockiersysteme (ABS)
▸ Antriebsschlupfregelungen (ASR)
▸ Elektronische Stabilitäts-Programme (ESP)
▸ Elektromechanische Bremse
▸ Elektrohydraulische Bremse
▸ Bremsbetätigung
▸ Radbremsen
▸ Sensoren
▸ Integrierter Starter Alternator Dämpfer (ISAD)
▸ Luftfeder- und Niveauregulie-rungssysteme
▸ Reifendruckkontrolle
▸ Automatische Abstands-regelung (ACC – Adaptive Cruise Control)

▸ Antriebskomponenten und Riementriebsysteme
▸ Benzineinspritz-membranen
▸ Motor- und Fahrwerkslager
▸ Brems- und Lenkungs-komponenten
▸ Luftfederkomponenten und -systeme
▸ Dichtungs- und Führungsprofile
▸ Fluidtechnologie
▸ Kfz-Innenausstattung

Abb. 85: Continental-Produkte im Automobil 2000.

Wieder fast 20 Jahre später ist der Anteil dieser Assistenz- und Steuerungssysteme und damit der elektronischen, softwarebasierten Bauteile und Komponenten erheblich gestiegen; sie prägen nun fast völlig die Zuliefertechnologien der Continental, die ein hohes Maß an Sicherheit, Komfort und Konnektivität bieten. Vom rein mechanischen Produkt entwickelt sich das Auto zu einem rollenden Computer. Mehr als 170 Sensoren, ca. 90 elektronische Steuereinheiten und über 150 Aktuatoren sind in modernen Fahrzeugen verbaut, die wenige Jahre zuvor noch weitgehend getrennt voneinander funktionierten, inzwischen aber miteinander über und als Netzwerke kommunizieren. Das Automobil als vernetzte, datensammelnde und datenverarbeitende Mobilitätstechnologie prägt heute das Bild, und damit werden auch ganz neue Zulieferleistungen möglich, allen voran digitale Mobilitätsdienstleistungen. Die Entwicklung mündete schließlich 2019 in die Präsentation einer ganz neuen Technologie der Zukunftsmobilität: dem „Continental In-Car-Server CAS1", der dem bisherigen Elektronik-Wirrwarr an Bord des Autos ein Ende bereitete. Als rollender Hochleistungsrechner wird er zum Herzstück der digitalen und vernetzten Mobilität.

Abb. 86: Continental-Produkte im Automobil 2020.

Die innovative Server-Lösung reduziert die zwischen 70 und 100 Steuerungsgeräte im Automobil und führt zu einem spürbaren Abbau von Komplexität im Innenleben des Fahrzeugs. Die Palette der unsichtbaren Continental-Produkte nimmt daher weiter zu.

Die neue Produktwelt von Continental ging mit einem Verschwinden des Konzerns aus der kollektiven Lebenswelt weiter Teile der Gesellschaft einher.

Erfahrbar und erlebbar werden Continental-Produkte nur noch in der individuell praktizierten Welt der Mobilität. Damals wie heute geht es dabei aber auch um die Vermittlung abstrakter Gefühle wie Sicherheit und Umweltbewusstsein. Einzig der Continental-Reifen ragt hier noch als letztes sichtbares Produkt heraus. Die Produktionsrekorde beim Continental-Reifen von einst sind längst Makulatur und werden von neuen Dimensionen der Fertigungseffizienz weit in den Schatten gestellt. In seinen größten Reifenwerken in Tschechien, Portugal und China fertigt der Konzern pro Jahr inzwischen 16 bis 25 Mio. Continental-Reifen, insgesamt 150 Mio., was jedoch nur einen Bruchteil der jährlich weltweit hergestellten ca. 3 Mrd. Reifen ausmacht. Dennoch hat der Continental-Reifen die Welt erobert, wie er es schon mehrmals in seiner langen Geschichte getan hat. Er ist nicht nur das letzte sichtbare Produkt des Unternehmens, sondern auch die nahezu letzte verbliebene direkte Verbindung zwischen der neuen Continental des Jahres 2021 und der alten Continental der 1890er Jahre. Seine Bedeutung im Konzern hat abgenommen, inzwischen befindet sich Continental nicht mehr auf dem langen Weg zum intelligenten Reifen, sondern auf dem Weg zur intelligenten Mobilität. Und dennoch hat er weiter eine große Zukunft, denn weit und breit ist nichts in Sicht, was ihn als Hightech-Produkt je einmal ersetzen könnte. Der Continental-Reifen ist weiterhin essenzieller Bestandteil der „Mobilität der Zukunft", gleichzeitig aber nicht dem Prozess der technologischen Konvergenz zwischen Automobilherstellern und Zulieferkonzernen unterworfen bei der Umsetzung der softwaregestützten Mobilität und der Neuerfindung der Automobile als fahrende Computer. Auch die neue Welt der Mobilität des 21. Jahrhunderts funktioniert ohne den Continental-Reifen nicht. Damit ist dieser im Grunde auch irgendwie unsterblich.

6 Die Continental-Aktie: Lebenszyklen eines Wertpapiers zwischen Großanteilseignern, Kleinanlegern und Belegschaftsaktionären im Wandel der Kapitalmarktentwicklung

Mehr noch als der Kautschukpreis markiert der Aktienkurs von Continental die Fieberkurve der Unternehmensentwicklung und ist Seismograph der Erschütterungen, die extern oder intern durch die Firma liefen. Die Continental-Aktie erlebte in ihrem langen Leben spektakuläre Höhenflüge, aber auch massive Abstürze. Sie überstand zwei Weltkriege und Inflationen und mindestens fünf große Börsenkräche und durchlief höchst unterschiedliche Stadien und Ordnungsprinzipien des Finanz- und Kapitalmarkts zwischen der vielfach noch lokalen Börsenwelt der Industrialisierungsphase im Kaiserreich und dem globalen Finanzmarktkapitalismus der Gegenwart. Und die Continental-Aktie machte über die vielen Jahrzehnte hinweg gesehen zahllose Groß- wie Kleinaktionäre als Mitbesitzer des Unternehmens und Anteilseigner am Konzerngewinn durchaus vermögend, verlangte dabei aber auch einiges an Durchhaltevermögen ab.

Karriere einer Aktie: „Dividendenungeheuer" Continental und „Witwen- und Waisen-Papier" auch in Krisenzeiten: die Phase 1879 bis Anfang der 1930er Jahre

An der Börse in Hannover gehandelt wurde die Continental-Aktie erst seit 1897, und bis zum Ersten Weltkrieg waren Continental-Aktien relativ wenig gestreut. Das lag zum einen an dem Konsortium der Unternehmensgründer, die sich als damalige „Start-up-Unternehmer" selbst weitreichende Vorrechte bei der Ausgabe neuer Aktien eingeräumt hatten, verbunden mit Sonderstimmrechten für sogenannte Prioritätsaktien. Erst nachdem es dem Vorstand gelungen war, die Gründer durch hohe Abfindungen zur Aufgabe ihrer Ansprüche zu bewegen, war der Weg für Kapitalerhöhungen über die Börse und damit auch eine potenzielle Verbreiterung des Aktionärskreises frei. Die geringe Aktienstreuung lag zum anderen aber auch daran, dass angesichts des damals allerdings üblichen hohen Nominalwertes einer Aktie von 600 bzw. 1.200 Mark – was etwa dem Doppelten eines durchschnittlichen Jahreslohns eines damaligen Fabrikarbeiters entsprach – sowie einer nur auf kleine Kreise des entstehenden Wirtschafts-

https://doi.org/10.1515/9783110731613-006

bürgertums beschränkten Börsenkultur der Aktienbesitz eine exklusive Vermögensart war. Als infolge der Kapitalerhöhung von 1897 insgesamt 250 neue Continental-Aktien zu nominell 1.200 Mark an der Börse angeboten wurden, betrug der Ausgabepreis zudem bereits 413 Prozent, sprich knapp 5.000 Mark je Aktie. Die neuen Aktien wurden daher, wie auch in den nun kurz aufeinanderfolgenden zahlreichen Kapitalerhöhungen, in der Regel von einem Bankenkonsortium übernommen, hinter dem der Kern der Continental-Gründer aus der Hannoverschen Privatbankiers-Szene stand, und dann den Altaktionären, die Vorkaufsrechte genossen, angeboten. „Die jungen Aktien wurden von einem Bankkonsortium zum Kurs von 248 Prozent übernommen und den Aktionären zum Bezug zum Kurs von 250 Prozent im Verhältnis 2 : 1 zur Verfügung gestellt", hieß es dazu etwa im Geschäftsbericht 1910. Nur gelegentlich war es in dieser Phase einem „Außenseiter" gelungen, in die Phalanx der Continental-Aktienbesitzer einzudringen.

Tatsächlich hatte die Continental-Aktie bereits einen rasanten Höhenflug erlebt, vor allem seit 1892 das Fahrradreifen-Geschäft für steigende Gewinne und eine entsprechende Kursphantasie auch in den Folgejahren gesorgt hatte. Zeitweise war der Kurs auf über 700 Prozent geklettert – bezogen auf den Nominalwert der Aktie, so die damalige Notierung der Kurse, – ehe er sich seit 1897/98 unter Schwankungen auf hohem Niveau zwischen 500 und 600 Prozent bis 1914 einpendelte. Auch der Beginn der Automobilreifen-Fertigung 1898 hatte kurzzeitig für neue Euphorie gesorgt und bis August 1899 den Aktienkurs auf 880 Prozent hochgetrieben, ehe dann aber bis zum Jahresende die Kurse wieder auf knapp über 500 Prozent gesunken waren. Im Schaubild unten ist dieser Kursausschlag nicht sichtbar, weil hier nur die Ultimo-Kurse jeweils zum Jahresende zu Grunde gelegt sind.

Erst nach der Jahrhundertwende wurde der kleine und exklusive Kreis der Continental-Aktionäre durch neue Aktionäre von außen langsam größer. Im Jahr 1900 waren auf der Generalversammlung 32 Aktionäre vertreten, 1903 waren es bereits 59, fast alle stammten aber nach wie vor aus dem Hannoverschen Wirtschaftsbürgertum. In der Liste der anwesenden Aktionäre in der Generalversammlung von 1905 waren erstmals die Berufsbezeichnungen vermerkt, und diese zeigen eine bunte Mischung der „Kleinaktionäre" mit einer Beteiligung bis maximal zehn Aktien: Apotheker, Kaufleute, Zahnärzte, ein Holzgroßhändler, ein Getreidehändler, Maurermeister, Oberlehrer, Architekten und Bauunternehmer, daneben aber auch Rechtsanwälte, Ingenieure, einige Rentiers, Kommerzienräte und ein schlesischer Rittergutsbesitzer. Auf der Generalversammlung 1910 stellten sie rein zahlenmäßig bereits knapp die Hälfte der dort anwesenden

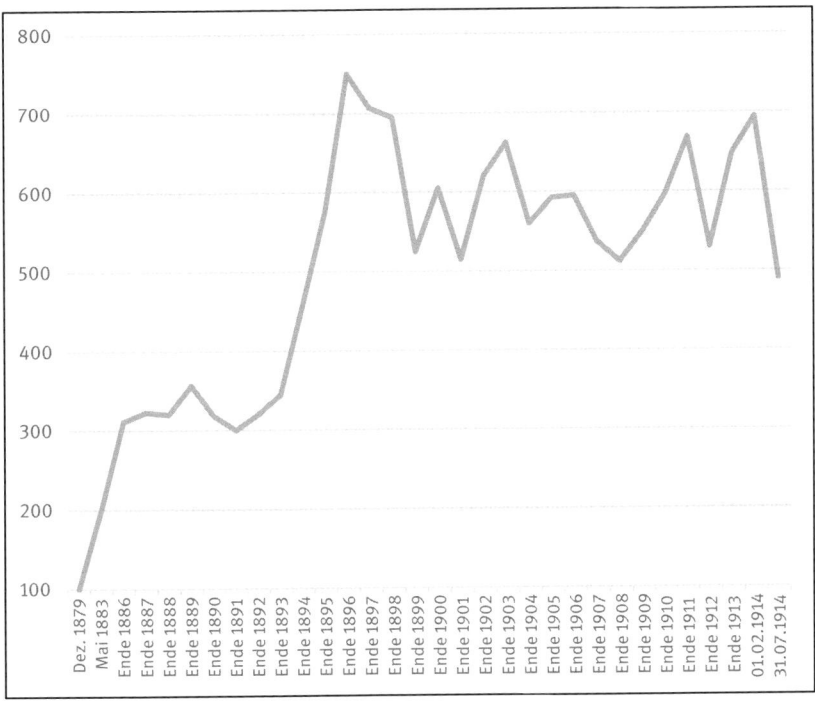

Abb. 87: Kursentwicklung der Continental-Aktie Dezember 1879 bis Februar 1914.
In Prozent von 1200 Mark Nominalwert.

86 Aktionäre. Die Folge der niedrigen Aktienstreuung war, dass der Kurs schon bei geringen Nachfragen oder Verkäufen heftig schwankte, wie schon in einer Notiz von 1903 vermerkt wurde. „Bei so theuren Actien muß man jederzeit auf grosse Schwankungen im Course gefaßt sein", hieß es darin. Schwankungsbreiten mit Kursabweichungen nach oben bzw. unten zwischen 50 und 100 Prozent waren daher an der Tagesordnung und im Prinzip auch Ausdruck des damals noch vielfach wenig entwickelten Kapitalmarkts im Kaiserreich. Die Continental-Aktie steht aber auch geradezu exemplarisch dafür, dass sich schon damals die Kurse auch in Abhängigkeit von externen wirtschaftlichen und auch politischen Ereignissen bewegten. Zwischen dem 20. und 27. September 1911 war die Continental-Aktie zunächst ohne erkennbaren Hintergrund von 585 Prozent auf 628 Prozent ihres Nominalwertes gestiegen, dann erfolgte am 29. September, ausgelöst durch die Italienisch-Türkische Kriegserklärung ein Kurseinbruch zunächst auf 620 Prozent, der sich in den folgenden Tagen auf 605 Prozent, also

insgesamt minus 15 Prozentpunkte, ausweitete, und der Grund dafür war „die bekannte Preisreduktion einer französischen Konkurrenzfabrik für Autoreifen" gewesen.

Interessanterweise hatte es im Frühjahr 1911 eine in der Fachpresse ebenso heftig wie kontrovers geführte Diskussion darüber geben, ob Continental-Aktien auch an der Berliner Börse eingeführt werden sollten oder nicht. Seit Jahresbeginn gab es entsprechende Gerüchte, eine „so schwere Aktie mit 9 Mio. Mark Aktienkapital gehöre im Interesse der Aktionäre und eines gut funktionierenden Handels nicht an die Provinzbörse Hannover, sondern nach Berlin", worauf der *Hannoversche Courier* in einem Artikel massive Gegenargumente vorbrachte. „Der natürliche Markt für die Aktien eines industriellen Unternehmens dürfte in erster Linie da zu suchen sein, wo sich die meisten Interessenten befinden, das heißt also in dem engeren Wirtschaftsgebiet der betreffenden Gesellschaft", hieß es darin. „Die Einführung der Continental-Aktie in Berlin dürfte daher einen besonderen Wert für die Aktionäre nicht haben. Umso weniger, als die Erfahrung bei mehr als einer hannoverschen Aktie gezeigt hat, daß die Einführung in Berlin nicht vor großen Kursrückgängen geschützt hat, ja selbst nicht einmal vor völliger Geschäftslosigkeit und damit verbundener Unverkäuflichkeit."

Abb. 88: Einladung an die Aktionäre zur außerordentlichen Generalversammlung am 27. 6. 1905 (links) und Eintritts- und Abstimmungskarte eines Continental-Aktionärs vom 23. 3. 1910 (rechts).

Auch unter den Anteilseignern mit größerem Besitz von Continental-Aktien gab es inzwischen neue Gesichter, vor allem Bankiers aus Berlin und Frankfurt, die

Continental mit ihren durchschnittlich seit 1895 bereits ausgeschütteten Dividendensätzen zwischen 40 und 50 Prozent als ebenso interessantes wie lukratives Investment angezogen hatte. „Das Aktienkapital der Continental ist in den 40 Jahren ihres Bestehens durch sechs Kapitalerhöhungen von 900.000 Mark auf 9 Mio. Mark gestiegen", so rechnete im Oktober 1911 der *Hannoversche Courier* seinen Lesern vor. „Der Wert der Bezugsrechte zusammen beträgt ca. 805 Prozent, d. h. wer die Aktie seit 1897 besitzt, hat den Genuß der Bezugsrechte im Wert von 805 Prozent gehabt. Dazu tritt der Kurswert nach der letzten Emission vom 19. April 1910 mit 500 Prozent. Dieser Kurs von 1.305 Prozent ist also der ungefähre wirkliche Kurs am 19. April 1910 einschließlich der Bezugsrechte." Und dazu kamen noch die üppigen Dividendenausschüttungen. Mit anderen Worten: Wer 1895 drei Continental-Aktien von nominal 3.600 Mark erworben hatte, der besaß nun 40 Continental-Aktien und konnte bei regelmäßiger Ausübung des Bezugsrechts abzüglich der dafür nötigen Kosten Ende 1912 einen Reingewinn von insgesamt 271.496 Mark verbuchen. „Meine Herren!", so hatte der Aufsichtsratsvorsitzende Bernhard Caspar seitens der Großanteilseigner auf der Generalversammlung am 21. März 1912 nicht ohne Stolz verkündet, „lassen Sie mich zum Schluß meiner Ausführungen der Hoffnung Ausdruck geben, daß diese glänzende Entwicklung unserer Gesellschaft dank ihrer hervorragenden Leitung trotz aller Schwierigkeiten, welche ein, die ganze Welt umspannendes Geschäft naturgemäß jeden Tag bietet, sich auf dem gegenwärtigen gefestigten Boden weiter entwickeln möge zum Nutzen der Gesellschaft und unserer Aktionäre." Doch bereits zwei Jahre später lösten sich alle Hoffnungen im Strudel der politischen und militärischen Ereignisse in Nichts auf.

Mit Ausbruch des Ersten Weltkriegs kam der Börsenhandel erst einmal zum Stillstand. Der letzte notierte Kurs der Continental-Aktie betrug 490 Prozent, ehe am 1. August die Börsen geschlossen wurden. Als sie 1918 wieder öffneten, geriet die Continental-Aktie wie der gesamte Kapitalmarkt in den Strudel der Inflation, die bis November 1923 dauerte. Es waren chaotische Jahre mit jährlichen, in immer größeren Summen erfolgenden Kapitalerhöhungen bei Continental, mit denen man dem Tempo der Geldentwertung zu folgen suchte. Das Grundkapital stieg von 15 Mio. Mark (1918) bis auf 600 Mio. Mark (1923). Die Aktienkurse kletterten als Ausdruck der Inflation gleichfalls in schwindelerregende Höhen. Die Continental-Aktie erreichte die 9.100-Prozent Marke Ende 1922 und einen Kurs von 6 Billionen Mark Anfang Dezember 1923. Parallel dazu hatte das Unternehmen Vorzugsaktien mit Mehrfachstimmrecht eingeführt. Nicht zuletzt als Folge der allgemeinen Flucht in die Sachwerte war der Aktien- und Börsenhandel höchst rege. Die neue Börsenkultur infolge des wachsenden und vielfach aus der Not geborenen Interesses am Aktienmarkt war gleichzeitig aber auch von einem Klima starker politischer Angriffe gegen die „Großkapitalisten", Sozialisierungsforderungen und Diffamierung von Aktionären sowie scharfer Kritik an zu hohen Dividenden geprägt. Dem Continental-Vorstand war es schon 1918 eine halbe Seite seines Geschäftsberichts wert, dagegen anzukämpfen und auf die „in Wirklichkeit mäßige Verzinsung" hinzuweisen, die den Aktionären „aus dem Arbeitsertägnis des Unternehmens zufällt." Tatsächlich zahlte Continental bis 1922 wieder 30 Prozent Dividende. Dann aber sah sich der Vorstand 1923 dazu gezwungen, die Zahlungen auszusetzen – erstmals in ihrer 48jährigen Geschichte gab es von Continental keine Dividende.

Tab. 1: Kursentwicklung[*] der Continental-Aktie Dezember 1918 bis Dezember 1941.

Jahr	Höchster	Niedrigster	Ultimo
1918	–	–	367
1919	–	–	570
1920	–	–	650
1921	–	–	1200
1922	–	–	9100
1923	–	–	6 Bill.
1924	–	–	9,8
1925	–	–	85
1926	–	–	109,5
1927	150	100	120
1928	161,5	109	140,5
1929	175	132	144
1930	187	107	109
1931	124,7	90	101
1932	121	71	117,5
1933	123	116	120
1934	158	126	139
1935	160	140	159
1936	195	158	174
1937	–	–	190
1938	–	–	205
1939	–	–	208
1940	–	–	311,5
1941	–	–	362

[*] In Prozent von 1200 Mark Nominalwert. Ab 1924 in RM. Kursnotierung an der Börse Hannover, auch in Frankfurt a. M. und seit Mai 1923 auch in Berlin notiert. Letzter offizieller RM-Kurs und damit auch amtlicher Stoppkurs Anfang 1942: 173,5 Prozent.

Die rasante Geldentwertung hatte dabei auch die Gefahr mit sich gebracht, dass ausländische Unternehmen mit harten Devisenwährungen deutsche Unternehmen zu spottbilligen Preisen übernahmen. Bei Continental hatte man sich allerdings gegen diese „Überfremdungsgefahr" frühzeitig gewappnet, indem man sich den befreundeten amerikanischen Reifenkonzern Goodrich als Ankeraktionär ins Boot holte. Er übernahm sukzessive ca. 25 Prozent des Aktienkapitals und stellte dabei, weil die Beteiligung an den Kapitalerhöhungen Finanzmittel in harter Dollar-Währung in Hannover in die Kassen spülte, wertvolles und wertbeständiges Investitionskapital zur Verfügung. Das nutzte der Continental-Vorstand seinerseits unter anderem dazu, in großem Stil billigst Aktien des Konkurrenten Excelsior mit dem klaren Ziel der späteren Übernahme aufzukaufen. Zur Absicherung hatte man aber gleichzeitig auch den neuen Aktientyp der Vorzugsaktie mit bis zu 20fachem Stimmrecht geschaffen, erstmals im Juni 1920 im Nennwert von 9,6 Mio. Mark. Es folgten bis Herbst 1923 komplizierte und vielfach kaum durchschaubare Aktientransaktionen, mit Ausgabe immer neuer Vorzugsaktien, veränderten Stimmrechten, Umwandlung von Vorzugs- in Stammaktien und der Kreierung von sogenannten Verwertungs- oder Vorratsaktien, d. h. faktisch Aktienrückkäufen in größerem Stil als Zahlungsmittel für spätere Übernahmeaktionen. All das sorgte letztlich auch dafür, dass Continental anders als der Konkurrent Phoenix in Hamburg nicht ins Visier und dann unter die Räder von „Inflationskönigen" und Großspekulanten wie Camillo Castiglioni oder Hugo Stinnes kam.

So gut der Continental-Vorstand es verstanden hatte, auf der komplizierten Klaviatur des von der Inflation geprägten Kapitalmarkts zu spielen, dessen eigene Regeln viele andere Unternehmen weder durchschauten noch verstanden, so kompetent und souverän agierte man in den folgenden Jahren der kurzen Stabilisierungsphase der Weimarer Republik zwischen 1924 und 1929/30, in der die Continental-Aktie bald wieder zu früheren Höhenflügen ansetzte. Das Aktienkapital war zunächst auf 40 Mio. RM umgestellt worden, ergänzt durch Vorzugsaktien in Höhe von 100.000 RM. Gestückelt waren die Aktien nun in nominell 40 bzw. 80 RM, wenig später erfolgte eine einheitliche Umstellung auf 100 RM Nominalwert (200.000 Stammaktien) bzw. 1.000 RM (20.000 Stammaktien). Die Umstellung des Grundkapitals zog sich dabei längere Zeit hin. Noch im November 1927 etwa wurden für 4 Mio. RM neue Stammaktien eingeführt (50.000 Stück zu je 80 RM). Nach der Währungsreform zunächst mit einem deutlichen Kursabschlag von ca. 90 Prozent gestartet, notierte die Aktie, seit Mai 1923 auch an der Börse Berlin notiert, bis 1929 bei 144 Prozent. Inzwischen war die Continental-Aktie auch in die finanzielle Reichweite des weniger begü-

Abb. 89: Einfache Inflationszeit-Aktie von Continental im Dezember 1922 und repräsentative „Normalaktie" vom Oktober 1923.

terten Mittelstands gekommen, was mit zu dieser Hausse beitrug. Die Hauptgründe waren aber schon seit 1926 immer wieder aufkommende Spekulationen über den Einstieg der Familie von Opel als Großaktionär sowie die maßgeblichen Beteiligungen von Continental an Fusionen und Übernahmen und damit einer Bereinigung der zur damaligen Zeit als moderne High-Tech-Industrie geltenden Gummi- und Reifenbranche, aus der ein großer deutscher Gummi-Trust unter Führung der Hannoveraner entstehen würde – was dann auch tatsächlich geschah. Wieder galt es, mit komplizierten Finanz- und Aktientransaktionen im Zusammenspiel mit den Banken, aber auch gegen sie das erklärte Ziel der Branchenbereinigung im Interesse von Continental zu erreichen. Eine erste Herausforderung war dabei, den möglichst kursschonenden und auch für alle Beteiligten gesichtswahrenden Ausstieg von Goodrich zu organisieren. Ganze Heerscharen von Aktienspezialisten waren in den Abteilungen der Großbanken in der zweiten Hälfte der 1920er Jahre mit nichts anderem befasst, als argwöhnisch jegliche Bewegungen der Continental-Aktie zu verfolgen, um sich bei passender Gelegenheit rechtzeitig in die eventuell anstehenden Transaktionen einmischen zu können. „Wir möchten Ihnen kurz mitteilen", so hieß es etwa in einer Notiz der Frankfurter Filiale der Disconto-Gesellschaft vom 8. April 1929 an die Direktion in Berlin,

> daß nach Angaben aus Rüsselsheim die letzttägigen Käufe in Continental-Caoutchouc-Aktien nicht von der Darmstädter & Nationalbank ausgehen, sondern von der Commerzbank. Angeblich verfolgt die Darmstädter Bank dauernd das Ziel einer Kurssenkung und war im Laufe der letzten Monate schon deshalb laufend Abgeber, um sich für den Erwerb des Goodrich-Paketes ein möglichst günstiges Kursniveau zu schaffen. Das abgegebene Material soll die Commerzbank restlos aufgenommen haben, so daß sich um dieses Papier ähnliche Interessenkämpfe zwischen den beiden Instituten abspielt, wie seinerzeit um die Pittler-Majorität.

Das Goodrich-Paket von inzwischen rund nominal 8 Mio. RM war schließlich im Februar 1929 von einem deutschen Bankenkonsortium zum Kurs von 125 Prozent übernommen worden. Da die Amerikaner damals nur umgerechnet ca. 93 Prozent gezahlt hatten, war das Investment für sie durchaus lukrativ gewesen. Das eigentliche Kunststück hatte dabei aber Generaldirektor Willy Tischbein vollbracht, denn zum Zeitpunkt der Verhandlungen mit Goodrich über die Abgabe des Continental-Paketes stand die Aktie aufgrund der diversen Spekulationen und vor dem Hintergrund eines auch insgesamt boomenden Aktienmarkts in Deutschland bei 140 Prozent. Mit viel Mühe und Ausdauer war es ihm aber gelungen, die Amerikaner von einer völlig unbegründeten Überbewertung der Continental-Aktie zu überzeugen und sie auf den dann vereinbarten Preis zu drücken. Gleichzeitig hatte Continental selbst ihre Aktivitäten auf dem Aktienmarkt intensiviert. 1923 hatte man inzwischen drei Viertel des Aktienkapitals der Excelsior in der Hand und versuchte nun, anlässlich einer Kapitalerhöhung des Unternehmens, diese ganz zu übernehmen. Doch der letztlich unfreundliche Übernahmeversuch scheiterte unter anderem am Widerstand von Betriebsrat und Belegschaft der Excelsior. 1927 startete Continental nun einen neuen Anlauf, den Konkurrenten gesellschaftsrechtlich in den eigenen Konzern zu integrieren. Nach 1 Mio. Reichsmark Verlust im Vorjahr war die Excelsior finanziell angeschlagen, und als im Zuge der notwendig gewordenen Sanierung erneut eine Kapitalerhöhung mit einer Neuemission von Aktien erfolgte, verfügte Continental über 98 Prozent des Aktienkapitals. Damit war eine der Hauptschwierigkeiten für die Fusion, das Problem der Abfindung der Excelsior-Aktionäre, aus dem Weg geräumt.

Die 1920er Jahre brachten mit dem Aufkommen von Kleinaktionären, einem sich deutlich verbreiternden Börsenpublikum und vor allem auch erheblich reduzierten Aktien-Nennwerten auch bei Continental eine Verbreiterung ihrer Aktionärskreise, zumal nun auch wieder die Zahlung einer Dividende aufgenommen wurde. Und das Unternehmen bzw. seine Aktie wurde nun zu einer regelrechten ‚investment story‘ mit zunehmender Aufmerksamkeit in der breiten Öffentlichkeit. Regelmäßig stand Continental in der zweiten Hälfte der 1920er Jahre im Mittelpunkt der Börsenberichterstattung der Wirtschaftspresse, insbesondere der erneute Dividendenausfall für 1926 sorgte im Frühjahr 1927 für Schlagzeilen und ausführliche Kommentare, doch dann wandelte sich das Bild. „Amerikanische Minorität bei Conti-Caout" titelte auch am 7. Dezember 1927 der *Berliner Börsen-Courier*, der erst jetzt von der Goodrich-Beteiligung erfahren hatte. Im Juni 1928 berichtete die Zeitung dann auch mit großen Schlagzeilen von „den Konzentrationsverhandlungen in der Gummiindustrie" und sorgte damit für große Aufmerksamkeit auch in den damaligen Börsenkreisen. „Die Aktien der Gesellschaft lagen an der Berliner Börse in den letzten Tagen bemerkenswert fest", hieß es dann im Dezember 1929, „insbesondere die Abschlussveröffentlichung [der Fusion] hat Interesse für das Papier hervorgerufen. Neuerdings tauchen Gerüchte auf, daß die Gruppe Opel-General Motors ein erhebliches Aktienpaket der Continental Gummiwerke AG in Hannover erworben habe. [...] Continental-Aktien befestigten sich daraufhin in den letzten zehn Tagen um zeitweilig fast 30 Prozent auf 180 ½ Prozent." Infolgedessen waren nun auch vermehrt zum Teil ausführliche und oft auch besorgte und die neuesten Börsengerüchte aufgreifende Briefe von Einzelaktionären auf dem Schreibtisch des Continental-Vorstands gelandet, die zwar durchaus von Tischbein persönlich beantwortet wurden, allerdings dennoch nicht gerade als Ausdruck einer modernen Investor-Relations-Kommunikation gelten können. „Auf Ihre Zuschrift vom 31. Oktober erwidern wir Ihnen, daß wir prinzipiell Anfragen unserer Aktionäre nicht beantworten, da wir uns weder berechtigt noch für verpflichtet halten, über die Verhältnisse unserer Gesellschaft außerhalb der Generalversammlung Auskunft zu erteilen", hieß es in einem Schreiben an einen Landesbaurat in Kassel Anfang November 1926. „Wohin sollte es führen, wenn der Vorstand einer Gesellschaft jedem, der ihr als Aktionär entgegentrat, Auskünfte über die Verhältnisse erteilen wollte. Nur das wollen wir Ihnen sagen, daß uns von verlustbringenden Prozessen, in die wir verwickelt sein sollen, nichts bekannt ist und daß wir selbstverständlich auf den Kurs unserer Aktien keinerlei Einfluss haben oder ausüben." Auch andere Aktionäre hatten die damaligen Gerüchte über erhebliche Verluste infolge teurer Einkäufe in Rohgummi und Baumwolle und die damit verbundenen Kursrückgänge erheblich beunruhigt. „Wir erwidern Ihnen auf Ihr Schreiben", so hieß es in einem anderen Antwortbrief Tischbeins vom 16. Februar 1927, „daß die Kursbewegung an der Börse bekanntlich heute nicht von der Rentabilität der Gesellschaften abhängt, sondern daß sehr viel spekulative Momente mitspielen. Wir bedauern, Ihnen eine Erklärung für das Zurückbleiben unserer Kurse vorläufig nicht geben zu können."

Vor allem bekam der Continental-Vorstand nun auch regelmäßig Post von den inzwischen wie Pilze aus dem Boden geschossenen Börsenbriefen, Aktieninformations-Diensten und selbsternannten Börsenexperten, sprich „Analysten", die sich vor allem mit den regelmäßig aufkommenden Gerüchten, Continental würde auch im laufenden Jahr wieder einmal keine Dividende zahlen, an die Direktion in Hannover wandten. Tatsächlich hatte es bei den Dividendenzahlungen einen deutlichen Bruch der früheren Tradition gegeben. Dem Sparkurs von Generaldirektor Tischbein geschuldet wurden nun auf deutlich niedrigerem Niveau 1924 und 1925 je 10 Prozent des Aktienkapitals ausgeschüttet, im Krisenjahr 1926 gab es den zweiten Dividendenstopp in der Continental-Geschichte, ehe 1927 wieder 6 Prozent Dividende gezahlt wurde. Bis 1929 erfolgten dann laufend Erhöhungen auf zuletzt 9 Prozent. Doch um die Festsetzung der Dividende in den folgenden Weltwirtschaftskrisenjahren sollte es zwischen Tischbein und dem neuen Großaktionär von Opel zu einem handfesten Streit kommen, der letztlich zum Ausscheiden Tischbeins im Jahr 1934 führte. Tischbein hatte für eine Reduzierung der Dividendensätze auf 6 Prozent plädiert, um das nötige Kapital im Unternehmen zu behalten, während von Opel an den hohen Sätzen von 8 Prozent festhielt. Continental war damit einer der wenigen Konzerne, der auch in den Krisenjahren 1930 bis 1933 mit unveränderten Dividendensätzen glänzte, allerdings auf Kosten der Liquidität, denn ein erheblicher Teil der Dividendenzahlungen konnte nicht durch Gewinne, sondern

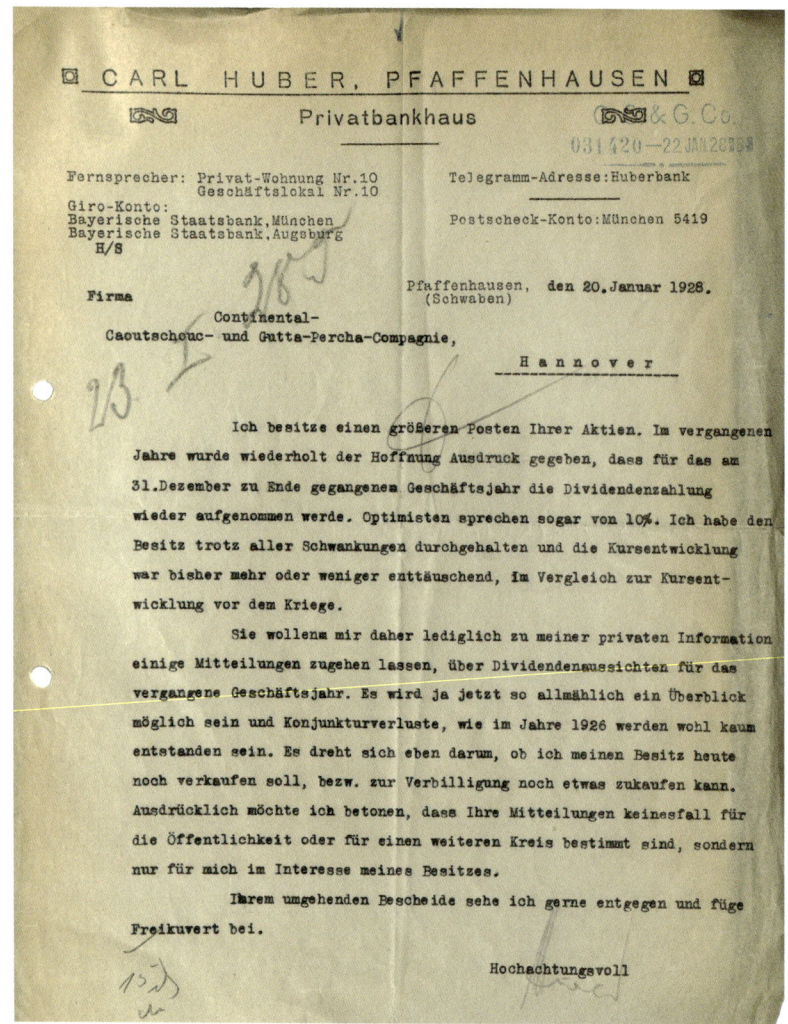

Abb. 90: Schreiben eines Continental-Aktionärs an die Direktion vom 20. 1. 1928.

musste durch die Auflösung von Rücklagen finanziert werden. Auch der Kurs der Continental-Aktie war im Zuge der Weltwirtschaftskrise um ca. 40 Prozent eingebrochen und notierte 1930 und 1931 bei ca. 100 Prozent, d. h. immerhin noch zu Pari-Kurs, kletterte dann aber noch im Krisenjahr 1932 schnell wieder auf bis zu 120 Prozent. „Conti-Gummi-Aktien gelten, wie einige wenige andere Papiere aus dem beschränkten Kreis der noch Über-Pari-notierenden Aktien des

Börsenkurszettels als besonders anlagewürdig", notierte dazu etwa der *Berliner Börsen-Courier* im November 1932.

> Wegen der guten Ertragskraft des Unternehmens, der guten inneren Fundierung und seines hohen Flüssigkeitsgrades. Conti-Gummi hält den überragenden Teil der deutschen Gummiversorgung in der Hand. Das Unternehmen hat zudem, wie es scheint, insoweit mit vernünftigen Konkurrenten zu rechnen, als in Bezug auf Auskömmlichkeit der Preise und die Verkaufskonditionen keine allzu großen Meinungsverschiedenheiten in dem Gewerbe bestehen.

Im Krisenjahr 1932 war es dann auch erstmals zu Rückkäufen eigener Aktien in größerem Stil gekommen. Im Zuge einer Herabsetzung des Grundkapitals auf nun 37 Mio. RM hatte man auf günstigem Kursniveau 1931 und Anfang 1932 massive Aktienrückkäufe in Höhe von 3 Mio. RM vorgenommen und die Aktien dann eingezogen. In diesem Zusammenhang wurden auch die Vorzugsaktien wieder abgeschafft. Erst 1940, inzwischen unter völlig veränderten Bedingungen, kam es wieder zu einer deutlichen Kapitalerhöhung mit mehr als einer Verdoppelung auf 88,4 Mio. RM.

Die NS-Zeit war nur eine kurze Episode in der Geschichte der Continental-Aktie, auch wenn ungeachtet der aktionärsfeindlichen Politik des NS-Regimes mit Einschränkungen des Börsenhandels, Dividendenabgabenverordnung und seit Ende 1941 eingeführten Stoppkursen bei genauerem Hinsehen dennoch weit mehr (außerbörsliche) Aktiengeschäfte und Anteilseigner-Transaktionen getätigt wurden, als man es erwarten würde. Seit Frühjahr 1934 hatte es bereits Gerüchte über Tischbeins bevorstehendes Ausscheiden gegeben und die Continental-Aktie, verbunden mit Spekulationen über eine Dividendenkürzung sowie angeblichen großen Verlusten infolge einer gescheiterten Baissespekulation in Kautschuk, auf Talfahrt geschickt. Dann war das Unternehmen wegen seiner wieder erhöhten Dividendenzahlungen auf inzwischen 14 Prozent ins Visier von NSDAP-Funktionären geraten, die gegen die „gemeinschaftsschädigende Bereicherung der Anteilseigner" wetterten, und 1938 war eine Debatte über den Anteil von „Nichtariern" an den Continental-Aktionären und deren „jüdischem Charakter" aufgeflammt. Nach entsprechenden Recherchen informierte die Berliner Zentrale der Deutschen Bank und Diskontogesellschaft die Continental darüber, dass von den nominal 13.016.700 RM Continental-Aktien, die bei ihr verwahrt wurden, nominal 766.100 RM, also knapp sechs Prozent, „für uns erkennbar" jüdischer Besitz waren. Bei der Dresdner Bank waren es immerhin 13,2 Prozent jüdischer Aktienbesitz, bei der Commerz- und Privatbank Hannover sogar 21,6 Prozent. Alles in allem, so stellte man jedoch in der Continental-Verwaltung erleichtert fest, befanden sich, soweit nachweisbar, von 37 Mio. RM

Aktien 34,7 Mio. RM in „arischen" Händen und nur 2,2 Mio. RM – sechs Prozent – gehörten Juden. Im Dezember 1938 hatte es auch Pläne zur Einführung der Continental-Aktie an der Wiener Börse gegeben. Von regelmäßigen Kursnotierungen konnte, zumal es zunehmende Praktiken von außerbörslichen Aktientransaktionen gab, dann aber bald keine Rede mehr sein. Die letzte amtliche Kursnotierung der Continental-Aktie betrug 362 Prozent, der offizielle Stoppkurs lag bei 170 Prozent, der inoffizielle Schwarzmarktkurs dagegen rangierte 1944 bei ca. 4.000 Prozent.

Zwischen „Wirtschaftswunderjahren" und langer Krisenperiode: Die Continental-Aktie 1948 bis Mitte der 1980er Jahre

Nach der Währungsreform im Juni 1948 erlitt die Continental-Aktie wie schon 1924 und wie auch alle anderen Industrieunternehmensaktien zunächst einen kurzen Kurssturz, dem jedoch eine lange und stetige Aufwärtsentwicklung folgte. Der erste DM-Kurs belief sich auf 56 je Aktie von nominal 100 DM, doch dann stieg der Preis der Continental-Aktie schnell auf 112,2 DM, übersprang 1951 die 150er Marke und verdoppelte sich bis 1958 auf über 300 DM. Die steile Aufwärtsbewegung setzte sich zunächst auch in den 1960er Jahren fort, mit einem Rekordkurs von 1.150 DM (1960), ehe sich die Aktie bis Mitte der 1960er Jahre auf einem hohen Niveau zwischen 500 und 600 DM einpendelte. Längst lieferten sich die allenthalben wieder entstandenen Banken bei der Umtauschaktion der Continental-Aktien von RM- auf DM-Notierung und der Einführung an den verschiedenen Börsenplätzen einen erbitterten Wettlauf. Federführend agierte hier die im Dezember 1951 noch als Nordwest-Bank firmierende frühere Hannover-Filiale der Deutschen Bank, daneben aber reklamierte die Privatbank C. G. Trinkaus, von der inzwischen ein Vertreter im Continental-Aufsichtsrat saß, ebenfalls eine angemessene Beteiligung. Die börsen- und aktienmäßige Aufarbeitung der NS-Zeit war komplex und sollte sich bis Anfang der 1960er Jahre hinziehen. Den Anfang hatte das Wertpapierbereinigungsgesetz vom Oktober 1949 gemacht, dann folgte das Gesetz zur Aufhebung der nationalsozialistischen Dividendenabgabeverordnung, das erst am 15. Dezember 1952 in Kraft trat und mit dem erst jetzt die entsprechenden Beschränkungen aus der NS-Zeit fielen. Schließlich ging es um die Regelung des Treuhandvermögens für die Aktionäre, das im Zuge der Dividendenabgabeverordnung und der Bildung eines Anleihestocks entstanden war und erst 1961 nachträglich an die Aktionäre verteilt wurde. Am Beispiel der Continental-Aktie lassen sich all diese Maßnahmen exemplarisch verfolgen. Einer 1952 erstmals nach langer Zeit wieder vorgenommenen Analyse der angemeldeten Aktienbesitzer zufolge wurden rund 7.355 Continental-Aktionäre gezählt, und die große Mehrheit von 5.189 Anteilseignern waren Kleinaktionäre mit Continental-Aktien im Nennbetrag von 100 bis 4.000 DM (d.h. zwischen einer und 40 Aktien), es folgten 1.269 Aktionäre mit je zwischen 40 und 100 Aktien, 843 Aktionäre besaßen Aktien im Nennwert zwischen 10.000 und 100.000 DM und 54 Anteilseigner schließlich nannten Aktien im Nennwert von mehr als 100.000 DM ihr Eigen, allen voran die nach wie vor als Großaktionär fungierende Familie von Opel. Bis Sommer 1957 stieg die Zahl der Continental-Aktionäre eher langsam auf 8.206, also um ca. 13 Prozent, an, bemerkenswerterweise vergrößerte sich aber der Anteil der Kleinaktionäre von 70 auf 80 Prozent. Langsam erreichte die Continental-Aktie auch das neue Wohlstandsbürgertum der „Wirtschaftswunderjahre". Kapitalerhöhungen hatten dabei noch keine Rolle gespielt, auf dem sich erst langsam wieder herausbildenden funktionierenden Kapitalmarkt der jungen Bundesrepublik erfolgten diese bei Continental erstmals 1958 durch eine Erhöhung des Grundkapitals um knapp 20 Mio. DM von 88,4 auf 110,5 Mio. DM. Bis 1965 folgten dann drei weitere Kapitalerhöhungen durch die Ausgabe neuer Aktien, so dass das Grundkapital dann 210 Mio. DM betrug.

Von Anfang an hatte die Continental-Aktie dabei auf den Empfehlungslisten der Bankhäuser gestanden. Anfang Februar 1952 etwa hatte die Bayerische Hypotheken- und Wechselbank ‚Continental-Gummi' mit dem Hinweis auf den seit 1951 erwirtschafteten Rohgewinn und der wieder aufgenommenen hohen Dividendenzahlungen von zunächst 6, dann 9 Prozent, die bis 1963 auf 18 Prozent klettern sollten, zum Kauf empfohlen. In kurzer Zeit war bald wieder ein erheblicher Anteil von Aktionären entstanden, die hohe Erwartungen an die künftigen Gewinne des Unternehmens stellten und weitere Dividendenerhöhungen forderten. Auf der Hauptversammlung im Herbst 1965 musste sich der Vorstand den Vorwurf gefallen lassen, dass die Ausschüttung von 18 Prozent nicht mit der Ausweitung des Geschäfts und den gestiegenen Gewinnen in Einklang stehe. „Gegen diese einseitige Zurückstellung der Interessen der Miteigentümer, sprich: Aktionäre muß ich Protest erheben, zumal man bei der fortschreitenden Entwertung des Geldes von einer fallenden Dividende sprechen muß", hieß es in der Wortmeldung eines Aktionärs. Und der Vertreter der Deutschen Schutzvereinigung für Wertpapierbesitz schlug in dieselbe Kerbe. „Die Continental-Gummi-Werke sind ein Unternehmen mit alter Tradition und sehr viel Symbolik. Das werden Sie heute wieder festgestellt haben, als Sie dieses Pferd am Eingang erhielten. Das traditionelle Niedersachsen-Roß hat die Milliardenhürde übersprungen, und zwar im Galopp. Ich glaube, viele Aktionäre bedauern es, daß das uns deshalb überreichte Niedersachsen-Roß nicht durch einen Milliarden-Bonus vergoldet worden ist." Der Vorstand hatte dabei zu einem erheblichen Maß durch seine Informationspolitik selbst dazu beigetragen, dass man mit verwöhnten und anspruchsvollen Aktionären konfrontiert wurde. Auf die Anregung des Aufsichtsratsmitglieds Kurt Forberg, Mitinhaber des Düsseldorfer Bankhauses Trinkaus, moderne Quartalsberichte einzuführen, verwies der Vorstand im Juli 1963 etwa darauf, dass man es ja bei Continental traditionell „gern vermeide, Zahlen zu nennen", und wenn, dann sei man sehr vorsichtig, wenn der Umsatzzuwachs nicht bemerkenswert oder vielleicht sogar negativ wäre. „Die deutsche Aktionärsmentalität ist leider noch nicht darauf vorbereitet, auch weniger erfreuliche Entwicklungen, ohne eine gewisse Panikstimmung befürchten zu müssen, hinzunehmen. Wir wägen deshalb bei der Abfassung unserer Aktionärsberichte sehr sorgfältig ab, inwieweit man sich anbahnende rückläufige Tendenzen überhaupt mitteilen sollte. Im Allgemeinen versprechen wir uns nur gewisse Wirkungen, wenn wir optimistisch berichten können."

Regelmäßig geradezu hymnische Beurteilungen bekam Continental auch von den Analysten des Frankfurter Instituts für Bilanzanalysen. In ihrem Wochendienst vom Juli 1960 las sich das unter anderem so: „Man müsste als Aktionär schon ein Querulant sein oder mit Vernunft karg ausgestattet, wenn man der Verwaltung dieses Unternehmens seine Anerkennung versagen wollte." 1961 erhielten die Aktionäre zudem eine Zusatzausschüttung aus dem nun endlich umgestellten Treuhandvermögen. In den Büchern von Continental standen ursprünglich 9,232 Mio. RM, aus denen dann knapp 1 Mio. DM geworden waren, die sukzessive ausgeschüttet wurden. „Conti-Gummi stellt wieder 16 Prozent in Aussicht. Gerüchte über Verkauf von Aktienpaketen entbehren jeglicher Grundlage" titelte dann im November 1962 das *Handelsblatt*. Hintergrund waren hohe Kursausschläge mit Höchstkursen von 695 DM und Niedrigstkursen von 355 DM gewesen, die sich am Ende des Jahres zu einem Rückgang der Continental-Aktie um 33 Prozent summierten. Der Vorstand beeilte sich dann auch umgehend, in einer offiziellen Mitteilung darauf hinzuweisen, „daß die rückläufige Kursentwicklung der Continental-Aktie in der letzten Zeit keineswegs durch schlechte Ertragsaussichten zu erklären [ist]." Auch die Gerüchte um einen stufenweisen Ausstieg des Großaktionärs von Opel seien erfunden und entbehrten jeglicher Grundlage. Um weiteren Vorwürfen der schlechten Kursentwicklung entgegenzutreten, machte man sich in der Finanzabteilung die Mühe, die Renditen für Geldanlagen in Continental-Aktien nicht nur seit 1949, sondern sogar seit 1872 zurück zu berechnen. Man kam dabei auf ansehnliche Beträge: Wer Anfang 1949 insgesamt 16 Continental-Aktien im Wert von nominell 1.600 DM zum damaligen Kurs von 53 Prozent, also für 848 DM, gekauft hatte, der besaß unter Anrechnung der Beteiligung an den Kapitalerhöhungen Ende 1963 25 Aktien zum Kurs von 492 DM, d. h. 12.300 DM plus 3.645 DM an Dividenden, so dass unter dem Strich eine durchschnittliche jährliche Rendite von über 20 Prozent stand. Durchaus bemerkenswert waren auch die fiktiven Rückberechnungen bis zur Unternehmensgründung. Aus drei Aktien und 3.600 Mark im Jahr 1872 waren demnach trotz Kriegen, Inflationen und zwei Währungsreformen Ende 1963 Aktien im Wert von 52.200 DM plus Dividenden von 39.494 DM geworden, insgesamt 91.700 DM – so zumindest die Zusammenstellung der Finanzleute in Hannover.

Von einer kreativen Nutzung des Kapitalmarkts und innovativen Ideen zur Beförderung der Aktienkultur und des Werts der Continental-Aktie konnte dennoch im Hinblick auf den inzwischen amtierenden Continental-Vorstand keine Rede mehr sein. Was früher die Continental-Führung unter Seligmann wie Tischbein ausgezeichnet hatte, war gänzlich verschwunden und hatte einer konservativen Buchhalter-Mentalität Platz gemacht. Als potenzieller Modernisierer agierte nun allein und auf weitgehend verlorenem Posten stehend der Aufsichtsratsvorsitzende Georg von Opel. Er hatte etwa im November 1958 die Idee lanciert, die Continental-Aktie in den USA an der Börse zuzulassen, und den Vorstand mit entsprechenden Prüfungen beauftragt. Doch von diesem erhielt von Opel bald eine lange Liste mit „Negativpunkten" und Äußerungen größten Bedenkens, so dass der Plan scheiterte. Ebenso erfolglos verliefen Vorstöße zur Einführung der Continental-Aktie an der Züricher Börse ein Jahr später. Auf einsamem Posten befand sich Georg von Opel auch mit einer im Juni 1957 bereits geäußerten anderen, für damalige Zeiten und in den Augen altgedienter Vorstände revolutionär wirkenden Idee: der Einführung von Belegschaftsaktien und damit der Schaffung von Kleinaktionären, die sich aus den Angestellten und der Arbeiterschaft von Continental rekrutieren sollten. Die Idee und das Konzept selbst waren nicht neu. Seit den 1920er Jahren gab es Diskussionen über das Konzept eines „peoples capitalism", und Vorreiter in Deutschland waren unter anderem die IG Farben bzw. Anfang der 1950er Jahre die BASF gewesen, die Kleinaktien an die Belegschaftsmitglieder ausgaben. Für den Continental-Vorstand jedoch war das Teufelszeug, auch wenn ihm von den Kollegen in Ludwigshafen versichert worden war, „daß keine Befürchtungen zu hegen seien, die Gewerkschaften könnten über die Arbeitnehmer-Aktien wesentliche Teile eines Unternehmens in die Hand bekommen." Man sammelte aus unterschiedlichsten Quellen schließlich eine lange Liste von Bedenken und

Problemen, die gegen eine Einführung von Belegschaftsaktien sprachen, und schob das Thema damit letztlich erst einmal auf die lange Bank.

Das Jahr 1966 markierte dann aber wie insgesamt für den deutschen Aktienmarkt eine Wende. Schon in den Jahren zuvor hatte die Volatilität deutlich zugenommen, doch dann stürzte der Kurs, das nahe Ende der „Wirtschaftswunderjahre" ankündigend, auf einen Ultimokurs, d. h. zum 31. Dezember 1966, auf 223 DM ab, was innerhalb eines Jahres eine glatte Halbierung bedeutete. Georg von Opel als inzwischen amtierender Vertreter der Großanteilseignerfamilie hatte daran wenig Freude; schon die Beteiligung an den vorangegangenen Kapitalerhöhungen hatte für ihn einen finanziellen Kraftakt bedeutet. Mit einer bemerkenswerten Aktion von Interviews und Statements hatte von Opel im Juli 1966 versucht, den aus seiner Sicht „erschreckenden Kurseinbrüchen bei der Continental-Aktie" entgegenzuwirken. Mit dem Hinweis, „unsere Aktien seien jetzt spottbillig und sollten demnach auch gekauft werden", wollte er zudem neue Investoren anlocken. Doch der Gang an die Öffentlichkeit blieb ohne Resonanz. „Seien Sie überzeugt", so schrieb von Opel Anfang August an seinen Vermögensverwalter und Sekretär, „ich kenne die Gefahren, die uns drohen, wenn der Kurs weiter absinkt, weil ja letztlich diese Aktienpakete Beleihungsgrundlage sind. Ich werde nichts unversucht lassen, in dieser Richtung ‚Kurspflege' zu betreiben. Leider sind unsere Bemühungen bisher nicht von Erfolg gewesen; es wäre nur zu wünschen, daß alsbald eine günstigere Periode anbrechen wird." Doch die Wolken am Börsenhimmel verdunkelten sich. Mit zum weiteren Niedergang der Continental-Aktie hatte das dilettantische Verhalten des Continental-Vorstands beigetragen. Trotz der widrigen Umstände auf dem Kapitalmarkt und der schlechten Börsenstimmung führte man eine Kapitalerhöhung durch, und zwar in einem erheblichen Volumen von 56 Mio. DM, d. h. 40 Prozent des Grundkapitals, und als Ausgabepreis hatte man schon 1965 einen hohen Bezugskurs von 200 Prozent festgelegt. Angesichts der inzwischen angespannten Lage auf dem Kapitalmarkt war plötzlich höchst unklar, ob die neuen Aktien überhaupt vollständig untergebracht werden konnten und Käufer finden würden. Um einen gewissen Anreiz zu schaffen, d. h. „um die Continental-Aktie leichter zu machen und ihren Kauf einem breiten Börsenpublikum zu ermöglichen", wie es dazu im Geschäftsbericht hieß, plane man, einen Teil der Aktien zum Nennwert von 50 DM auszugeben und auch der Belegschaft die Möglichkeit zu geben, sich an ihrem Unternehmen zu beteiligen. All das tat dem Kurs der Aktie jedoch nicht gut, die von den Börsenkreisen und Investoren mit größeren Verkaufsorders massiv abgestraft wurde. „Wegen des hohen Ausgabekurses von 200 Prozent [...] ist 1966 unsere Aktie an der Börse sehr unfreundlich behandelt worden", konstatierte später auch der Aufsichtsrat. „Aus Sicht der Aktionäre sicherlich mit Recht, da das neu aufzubringende Kapital bei 12 Prozent Dividende nur eine Effektiv-Verzinsung von 6 Prozent bringt." Obwohl der Gewinn von Continental inzwischen deutliche Einbußen aufwies, traute sich der Aufsichtsrat daher nicht, im Folgejahr Kapitalmarkt und Aktionäre abermals zu vergraulen und hielt wider besseres Wissen an einer 12-prozentigen Dividende auch in den kommenden Jahren fest.

Es waren in der Folgezeit letztlich nur noch gelegentliche und vielfach von Spekulanten gezielt gestreute Gerüchte, die der Continental-Aktie zu kurzzeitigen Sprüngen nach oben verhalfen, wie etwa im Dezember 1967, als in der Presse zu lesen war, dass Verhandlungen im Gange seien, wonach die Michelin-Gruppe eine 25-prozentige Beteiligung an Continental übernehmen wolle. Im Juni sah sich der amtierende Continental-Vorstandssprecher Georg Göbel sogar auf der Hauptversammlung dazu veranlasst, zu den inzwischen sich häufenden „außerordentlich differenzierten Beurteilungen der Continental in der Öffentlichkeit" und vor allem auch zu den Börsen- und Beratungsbriefen („Insider verkaufen Conti-Aktien" bzw. „Kaufen Sie Conti-Aktien als Anlage, sie sind in der Bewertung zurückgeblieben") Stellung zu nehmen. Für Beruhigung sorgten seine Ausführungen nicht, eher im Gegenteil. Die Analysen des Instituts für Bilanzanalyse fielen inzwischen auch merklich kühler und kritischer aus. Massive Kritik und besorgte Briefe erhielt die Continental-Verwaltung aber vor allem von Privatanlegern. Dass die Ausgabe von Belegschaftsaktien 1966 dann doch nicht geklappt hatte, war unter dem Strich ein Segen, denn einen ungünstigeren Zeitpunkt zum Einstieg in die Continental-Aktie hätte man nicht finden können und die Continentäler wurden so vor herben Vermögensverlusten bewahrt. Eigentlich konnte man an den die spätere Entwicklung vorwegnehmenden Aktienkursen einen Gutteil dessen frühzeitig ablesen, was sich später über und in dem Unternehmen zusammenbrauen sollte. Das hat zumindest Georg von Opel, wenn auch seinerseits mit einiger Verzögerung, entsprechend antizipiert, als er im September 1969 seinen inzwischen bereits auf 20 Prozent reduzierten Anteil an Continental an die Deutsche Bank verkaufte. Der Kurs der Continental-Aktie war zu diesem Zeitpunkt bereits mit 150 DM im Keller und entsprach gerade einmal dem Stand Anfang der 1950er Jahre, selbst unter Berücksichtigung der inzwischen umgestellten Notierung von Nennwert je 100 DM-Aktie auf Stücknotiz für 50-DM-Aktie. Doch den Aktionären sollte der eigentliche Tiefpunkt mit Kursen von 50 DM und zum Teil noch deutlich darunter, mit sieben langen dividendenlosen Jahren und einem um die Existenz ringenden Unternehmen erst noch bevorstehen.

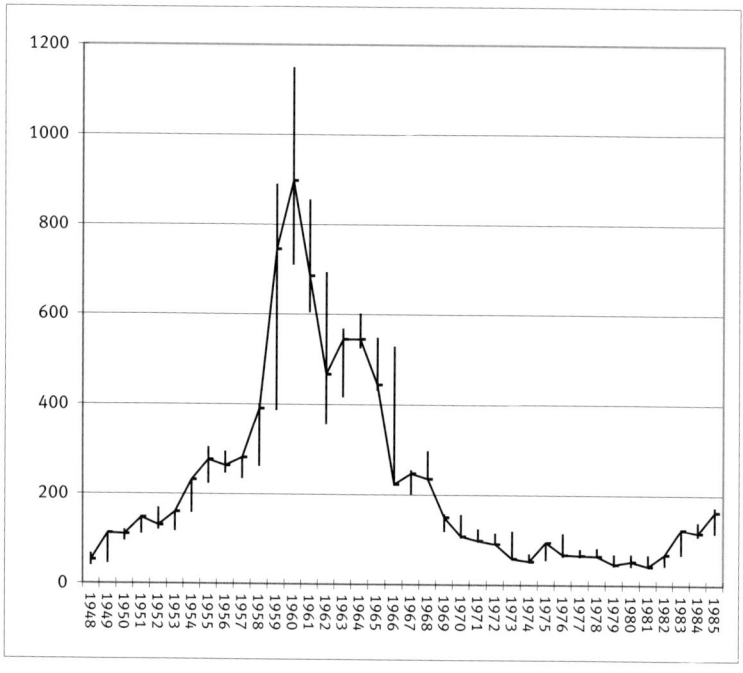

Abb. 91: Kursentwicklung der Continental-Aktie 1948 bis 1985. (Höchst-, Niedrigst-
und Ultimo-Kurse in DM).*

Die folgenden 15 Jahre verlangten den Continental-Aktionären einiges an Geduld, blindes Vertrauen und auch Leidensfähigkeit ab. Sie wurden aber nach
dem Ende der langen Durststrecke durch eine noch längere Aufschwungsperio-
de belohnt, in der die Continental-Aktie neue Höchststände erreichen sollte.
Doch zunächst ging es mit der Aktie – unter heftigem Schwanken – bergab. Der
Verkauf des Opel-Pakets an die Deutsche Bank war dabei trotz seiner Größenordnung ohne größere Rückwirkungen auf den Continental-Aktienkurs geblieben. Die Aktie notierte stabil bei 139 DM für eine 50-DM-Aktie, was bei einer
Dividende von 12 Prozent auf den ersten Blick eine attraktive Dividendenrendite
von 4,4 Prozent ausmachte. Tatsächlich zahlte das Unternehmen noch bis 1971
eine Dividende von zuletzt 6 Prozent, ehe die Ausschüttungen 1972 eingestellt

---

* Bis Ende 1968 DM-Notiz für Aktie 100 DM-Nominalwert, letzter Kurs Nominalkapital Januar
1969 mit 259 DM. Ab 14.02.1969 Stücknotiz in DM für 50 DM-Aktie.

wurden – nach 1923, 1926 und 1944 zum vierten Mal in der Unternehmensgeschichte. Continental-Vorstand Adolf Niemeyer hatte auf der Hauptversammlung im Juli 1972, als es zunächst nur um eine deutlich reduzierte Dividendenausschüttung ging, geradezu verzweifelt auf die doch bislang traditionell aktionärsfreundliche Politik von Continental hingewiesen. Eine Erhebung der Aktionärsstruktur vom April 1968 zeigte dabei, wie stark sich die Struktur der Anteilseigner seit den 1950er Jahren verschoben hatte und die Continental-Aktie trotz der nach wie vor insgesamt unterentwickelten Börsenkultur in der Bundesrepublik Deutschland eine Volksaktie mit breiter Streuung geworden war. Man hatte über 30.000 Aktionäre identifiziert, von denen 6.924 Hausfrauen und Witwen waren, 2.289 Rentner und Pensionäre, 1.956 Beamte, 8.908 Angestellte, 4.700 Freiberufler und immerhin auch 465 Arbeiter. Den Rest (4.460) bildeten Unternehmer und 1.785 institutionelle Anleger wie Banken, Investmentgesellschaften und Versicherungen.

Die Kursbewegung zwischen 1969 und 1983 spiegelte dabei – auch wenn externe Faktoren wie eine Krise der gesamten Automobilindustrie hinzukamen – wie kaum sonst die Krisenwahrnehmung und Einschätzung des Unternehmens durch den Kapitalmarkt wider und war ein wesentlicher Indikator für das damals höchst schwankende Vertrauen bzw. Misstrauen in den unternehmenspolitischen Kurs von Continental: Zunächst zeigte sich ein eher langsamer Kursrückgang bis 1972, ehe durch den Vorstandswechsel von Göbel zu Hahn die Krise erst richtig offenkundig wurde und der Kurs bis 1974 auf den Nennwert der Aktie absackte. Es folgten die nicht zuletzt auch im Zusammenhang mit den verschiedenen Fusions- und Kooperationsverhandlungen stehende rasche Erholung und ein erneuter Einbruch Ende 1976, nachdem die Sanierungsbemühungen anscheinend erfolglos blieben. Zwischenzeitlich hatte es immer wieder auch größere Kursausschläge nach oben gegeben. Sie standen im Zusammenhang mit Gerüchten über kapitalkräftige ausländische Aufkäufer. Mitte Mai 1973 etwa gab es auffällige und starke Bewegungen der Continental-Aktie an der Börse, die mit Gerüchten über einen Beteiligungserwerb von 15 bis 25 Prozent durch den US-Reifenkonzern Goodyear im Zusammenhang standen. Auf entsprechende besorgte Nachfragen des damaligen Betriebsratsvorsitzenden Benno Adams an den Aufsichtsratsvorsitzenden Alfred Herrhausen gab dieser jedoch Entwarnung. Der Deutschen Bank seien irgendwelche Aufkäufe bestimmter Interessenten nicht bekannt. Wenig später, Ende April 1974, wechselten dann innerhalb kurzer Zeit rund 7 Prozent des Continental-Aktienkapitals über die Börse den Besitzer und der Kurs schoss in wenigen Tagen um 15 Prozent nach oben. Diesmal wurde die Royal Dutch als baldiger Großaktionär von Continental vermutet.

„Die Fusionsgerüchte gleich welcher Art dürften der Grund dafür sein", so hatte das Institut für Bilanzanalysen schon im November 1972 notiert, „warum sich der Kurs der Conti-Aktie um 93 DM je 50-DM-Aktie so gut gehalten hat und die Börse die Aktie immerhin noch mit dem 17fachen ihres Gewinns bewertet. Dabei ist auch für 1972 nicht damit zu rechnen, daß es Conti zu einem ausgeprägten Gewinnprofil bringen wird."

Zwischen Hoffen und Bangen bewegte sich auch die Stimmung bei den kleinen Continental-Aktienbesitzern; die weiter steigende Zahl von Zuschriften an den Vorstand gibt ein eindrucksvolles Bild davon ab. Je länger die Krise dauerte, desto hilfloser agierte der Continental-Vorstand bei seiner Kommunikation mit den Aktionären. Der Kurseinbruch im Herbst 1970 „sei ohne jegliche Begründung", ließ man etwa verlauten, und Ende Januar 1971 antwortete man auf den besorgten Brief eines Kleinaktionärs: „Der plötzliche Kursrückgang der Continental-Aktie innerhalb von wenigen Tagen hat nicht nur viele Aktionäre, sondern auch uns sehr überrascht. [...] Dennoch hält sich der Kursrückgang im Rahmen des allgemeinen Aktienkursverfalls." Viele Aktionäre ließen sich mit derartigen Beschwichtigungen bald nicht mehr beruhigen. „In der Öffentlichkeit wird bereits über einen ,Fall Conti' gemunkelt", schrieb etwa ein Mitglied eines Aktienförderungs-Klubs im November 1970 an den Vorstand. Bei der Continental-Aktie sei ein Kursverfall eingetreten, der fast IOS-mäßige Ausmaße angenommen habe. Er spielte damit auf einen Börsenskandal und den größten Fall von Anlegerbetrug infolge des Zusammenbruchs einer großen Investmentgesellschaft an. In vielen Briefen kam nur wachsende Verzweiflung zum Ausdruck. „Ihr Unternehmen hatte einmal einen stolzen Kurs von 1160 DM, inzwischen habe ich einen Verlust von rund 500 DM an nur drei Aktien Ihres Unternehmens zu beklagen", hieß es etwa in einem Schreiben. „Besteht keine Möglichkeit, daß die Conti-Werke auch heuer eine Dividende erteilt, wenn sie auch klein ist?", fragte im März 1974 eine Aktionärin an. „Ich besitze 5000 DM Aktien und wäre auf die Zinsen angewiesen." In einer anderen Zuschrift stand: „Ich bin Anteilseigner der Conti-AG mit Aktien, denen ein Kurs von 680 und 420 DM zugrunde liegt. Ich hatte seiner Zeit nicht als Spekulant gekauft, sondern war des naiven Glaubens, eine sach- und wertgesicherte Anlage für meine späteren Rentenjahre angeschafft zu haben. Indessen ist Kurswert-Verfall eingetreten, wie er nicht viele Beispiele hat." Aus dem sicheren Witwen- und Waisenpapier der früheren Jahre war in der Tat inzwischen eine spekulative Aktie und ein Spielball diverser Kapitalmarktjongleure geworden. Einige wenige Aktionäre gab es auch, die sich sorgenvolle Gedanken über ihren eigenen Aktienbesitz hinaus machten. „Es dürfte Ihnen geläufig sein", schrieb ein Aktionär im Januar 1975 an den inzwischen amtierenden Continental-Vorstandsvorsitzenden Carl H. Hahn, daß die Aktienkapital-Situation bei der Continental denkbar gefährdet ist angesichts der Aggressionen der iranischen und arabischen Erdölfabrikanten, welche ihre spottbillig erworbenen Dollarmilliarden in der Industrie der Staaten des Westens anlegen wollen. Der bereits begonnene Aufkauf von Aktien großen Stils in der Bundesrepublik Deutschland läßt die Befürchtung aufkommen, daß die arabischen Emire und Scheichs daran denken könnten, auch das zur Zeit so billig zu habende Gesamtwerk Continental für einen Pappenstiel in ihre Hände zu bringen.

Bei einem zu diesem Zeitpunkt gültigen Tageskurs der Continental-Aktie von 52,50 DM könnte „das ganze große Gummiwerk Continental für die Kleinigkeit von 283,5 Mio. DM in den Besitz der Beduinen gelangen."

Dass 1980 wieder die Ausschüttung einer Dividende von 2,50 DM je Aktie, d. h. 5 Prozent, erfolgt war, hatte die Hoffnungen auf ein Ende der Talfahrt geschürt und den Kurs kurzzeitig ansteigen lassen, um dann jedoch umso größerer Enttäuschung Platz zu machen, als für 1981 bereits wieder ein Stopp der Dividendenzahlungen verkündet wurde. Die Hoffnungen auf ein Ende der dividendenlosen Zeit waren im Übrigen auch von der eigenen Mitarbeiterzeitung *conti intern* schon im Mai 1978 geschürt worden, was auch damit zu tun hatte, dass unter den Anteilseignern seit 1971 auch eine Reihe von Belegschaftsaktionären waren.

Tatsächlich war nun anlässlich des 100jährigen Gründungsjubiläums doch noch der Plan zur Schaffung von Anteilseignern aus der Belegschaft endlich in die Tat umgesetzt worden. Mit viel Werbung hatte man die Arbeiter und Angestellten überzeugt, sich Continental-Aktien zu kaufen, die zu einem reduzierten Ausgabepreis ausgegeben wurden. Doch der Zeitpunkt war diesmal noch schlechter gewählt als 1966. Wer sich 1971 von seinem Lohn Continental-Aktien kaufte, der musste bald herbe Verluste verbuchen, die immerhin wegen der langen Halteverpflichtung von sechs Jahren zunächst nur auf dem Papier standen. Der Idee der Belegschaftsaktien war damit ein Bärendienst erwiesen worden. Der Schock bei den neuen Aktienbesitzern aus der Belegschaft dürfte umso tiefer gesessen haben, als die Aktion durchaus auf großes Interesse gestoßen war. Im Juli 1972, nach Beendigung der in zwei Ausgabeaktionen stattfindenden Aktienerwerbungen, befanden sich Aktien im Nennwert von ca. 4 Mio. DM als Belegschaftsaktien in den Händen der Arbeiter und Angestellten, das waren ca. 1,5 Prozent des Grundkapitals. Etwa 35 Prozent der Continental-Gesamtbelegschaft hatten sich beteiligt und die meisten Belegschaftsmitglieder kauften im Durchschnitt vier Aktien, wofür sie je Stück 56 DM bezahlten mussten, während der offizielle Börsenkurs damals noch bei ca. 90 DM lag. Die Geburt der Belegschaftsaktionäre bei Continental 1971 war unter dem Strich dennoch ein

Abb. 92: Titelblatt der Mitarbeiter-Zeitung *conti intern* vom Mai 1978.

Meilenstein in der Geschichte des Unternehmens wie der Continental-Aktie. Auf der Hauptversammlung am 26. Juli 1972 meldeten sich die Belegschaftsaktionäre erstmals direkt zu Wort und sparten nicht mit deutlicher Kritik an Vorstand wie Aufsichtsrat für die „konzeptlose Geschäftspolitik" sowie „offensichtliche Misswirtschaft" und präsentierten eine lange Liste von ihrer Meinung nach zu konstatierenden Managementfehlern bei Continental. Auch die Schutzgemeinschaft der Kleinaktionäre und die Deutsche Schutzvereinigung für Wertpapierbesitz waren mit ihren jeweiligen Vertretern regelmäßig auf der Hauptversammlung vertreten, die etwa im Juli 1972 massive Angriffe auf den Vorstand starteten. „Conti hat sehr lange geschlafen. Man kann es vielleicht auch anders ausdrücken, es kommt aber leider auf das Gleiche heraus: Es ist sehr viel weiter so gemacht worden, wie es immer gemacht worden ist […] Diese Hauptversammlung ist für mich die schwierigste, und zwar ganz einfach deshalb, weil ich nicht sehe, wann und wie Conti aus der Ertragsmisere herauskommen kann", verzeichnete das stenographische Protokoll der Hauptversammlung den entsprechenden Redebeitrag.

Die Deutsche Schutzvereinigung für Wertpapierbesitz (DSW) spielte in diesen Jahren auch noch eine ganz spezifische Rolle. Es ging um das neue Mitbestimmungsgesetz vom Juli 1976, das in allen größeren Industriebetrieben die paritätische Mitbestimmung einführte. Der Vertreter der Schutzvereinigung richtete zum einen in diesem Zusammenhang an die Continental-Verwaltung die Aufforderung, der gesetzlich geregelten Erweiterung des Aufsichtsrats durch die Berufung eines Kleinaktionärs Genüge zu tun – was dann tatsächlich zumindest mittelbar auch geschehen sollte. Zum 7. September 1979 wurde Wilhelm Helms, der damalige Geschäftsführer der DSW Landesverband Niedersachsen, in den Continental-Aufsichtsrat berufen und hatte dieses Amt 14 Jahre lang, bis 2. Juli 1993, inne. Gleichzeitig erhob man aber zum anderen im Sommer 1977 beim Landgericht Hannover Klage gegen Continental, da eine Umbesetzung des Aufsichtsrats nach dem neuen Gesetz die Eigentumsrechte der Aktionäre verletzen würde und es daher verfassungswidrig sei. Das Verfahren endete erst 1979 mit dem Urteil des Bundesverfassungsgerichts und der daraufhin erfolgten Rücknahme der Klage der Schutzvereinigung gegen Continental. Das Unternehmen war aufgrund dessen eines der letzten in Deutschland, das erst im März 1979 die neuen Mitbestimmungsregelungen durch eine entsprechende Erweiterung des Aufsichtsrats umsetzte.

Die Continental-Aktie in der Ära des Finanzmarktkapitalismus (1985 bis 2020): Vom Höhenflug eines Börsenlieblings zum Strömungsabriss im Sog der Corona-Krise

Ab etwa 1983 hatte der Niedergang der Continental-Aktie ein Ende. Sie startete in einen neuen Lebenszyklus, der auch Ausdruck davon war, dass sich das Unternehmen zum Großteil selbst neu erfand und es vor allem auch wieder einen

Continental-Vorstand gab, der sich frühzeitig mit den Spielregeln des neuen ‚investor capitalism' vertraut machte und auf der Basis der shareholder-value-Doktrin den zunehmend international agierenden Anlegerkreisen die Continental-Aktie als vielversprechende ‚investment story' zu verkaufen verstand. 1983 kehrte Continental, auch vom Rückenwind der sich erholenden Weltkonjunktur begünstigt, in den Kreis der dividendenfähigen deutschen Unternehmen zurück. Alle drei Konzernbereiche – Reifen, Technische Produkte und Beteiligungen – schrieben wieder schwarze Zahlen. Dazu kam 1985 der mit dem Semperit-Erwerb sich abzeichnende Trend zur weiteren Internationalisierung des Unternehmens, der 1987 mit dem Coup der General-Tire-Übernahme einen ersten Höhepunkt erfuhr und die Continental-Aktie mit einem Kurs von 377 DM in neue Höhen katapultierte. Seit Mitte 1982 hatte sich der Kurs der Aktie von der noch moderaten Entwicklung des FAZ-Aktienindex abgekoppelt und 1983 nach langen Jahren wieder über 100 DM notiert, obwohl die bisherigen drei „Ankeraktionäre" Deutsche Bank, Bayer und Münchner Rück ihren 30-prozentigen Anteil im Juni fast gänzlich verkauft hatten. Plötzlich war Continental ohne den Schutz eines Großinvestors und zum Spekulationsobjekt und Übernahmekandidat geworden, allerdings hatten sich nun die Vorzeichen zum Positiven verändert. Der Continental-Vorstand versuchte von sich aus aktiv das Interesse ausländischer Investoren zu wecken und der Continental-Aktie neue nationale wie internationale Anlegerkreise zu erschließen. Insgesamt waren 1983 an den Börsen Continental-Aktien für ca. 1 Mrd. DM umgesetzt worden, das entsprach dem Vierfachen des gesamten Grundkapitals. Es war ein Indiz, dass offenbar kein neuer Großaktionär in Sicht war und Continental sich zu einer echten Publikumsgesellschaft entwickelte. Vorstand wie Aufsichtsrat befürchteten dennoch, dass hinter dem Run auf die Continental-Aktien entweder ein Ölpotentat aus Nahost oder ein ausländischer Konkurrent stecken könnte, der sich das Innovationspotential und den sich abzeichnenden Erfolg der Hannoveraner billig kaufte. Dass tatsächlich auch professionelle Spekulanten hinter der Hausse standen zeigte sich, als Ende Juni 1984 Goodyear ein Continental-Aktienpaket angeboten wurde. Die Amerikaner lehnten ab, aber für den Vorstand war die Entwicklung Grund genug, der Hauptversammlung eine Stimmrechtsbegrenzung vorzuschlagen, die dann im Juli 1984 auch beschlossen wurde. In Anlehnung an die Deutsche Bank, Mannesmann, Daimler-Benz, Siemens und andere deutsche Großkonzerne, die zum Teil bereits Mitte der 1970er Jahre entsprechende Limits eingeführt hatten, um unerwünschte Paketkäufer vor allem aus Nahost abzuschrecken, legte nun auch Continental ein 5-prozentiges Höchststimmrecht fest. Die Einführung des Stimmlimits war dabei heftig umstritten. Die Befürworter sahen auf diese Weise die Unabhängigkeit einer Publikumsgesellschaft am besten gewährleistet, die Gegner beklagten dagegen eine „anmaßende Teilenteignung" der freien Aktionäre und sahen langfristig in einem neuen Großaktionär weit bessere Zukunftsaussichten für den Reifenkonzern. Viele Experten stellten allerdings die Wirksamkeit des 5-Prozent-Stimmrechts infrage, das anders als die staatlichen Überwachungs- und Genehmigungsverfahren in der Schweiz, in Japan, den USA oder in Frankreich letztlich als leicht zu umgehen galt.

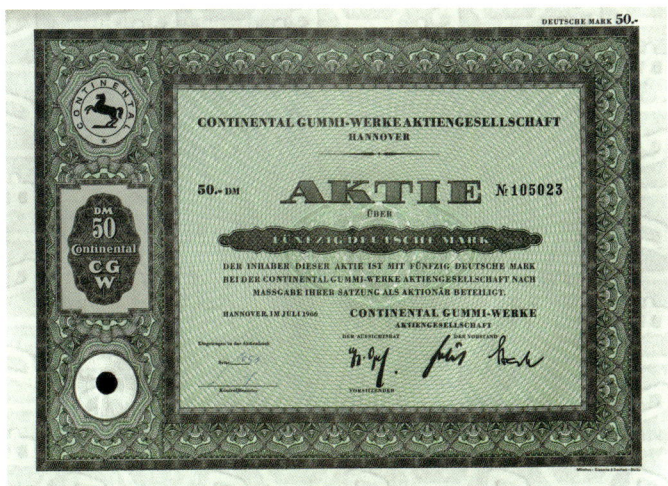

Abb. 93: Continental-Aktie, Nennwert 50 DM von 1966.

Beflügelt von der Erwartung künftiger Gewinne aus den Innovationsaktivitäten, die unter dem Namen Energy Optimized Tire (EOT) und Conti Tire System (CTS) als „Revolution auf Rädern" auch den Investoren präsentiert wurden, und durch entsprechende Ankündigungen des Vorstands weiter angeheizt, kletterte der Aktienkurs des inzwischen begehrtesten Papiers der deutschen Börsen bis Mitte 1987 auf einen historischen Höchstkurs von 377,50 DM. „Conti-Gummi vor dem Durchbruch" titelte ein Schweizer Börsenmagazin im Dezember 1986, und im September 1987 schaltete Continental unter dem Slogan „Wir haben zwar nicht das Rad erfunden, aber mit uns läuft es immer besser" in der *Neuen Zürcher Zeitung* eine Anzeigenkampagne, in der man das Unternehmen als lukratives Investitionsobjekt verkaufte.

Der Börsenkrach vom Oktober 1987 hatte dabei kurzzeitig für Turbulenzen gesorgt. Nicht nur, dass sich der Kurs der Continental-Aktie unvermittelt inner-

halb kurzer Zeit praktisch halbierte, auch die gleichzeitig angelaufenen Finanz-
markttransaktionen zur Finanzierung des General-Tire-Kaufs mit Platzierung einer Optionsanleihe und einer mehrstufigen Kapitalerhöhung drohten unter die
Räder zu geraten. Der zweite Teil der Kapitalerhöhung fiel mit dem Börseneinbruch zusammen, so dass die Aktien, die zu einem Kurs von 320 DM angeboten
wurden, nicht abgesetzt werden konnten und bei den Konsortialbanken verblie-
ben. Aber bereits Anfang 1988 setzte eine kräftige Erholung der Kursentwicklung ein, die die Continental-Aktie nahe an ihre alten Höchstkurse brachte. Die
Streuung des Aktienkapitals war nach wie vor vergleichsweise gering. Als etwa
anlässlich der Hauptversammlung 1984 unternehmensintern eine Analyse des
angemeldeten Kapitals vorgenommen wurde, zeigte sich, dass inzwischen ca.
45.000 Aktionäre Besitzer von Continental waren. Nach wie vor repräsentierte
die Deutsche Bank, auch nach dem Ausscheiden als Großaktionär, mit 13,8 Prozent den Hauptteil des vertretenen Kapitals, die übrigen Banken vertraten ohne
nennenswerten Eigenbesitz weitere 22,3 Prozent. Dennoch hatten sich deutliche
Umschichtungen ergeben, denn der Aktienbesitz der Kleinaktionäre und der sie
vertretenden Schutzgemeinschaften hatte sich insgesamt versiebenfacht und repräsentierte nun 5,5 Prozent des Grundkapitals. Seit 1986, unter anderem mit
dem Argument einer bei 12 Prozent Ausschüttungsquote oder 6 DM je Aktie inzwischen wieder attraktiven Dividendenrendite, bemühte man sich gezielt auch
um internationale Anleger. Im Dezember erfolgte die Börseneinführung der Continental-Aktie in der Schweiz und in Österreich. Im Herbst 1987 eröffnete man
eine international ausgerichtete Präsentations-Kampagne, in der Finanzvorstand
Horst W. Urban auf sogenannten „Roadshows" vor potentiellen Anlegern den
Konzern in Zürich, Genf, Tokio, New York und London präsentierte. Urban warb
dabei mit einem Kursanstieg zwischen Januar 1982 und August 1987 von 42,10
auf 372,50 DM oder 885 Prozent und damit der höchsten Kurs-Performance aller
damaliger deutschen „Blue-Chip-Aktien". Erst recht konnte die Continental-
Aktie im Vergleich mit den Kursen der amerikanischen, japanischen und italienischen Konkurrenten punkten: Während Goodyear, Bridgestone und Pirelli
mit Kurs-Gewinn-Verhältnissen zwischen 22 und 29 deutlich überbewertet waren, wies Continental gerade einmal ein KGV von 16,5 auf, nur Michelin war
mit 12,9 ebenfalls günstig bewertet – Finanzmarktbegriffe und Aktienkennzah-
len, die dem Continental-Vorstand nun flüssig von den Lippen kamen.

Die Pflege der Investoren und die Beachtung des ‚shareholder value' wurden nun zentrale Bestandteile eines gezielten Finanzmarketings bei Continental. Das zeigte sich auch daran, dass erstmals im Geschäftsbericht für 1988 der
Continental-Aktie ein eigener Platz eingeräumt wurde und in der Folgezeit nun

regelmäßig über die entsprechenden Entwicklungen in den abgelaufenen Geschäftsjahren berichtet wurde. Die Continental-Aktie wurde inzwischen an allen damaligen acht deutschen Börsen sowie an vier wichtigen Auslandsbörsen in Europa gehandelt und wies eine hohe Liquidität auf. Man entwickelte ein Langzeit-Investor-Relations-Programm und bereitete 1989 als zweites deutsches Unternehmen nach VW durch ein sogenanntes Sponsored ADR-Program (American Depositary Receipt), d. h. handelbare Hinterlegungsscheine von Aktien, den Gang an die New Yorker Börse vor. Als der Continental-Vorstand für 1986 und 1989 eine Vergleichserhebung seiner Aktionärsstruktur anfertigen ließ, zeigte sich, dass sich mit 53 Prozent inzwischen mehr als die Hälfte des Aktienbesitzes in ausländischen Händen befand. Längst hatte die Aktie auch die Aufmerksamkeit von amerikanischen Investmentgesellschaften und Analystenhäusern wie Morgan Stanley auf sich gezogen, die im September 1987 erstmals einen umfangreichen 14-seitigen Analystenreport zu Continental und ihrer Aktie erstellt hatten. Die Gesamtzahl der Aktionäre war gleichzeitig deutlich auf 57.650 gestiegen. Ein Drittel der Aktien war im Besitz von Privatpersonen. 1986 bereits hatte Continental als erste deutsche Aktiengesellschaft auch einen Aktien-Optionsplan für die oberen Führungskräfte nach amerikanischem Muster geschaffen, der rund 100 Managern das Recht zum Kauf von Continental-Aktien zu einem günstigeren Kurs einräumte. Die Förderung von Belegschaftsaktionären war demgegenüber in den Hintergrund gerückt. Der Anteil von Versicherungen und Banken war zwischen 1986 und 1989 ebenfalls auf ein Drittel, vor allem zugunsten von Investmentgesellschaften und gewerblichen Unternehmen, geschrumpft. Alles in allem war das eine keineswegs beunruhigende Entwicklung der Aktionärsstruktur, hinter der etwaige in- oder ausländische Interessenzusammenballungen zu erkennen waren. „Auch der Kurs der Aktie", so schrieb Urban im Geschäftsbericht für 1989, „entspricht der allgemeinen Börsenentwicklung und der Bewertung anderer großer Reifenhersteller. Für die zeitweilig kursierenden Aufkaufgerüchte fanden sich keinerlei konkrete Hinweise". Nur wenig später zeigte sich aber, dass der Schein trog.

Da die „CTS-Euphorie" inzwischen weitgehend verflogen war und kaum mehr den Börsenwert bestimmte, der Kurs dennoch im Juni 1989 wieder die 300 DM-Grenze übersprang, verdichteten sich erneut Übernahmegerüchte. Mit 2,5 Mrd. DM für das gesamte Aktienpaket war Continental in der Tat für einen finanzkräftigen Konkurrenten vergleichsweise billig zu haben. Im Juli 1989 legte daher der Vorstand in der Hauptversammlung eine strengere Fassung des Höchststimmrechts zur Abstimmung vor. Konnte bisher die Stimmrechtsbegrenzung bereits mit einfacher Mehrheit wieder beseitigt werden, so sollte dies in

Zukunft nur noch mit der Mehrheit von 3/4 der Stimmen möglich sein. Obwohl auf der Hauptversammlung die entsprechende Satzungsänderung beschlossen wurde, verstummten die Spekulationen und Gerüchte um Continental nicht, zumal die Klage eines Privataktionärs die endgültige Einführung der Stimmrechtsregelung zunächst hinausschob. Das Jahr 1990 war dann an neuen Turbulenzen für die Continental-Aktie kaum zu überbieten: Die Golfkrise hatte im Sommer bereits die Aktienkurse weltweit auf Talfahrt geschickt, der Kurs von Continental hatte sich demgegenüber bei ca. 300 DM noch vergleichsweise gut gehalten, obwohl für das Geschäftsjahr eine drastische Kürzung der Dividende von 8 auf 4 DM je Aktie angekündigt worden war. Mit der Bekanntgabe des Übernahmevorschlags von Pirelli im September 1990 setzte dann aber ein steiler Kursabschwung ein mit einem Tiefstkurs von 189,50 DM. In der Folgezeit schwankte bis November 1991 der Kurs je nach dem Sach- und Gerüchtestand der Fusionsaktivitäten und deren Abwehrmaßnahmen. Zentraler Hauptstreitpunkt war dabei nicht nur zwischen Continental und Pirelli, sondern auch zwischen der im Konflikt mitmischenden Schutzvereinigung der Kleinaktionäre und anderen deutschen Aktionärsgruppen die Abschaffung bzw. Verteidigung des Mehrheitsstimmrechts und der geltenden Stimmrechtsbeschränkungen bei der Continental-Aktie.

Angesichts der seit 1989 anhaltenden Gerüchte über einen neuen Großaktionär hatte der Continental-Vorstand auf der Hauptversammlung im Juni 1990 erneut die Verschärfung der Stimmrechtsbeschränkung als Schutzmaßnahme beantragt, deren Beschluss ein Jahr zuvor aufgrund der Klage eines Aktionärs nicht wirksam hatte werden können. Mit gerade einmal 51,1 Prozent Zustimmung bei gleichzeitig hoher Enthaltungsquote war der Vorschlag nur äußerst knapp angenommen worden. Inzwischen kämpften diverse Interessengruppen ganz offen für eine Rückgängigmachung des Beschlusses und dafür, die Stimmrechtsbeschränkungen wieder abzuschaffen. „Sperrklausel schützt Unternehmen und Kleinaktionäre" lautete die Argumentation des Continental-Vorstands, aber wirklich Schutz bot die Regelung vor einer Übernahme durch Pirelli nicht, sobald es den Italienern gelang, eine außerordentliche Hauptversammlung zu beantragen und die Abschaffung der Stimmrechtsbegrenzung durchzusetzen. Um das bislang geltende Höchststimmrecht auszuhebeln, benötigte Pirelli allerdings die Zustimmung und Abstimmungsoption auf elf 5-prozentige Stimmpakete, deren Kauf auf eigene Rechnung und damit die Bildung eines Kontrollsyndikats aktien- und satzungsrechtlich aber verboten war. Immer wieder hatte Pirelli behauptet, zusammen mit befreundeten Anteilseignern die Stimmenmehrheit bei Continental zu besitzen, den wahren Umfang des Aktienbesitzes und die Nennung der „Freunde" aber hartnäckig verweigert. Im Continental-Vorstand war man daher von Anfang an überzeugt, dass die Italiener bluffen; Sicherheit über die tatsächliche Zusammensetzung des Aktionärskreises und deren eventuelles Abstimmungsverhalten hatte man trotz aller wilden Spekulationen in der Presse über die Kräfteverteilung und Zugehörigkeit von Anteilseignern zu den beiden feindlichen Lagern und Gerüchten über „Paketbildungen" aber nicht. Die außerordentliche Hauptversammlung fand im März 1991 statt, auf der mit deutlicher Mehrheit eine Fusion mit Pirelli abgelehnt, aber zugleich auch das Höchststimmrecht abgeschafft wurde. Aufgrund von abermaligen Anfechtungsklagen blieb aber die alte Regelung zunächst in Kraft. Die Stimmrechtsbeschränkung sei für Continental kein philosophisches Thema, sondern eine Überlebensfrage, hatte der neue Vorstandsvorsitzende Hubertus von Grünberg im Mai 1992 betont. Heerscharen von Aktienrechtlern und Finanzanwälten beschäftigten sich inzwischen mit der Continental-Aktie, dem Wortlaut von einzelnen Bestimmungen der Gesellschaftssatzung und deren Änderungen, den Anteilseignerverhältnissen und deren Recht- oder Unrechtmäßigkeit. Der ganze Vorgang war geradezu exemplarisch für die komplexen rechtlichen Entwicklungen und unterschiedlichen Interessen im neuen Finanzmarktkapitalismus der Bundesrepublik, der die alte Zeit der Deutschland AG gerade ablöste. Der Streit über Anfechtungsklagen und die Stimmrechtsregelung bei Continental sollte sich bis Mai 1993 und bis auf die Ebene des Bundesgerichtshofs hinziehen, ehe nach einer entsprechenden Klageabweisung endlich wieder Ruhe einkehrte.

Vor dem Hintergrund der beispiellosen Hausse der Continental-Aktie zwischen 2001/02 und 2007, erst recht angesichts des noch folgenden Höhenflugs zwischen 2009 und 2017, schrumpfte die Expansionsphase der Continental-Aktie von 1983 bis 1989 zu einer scheinbar stagnierenden Linie zusammen. Dabei waren die Kursausschläge heftig und die Kursgewinne erheblich gewesen. Nach den sich auch in der kurzfristigen Kursentwicklung widerspiegelnden Spekulationen im Zusammenhang mit der versuchten Übernahme durch Pirelli folgte aber zunächst zwischen 1991 und 2000 eine fast zehnjährige Phase, in der die Continental-Aktie sich tatsächlich eher seitwärts bewegte und den Anteilseignern wieder Geduld abverlangte. Das begann bereits 1991 und 1992, als zum fünften Mal in der Unternehmensgeschichte keine Dividende gezahlt wurde. Und 1996 gab es insofern eine Zäsur, als die Continental-Aktie aus dem Index der 30 wichtigsten deutschen Aktien, dem DAX, dem die Aktie seit dessen Schaffung 1988 angehörte, wegen zu geringer Marktkapitalisierung entfernt wurde und in das Börsensegment des MDAX absteigen musste. Die Krise der Automobilindustrie und die hohen Restrukturierungskosten, die Continental im

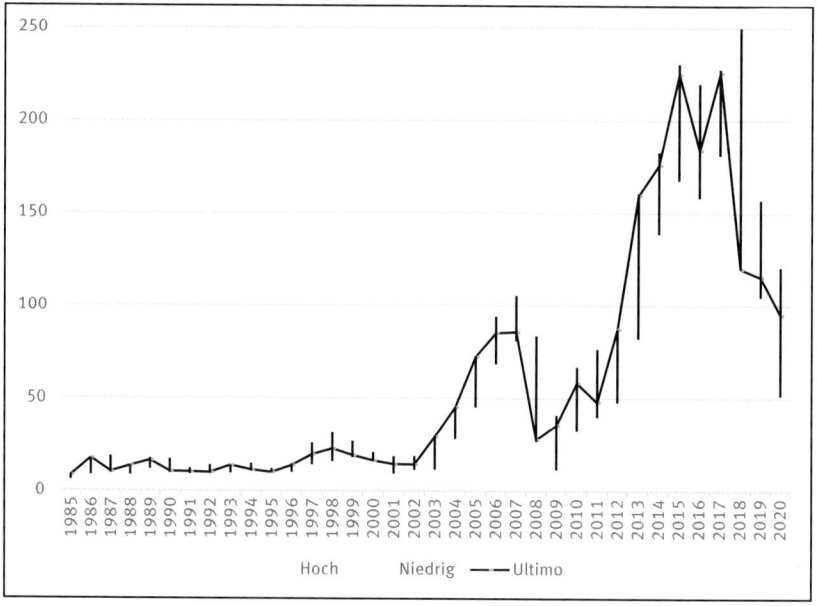

Abb. 94: Kursentwicklung der Continental-Aktie 1985 bis 2020 (zurückberechnet in Euro je Stück). Ab 1. August 1994: Umstellung von 50 DM-Aktie auf 5-DM-Aktie Nennwert.

Zuge der eingeschlagenen Sanierungspolitik für die Verluste bei General Tire und die verschiedenen Werkschließungen aufwenden musste, lasteten schwer auf dem Aktienkurs. Die Auflösung des Continental-Aktienpakets von immerhin 33,25 Prozent durch Pirelli im April 1993 war dagegen ohne größere Kursausschläge verlaufen, da mit Hilfe der Deutschen Bank und der Norddeutschen Landesbank die entsprechenden Aktien direkt bei institutionellen Anlegern platziert worden waren. Auf den Hauptversammlungen im Juni 1992 und 1993 musste sich der Continental-Vorstand dennoch auch ebenso kritische wie unangenehme Fragen durch die Deutsche Schutzgemeinschaft der Kleinaktionäre stellen lassen.

Auch das Thema Belegschaftsaktien stand, nach etwa 20 Jahren Pause, wieder auf der Tagesordnung. Der Vorstand hatte im Sommer 1992 ein umfangreiches Programm zur Wiederbelebung der Belegschaftsaktien-Ausgabe beschlossen und mit erheblichem Aufwand dafür geworben. „Mit knapp 500 DM können Sie Anteilseigner bei der Conti werden – mit (nach heutigem Kurs) doppelt so hohem Vermögenswert", verkündete die Mitarbeiterzeitung *conti intern* im September 1992. Doch wieder einmal war der Zeitpunkt für die im Herbst 1992 erfolgte Ausgabe ungünstig gewählt. Von den für die Belegschaftsaktien zur Verfügung gestellten 150.000 Aktien waren nur 18.930 Aktien an Continental-Mitarbeiter gegangen und damit nur ein Bruchteil nachgefragt worden. Im Herbst 1993 erfolgte eine zweite Emission von Belegschaftsaktien, bei der sogar nur noch 13.773 Aktien von Mitarbeitern gezeichnet wurden. Geht man von einem durchschnittlichen Kauf von ca. drei Aktien aus, so hatte von den inzwischen konzernweit 50.000 Mitarbeitern gerade einmal weniger als 1 Prozent (genau waren es 3.794 Mitarbeiter gewesen) Interesse an der Belegschaftsaktie gezeigt. Bei den Aktionen in den 1970er Jahren waren es noch etwa 40 Prozent der Belegschaft gewesen. Ungeachtet dessen erfolgte 1995 ein neues Belegschaftsaktienmodell, durch das Continental als erstes deutsches Unternehmen den Mitarbeitern unter dem Namen „Conti 100" neben traditionellen Belegschaftsaktien ein erweitertes Konzept der Mitarbeiterbeteiligung mit Kurssicherung und Fremdfinanzierung anbot. Demnach konnten Mitarbeiter bis zu 100 statt bisher maximal 40 Aktien erwerben, allerdings nicht subventioniert zum Börsenkurs, dafür aber wurden 80 Prozent des Kaufpreises als zinsloses Arbeitgeberdarlehen gewährt. Die Haltesperrfrist verkürzte sich von sechs auf zwei Jahre und etwaige Kursverluste während dieser Zeit waren durch eine Absicherung ausgeschlossen. „Wir würden es begrüßen, wenn sich mittel- und langfristig die Beteiligung der Mitarbeiter unserer Gesellschaft auf 5 Prozent und mehr erhöhen würde", hieß es dazu von Seiten des Vorstands. Allerdings blieb auch hier das Interesse gering. Nur ca. 16 Prozent der bezugsberechtigten Mitarbeiter machten von dem Programm Gebrauch. Die Aktionärsstruktur wies allerdings inzwischen wieder einen Rückgang des Anteils der ausländischen Investoren auf insgesamt ca. 20 Prozent des Grundkapitals auf (davon 10,7 Prozent Großbritannien, 9,5 Prozent USA), während der Anteil deutscher institutioneller Großanleger mit 38,7 Prozent wieder stark gewachsen war: 16,9 Prozent des Aktienanteils hielt die Nord/LB, 10,25 Prozent die Deutsche Bank, 6,5 Prozent die Dresdner Bank und 5,03 Prozent die Allianz. Fast konnte man von einem Wiederaufleben der alten Deutschland AG sprechen, allerdings standen hinter den Engagements der Banken und Versicherungen keine industriepolitischen Interessen mehr, sondern rein renditeorientierte Spekulationen und vor allem die Fälligkeit früherer Optionsscheine. Inzwischen zahlte Continental auch wieder Dividende, die kontinuierlich von umgerechnet 20 Cent je Aktie (1993) auf 51 Cent (2000) angehoben wurde. Allerdings trat schon 1997, nachdem ebenso zahl- wie umfangreiche Optionsanleihen fällig wurden, wieder eine deutliche Verringerung des Anteils an Continental-Aktien bei den deutschen Großinvestoren ein, die nun unter 10 bzw. 5 Prozent fielen. Gleichzeitig erfolgte im Zusammenhang mit der Ausübung der Optionsrechte eine Erhöhung des Grundkapitals um über 20 Prozent auf 572,5 Mio. DM. Die Gesamtzahl der ausgegebenen und im Umlauf befindlichen Continental-Aktien mit Dividendenberechtigung zum Nominalwert von inzwischen 5 DM betrug nun 114,5 Mio. Stück.

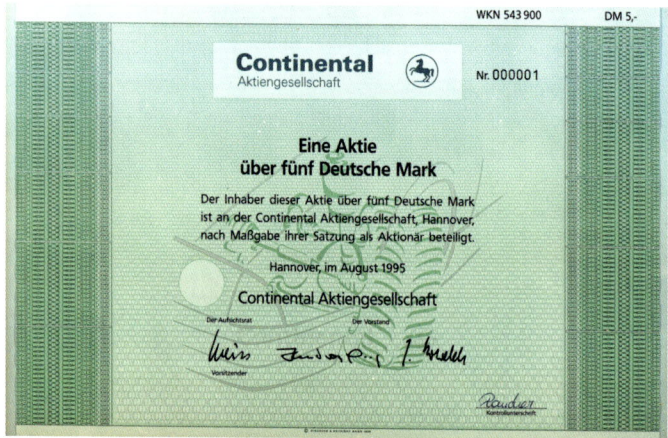

Abb. 95: Continental-Aktie, Nennwert 5 DM von 1995.

Auf der Hauptversammlung im Juni 1996 wurde im Übrigen nun das zuvor so umstrittene Höchststimmrecht aufgehoben. Nachdem es im Zuge von Reformen der Kapitalmarktgesetzgebung nun neue Regelungen zur Meldepflicht des Erwerbs von Beteiligungen an börsennotierten Unternehmen gab, war eine Stimmrechtsbegrenzung nicht mehr erforderlich. Continental blieb dennoch auch in der Folgezeit ein potenzieller Übernahmekandidat, wobei es – blickt man auf die Entwicklung des Aktienkurses – zu diesem Zeitpunkt vermutlich keine neuen Interessenten gab. Nach dem Ultimokurs von umgerechnet 9,8 Euro je Aktie Ende 1992 hatte es bis 1994 einen kurzzeitigen Anstieg gegeben, dem jedoch 1995 ein erneutes Zurücksacken auf 9,5 Euro im Jahr 1995 folgte. Unter Schwankungen kletterte der Kurs dann bis Ende 2000 auf umgerechnet 20 Euro, unterbrochen von nur einem kurzzeitigen Höchstkurs von 31,8 im Jahr 1998. In den vergangenen zehn Jahren hatte sich der Wert der Aktie damit gerade einmal verdoppelt, während sich der DAX-Index vervierfacht hatte. Gegenüber der höchst dynamischen Entwicklung des Index war die Continental-Aktie daher weit zurückgeblieben. Entsprechend unzufriedene und kritische Reaktionen gab es daher von Seiten der Kleinaktionäre, die in Briefen an den Vorstandsvorsitzenden von Grünberg sowie auch an den Aufsichtsratsvorsitzenden Ulrich Weiß ihrem Unmut Luft machten. „Was mich als Aktionär der Continental am meisten bedrückt", so hieß es etwa im September 1995 in einem Schreiben an von Grünberg, „ist die äußerst schlechte Kursentwicklung der Conti-Aktie seit längerer Zeit bzw. das schlechte und miese Image der Conti-Aktie unter den Börsianern. Sie werden erwidern, dies hängt vom Börsengeschehen ab, dies kann man nur wenig beeinflussen. Doch die Hauptschuld am Kapitalabfluss vom Börsenwert der Conti-Aktie tragen Sie, das werde ich Ihnen nachstehend erläutern." Dabei hatte man mit viel Aufwand spätestens seit 1997 dem Kapitalmarkt eine neue „Börsen- und Investment-Story" von Continental als einem der „innovativsten Partner der Automobilindustrie" zu verkaufen versucht. Auf zahlreichen „Roadshows" in den USA, der Schweiz, Frankreich und England erläuterte man die neue Konzernstrategie. Nach dem Einstieg in den Automotive-Bereich und den hohen Wachstumspotenzialen der neuen ESP-Technologie weise man ein „einzigartiges System- und Technologie-Know-how" auf, dessen Vernetzung mit der Entwicklung eines 30-Meter-Autos nach Vollbremsung bei einer Geschwindigkeit von 100 Stundenkilometer zu einer markanten Verbesserung der Fahrsicherheit führe. „We make individual mobility safer and more comfortable" und „We will be the global technology leader in all our business areas" lautete der am 15. November 2000 auf der Londoner Analystenkonferenz präsentierte Anspruch.

Doch diesmal blieben die Investor-Relations-Bemühungen ohne Erfolg. „Die Kursentwicklung der Aktie reflektiert in keiner Weise die Position von Continental als einem der innovativsten Automobilzulieferer", beklagte sich der Vorstand im Geschäftsbericht für das Jahr 2000. Die vielen Maßnahmen hätten „nicht zu einer angemessenen Bewertung geführt". Dabei hatte sich das Unternehmen stark dem damals allenthalben propagierten shareholder-value-Denken verschrieben, das auch Eingang in die „Basics", den neu formulierten Wertekanon von Continental, fand. Schon 1999 war der Kurs der Continental-Aktie im Zuge einer neuerlichen Krise der Automobilindustrie und einer damit zusammenhängenden Zurücknahme der Gewinnerwartungen durch den Continental-Vorstand deutlich eingebrochen, allerdings konnte man im Vergleich zu den anderen börsennotierten Automobilzulieferern wie TRW, Delphi, Denso oder Valeo noch eine überdurchschnittliche Kursentwicklung aufweisen. Und von den früheren direkten Konkurrenten im Reifengeschäft wiesen mit Ausnahme von Pirelli inzwischen Goodyear und Bridgestone deutlich größere Kursabschläge auf. Auf den Kurs der Continental-Aktie drückte allerdings 1999 auch eine Kapitalerhöhung um 11,5 Mio. Stück zum Ausgabekurs von 21,5 Euro, mit der zumindest ein Teil des großen Teves-Kaufs finanziert wurde. Auf den niedrigen Kurs reagierte man im Jahr darauf auch mit einem großangelegten Rückkauf von 8,1 Mio. eigenen Aktien, was 6,1 Prozent des Grundkapitals entsprach. Nach den Aktienrückkäufen Anfang der 1930er Jahre war das die zweite Maßnahme in der Unternehmensgeschichte, die als Mittel zur Kurspflege später von vielen Unternehmen praktiziert werden sollte. Auf den Kursverlauf hatte dieser Aktienrückkauf kaum Auswirkung. Weit mehr wirkte sich dagegen im September 2000 die Meldung über eine Rückrufaktion von 160.000 General-Tire-Reifen auf die Continental-Aktie aus, die um bis zu 10 Prozent auf 18,9 Euro einbrach. Im Gefolge der Wirtschafts- und Finanzkrise des Jahres 2001 sackte dann der Kurs weiter ab und erreichte mit 9,2 Euro je Aktie wieder das Niveau von vor zehn Jahren. In diesem Jahr wurde abermals, inzwischen zum 6. Mal in der Unternehmensgeschichte, die Zahlung einer Dividende ausgesetzt. Der inzwischen erreichte hohe Schuldenstand und die schrumpfenden Erträge ließen eine Ausschüttung und die damit verbundene zusätzliche Schwächung der Kapitalbasis nicht mehr zu. Danach folgte eine kurze Erholung, aber dennoch setzte bis 2002 die Continental-Aktie ihre nun jahrelange Seitwärtsbewegung fort. Am Ende jenen Jahres notierte die Aktie bei 14 Euro.

Das Interesse der Kleinaktionäre an Continental war dennoch ungebrochen hoch. Für die Hauptversammlung im Juni 1998 hatten sich rund 2.000 Privataktionäre angemeldet – im Jahr 2000 sollten es sogar 2.700 werden –, das war ein Anstieg um 48 Prozent und im Vergleich zu anderen Aktiengesellschaften überdurchschnittlich hoch. Stammgäste waren nach wie vor die Deutsche Schutzvereinigung für Wertpapierbesitz und die Schutzgemeinschaft der Kleinaktionäre, die damals immerhin zusammen knapp 100.000 Stimmen vertraten. Auch die im Dachverband der kritischen Aktionärinnen und Aktionäre organisierten und in der Chemie- und Pharmaindustrie gefürchteten „Hauptversammlungs-Rebellen" tauchten erstmals auf. Das Interesse der Anteilseigner insgesamt an einer Anmeldung zur Stimmabgabe auf der Hauptversammlung war allerdings inzwischen deutlich gesunken. Im Juni 2000 waren nur noch 38,4 Prozent des Grundkapitals vertreten, erst durch den Einsatz eines Finanzdienstleistungsunternehmens gelang es, den Abwärtstrend zu stoppen und wieder Kapitalanmeldungen von über 40 Prozent zu erreichen. Seit Juli 2002 galt im Übrigen aufgrund des in Kraft getretenen Finanzmarktförderungsgesetzes unter anderem auch die Verpflichtung für die Mitglieder des Aufsichtsrats und des Vorstands börsennotierter Gesellschaften, Erwerbs- oder Veräußerungsgeschäfte in Aktien des eigenen Unternehmens der staatlichen Finanzdienstleistungsaufsicht mitzuteilen.

2003 begann dann aber eine Entwicklung, die der Continental-Aktie nicht nur neues Leben einhauchte, sondern diese nun in neue Höhen katapultierte, ehe 2009 dann die nächste große weltweite Wirtschafts- und Finanzkrise einen – allerdings nur kurzzeitigen – Rückschlag mit sich brachte. Erst jetzt begannen in den Augen des Continental-Vorstands die Kapitalmärkte die neue Ausrichtung des Konzerns zu honorieren. Die Phase begann mit der Rückkehr der Continental-Aktie in den DAX am 22. September 2003. Nach siebenjähriger Unterbrechung kehrte das Unternehmen damit wieder in den Kreis der TOP-30-Aktienwerte in Deutschland zurück.

Abb. 96: Continental-Vorstandsvorsitzender Manfred Wennemer und Finanzvorstand Alan Hippe (im Hintergrund die Notierung der Conti-Aktie am 22. September 2003).

Durch die Rückkehr in die Börsenoberliga bekam die Aktie tatsächlich wieder mehr Aufmerksamkeit auf den internationalen Finanzmärkten und bei weltweiten Investoren. „Das schafft mehr Kurspotenzial und damit eine neue finanzielle Flexibilität, die wir benötigen, um investieren und wachsen zu können", äußerte Finanzvorstand Alan Hippe zur Bedeutung der Wiederaufnahme. „Nicht zuletzt wird mit jedem Cent Kursanstieg die Übernahmegefahr geringer, denn dadurch werden wir als eventueller Akquisitionskandidat zu teuer." Tatsächlich hatte sich die Deutsche Bank wenige Monate zuvor, im November 2002, von ihrem verbliebenen Anteil an Continental endgültig getrennt und 10 Mio. Aktien verkauft – zu 14,10 Euro je Aktie –, ohne dass dies allerdings stark auf den

Kurs gedrückt hätte. Größter Einzelaktionär war nun nur noch die Allianz, der Streubesitz der Continental-Aktien betrug damit fast 60 Prozent. Die Continental-Aktie konnte zudem nach dem Einläuten des neuen Expansions- und Wachstumskurses mit den Übernahmen von Teves (1998) und Temic (2001), denen wenig später weitere Zukäufe wie Phoenix (2004), das Automobilelektronikgeschäft von Motorola (2006) und vor allem Siemens-VDO (2007) folgen sollten, eine neue Kursphantasie erzeugen, in der Continental zum Mittelpunkt einer neuen Börsen- und Investment-Story wurde. Entsprechend wurden nun auch wieder die Aktivitäten im Investor-Relations-Bereich verstärkt. Allein 2003 fanden 11 „Roadshows" und 260 Einzelgespräche mit Analysten, institutionellen Investoren und Börsenexperten statt, in denen sich Continental als „Innovation Leader in Automotive Future" präsentierte; und der Erfolg zeigte sich umgehend: Der Kurs der Continental-Aktie stieg allein in diesem Jahr um mehr als 100 Prozent auf knapp 30 Euro und kletterte, beflügelt auch von der allgemeinen Hausse an den Börsen, bis 2007 auf einen Höchstkurs von 105,40 Euro. Der Vorstandsvorsitzende Manfred Wennemer, dem die Wirtschaftspresse anfangs noch kleinkariertes Sparen statt mutiger Expansion und eine strategische Kehrtwende vorgeworfen hatte, die den Konzern weit zurückwerfen würde, wurde bald mehrmals als „Managerstratege des Jahres" gefeiert. Unter seiner Ägide wurde auch wieder mit der Zahlung von Dividenden begonnen, deren Quote von 0,45 Cent (2002) auf bis zu 2 Euro je Aktie (2007) kletterte. Die geographische Aktionärsstruktur hatte sich inzwischen signifikant verändert. 2003 kamen nur noch 7,2 Prozent der Besitzer von Continental-Aktien aus Deutschland, knapp 62,8 Prozent dagegen waren vor allem institutionelle Anleger aus dem Ausland, insbesondere den USA (32,2 Prozent), Großbritannien (19,6 Prozent) und dem übrigen Europa (11 Prozent). Größte Anteilseigner waren inzwischen der französische Versicherungskonzern Axa sowie die Capital Group und die Barclays Bank. Der Streubesitz betrug 77,7 Prozent. 2007 sah die Verteilung dann so aus: 71,3 Prozent der Anteilseigner kamen aus den USA, Japan und Europa, immerhin wieder 12,4 Prozent aus Deutschland, wobei 83,6 Prozent des Grundkapitals inzwischen von institutionellen Investoren gehalten wurden, nur noch 16,4 Prozent entfielen auf Privatanleger und Kleinaktionäre. Innerhalb kurzer Zeit war die Continental-Aktie zum neuen Liebling der Analysten geworden, die dem Papier erhebliche weitere Kursanstiege voraussagten und entsprechende Kaufempfehlungen aussprachen. Rund 40 Analysten im In- und Ausland verfolgten inzwischen kontinuierlich die Entwicklung von Continental. Die Investor-Relations-Abteilung in Hannover konnte sich vor Anfragen kaum noch retten. Der Vorstandsvorsitzende und sein Finanzvorstand waren bald pausenlos auf Investorenkonferenzen und wurden eng in die Investor-Relations-Kommunikation einbezogen, die zunehmend auch um Produktdemonstrationen erweitert wurde. Im September 2005 fand etwa eine derartige Präsentation anlässlich der IAA in Frankfurt statt, an der mehr als 80 internationale Investoren und Analysten teilnahmen. Die Continental-Aktie bekam eine noch nie dagewesene Aufmerksamkeit in der breiten Öffentlichkeit.

Mit seinem eingeschlagenen aktionärsfreundlichen Kurs stieß der Vorstand allerdings auf wachsende Kritik bei den Betriebsräten und Arbeitnehmervertretern im Aufsichtsrat. Im März 2005 und auch im Folgejahr kam es zu heftigen Debatten über die Gewinnverwendungsvorschläge Wennemers und dessen Pläne zur weiteren Steigerung der Dividende. Den unter den harten Sparmaßnahmen und finanziellen Einbußen leidenden Mitarbeitern sei eine derartige Politik nicht mehr zu vermitteln, so lautete das Argument. Bei dem Vorstandsvorsitzenden stieß man damit allerdings auf taube Ohren. Einen direkten Zusammenhang zwischen Dividende und Erfolgsbeteiligung der Mitarbeiter gebe es nicht. „Die Aktionäre haben in jüngerer Vergangenheit teilweise auf die Verzinsung ihres Kapitals verzichten müssen, während die Arbeit der Mitarbeiter immer angemessen vergütet worden ist", lautete seine Argumentation. Erstaunlicherweise wurden dabei von keiner Seite die Belegschaftsaktien und eventuelle Initiativen zu einer Neuauflage der entsprechenden Bemühungen zu Verbreiterung des Kreises aktienbesitzender Arbeiter und Angestellten bei Continental angeführt. 2003 hatte es einmal einen kurzen Versuch der Wiederbelebung gegeben, doch dann waren die Dinge wieder eingeschlafen. Dennoch war unübersehbar, dass der Börsenkurs und die antizipierten Kapitalmarktreaktionen inzwischen weit stärker als noch in den 1990er Jahren die Unternehmenspolitik auch von Continental beeinflussten. Akribisch wurde registriert, welches Image Continental und die Continental-Aktie in den Anleger- und Börsenkreisen besaß, wie die Kapitalmarktberichterstattung verlief und inwieweit es Kongruenzen oder Abweichungen zwischen der Selbstwahrnehmung und Erwartung des Vorstands auf der einen und den Fremdwahrnehmungen der Investoren und Aktionäre auf der anderen Seite gab, die sich dann in entsprechenden Unter- oder Überbewertungen der Continental-Aktie niederschlugen. Wie groß der Erwartungsdruck „des Kapitalmarkts" war, der auch auf Wennemers Entscheidungsprozess lastete, zeigte sich etwa daran, dass man in den entsprechenden Kreisen im Dezember 2006 von einer „normalen Dividende" zwischen 1,20 und 1,50 Euro je Aktie sowie einer Sonderausschüttung von 2 bis 3 Euro je Aktie ausging. Der Vorstand wurde damit zeitweise zum Opfer der eigenen Investor-Relations-Kommunikation. Mit dem Beschluss, eine Dividende von 2 Euro je Aktie auszuschütten, und damit einer Dividendenerhöhung gegenüber 2005 um 100 Prozent beschritt man dann einen Mittelweg zwischen externen Kapitalmarkterwartungen und internen Liquiditätserfordernissen.

Seit der Rückkehr in den DAX hatte die Continental-Aktie bis März 2007 um 411 Prozent zugelegt. Doch seit der zweiten Jahreshälfte 2007 trübte sich im Zuge der Krise am US-Hypothekenmarkt und den damit verbundenen Spekulationen über einen Konjunktur- und Börseneinbruch in Amerika auch das Börsenklima auf dem deutschen Kapitalmarkt deutlich ein. Erstmals nach langen Jahren verzeichnete die Continental-Aktie einen deutlichen Kursrückgang und nur mit Mühe hatte man noch im Herbst eine Kapitalerhöhung in Höhe von 10 Prozent des Grundkapitals mit Ausgabe neuer Aktien zum Kurs von 101 Euro durchführen können. Als Teil der Finanzierung des Kaufs von Siemens VDO für 13,5 Mrd. Euro war die Kapitalerhöhung, die 1,4 Mrd. Euro einbrachte, notwendig gewesen und ein Scheitern hätte unabsehbare Folgen gehabt. Und dann folgte am 15. Juli 2008 das öffentliche Übernahmeangebot der Schaeffler Gruppe, für 70,12 Euro je Aktie die gesamten Anteile zu übernehmen, ein Angebot, das wenig später noch auf 75 Euro erhöht wurde. Zu einem Zeitpunkt, als im November 2008 die Continental-Aktie infolge der ausgebrochenen Weltfinanzkrise auf einem Tiefststand von 27 Euro notierte, bot daher das mehr als doppelt so hohe Übernahmeangebot für die Anteilseigner wenigstens im Fall ihrer Continental-Aktien einen höchst lukrativen Ausweg aus dem allgemeinen Kursverfall, so dass am Ende des Jahres die Schaeffler Gruppe sowie die beiden in die Übernahme involvierten Banken Sal. Oppenheim und Metzler zusammen 89,26 Prozent des gesamten Grundkapitals hielten. Die Dramatik der Schaeffler-Übernahme von Continental und die fast zwei Jahre dauernde, von Gerüchten, unternehmenspolitischen Nachrichten, gestreuten Informationen, angeheizten Spekulationen und letztlich auch noch von dramatischen Kursstürzen an den Weltbörsen begleitete Phase spiegelte sich auch deutlich im Kursverlauf der Continental-Aktie wider. Infolge der anhaltenden Krise und der Spekulationen über eine Überschuldung von Continental wie des neuen Hauptanteilseigners Schaeffler sank der Kurs der Continental-Aktie 2009 bis auf 11,35 Euro. Zeitweise waren nur noch 11 Prozent aller Continental-Aktien frei handelbar, dazu kamen Spekulationen über eine bevorstehende Kapitalerhöhung, vermeintlich benötigte Staatshilfen und personelle Änderungen im Vorstand wie im Aufsichtsrat, verbunden mit einem drastischen Abwärtstrend in der Automobilindustrie. Erneut fiel zudem die Zahlung einer Dividende aus, und der Dividendenstopp sollte drei Jahre, von 2008 bis 2010, dauern.

Doch so dramatisch die Entwicklungen auch verliefen, so schnell setzte auch wieder eine Erholung des Aktienkurses von Continental ein. Die Neubesetzung des Vorstandsvorsitzenden und auch die Wahl eines neuen Vorsitzenden des Aufsichtsrats schlugen sich positiv auf die Kursentwicklung nieder. Auch die Kapitalerhöhung zum Jahresanfang 2010 sorgte durch ihre erfolgreiche Durchführung trotz der nach wie vor angespannten Lage auf den Finanzmärkten wie bei Continental für eine Aufhellung der Stimmungslage. Das Grundkapital wurde um 80 Mio. Euro auf 512 Mio. Euro erhöht, 31 Mio. Aktien wurden dabei in mehreren Schritten zum Ausgabepreis von 40 Euro per Privatplatzierung an institutionelle Investoren sowie über Bezugsrechtevergabe an alle übrigen Aktionäre ausgegeben. Die Kapitalerhöhung spülte 1,1 Mrd. Euro in die Kassen von Continental, die damit ihre Kreditbelastungen aus dem Siemens-VDO-Kauf weiter senken konnte. Die drei Großaktionäre, allen voran Schaeffler, hatten dabei explizit auf die Ausübung ihrer Bezugsrechte verzichtet, so dass deren Anteil am Grundkapital nach dessen Erhöhung nur noch 75,1 Prozent betrug. Der Freefloat der Continental-Aktie stieg damit von 10 auf 24,9 Prozent, dennoch führten die neuen Anteilseignerstrukturen und die vergleichsweise geringe Zahl von börsengehandelten Continental-Aktien dazu, dass die Marktkapitalisierungskriterien der Deutschen Börse nicht mehr erfüllt wurden und Continental Anfang Dezember 2009 nach gut fünfjähriger Zugehörigkeit erneut aus dem DAX herausgenommen und in das MDAX-Segment abgestuft wurde. Der Kurs der Continental-Aktie erreichte dennoch bis Jahresende 2010 bereits wieder 58,3 Euro und lag – unter Schwankungen – mit 160 Euro im Jahr 2013 wieder deutlich über dem Höchstkurs von 2006. Spekulationen über eine rasche Rückkehr in den DAX nach einer eventuellen Fusion mit Schaeffler hatten dabei zeitweise für Kurssprünge von bis zu 20 Prozent gesorgt. Bereits 2012 war der zweite Wiederaufstieg in den DAX erfolgt, nachdem der Freefloat auf 50,1 Prozent und die Marktkapitalisierung des Unternehmens auf über 16,8 Mrd. Euro gestiegen war. Continental wurde damit so hoch bewertet wie noch nie in ihrer Unternehmensgeschichte.

Bis 2015 kam es zu weiteren Kursanstiegen, erstmals wurde die 200-Euro-Marke übersprungen und die Aktie erreichte mit 230 Euro eine neue Rekordmarke, die dann 2018 mit 257 Euro noch einmal verbessert werden sollte. Finanzvorstand Wolfgang Schäfer, von der Presse als „Investor's Darling 2014" und „Mister 350 Prozent" (*manager magazin*) gefeiert, hatte es verstanden, die Börsengeschichte des Unternehmens komplett umzuschreiben und aus der Continental-Aktie (wieder einmal) eine neue „Investment-Story" zu machen, in der anstelle von Reifen und Kautschuk nun Sicherheit, Digitalisierung, Hightech und Mobilität der Zukunft im Mittelpunkt standen, die hohe Margen und Wachstum statt permanenten Preisdruck, übermächtige Konkurrenz und schwankende Gewinnen versprachen. „Das sind die Megatrends, von denen die Autoindustrie getrieben wird und von denen wir auf Jahre hinaus überproportional profitieren werden", versicherte Schäfer seinen Fremd- und Eigenkapitalgebern bei jeder sich bietenden Gelegenheit, wie es in dem Bericht des *manager magazins* dazu hieß, das Schäfer auch zum Kapitalmarktstrategen des Jahres kürte und Continental als Unternehmen mit der besten Kapitalmarktkommunikation auszeichnete.

Abb. 97: Continental-Finanzvorstand Wolfgang Schäfer 2014.

Doch schon seit 2016 wurde die Luft für die Continental-Aktie auf ihrem Höhenflug merklich dünner und die Volatilität der Kursentwicklung nahm deutlich zu. Die Messung des Unternehmenserfolgs allein am Aktienkurs erwies sich als problematisch, vor allen dann, wenn, wie im Fall von Continental, die Erwartungen der Investoren der tatsächlichen Unternehmensentwicklung inzwischen weit vorausgelaufen waren, mit entsprechendem Niederschlag im Aktienkurs. Erstmals seit vier Jahren musste man 2016 mit einem Minus von 18 Prozent zum Jahresende eine negative Kursentwicklung verzeichnen. Hintergrund waren wachsende Sorgen um ein Einbrechen der Automobilkonjunktur, dazu hatten die Analysten ihre Erwartungen und Empfehlungen für die gesamte Branche und ihre Zulieferindustrie deutlich zurückgenommen. Aus der noch kurz zuvor gefeierten Paradebranche mit bahnbrechenden Innovationen für die Zukunft der Mobilität wurde in den Medien eine vor den größten Herausforderungen und Strukturumbrüchen ihrer Geschichte stehende Krisenbranche. Der Meinungswandel der Analysten und auf den Finanzmärkten blieb nicht ohne Folgen für die Aktie. Obwohl inzwischen 4,25 Euro je Aktie als Dividende gezahlt wurden und die langfristige Wertentwicklung in den vergangenen zehn Jahren, bezogen auf einen Kauf von Continental-Aktien für 10.000 Euro, einen Vermögenszuwachs auf 24.739 Euro, d. h. um 147 Prozent bzw. einer jährlichen Rendite von 9,5 Prozent, sich sehen lassen konnte, geriet die Aktie in eine Abwärtsbewegung, die im Laufe des Jahres 2018 dann in einen deutlichen Strömungsabriss des bisherigen Höhenflugs mündete. Mehrere Gewinnwarnungen, enttäuschte Erwartungen der Investoren und die tiefe Krise der Automobilindustrie sorgten dafür, dass sich die Aktie bis Ende 2018 im Vergleich zum Vorjahr auf 120 Euro halbierte, 2019 auf niedrigem Niveau verharrte, um dann im Frühjahr 2020 zusätzlich noch in den Strudel der Corona-Pandemie und den dadurch ausgelösten weltweiten Börsenkrach zu geraten. Im März 2020 notierte die Aktie mit 51,40 Euro auf einem Tiefstand und Kursniveau, das zuletzt 2011, also neun Jahre zuvor, verzeichnet worden war. Immer wieder hatten in dieser Phase vor allem Spekulationen über einen grundlegenden Umbau des Konzerns statt Gewinnerwartungen für kurzzeitige Kurssprünge bei der Continental-Aktie gesorgt. Entsprechend gegenläufig wirkten sich aber auch Nachrichten über Milliardenabschreibungen und Verluste, ein aufrüttelndes Schreiben des Vorstands an die Führungskräfte mit deutlichen Worten zu internen Qualitäts- und Ertragsproblemen sowie einem massiven Abbau von Arbeitsplätzen auf den Kurs aus. Seit dem Pandemie-Crash hat zwar eine deutliche Erholung eingesetzt, doch nach wie vor spiegelt sich in der Continental-Aktie die anhaltende Unsicherheit über die weitere Entwicklung sowohl des Kapitalmarkts insgesamt wie der Zulieferbranche und des Unternehmens wider, das auch noch einen plötzlichen Wechsel seines Vorstandsvorsitzenden im Dezember 2020 erlebte, der aus gesundheitlichen Gründen erfolgte.

Und dennoch zeigt der Blick zurück, dass sich an der Börse ein langer Atem auszahlt: Wer im August 1994 insgesamt 100 Continental-Aktien zum damaligen Nennwert von 5 DM und einem Kurs von umgerechnet 11,20 Euro gekauft hatte, der konnte, trotz aller Schwankungen und drei veritablen Börsenkrächen gegenüber den eingesetzten 1.120 Euro Ende 2017 einschließlich Dividendenzahlungen knapp 25.000 Euro verbuchen. Selbst Ende 2020 waren es immer noch ca. 15.000 Euro. Die regionale Verteilung des Streubesitzes Ende 2019 zeigt dabei, dass es ungeachtet aller Lebenszyklen der Continental-Aktie einen

Stamm von Kleinaktionären gibt, die dem Unternehmen ungebrochen die Treue halten. Neben den 73 Prozent ausländischer institutioneller Investoren, die den Löwenanteil des Streubesitzes (54 Prozent) von Continental-Aktien in den Büchern stehen haben, gab es 6,6 Prozent deutsche institutionelle Anteilseigner und 5,9 Prozent heimische Kleinanleger. Es gehört keine große Expertise dazu, zu prognostizieren, dass die Continental-Aktie im Laufe der nächsten Jahre – wie schon öfter in ihrem Lebenszyklus – wieder Kursphantasie entwickeln und spätestens Mitte der 2040er Jahre, zum 175jährigen Gründungsjubiläum, bei neuen Höchstkursen notieren wird. Wer sich daher im März 2020 beim Tiefstkurs von 55 Euro je Aktie oder auch kurz danach Continental-Anteile ins Depot gelegt hat, der wird sich, vorausgesetzt, er besitzt das notwendige Durchhaltevermögen und die doch auch immer wieder von den Continental-Aktionären geforderte Leidensfähigkeit, über ansehnliche Wertzuwächse freuen können.

7 Von der lokalen Schutzmarke zur Global Brand. Marke und Marketing in der Continental-Geschichte

Das Pferd und die Marke „Continental"

Das Pferd ist bei Continental allgegenwärtig. Ob auf einem Continental-Produkt, der Mitarbeiterzeitschrift, einer Werbebroschüre oder dem Geschäftsbericht: Überall ist das springende Pferd abgebildet, entweder als Wort-Bild-Marke in Kombination mit dem Schriftzug Continental oder als Icon eingefasst in zwei Kreise mit dem Schriftzug „Continental – Since 1871".

Warum also das Pferd? Im aktuellen und historischen Produktportfolio spielen Pferde auf den ersten Blick höchstens eine untergeordnete Rolle. Um zu erklären, warum es das Pferd dennoch in die Continental-Schutzmarke geschafft hat und bis heute ein wichtiger Bestandteil des Markenauftritts geblieben ist, muss der Blick auf die ersten Jahre der Unternehmensgeschichte gerichtet werden. Die erste belegte Verbindung stammt aus dem Jahr 1875 – vier Jahre nach der Gründung des jungen Unternehmens. Ein Tierarzt aus Hannover namens Christian Hartmann veröffentlichte in diesem Jahr eine Fachbroschüre, in der er seine neueste Erfindung beschrieb: Hufpuffer aus Weichgummi für Pferde. Der Hufpuffer wurde zwischen Hufeisen und Pferdehuf befestigt. Ziel war, dass Pferde wie im natürlichen Zustand mit der kompletten Fläche des Hufs (Strahl, Sohle und Wand) den Boden berühren. Beim beschlagenen Huf hatte nur die Wand Bodenkontakt, also die Fläche, die mit dem Hufeisen beschlagen war. Mit dem Hufpuffer berührten auch Strahl und Sohle den Boden. Ergebnisse waren weniger Fehlbildungen des Hufs, Schutz vor Verletzungen und erhöhte Trittsicherheit – zum Beispiel auf glatter Oberfläche.

Die Erfindung passte gut in eine Zeit, in der Pferde noch eine wichtige Rolle für die Mobilität spielten: als Reit- oder Zugtier, das in Städten teilweise auch für die Bewegung von Straßenbahnwaggons eingesetzt wurde. Hannover mit seiner langen Tradition im Bereich Pferdezucht bot ebenfalls ideale Voraussetzungen, um dem innovativen Produkt zum Durchbruch zu verhelfen. Hartmann erwähnte in seiner Broschüre, dass Continental nicht nur seine Arbeit an der Erfindung unterstützte, sondern auch die Produktion und den Vertrieb organisierte. Alle produzierten Hufpuffer waren mit einem Markenzeichen versehen, das ein springendes Pferd, eingefasst von zwei konzentrischen Kreisen, zeigte. Der Schriftzug „Hartmann-Patent" verwies auf den Erfinder und „Continental-

https://doi.org/10.1515/9783110731613-007

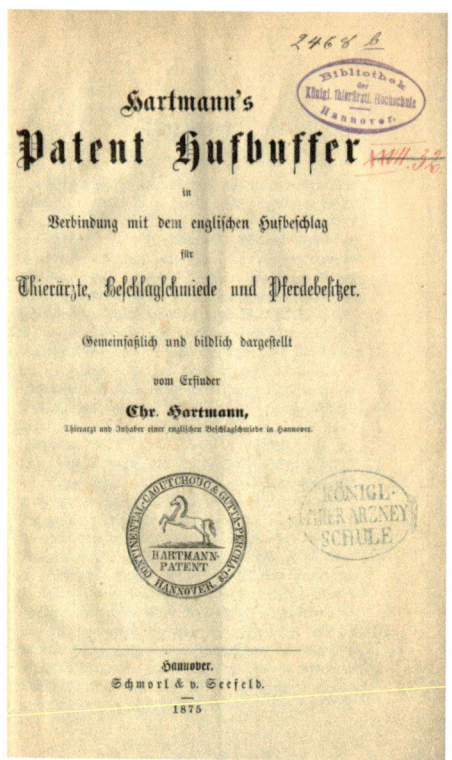

Abb. 98: Technische Broschüre über Pferdehufpuffer von 1875.

Caoutchouc & Gutta-Percha-Compagnie Hannover" auf den Hersteller der neuen Hufpuffer.

Im Frühjahr 1876 wurde beim Landgericht Hannover die Marke für Pferdehufpuffer aus Kautschuk angemeldet. Ab den 1870er Jahren waren in den Industriestaaten Markenschutzgesetze erlassen worden. Warenzeichen existierten bereits seit der Antike, um den Konsumenten die Identifikation mit einem bestimmten Hersteller zu ermöglichen und das Produkt mit einem Qualitätsversprechen zu versehen. Als im Rahmen der Industriellen Revolution des 19. Jahrhunderts nationale und internationale Märkte entstanden, nahm der überregionale Handel massiv zu und damit auch die Bedeutung von Marken bzw. deren Schutz. Zahlreiche auch heute noch erfolgreiche Marken etablierten sich zu dieser Zeit.

Auch Continental versuchte, sich mit der Anmeldung die Markenrechte zu sichern. Die Schutzmarke zeigte eine leicht abgewandelte Form, doch die wesentlichen Charakteristika waren weiterhin vorhanden. Auch war der Verweis auf das Hartmann-Patent für Hufpuffer enthalten, aber schrittweise wurde das

Markenzeichen offenbar auch für weitere Continental-Produkte verwendet. Im Oktober 1882 erfolgte eine Anmeldung beim Amtsgericht Hannover für alle Weichgummierzeugnisse. Der Hinweis auf Hartmann entfiel, der Firmenname wurde durch Abkürzung vereinfacht und die Darstellung des Pferds erneut überarbeitet. Das 1894 neu erlassene „Reichsgesetz zum Schutz der Waarenbezeichnungen" bot schließlich die Möglichkeit, das Markenzeichen deutschlandweit schützen zu lassen. Die Eintragung erfolgte am 1. Oktober 1894. Das „springende Pferd auf holperiger Bahn" war damit ein fest etabliertes Element der Außendarstellung von Continental. Wie zuvor beschrieben, dominierten bis Ende des 19. Jahrhunderts zunehmend Luftreifen das Produktportfolio, die aber ebenfalls das ursprünglich für Hufpuffer eingeführte Markenzeichen trugen.

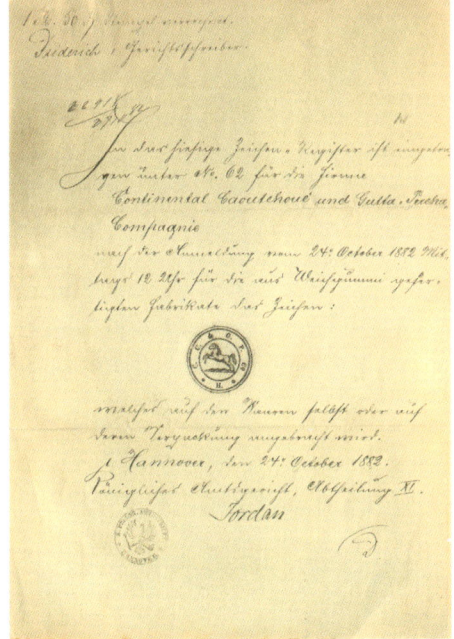

Abb. 99: Urkunde der Markenanmeldung von 1882.

Die Verbindung zu diesem innovativen Produkt der ersten Geschäftsjahre könnte damit die oben gestellte Frage nach der Herkunft des Pferds beantworten. Der Zusammenhang ist schlüssig und die optische Ähnlichkeit offensichtlich. In den überlieferten Geschäftsunterlagen findet sich allerdings an keiner Stelle eine explizite Erläuterung, warum das Pferd verwendet wurde und welche Motivation dahinterstand. Wie bei der Wahl des Unternehmensnamens „Continental" sind der Entscheidungsprozess und die Gründe nicht dokumentiert. Alle Erklärungsversuche heute sind daher allenfalls Theorien.

Neben dem Zusammenhang mit Hufpuffern gibt es andere Aspekte, die erklären, warum Continental im 19. Jahrhundert ein Pferd für das zunehmend auf motorisierte Mobilität fokussierte Produktportfolio wählte. Continental wurde am 8. Oktober 1871 in Hannover gegründet. Das Pferd als Symbol hat eine lange Tradition im hannoverschen Raum und in den umliegenden Gebieten. Die Herzöge von Braunschweig und Lüneburg verwendeten es als heraldisches Symbol ab dem 14. Jahrhundert in ihren Wappen, um ihre Herrschaft zu legitimieren. Das Pferd war ein weit verbreitetes Symbol des frühmittelalterlichen Stammesherzogtums Sachsen, in dessen Tradition und Nachfolge sich die Herzöge sahen. Die Übernahme des Pferds als Herrschaftssymbol war ein wichtiges Kommunikationsmittel in einer Zeit, in der nur kleine Teile der Gesellschaft lesen und schreiben konnten.

Auch in der Neuzeit verwendeten die Herzöge, Kurfürsten (ab 1692) und Könige (ab 1813) von Hannover das Pferd in galoppierender und später springender Form in Wappen und auf Herrschaftsinsignien. Nach der Annexion des Königreichs Hannover durch Preußen wurde diese Tradition fortgesetzt, und bis heute steht ein „springendes weißes Ross" laut dem Niedersächsischen Wappengesetz für das Bundesland Niedersachsen. Das Pferd war also als politisches Symbol im hannoverschen Raum seit Jahrhunderten bekannt und verbreitet. Auch andere hannoversche Unternehmen nutzten die Würde und Bekanntheit des Symbols für ihre Produkte und versuchten die Vertrautheit ihrer Konsumenten damit für sich zu nutzen. Bei Continental dürfte dieser Hintergrund ebenfalls eine Rolle gespielt haben. Die konsequente Verwendung des springenden Pferds für die frühen Continental-Produkte vermittelte den Konsumenten ein Qualitätsversprechen, gewährleistete Wiedererkennbarkeit und verwies auf die Regionalität der Produkte.

In der Zeit des Nationalsozialismus wurde dieser direkte Bezug zum frühmittelalterlichen Sachsenross auffällig stark betont und politisch aufgeladen. Im Kundenmagazin *Echo Continental* vom Januar 1937 erschien der Artikel „Hannover. Die Heimat der Continental", in dem die Verwurzelung und die Heimatverbundenheit des Unternehmens intensiv und mit übertriebenen Formulierungen dargestellt wurde:

> Das alles schufen unsere Väter unter dem Zeichen des Sachsenrosses, dieses weißen Pferdes, das einst das Symbol der Weltgeltung eines deutschen Stammes war und heute das Kennzeichen eines Riesenunternehmens von internationaler Bedeutung ist, der ‚Continental'. Und was unter dem Zeichen des edlen Sachsenrosses entstanden ist, wird nach

langen Jahren des Rückganges und des Stillstandes fortgeführt werden unter der Macht, die nun das Hakenkreuz verkörpert.

Derartige Bezüge finden sich auch in anderen Artikeln und Texten zur Außendarstellung der Continental in dieser Zeit. Dem NS-Regime war Internationalität suspekt und galt als Zeichen für politische Unzuverlässigkeit. Die vorherigen Ausführungen können als Versuch gelesen werden, sich den Ressentiments vorausschauend anzupassen und die internationale Prägung des Unternehmens mit politisiertem Lokalkolorit zu überdecken. Continental hatte bereits im Ersten Weltkrieg Erfahrungen damit gemacht, in das Visier nationalistischer Kritiker zu geraten. Das Unternehmen stand damals im Verdacht, die politisch unerwünschte Internationalität nicht nur im Namen zu tragen, sondern auch ansonsten ein sehr ausländisch geprägtes Unternehmen zu sein. Der damalige Direktor Siegmund Seligmann nahm sich dieses Themas persönlich an, um Entscheidungen zu vermeiden, die das Geschäft beeinträchtigen könnten. Die in der NS-Zeit erfundene Traditionslinie zwischen dem Sachsenross und dem Continental-Pferd kann als vorausschauende Anpassung an das auf allen Kanälen propagierte Deutschtum gesehen werden.

Auch nach 1945 wurde am Pferd im Continental-Logo festgehalten. Der Auftritt der Continental als NS-Musterbetrieb und Kollaborateur mit dem NS-Regime sollte möglichst schnell vergessen sein. Die Geschäftsführung richtete den Blick nach vorn – weg von den Zerstörungen des Zweiten Weltkriegs und dem fast zum Erliegen gekommenen Geschäft im In- und Ausland – hin zum Wiederaufbau des Unternehmens. Dieser Fokus wurde auch visuell unterstrichen, indem der Markenauftritt einer erneuten Überarbeitung unterzogen wurde. Die Generalversammlung hatte bereits 1929 beschlossen, die Firmenbezeichnung Continental-Caoutchouc- & Gutta-Percha-Compagnie in das moderner wirkende Continental Gummi-Werke Aktiengesellschaft zu ändern. In der ab Ende Dezember 1949 verwendeten Marke erschien ebenfalls nur noch die Bezeichnung „Continental" in Kombination mit einem Stern. Das Pferd war weiterhin vorhanden – ein Aspekt der Kontinuität innerhalb des Aufbruchs. Als weit sichtbares Zeichen dieser Veränderungen wurde das neue Logo im Dezember 1949 auf dem Lagergebäude des Werks Hannover-Stöcken aufgestellt. Bis heute befindet sich an dieser Stelle ein Continental-Logo, gut sichtbar von der nahegelegenen Autobahn.

Der Wiedererkennungswert des Pferds als Markenzeichen wurde auch in der Werbung für Continental-Produkte intensiv genutzt. In einem lokalen Markt hatte das noch keine übermäßige Bedeutung, denn jeder in Hannover kannte das Unternehmen und Continental war allein durch die Fabrikgebäude als loka-

Abb. 100: Aufstellung der neuen Leuchtreklame auf dem Werkgebäude in Hannover-Stöcken, Dezember 1949.

ler Hersteller präsent. Als im Laufe des 19. Jahrhunderts aber weitere überregionale und internationale Märkte entstanden, wurde eine markante Marke immer wichtiger, um sich gegen Wettbewerber durchzusetzen. Die einheitliche Verwendung der Marke auf allen Produkten ermöglichte es überhaupt erst, als Unternehmen wahrgenommen zu werden. Konsumenten identifizierten sich im Idealfall mit dem Produkt und griffen immer wieder nach Artikeln „mit dem Pferd".

In frühen Werbemotiven wurde die Widersprüchlichkeit zwischen dem Pferd und den auf Motorisierung ausgerichteten Produkten offensiv genutzt. In einer Werbekampagne aus dem Jahr 1921 traten Pferde auf und kommentierten die Gestaltung der Continental-Marke. Dabei wurden nicht nur Bezüge zu den positiven Eigenschaften von Pferden hergestellt: „Ich als Schutzmarke? Großartig! So edel ich als Tier, so gut Continental als Reifen!" Auch die Ablösung von

Abb. 101: Historische Werbeanzeige von 1921.

Pferden als Transportmittel wurde immer wieder thematisiert und Continental damit als Wegbereiter moderner, motorisierter Mobilität dargestellt – bei gleichzeitiger Bindung an die historischen Wurzeln: „Mein Bild und immer wieder mein Bild?! Die Benzinpferde brauchen mich eben doch – als Schutzmarke ihrer Continental-Reifen!" Auch die allgemein mit Pferden assoziierten Eigenschaften, also zum Beispiel Stärke oder Ausdauer, wurden immer wieder für die Continental-Werbung genutzt und in einen Zusammenhang mit den eigenen Produkten gesetzt. Die abgebildete Werbebroschüre von 1970 stellt zum Beispiel einen direkten optischen Bezug zwischen dem Pferd, dessen Eigenschaften und der Marke Continental her. Ein Hinweis auf den damit beworbenen neuen Textilgürtelreifen findet sich erst im Innenteil des Flyers.

1979 wurden das Logo und der gesamte Markenauftritt erneut überarbeitet. Der Schriftzug „Continental" war nun noch deutlicher und doppelt platziert. Seit der letzten Überarbeitung 2013 findet sich auch der Verweis auf das Gründungsjahr 1871 im Logo. Das springende Pferd wurde bei dieser Gelegenheit noch einmal stark überarbeitet: Die Darstellung ist nun abstrakter, Details bei Hufen und Mähne wurden reduziert, und die Haltung des Pferds ist insgesamt aufgerichteter. Die Grundcharakteristika sind jedoch seit der ersten Version von 1875 gleichgeblieben: Das springende Pferd auf (nun nicht mehr ganz so) holperigem Untergrund.

Warum also das Pferd? Die Frage wird sich vermutlich nie abschließend beantworten lassen, da die Entscheidung darüber nicht dokumentiert ist. Die

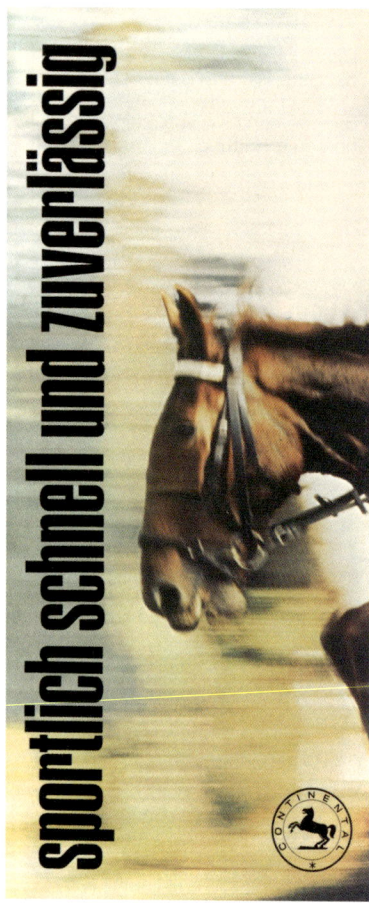

Abb. 102: Broschüre 1970.

Abb. 103: Versionen des Continental-Logos von 1979 (oben) und 2013 (unten).

Verbindung zu den innovativen Hufpuffern und die lokale Relevanz des Pferds als politisches Symbol bilden aber zusammen eine plausible Theorie, wie das Pferd in die Corporate Identity von Continental kam. Über alle Neuausrichtungen der Marke und auch des Unternehmens selbst hinweg wurde das Pferd nie aufgegeben. Die Marke ist stark – wegen der fast 150jährigen Kontinuität und vielleicht auch wegen des scheinbaren Widerspruchs zu dem modernen Produktportfolio.

Die Continental-Farbe und Markenstrategie

Neben dem Namen „Continental" und dem Pferd ist auch die Farbe ein wesentliches Element der Corporate Identity. Seit 1977 wird bei Continental ein warmer, ins Orange gehender Gelbton verwendet. Vorher dominierte seit Beginn des 20. Jahrhunderts eine Kombination aus Blau und Gelb die Außendarstellung des Unternehmens und seiner Produkte. Wie bei dem Namen „Continental" ist auch hier nicht bekannt, warum diese Farben ursprünglich gewählt wurden. Die Anfänge der systematischen Verwendung werden aus einer Aufstellung aus dem

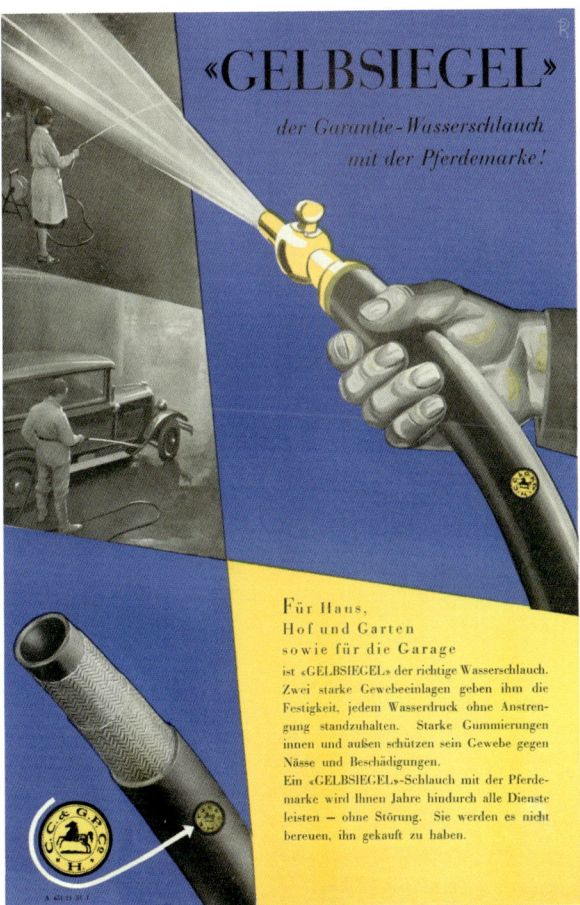

Abb. 104: Historischer Werbeflyer von ca. 1931.

Jahr 1936 deutlich. Continental ging in diesem Jahr gerichtlich gegen die Firma Dunlop vor, die nun ebenfalls diese Farbkombination verwendete. Die Continental-Werbeabteilung dokumentierte, dass ab dem Jahr 1907 sämtliche Plakatwerbung im In- und Ausland in Blau und Gelb gehalten war. Auch bei Rennsportveranstaltungen sei Continental bereits vor dem Ersten Weltkrieg einheitlich mit dieser Farbkombination aufgetreten: Bei der Eröffnung des Nürburgrings 1927 sogar mit einer 40 Meter langen Werbetafel. Die Ausführungen zielten klar darauf ab, das Gericht zu überzeugen, dass Continental die Farben Blau und Gelb länger verwendete und damit ein Vorrecht gegenüber dem Konkurrenten Dunlop besaß. Ab Mai 1934 waren die „Hausfarben blau-gelb" eingetragen und damit auch markenrechtlich geschützt. Der Rechtsstreit mit Dunlop endete 1937 mit einer Vereinbarung beider Unternehmen über die Verwendung der Farben. „Continental wird für die Grundfläche die gelbe Farbe verwenden, Dunlop dagegen die blaue Farbe. Dies gilt insbesondere für die Firmenbezeichnung, wobei das Wort ‚Continental' auf gelbem Untergrund blau erscheinen darf, das Wort ‚Dunlop' auf blauer Grundfläche in Gelb."

Diese Farbgebung blieb bis 1977 unverändert, als der gesamte Markenauftritt einer grundlegenden Überarbeitung unterzogen wurde. „Wenn man sich aber einmal ansieht, wie wir uns bisher darstellten, findet man schnell ein heilloses Durcheinander", begründete die Mitarbeiterzeitung *conti intern* diese Neuausrichtung. Nicht nur Einheitlichkeit sollte hergestellt werden, sondern es gab auch erstmals detaillierte und unternehmensweit verpflichtende Richtlinien. Der Schriftzug „Continental" blieb im Wesentlichen unverändert. Neu war die verpflichtende Kombination mit dem springenden Pferd, das oben rechts neben dem Schriftzug positioniert war. Wie ein Urheberrechtszeichen sollte es Qualität und Verlässlichkeit symbolisieren. „Es garantiert auch für uns", hieß es dazu in den neuen Gestaltungsrichtlinien. Diese erstmals festgeschriebene Wortbildmarke prägt den Markenauftritt Continentals bis heute. Mit der Überarbeitung wurde auch die jahrzehntelang etablierte Farbgebung überarbeitet: „Das neue Conti-Gelb ist das leuchtendste, wärmste Gelb, das es gibt. [...] Es strahlt Dynamik aus, Aktivität, Selbstbewusstsein."

Einen Einschnitt in die sonst von Kontinuität geprägte Markenführung war das 1988 eingeführte Konzernlogo. Hintergrund war die vorausgegangene Entwicklung Continentals von einem Ein-Marken-Unternehmen zu einer Mehr-Marken-Unternehmensgruppe. Durch Übernahmen zählten nun auch die Reifenmarken Uniroyal (1979), Semperit (1985) und General Tire (1987) dazu sowie die neu etablierte Marke ContiTech (1988) für den Unternehmensbereich Technische Produkte. Nach dem Grundsatz „branding follows strategy" sah man es als notwendig an, „den Konzern im äußeren Erscheinungsbild von der traditionellen Wortbildmarke ‚Continental‘ mit der Farbe Orange zu trennen", wie in einer Management Information aus dem Mai 1988 bekanntgegeben wurde. Die auf der Hauptversammlung gerade umbenannte Continental Aktiengesellschaft sollte organisatorisch die Funktion einer Holding übernehmen und die einzelnen Geschäftsbereiche mehr Eigenständigkeit erhalten. Das neue Konzern-Logo spiegelte das wider. Die Typographie wurde von dem historisch gewachsenen Stil gelöst und der Schriftzug durch „Aktiengesellschaft" erweitert. Die neue Farbe Türkis/Grün strahlte in der Wahrnehmung der Verantwortlichen „Solidität, technische Kompetenz ohne Kälte aus". Das Pferd war auch in dieser Wortbildmarke vorhanden, allerdings in abgewandelter Gestaltung des Kreises und deutlich getrennt vom Schriftzug. Die vorher verwendete Wortbildmarke wurde nicht abgelegt, sondern stand nun ausschließlich für die Reifenmarke Continental.

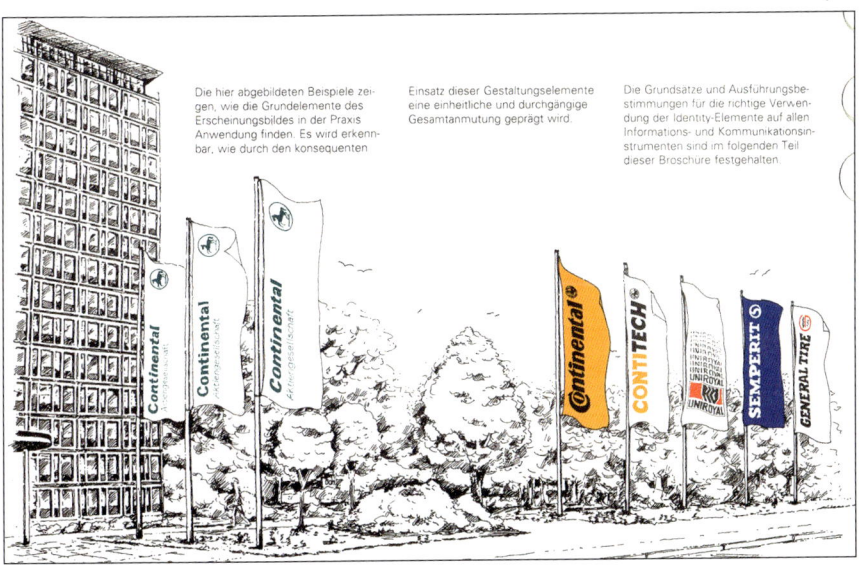

Abb. 105: Auszug aus den Continental-Gestaltungsrichtlinien von 1988.

Verglichen mit der langen Kontinuität im Continental-Markenauftritt bildete das separate Konzernlogo nur eine kurze Episode. Schon 1997 wurde die Trennung zwischen Konzern- und Produktmarken wieder aufgegeben. „Das ‚grüne‘ Erscheinungsbild ist out und wird durch die gelbe Identity abgelöst", meldete die *conti intern* ohne weitere Erläuterung. In den Gestaltungsrichtlinien hieß es als Begründung für diesen Schritt: „Deshalb sind wir heute davon überzeugt, dass sich der Konzern am besten mittels seiner Führungsmarke ‚Continental' (im Farbton Contigelb) nach außen darstellen lässt." Auch im Geschäftsbericht wurde den Aktionären diese Entwicklung als Rückkehr zu den Wurzeln erläutert. Die übernommenen Unternehmen und Marken seien mittlerweile in den Konzern integriert, und es sei an der Zeit, eine Identität zwischen Führungsmarke und Konzern wiederherzustellen.

Die letzte große Überarbeitung des Markenauftritts wurde 2013 in der Hauptversammlung vorgestellt. Im Vergleich zu den vorangegangenen Prozessen wurde nun erstmals umfangreich begründet, wofür die Marke stehen soll: „Mit unserer Marke kennzeichnen wir, was in unseren Produkten und Lösungen steckt: unsere Kultur, die Art und Weise, wie wir Dinge tun, und wofür wir stehen". Dieses Fundament aus Werten, Vision und Mission unterschied sich stark von den zuvor weitgehend unkommentierten Modernisierungen des Markenauftritts. Anders bei diesem Prozess war auch der transparente Umgang mit kritischen Stimmen aus der Belegschaft. Während frühere Überarbeitungen der Marke weitgehend Top-down-Prozesse waren, wurde nun mehr erklärt. „Stute, Pony oder scheuendes Pferd?" lautete der Titel eines Interviews in der *conti intern*, in dem die Projektverantwortlichen nicht nur kritische Fragen zur Gestaltung des Pferds beantworteten, sondern auch zu Relevanz und Hintergrund des Projekts.

Der Markenauftritt von Continental ist seit 150 Jahren sowohl von Kontinuität als auch von Wandel geprägt. Der Name, der Schriftzug und das Pferd als Markenzeichen haben die vielen Höhen und Tiefen der Unternehmensgeschichte überstanden, auch wenn sich Design und Typographie stark verändert haben. Radikale Brüche sucht man in dieser Geschichte vergeblich und findet sie höchstens in dem Versuch, ein separates Konzernlogo einzuführen oder im Wechsel des Farbtons von Blau-Gelb zu Orange. Beides ist ein Zeichen dafür, wieviel Wert der Marke zugesprochen wird. Gerade die historische Kontinuität gewährleistet einen hohen Wiedererkennungswert und signalisiert den Bezugsgruppen Modernität bei gleichzeitigem Traditionsbewusstsein.

Das Kundenmagazin *Echo Continental* als Spiegelbild eines progressiven Unternehmens

Wie bereits beschrieben, spielte die Werbung seit dem 19. Jahrhundert eine immer größere Rolle in einem expandierenden Unternehmen. Gerade in den 1920er Jahren wurde Werbung sehr viel wichtiger, als das Automobil erstmals vom Luxus-

zum Gebrauchsgegenstand wurde. Ein Markt für Ersatzreifen entstand und damit auch die Notwendigkeit, die Marke „Continental" entsprechend zu positionieren. Unzählige Medien und Formate wurden genutzt, um für Continental-Produkte zu werben: von Zeitungsanzeigen über Häuserfassaden, Radrenntrikots und Postkarten bis hin zu ersten Zeichentrickfilmen.

Abb. 106: Erste Werbeanzeige für Continental-Autoreifen in: *Der Motorwagen* von 1898.

Dabei wurde zeitweise erheblicher Aufwand betrieben, wie zum Beispiel das 1913 bis 1941 veröffentlichte Kundenmagazin *Echo Continental* zeigt. Das Magazin erschien in den ersten Jahrgängen monatlich und in späteren Jahren quartalsweise. Die Auflage der insgesamt 241 Ausgaben stieg in den 1930er Jahren auf über 100.000 Exemplare, die als Abonnement vertrieben wurden und eine breite Leserschaft erreichten. Die Redaktion erläuterte die Zielsetzung des Mediums in der ersten Ausgabe vom Januar 1913 so:

> Es war schon lange unser Wunsch, eine eigene Monatsrevue herauszugeben, um die Freunde unserer Erzeugnisse in regelmäßigen Zeitabständen über alles Wissenswerte in Bezug auf die Autobereifung, den Autosport und andere Sportgebiete, soweit wir durch Lieferung unserer Fabrikate dabei interessiert sind, zu unterrichten. Diese lang gehegte Absicht freuen wir uns von diesem Jahr ab zu verwirklichen. [...] Die Mitarbeit erster Sport- und Fachschriftsteller haben wir uns gesichert, und wir glauben bestimmt, dem freundlichen Leser mit jeder Nummer des ‚Echos' einen neuen fesselnden Überblick zu bieten. Nehmen Sie, bitte, die vorliegende erste Nummer wohlwollend auf.

Eine eigene Redaktion innerhalb der Continental-Werbeabteilung stellte die Ausgaben zusammen und beauftragte teilweise namhafte Werbegrafiker, Schriftsteller und Fotografen der Zeit mit den Inhalten. Erich Maria Remarque, Autor des Romans *Im Westen nichts Neues*, schrieb ab 1921 für das *Echo Continental* und wurde in den Jahren 1923 und 1924 sogar Chefredakteur. Viele andere Künstler wie Arpad Schmidhammer, Herrmann Schütz oder Paul Wolff sind heute vergessen und teilweise nur noch durch die Namenskürzel auf den Grafiken oder Hinweise unter den Fotos präsent. Interessant ist auch, dass die Redaktion versuchte, die passionierte Leserschaft in die Gestaltung der Ausgaben einzubinden. Gerade in den 1920er Jahren gab es mehrere hochdotierte Wettbewerbe für den besten Text über ein Sportereignis, Fotos aus fernen Ländern und abgelegenen Orten oder auch grafische Entwürfe des „Gott Pneumos", eine der regelmäßig im *Echo Continental* auftauchenden Werbefiguren.

Ein Grund für den erheblichen Erfolg des Magazins war vor allem, dass die Werbung für Continental-Produkte in einen für die Leser interessanten oder hilfreichen Kontext gesetzt wurde. Die Autoren des *Echo Continental* berichteten zum Beispiel kontinuierlich über die neuesten Entwicklungen im Sport. Fußball, Tennis, die frühen Automobilrennen, Radrennen und auch erste Wettbewerbe im Bereich der Luftfahrt wurden wiedergegeben und mit Fotos illustriert. Die Sportberichterstattung war jeweils ergänzt durch Hinweise, in welchem dieser Wettbewerbe Continental-Produkte zum Einsatz kamen und welche Lösungen das Unternehmen für die jeweilige Sportart im Programm hatte. Der Kontakt zum Sport war für Continental in dieser Zeit sehr wichtig, denn Konsumartikel machten weiterhin einen großen Teil des Umsatzes aus. In der Werbung wurde daher aufwändig dokumentiert, bei welchen Gelegenheiten sich Continental-Produkte in Wettbewerbssituationen bewährt hatten, um auch Amateure von der Qualität der eigenen Tennisbälle, Fußballblasen oder Fahrradreifen zu überzeugen. Aufwändig gestaltete Broschüren wie *Ein Rückblick auf den Lawn Tennis Sport der Saison 1911* erschienen auch zur regelmäßig stattfindenden Prinz-Heinrich-Fahrt für Automobile oder zu den ausgetragenen Wettbewerben im Bereich Luftfahrt. Auch dieser Bereich war für Continental relevant, denn Aeroplanstoffe für die Bespannung von Flugzeugtragflächen oder Außenhüllen von Luftschiffen waren zu dieser Zeit ebenfalls im Programm.

Frauen spielten gerade in den 1920er Jahren eine große Rolle in den Artikeln des *Echo Continental*. In „Die Frau im Sport" oder „Die Frau als Selbstfahrerin" wurde darüber berichtet, wie Frauen sich zunehmend in diesen zuvor stark von Männern dominierten Bereichen etablierten. Das Frauenbild, das dabei in verschiedenen Artikeln gezeichnet wurde, war für die Zeit durchaus progressiv,

Abb. 107: Darstellung im *Echo Continental* vom Oktober 1926.

gerade im Hinblick auf die Beziehung der Frau zu ihrem Fahrzeug. In einem Artikel aus dem April 1914 wurden die Leserinnen noch aufgefordert, Fotos von sich am Steuer eines Automobils einzusenden, damit diese im *Echo Continental* publiziert werden könnten. „Vielleicht legen diese Veröffentlichungen der schneidigen Damen manchem männlichen Leser nahe, auch seiner Gattin oder Tochter das Auto zur Führung anzuvertrauen." In den 1920er Jahren wurden die Leserinnen bereits erheblich eigenständiger dargestellt und nicht mehr so abhängig von den Entscheidungen ihres Gatten oder Vaters.

Ein Artikel vom Juli 1924 fand zum Beispiel anerkennende Worte für die Bewährung der Frauen als „Selbstfahrerinnen" und im Motorsport. Gleichzeitig suggerierten Formulierungen wie „zartes Geschlecht", „schwache Frauenhände", „hübsches Moment" eine weiterhin bestehende Distanz zwischen Frauen und Fahrzeug. Die Mode habe für Fahrerinnen erhebliche Bedeutung, und so hielt sich der Autor nicht zurück, die Leserinnen auf das vielfältige Angebot von „Continental-Bekleidung" hinzuweisen. In einem Artikel der November/Dezember-Ausgabe über Lastwagenfahrerinnen in den USA traten die zitierten Klischees bereits langsam in den Hintergrund. Der Autor äußerte sich optimistisch über die Zukunftschancen dieses Berufs: „Ob die Frau sich ihm gewachsen zeigen wird? Die vorläufigen Erfahrungen sind günstig."

Abb. 108: Titelbild des *Echo Continental* von 1930.

In der Ausgabe des *Echo Continental* von Juni 1925 war jede latente Skepsis verflogen: „Die Dame von heute gehört nicht mehr zu dem ‚schwachen' Geschlecht von früher. Sie will selbst das Steuer in ihren Händen halten und ihren Wagen durch gefahrenvollen Großstadtverkehr ebensogut wie über lange Rennstrecken steuern." Verschiedene Artikel mit ausdrücklich an Frauen adressierten Hinweisen erschienen ab Mitte der 1920er Jahre in nahezu jeder Ausgabe. Informationen über den Führerscheinprozess oder technische Hinweise zum Motor und anderen Teilen des Autos sollten explizit Frauen motivieren, sich selbst hinter das Steuer zu setzen. Idealerweise – auch hierfür hatten die Autoren Ratschläge parat – in Continental-Kleidung aus gummiertem Stoff und in einem Auto mit Continental-Reifen.

In der Dezember-Ausgabe 1925 wurde den Lesern unter dem Titel „Mein Auto – mein Heim" ein fiktives Portrait der passionierten Autofahrerin Helga Stoetten präsentiert. „Zart", „schwach" und „hübsch" sind nicht mehr die Attribute, die im Vordergrund stehen, denn die Protagonistin wird als „Ideal der Selbstständigkeit in jeder Beziehung" dargestellt. Studiert und mit Berufserfahrung gehörte sie „zu den ersten Frauen, die sich entschlossen, ein Auto selbst zu lenken". Ihre Selbstständigkeit und Unabhängigkeit wurden dadurch noch einmal verstärkt und das Auto repräsentierte das: „Mein Auto, mein Schloss". Die Beherrschung eines Automobils wurde in dem Portrait gar als Voraussetzung für die Emanzipation der Frau dargestellt: „[W]enn alle Frauen einen eigenen Wagen lenkten und dadurch ständig das Gefühl der Verantwortung spürten, würde ein neues Frauengeschlecht erstehen." Deutschland sei in dieser Beziehung hinter Frankreich, Italien oder Großbritannien zurückgefallen, und der Mangel an Fahrerinnen gehe einher mit einer anhaltenden gesellschaftlichen Benachteiligung von Frauen. „Das Gefühl der Selbständigkeit, die Befreiung von lästiger Bevormundung ist der modernen Frau innerstes Bedürfnis. Darum verfolgt sie jede Regung auf dem Gebiete des Automobilsports."

Wie das Fahrrad in der Generation davor war auch das Automobil ein Mittel zur Emanzipation. Mobilität und die Freiheit zum selbstständigen und individuellen Reisen waren zugleich Voraussetzung und Spiegelbild einer gesellschaftlichen Modernisierung. Diese Sichtweise findet sich in vielen Artikeln des *Echo Continental*. Ein Artikel aus dem Jahr 1926 fragt:

> Wie wäre es „einstmals" möglich gewesen für eine junge Dame, allein zu reisen, allein in einem Hotel zu wohnen. Skeptische Blicke folgten ihr auf Schritt und Tritt, jeder glaubte das Recht zu einer unangemessenen kritischen Bemerkung zu haben. Ihre gesellschaftliche Stellung war nicht einwandfrei. Wenn heute ein schnittiges Auto, von einer Dame gesteuert, vor dem Hotel vorfährt, wird der Gast mit tiefer Devotion begrüßt. [...] Die Selbstständigkeit, die im Chauffieren liegt, bändigt jedes unehrerbietige Wort.

Die Autoren des *Echo Continental* machten in diesen Jahren deutlich, dass Autofahrerinnen nicht einfach als potenzielle Kundinnen für Reifen oder modische Gummibekleidung gesehen wurden. Mobilisierung war für Continental auch ein Dienst an der Gesellschaft. Die emanzipierte Frau war das Ziel, und Continental-Produkte unterstützten sie dabei.

Testimonials bekannter Fahrerinnen unterstrichen diese Haltung zusätzlich. In mehreren Artikeln wurde zum Beispiel über die Weltreise Clärenore Stinnes' berichtet, die von 1927 bis 1929 als erster Mensch in einem Auto die Welt umrundete. Sie verwendete auf ihrer Reise durch 24 Länder ein Standardfahrzeug der Marke „Adler" und Continental-Reifen. Einer dieser Reifen hielt die gesamte Strecke von Deutschland nach Japan, durch Südamerika, die USA über Frankreich zurück nach Deutschland und war dem *Echo Continental* einen eigenen Beitrag wert. Es fällt auf, dass der Artikel allein auf die Leistung der Fahrerin fokussiert ist und das Geschlecht keine explizite Rolle spielt.

Den Lesern des *Echo Continental* wurden verschiedene weitere prominente Autofahrerinnen vorgestellt: Schauspielerinnen, die eigene Automobile besaßen

Abb. 109: Historische Werbepostkarte von 1928.

Abb. 110: Start der Langstreckenfahrt auf der Berliner Rennstrecke Avus am 1. Dezember 1926.

und diese selbst steuerten, die Gründerinnen des Deutsche Damen Automobilclub e. V. oder Luise Otto, die erste Fahrlehrerin in Deutschland. Einige professionelle Rennfahrerinnen wurden im *Echo Continental* und anderen Continental-Publikationen häufiger erwähnt, und es ist wahrscheinlich, dass hier eine direkte Kooperation bestand. Hanni Köhler war 1928 mit zehn Weltrekorden auf dem Motorrad eine ideale Markenbotschafterin für Continental-Motorradreifen. Frauen waren im Motorsport dieser Jahre sehr selten vertreten, und so stach es umso mehr heraus, wenn sie die Rennen auch gewannen. Ines Folville gelang das 1925 bei der 24-Stunden-Zuverlässigkeitsfahrt im Taunus, bei der sie die einzige Teilnehmerin war – mit Continental-Reifen ausgestattet, wie das *Echo Continental* berichtete. Susanne Koerner schaffte es 1926 mit einer Langstreckenfahrt von Berlin nach Birmingham in die in- und ausländische Presse. Bei schlechten Witterungsverhältnissen legte sie die 2.000 Kilometer lange Strecke in sechs Tagen auf dem Motorrad zurück – ausgestattet mit Continental-Reifen und Continental-Gummibekleidung. Im *Echo Continental* veröffentlichte sie einen Reisebericht und schilderte darin ihre Fahrt als Kampf gegen das Wetter, schlechte Straßen, aber auch die Skepsis gegenüber ihrem Vorhaben.

Das *Echo Continental* dieser Jahre war als Werbemedium sehr progressiv gestaltet. Die Artikel über Auto- und Rennfahrerinnen spiegeln eine durchaus moderne und für die Zeit nicht selbstverständliche Haltung wider. Dabei sind auch Einblicke möglich, wie bei Continental die eigene Rolle und Bedeutung gesehen wurde. Jenseits der Herstellung von Gummiprodukten sah man sich auch als Wegbereiter von Mobilität, Freiheit und Emanzipation. Was oben mit Blick auf die Frauen beschrieben wurde, galt genauso für Teile der Gesellschaft, die sich in dieser Zeit noch keine individuelle Mobilität leisten konnten. Der Fortschritt in allen Teilen der Lieferkette, also auch im Bereich der Reifentechnologie, machte Mobilität für immer größere Teile der Bevölkerung erschwinglich. Für Continental war das eine Vision, der man sich annahm und die man unterstützte. Das *Echo Continental* transportierte diese Vision an zehntausende Abonnenten.

Auch Humor machte das Kundenmagazin zu einem der wichtigsten Werbeformate für Continental in dieser Zeit. Zwischen den vielen Berichten über das Zeitgeschehen im Sport und den technischen Ratgebern für den ambitionierten Selbstfahrer finden sich immer wieder auch Karikaturen. Diese Zeichnungen stammen teilweise von namhaften Künstlern der Zeit und spiegeln eine bemerkenswerte Bereitschaft zur Selbstironie der Continental-Werbeabteilung wider.

In den Jahren 1925 bis 1929 veröffentlichte zum Beispiel der britische Cartoonist William Heath Robinson eine Serie von Zeichnungen im *Echo Continental*. Robinson wurde 1872 geboren und machte sich zuerst einen Namen als Illustrator für Bücher von Shakespeare oder Edgar Allan Poe. Der für seine Arbeit charakteristische Humor tauchte zuerst in verschiedenen Cartoons auf, die während des Ersten Weltkriegs in britischen Magazinen erschienen. Robinson begegnete darin den Schrecken des Kriegs mit subtilem Humor, der vor allem die deutsche Kriegspropaganda karikierte. Nach Kriegsende entstand das Genre von Zeichnungen, für das Robinson bis heute bekannt ist: extrem komplexe Maschinen, die mit einem ungeheuren Aufwand ein letztlich banales Ergebnis hervorbringen. Diese Ironie zielte vor allem auf die Technikbegeisterung der damaligen Zeit und die forcierte Industrialisierung in Großbritannien. Die Maschinen waren auch eine ironische Metapher für die Bürokratisierung und die Entrücktheit von Experten.

Für das *Echo Continental* übertrug Robinson seinen Stil auf die Produkte und Prüfprozesse bei Continental. In seinen Zeichnungen tauchte häufig der „Continental-Ballon-Reifen" auf, das neue und innovative Produkt Continentals in diesen Jahren. Eine Zeichnung in der Oktoberausgabe von 1926 gab den Lesern einen Einblick in die aufwändigen Prüfverfahren, die zur Qualitätssicherung etabliert wurden. Vor Auslieferung wurde jeder Continental-Ballon-Reifen auf seine Haltbarkeit und Elastizität geprüft. Mehrere Mitarbeiter steuerten eine riesige Maschine – „ein genial konstruiertes Ingenieurkunstwerk" – über den Fabrikhof. Bei jeder nicht abgefederten Erschütterung zeigte eine Explosion zweier Fässer voller Schießpulver das Fehlschlagen des Tests an. Ein Mitglied der „hohen Reifenprüfkommission" überwachte auf jedem dieser Gefährte das Prüfverfahren – gekleidet in Frack und Zylinder. „Erst wenn die Prüfung bestanden ist [...] und keine Explosion erfolgt, wird der Reifen für den Verkauf freigegeben." Der neue Ballon-Reifen bot einen besseren Schutz des Wagens vor Stößen und Erschütterungen und mehr Komfort für die Insassen. Ein niedrigerer Luftdruck und größere Luftkissen ermöglichten diese Verbesserungen. Auch diese innovativen Eigenschaften stellte Robinson in seinen Zeichnungen mit feiner Ironie und Übertreibung dar. Eine Karikatur vom Juni 1926 zeichnete ein durchweg positives Bild des aktuellen Verkehrswesens. Dank Continental-Ballon-Reifen gehörten Unfälle der Vergangenheit an, es konnten unvorstellbare Lasten transportiert werden, und auch das Glas Sherry kippte beim Einschütten während der Fahrt endlich nicht mehr um. „Verkehrspolizei ist überflüssig, denn es gibt keine Verkehrsschwierigkeiten mehr; die ‚Conti-Ballons' haben sie überwunden, auf ihnen hat eine neue Ära für das Kraftfahrzeug begonnen."

Auch die weiteren Zeichnungen Robinsons waren von dieser humoristischen Überzeichnung der Leistungsfähigkeit des neuen Reifens geprägt. Die erhöhte Tragfähigkeit ermöglichte nun den Umzug ganzer Grundstücke mitsamt der darauf stehenden Häuser und ohne Unterbrechung des Alltags. Billardspielen war auch während der Fahrt über Kopfsteinpflaster möglich, und dank der neuen Reifen stellten auch natürliche Hindernisse wie tiefe Schluchten und steile Berghänge kein Hindernis für die Autofahrt mehr dar. In den Heften des

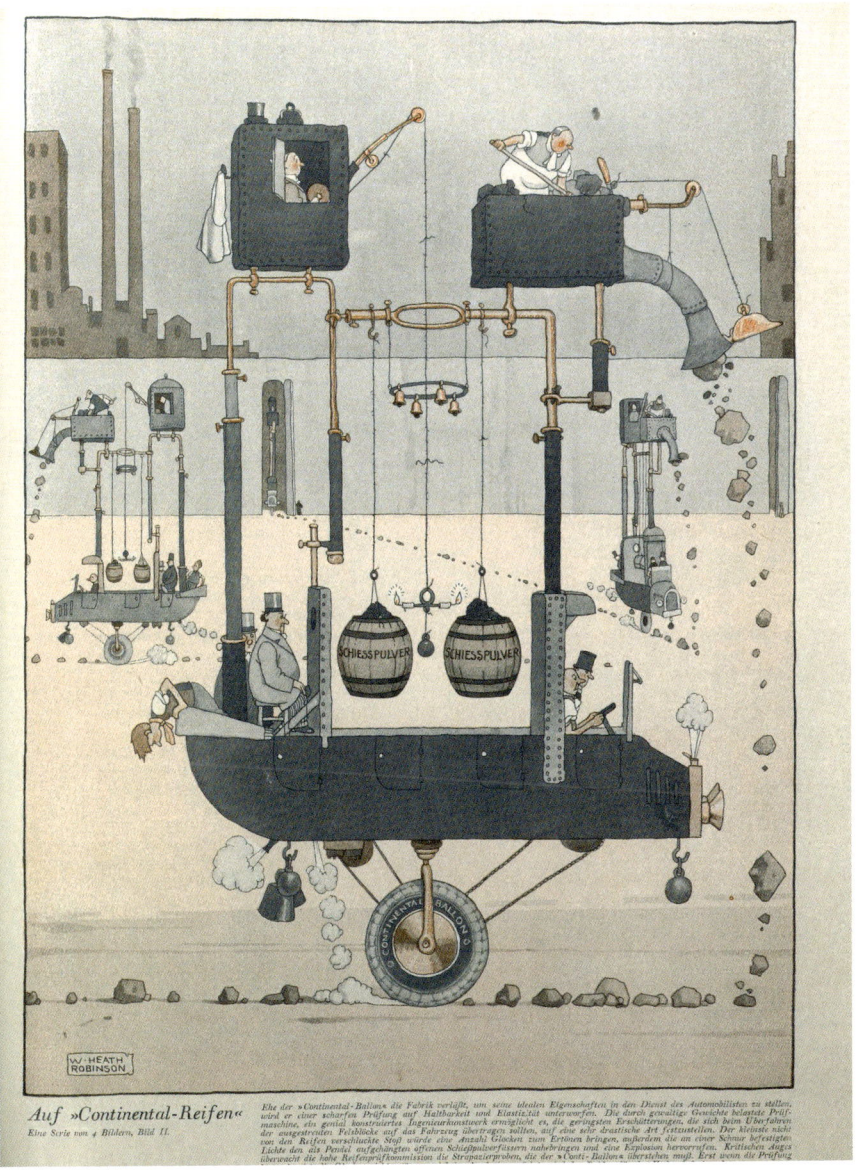

Abb. 111: Karikatur von William Heath Robinson im *Echo Continental* vom Oktober 1926.

Echo Continental wurden den Lesern in einem sehr sachlichen Ton die technischen Vorzüge des neuen Reifens präsentiert und erläutert. Quasi direkt daneben erschienen Karikaturen dazu. Auch aus heutiger Sicht zeigt sich darin eine
bemerkenswerte Selbstironie der Continental und ihrer Werbeabteilung. Es sind
keine Reaktionen der Leser auf diese Zeichnungen überliefert. Vermutlich haben aber auch sie zu dem großen Erfolg des Werbemediums *Echo Continental*
beigetragen. Der Humor stellte nämlich keineswegs die Leistungsfähigkeit der
neuen Ballon-Reifen in Frage, sondern machte Produkt und Hersteller eher nah-
barer und sympathischer. Verpackt in einen ansprechenden Kontext war diese
Werbung daher effizienter als eine konventionelle Werbeanzeige an derselben
Stelle.

Die zahlreichen Artikel über Frauen als Selbst- und Rennfahrerinnen und
die Karikaturen William Heath Robinsons sind nur ein kleiner Einblick in die
Themenvielfalt des *Echo Continental* zwischen 1913 und 1941. Die 241 Ausgaben
sind voll mit Berichten über verschiedene Sportarten, unterhaltsamen Geschich-
ten über verschiedene Themen, Gedichten, technischen Hinweisen und Berichten über das Zeitgeschehen. Die Titelblätter wurden teilweise von namhaften
Künstlern der Zeit gestaltet und zeigten über die Jahre ein breites Spektrum
unterschiedlicher Kunstrichtungen. Zeitweise waren die Ausgaben des *Echo
Continental* sehr politisiert. Während des Ersten Weltkriegs wurde zum Beispiel
intensiv über das Kriegsgeschehen berichtet. Genauso wie in den Jahren zuvor
Continental-Produkte subtil in die Berichte eingeflochten waren, spielten sie
nun in der Kriegsberichterstattung eine Rolle. Vielfach finden sich Hinweise auf
die Leistungsfähigkeit von Reifen und anderen Gummiartikeln an den Fronten.
Ab 1933 ist den Artikeln immer stärker der Einfluss der NS-Betriebsgemeinschaftsideologie anzumerken, bis das *Echo Continental* 1941 kommentarlos eingestellt wurde. Das Titelblatt der letzten Ausgabe war nicht mehr mit einer
künstlerisch ansprechenden Grafik versehen, sondern zeigte den Einmarsch der
Wehrmacht auf dem Balkan.

Von sprechenden Reifen und Wanderarbeitern: Continental-Werbefiguren

Immer wieder gescheitert ist die Continental-Werbeabteilung mit dem Versuch,
über längere Zeit eine populäre Werbefigur zu positionieren. Der französische
Reifenhersteller Michelin hatte ab 1894 mit dem „Bibendum" durchschlagenden
Erfolg. Die Figur, deren Körper und Gliedmaßen aus Reifenstapeln bestehen,

war bald nach der Einführung überall präsent, wo sich das Unternehmen öffentlich präsentierte. Wie zuvor beschrieben, war das Continental-Pferd als Marke sehr darauf ausgelegt, durch gleichförmige Darstellung einen Wiedererkennungswert bei den Kunden zu erzeugen. Das „Bibendum" tauchte dagegen in unzähligen Variationen auf. Michelin-Werbeanzeigen, Ratgeberliteratur oder der ab 1900 erscheinende *Guide Michelin* sind voll von Illustrationen des „Bibendum" als Autofahrer, beim Reifenwechsel oder als Händler von Michelin-Produkten. Nach zahlreichen stilistischen Überarbeitungen wird die Figur bis heute von Michelin verwendet.

Auch bei Continental wurden verschiedene Versuche unternommen, eine ähnlich populäre und zugleich flexibel einsetzbare Werbefigur zu entwerfen. Die Ergebnisse hatten jedoch bei Weitem nicht die Reichweite des „Bibendum" und wurden häufig durch neue Darstellungen ersetzt. Die Figur „Pneumos" tauchte zum Beispiel ab 1913 nur im *Echo Continental* auf. Der Schutzgeist half dem in Not geratenen Autofahrer und verteidigte ihn gegen den Gegenspieler „Pannatas". „Pneumos" war dabei als älterer Mann mit langem weißem Bart dargestellt, der aber durch die Stiefel und den (Continental-) Gummimantel für Autofahrer eine gewisse Dynamik ausstrahlte.

Abb. 112: Darstellung des „Pneumos" im *Echo Continental*
vom Juli 1913. Im Hintergrund einer der neuen Continental-Wegweiser.

Abb. 113: Erster Auftritt von „Herrn Conti" in der Januarausgabe des *Echo Continental* von 1927.

Ab 1926 erschuf der Künstler Otto Schendel (1888–1943) die Figur „Herr Conti", die mit dem Bibendum vergleichbar war. „Herr Conti" war ein lebendig gewordener Reifen mit Gesicht, Armen und Beinen. Die Figur und ihre Kleidung waren hauptsächlich schwarz gehalten: ein Hinweis auf eine Innovation in der Reifentechnologie. Ab ca. 1926 wurde bei Continental flächendeckend Ruß in die Gummimischungen eingearbeitet. Die Reifen bekamen dadurch eine höhere Abriebfestigkeit, bessere Alterungsbeständigkeit und insgesamt ihre bis heute charakteristische schwarze Farbe. Die Produktmarke „Continental schwarz" wies in der Werbung auf dieses neue Qualitätsmerkmal hin. „Herr Conti" war in genau diesem Stil gehalten, als er sich den Lesern des *Echo Continental* in der Januarausgabe von 1927 vorstellte. Das Versprechen, den Leser zukünftig auf Schritt und Tritt zu begleiten, wurde tatsächlich gehalten. In den folgenden Jahren tauchte „Herr Conti" immer wieder und in verschiedenen Formaten auf – meistens in einem Unterhaltungskontext in Kombination mit Reimen und umfangreicheren Zeichnungen. Nach dem Vorbild des „Bibendum" entfaltete auch „Herr Conti" eine bemerkenswerte Vielfalt an Kostümen und Fähigkeiten. Motorradfahren und Pannenhilfe waren kein Problem, und „Herr Conti" hatte für

Abb. 114: „Herr Conti" in verschiedenen Kontexten.

die Leser nützliche Hinweise zu Continental-Produkten in der Erkältungszeit oder die neueste Ausgabe des Handbuchs parat. Saisonbedingt war er mal als „Prinz Carneval" oder als Weihnachtsmann dargestellt. Selbst für begeisterte Autofahrer und Continental-Kunden mag es kaum eine attraktive Vorstellung gewesen sein, dass die Kinder von einem rauchenden Reifen beschenkt werden. Die Darstellung von „Herr Conti" wirkt in vielen Fällen eher skurril als sympathisch, was auch an der aristokratisch anmutenden Darstellung liegen mag. Neben der schwarzen Kleidung symbolisierten auch die Zigarre, der Zylinder, Lackschuhe und helle Handschuhe eher eine Nähe zur gesellschaftlichen Oberschicht.

Weniger aristokratisch wirkte dagegen eine weitere Werbefigur, die von dem französischen Grafiker Jean-Michel „Mich" Liebeaux (1881–1923) für Continental entworfen wurde. Liebeaux hatte sich bereits einen Namen im Bereich Fahrrad- und Motorradwerbung gemacht, als er um das Jahr 1912 für die französische Continental-Tochtergesellschaft zu arbeiten begann. Ergebnis seiner Arbeit war eine Art Landstreicher oder Gelegenheitsarbeiter, der sehr an die im englischen Sprachraum verbreitete Figur des „Tramp" erinnerte. Charlie Chaplins Interpretation des „Tramp" wurde nach dem ersten Erscheinen 1915 weltweit bekannt. Liebeaux' Version ist eine männliche Person, die zerschlissene und viel zu große Kleidung trägt, sowie einen Besen, an dem ein Gepäckbeutel befestigt ist. Auf einigen dieser frühen Darstellungen ist die Figur auf einem Einrad abgebildet und wird von einem Hund begleitet. Als Lenker dient dabei ein Regenschirm, an dem rechts eine Glocke und links eine Laterne befestigt ist.

Die von der Figur dargestellte Armut war dabei nicht negativ konnotiert. Mit einer Mischung aus Humor und Romantisierung waren diese Charakteristika eher Zeichen von Freiheit und Unabhängigkeit von gesellschaftlichen Konventionen. In vielen zeitgenössischen Darstellungen des „Tramp" ist diese Tendenz zu beobachten. Für Liebeaux' Werbefigur scheint jeder Luxus entbehrlich oder eine Einschränkung der eigenen Freiheit zu sein. Die einzige Ausnahme: „... pourvu que j'aie un pneu-vélo Continental" („... solange ich einen Continental-Fahrradreifen habe") steht als Slogan auf einem der Werbeplakate. Ganz anders als bei „Herr Conti" bot Liebeaux' Werbefigur den Konsumenten eine gewisse Identifikationsmöglichkeit – sei es durch den Humor oder die in der Figur symbolisierten Ideale. Auch dadurch ist erklärbar, warum die Figur lange prägend für die Continental-Werbung war.

Die 1904 in Paris gegründete Tochtergesellschaft entfaltete in diesen Jahren eine intensive Werbetätigkeit. Teilweise wurden die in Hannover für den deutschen Markt entworfenen Motive übernommen und mit französischem Text versehen. Teilweise wurde aber auch Werbung speziell für den französischen Markt entworfen. Liebeaux' Figur ist ein Beispiel, das prägend für die Continental-Werbung der nächsten Jahrzehnte werden sollte. Nach dem Zusammenbruch des Continental-Geschäfts in Frankreich während des Ersten Weltkriegs adaptierte Otto Schendel die Liebeaux-Vorlage und zeichnete ab Anfang der 1930er Jahre „Ottokar" als Continental-Werbefigur. Die Charakteristika übernahm er dabei weitestgehend von dem Vorbild und stellte seine Figur in zahlreichen

Abb. 115: Werbeplakat für die französische Continental-Tochtergesellschaft von 1912.

neuen Situationen dar. Ottokar tauchte in unzähligen Situationen auf und warb in den nächsten Jahren auf unterschiedlichsten Werbemedien für Continental-Produkte: von Werbebroschüren bis hin zu Plakaten, auf bedruckten Löschblättern für Schulhefte, auf Postkarten und Geschenk-Wundertüten für Kinder. Zur selben Zeit erschienen auch weitere Adaptionen von „Ottokar" von Erich A. Meyer oder von F. Schirrmeister unter dem Namen „Radolar".

Moderne Werbeformate und Positionierung als Mobilitätsdienstleister

Das *Echo Continental* zeigt deutlich, mit welcher Kreativität die Continental-Werbeabteilung daran arbeitete, Kunden an das Unternehmen zu binden. In einer Zeit, in der das Fernsehen oder das Internet als Medium noch nicht verfügbar waren, musste die Ansprache der Kunden auf anderen Kanälen erfolgen. „Soll die Tätigkeit einer Werbe-Abteilung Erfolg zeitigen, so muß sie möglichst wachsam und beweglich sein und sich den Forderungen des Tages mühelos anpassen können", hieß es in einer Vorstellung der Abteilung in den *Continental Werknachrichten* des Jahres 1925. Dafür wurden verschiedene neue und moderne Werbeformate entwickelt.

Während heute Technologien und Dienste für die nachhaltige und vernetzte Mobilität der Menschen und ihrer Güter im Fokus stehen, waren es in der Vergangenheit industrielle und Konsumgüter aus Gummi sowie vor allem Reifen. Continental war bereits in der frühen Phase der Unternehmensgeschichte vorn dabei, wenn es darum ging, das Leben der Menschen durch neue Formen der Mobilität zu bereichern und zu erleichtern. Am Anfang standen Luftreifen für Fahrräder. Erstmals konnten große Teile der Bevölkerung ihren Bewegungshorizont erweitern, ohne über die finanziellen Mittel für ein Pferd zu verfügen. Emanzipation durch Mobilität spielte auch für Frauen eine große Rolle und es fällt auf, dass in der Continental-Werbung der Zeit häufig selbstbewusste Frauen zu sehen sind, die ihre neu gewonnene Freiheit nutzen – unterstützt durch Continental-Fahrradreifen.

Abb. 116: Historische Werbepostkarte von ca. 1900.

Die Continental-Ingenieure entwickelten das bei Fahrradreifen erworbene Know-how schrittweise weiter. Die Luftreifentechnologie konnte in den folgenden Jahren auf verschiedene weitere Fahrzeugtypen übertragen werden. Automobile, Lastkraftwagen oder Traktoren waren anfangs noch mit Massivgummi-reifen ausgestattet, bis sich Luftreifen auch hier durchsetzten. Reisen mit dem Automobil waren Anfang des 20. Jahrhunderts erheblich mühsamer und auch gefährlicher als heute. Die Infrastruktur war in vielen Regionen noch auf Fuhr-werke und kleinräumigen Verkehr im lokalen Rahmen ausgelegt. Für schwere und schnelle Automobile waren weder die Straßen geeignet, noch gab es ausrei-chend Wegweiser oder Hinweisschilder, um dem ortsunkundigen Fahrer auf der Durchreise Orientierung zu bieten. Ein Automobil zu steuern erforderte darüber hinaus ein erhebliches technisches Know-how. Der Fahrer musste in der Lage sein, die vielfach auftretenden Schwierigkeiten während der Fahrt beheben zu können: von der Reifenpanne bis hin zu Einstellungen des Motors oder des Fahrwerks. Individuelle Mobilität mit dem Automobil war zu dieser Zeit Heraus-forderung und Abenteuer zugleich. Immer mehr Menschen wagten sich hinter das Steuer und konnten sich als Teil einer modernen Bewegung fühlen, die die Grenzen des individuell Erreichbaren immer weiter ausdehnte.

Wie zuvor am Beispiel der frühen Autofahrerinnen beschrieben, wurde die-se Form der Fortbewegung auch als identitätsstiftend wahrgenommen. Autofah-ren war mehr als das Reisen von A nach B: Es war ein Zeichen der Emanzipation von den räumlichen und sozialen Beschränkungen der Vergangenheit, und es demonstrierte eine moderne und zukunftsorientierte Technikaffinität. Continen-tal machte sich von Anfang an zu einem Teil dieser Mobilitätsbewegung. Schon in der ersten Ausgabe des *Echo Continental* wurde das Auto als wünschenswerte Alternative zur Eisenbahn kommuniziert:

> Einmal Besitzer einer Fahrkarte – war man ihr Sklave, untertan dem ehernen Zwang des unbeweglichen Fahrplans und des monotonen Fahrwegs. Und nun das Auto! Die Kunst des Reisens ist wieder schwerer geworden! War die Eisenbahn Despotin, so bevormundete sie uns auch und erhob uns der Sorge des Wegesuchens.

Die individuelle Mobilität ermögliche dagegen eine freie und herausfordernde Art der Fortbewegung. „Wir waren unmündig; das Auto gibt uns unser Selbst-bestimmungsrecht zurück."

Continental unterstützte diese Entwicklung mit Produkten und Dienstleis-tungen, um die Verbreitung des Automobils auch in anderen Gesellschafts-schichten voranzutreiben. „Den Autotouristen in der Kunst des Reisens zu un-terstützen" wurde schon in einer der ersten Ausgaben des *Echo Continental* als Ziel ausgegeben. Einerseits sollten die frühen Autofahrer überzeugt werden, sich den Herausforderungen mit Continental-Produkten zu stellen. Andererseits zielte ein umfangreiches Repertoire an Beratungsliteratur darauf ab, die Einstiegshürden zu verringern und die Popularität des Autofahrens weiter zu befördern. Seit 1903 erschien das *Continental Handbuch für Automobilisten*, das jedem Besitzer eines Autos oder Motorrads gratis zur Verfügung gestellt wurde. Dieser „stete und treue Reisebegleiter" bot umfangreiche Informationen, um eine Reise planen und durchführen zu können. Kern des Handbuchs war ein Ortsregister, in dem die lokalen Tankstellen, Werkstätten und Reifenhändler, aber auch Sehenswürdigkeiten und Übernachtungsmöglichkeiten aufgelistet wurden. Dazu verzeichnete das Handbuch lokale Automobilclubs, Verkehrsvorschriften, Tourenvorschläge und Informationen über die Beschaffenheit der Straßen. Die Auf- und Untergangszeiten von Sonne und Mond waren verzeichnet, denn die Beleuchtung von Straßen und Fahrzeugen war Anfang des 20. Jahrhunderts noch kaum entwickelt. Zusammen mit dem ab 1907 erscheinenden *Continental Landstraßenatlas für Mitteleuropa* standen dem ambitionierten Automobilisten zwei handliche Bücher zur Verfügung, um auch längere Fahrten und Rundreisen vorab detailliert zu planen und durchzuführen. Das Handbuch erschien fast jährlich in aktualisierten Auflagen und wurde schließlich 1937 eingestellt. Der Continental-Atlas erschien sogar bis 2008, als die digitale Navigation analoges Kartenmaterial endgültig verdrängte.

Die Publikationen wurden ergänzt durch weitere Maßnahmen zur Förderung des Automobilverkehrs. In der Continental-Unternehmenszentrale in Hannover wurde 1911 eine eigene Reiseauskunft, das „Continental-Touring-Office", eingerichtet. Autotouristen konnten sich dort kostenlos Reisepläne ausarbeiten und zuschicken lassen. Innerhalb eines Jahres habe man so eine Distanz von der Erde zum Mond und zurück geplant, berichtete das *Echo Continental*. Auch die Untätigkeit der staatlichen Behörden, die nicht für eine ausreichende Beschilderung des Straßennetzes sorgten, sollte nicht länger mitangesehen werden.

> Unsere langjährigen praktischen Erfahrungen auf dem Gebiete des Tourismus, unsere durch das Herausgeben eigener Touren- und Reisebücher, wie des ‚Continental Handbuchs' und des ‚Continental-Landstraßen-Atlasses' schon bestehenden Einrichtungen und nicht zuletzt unsere ‚Touring Office' befähigten uns, bald zu einem Resultat zu kommen und etwas wirklich Gutes zu schaffen. So entstanden unsere inzwischen schon so populär gewordenen ‚Continental Wegweiser'.

Teilweise auf eigene Faust, teilweise in Kooperation mit den lokalen Behörden wurden die nicht vorhandenen oder vernachlässigten Wegweiser ersetzt. Das im *Echo Continental* ausgegebene Ziel lautete, das gesamte deutsche Straßennetz mit dieser neuen Beschilderung auszustatten. Die Schilder waren im Continental-Farbton gestaltet und warben für das Unternehmen. „Wir glauben, hierdurch dem uns so nahestehenden Automobilverkehr einen weiteren Dienst geleistet zu haben." Einen weiteren Dienst hatte sich Continental damit auch selbst erwiesen, denn jeder vorbeifahrende Autofahrer wurde bei der Suche nach dem Weg auf das Mobilitätsunternehmen aus Hannover hingewiesen. Continental konnte durch dieses frühe Beispiel einer öffentlich-privaten Partnerschaft kreativ neue Werbeflächen erschließen. Kritik oder Konflikte um diese Werbestrategie sind nicht überliefert, und es spricht viel dafür, dass gerade ortsfremde Autofahrer in den Wegweisern eine willkommene Verbesserung ihres Reisekomforts sahen.

Abb. 117: Auszug aus dem *Echo Continental* von 1925.

Warum dieser Aufwand? Warum wurden erhebliche Summen investiert, um Wegweiser aufzustellen, Reisebüros zu betreiben und Publikationen aktuell zu halten, die dann auch noch kostenlos verteilt wurden? Eine solche Strategie ergibt nur dann Sinn, wenn das Selbstverständnis eines Unternehmens über die einfache Bereitstellung von Produkten hinausgeht. „The Future in Motion" als Tagline des heutigen Markenauftritts könnte problemlos auch für die Ausrichtung von Continental in der Frühzeit des Automobils gelten. Die Verantwortlichen positionierten Continental als Mobilitätsdienstleister und ganzheitlichen Partner des Autofahrers.

Reifen waren zwar das sichtbarste und auch das wichtigste Produkt im Portfolio, mit dem Continental bis heute von vielen Menschen identifiziert wird. Ein Blick in die Preislisten der Zeit, in die Handbücher und auch das *Echo* zeigt jedoch, dass Continental ein umfangreiches Angebot an Ausrüstungsgegenständen für die individuelle Mobilität anbot. Wenn es nach der Continental-Werbeabteilung ging, trug der Auto-, Motorrad- oder Fahrradfahrer Kleidung aus gummierten Stoffen, reparierte sein Fahrzeug mit Continental-Werkzeug und -Zubehör, stellte seine Stiefel auf spezielle Gummimatten, betätigte eine Hupe mit Continental-Gummiball und bediente sich im Notfall der „Continental-Gummipeitsche gegen Hunde und Strolche". Diese Liste ließe sich noch verlängern. Der Werkstoff Kautschuk wurde in jeder erdenklichen Form genutzt, um das Autofahren sicherer und komfortabler zu machen. Informationen rundeten das Programm ab.

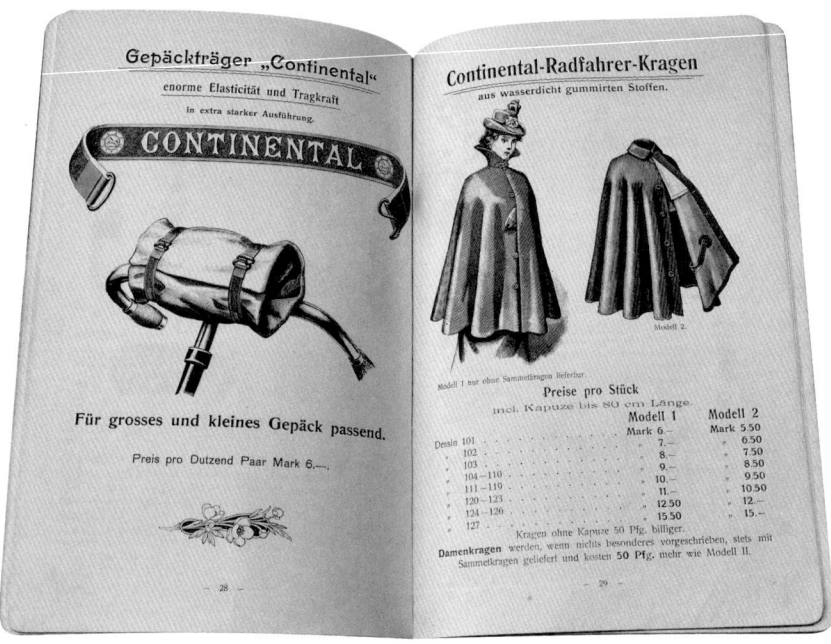

Abb. 118: Ausschnitt aus der Preisliste von 1902.

Sportwerbung ist ein anderer Bereich, in dem Continental seit dem 19. Jahrhundert aktiv ist und die eigenen Produkte bewirbt. Die Entscheidung, in Hannover ab 1892 auch Luftreifen für Fahrräder herzustellen, war maßgeblich vom Boom dieses Verkehrsmittels bestimmt. Für die neuen „Pneumatics" wurde intensiv geworben. Die erhalten gebliebenen Werbebroschüren und Anzeigen zeigen, dass für diese innovativen und modernen Produkte auch eine modernere Form der Werbung genutzt wurde. Textlastige Anzeigen mit einfarbiger Produktskizze wurden durch grafische Darstellungen mit künstlerischem Wert abgelöst. Die Pneumatic-Werbung der 1890er Jahre war damit ein Vorläufer der intensiven Zusammenarbeit mit namhaften Künstlern und Grafikern, die ab 1913 die großartigen Titelblätter des *Echo Continental* gestalteten. Continental war dabei auch Vorreiter des modernen Sportmarketings. Radrennfahrer starteten Anfang der 1920er Jahre erstmals mit Continental-Logo auf dem Trikot. Vorher waren schon die Banden der Radsportstadien mit Continental-Werbung beklebt.

Abb. 119: Werbepostkarte für die Fahrrad-Rennsaison 1925 mit Continental-Trikotwerbung.

Mit der Popularität des Fahrrads im Alltag der Menschen ging auch eine zunehmende Popularität des Fahrradsports einher. In vielen Orten entstanden Rad-

Abb. 120: Werbepostkarte von 1904 mit Continental-Bandenwerbung.

rennbahnen und auch auf der Straße wurden in vielen europäischen Ländern Rennen ausgetragen. Continental war auch hier mit modernsten Mitteln präsent: mit Bandenwerbung, auf Radtrikots oder wenn die Ziellinie durch einen Continental-Werbeballon markiert war. An der Strecke eingerichtete Reifenlager stellten den Fahrern bei Bedarf neues Material zur Verfügung. Der Radsport zu dieser Zeit war noch wenig professionalisiert, und erst langsam bildete sich ein einheitliches Reglement für Rennen heraus. Wie in anderen Sportarten auch wurden zu Beginn viele Rennen von Amateuren gefahren. Ein organisierter Profisport mit festen Ranglisten, Weltmeisterschaften und nationalen wie internationalen Sportverbänden bildete sich erst schrittweise heraus. Continental unterstützte dabei sowohl die frühen Stars am Radsporthimmel, unabhängig von deren Nationalität, als auch Amateurfahrer und -wettbewerbe. Identifikationsmöglichkeiten für potenzielle Kunden bot beides. Wenn ein bekannter Fahrer auf Continental-Reifen zum Beispiel Weltmeister wurde, so entfaltete dieses Ereignis überregionale Strahlkraft für die Marke „Continental" und die Leistungsfähigkeit der Produkte. Wenn aber ein eher unbekannter Fahrer ein Amateurrennen für die Berufsgruppe der Zeitungsausträger gewann, so war dieses Engagement ebenso geeignet, die Verlässlichkeit von Continental-Reifen für diese Branche zu beweisen.

Mit der immer stärkeren Verbreitung des Automobils entdeckte die Continental-Werbeabteilung auch die damit zusammenhängenden Wettbewerbe für sich. Geschwindigkeitsrennen, die in verschiedenen Ländern ausgetragenen „Zuverlässigkeitsfahrten" oder auch Rekordversuche erschienen als ideales Werbemedium für Continental-Produkte. Bis weit in das 20. Jahrhundert hinein war der Besitz eines Automobils nur für die Oberschicht finanzierbar, aber der Popularität der Rennen und auch der Geschwindigkeitsrekordversuche tat das keinen Abbruch. Das Automobil war *das* Symbol für die Technikbegeisterung der Zeit. Viele Menschen sahen sich am Beginn einer neuen, technisierten Moderne, in der die Grenzen des technisch Möglichen als immer neue Herausforderungen gesehen wurden. Continental sprang auf diesen Zug auf und positionierte sich auch dadurch als zukunftsorientiertes und modernes Unternehmen. Ein spektakuläres Beispiel dafür war die Zusammenarbeit mit Fritz von Opel, einem Enkel des Firmengründers Adam Opel. Zwischen Opel und Continental gab es in diesen Jahren eine enge Verbindung. Ab 1922 stieg die Familie von Opel als Aktionär bei Continental ein und erwarb bis 1932 einen Mehrheitsanteil von

Abb. 121: Fritz von Opel bei der Rekordfahrt am 23. Mai 1928 in Berlin auf extra dafür konstruierten Continental-Reifen.

über 50 Prozent der Aktien. Gemeinsam mit den Raketentechnikpionieren Max Valier und Friedrich Wilhelm Sanders konstruierte Fritz von Opel im Jahr 1928 mehrere Versionen eines raketengetriebenen Fahrzeugs. Bei einer Rekordfahrt des „Opel RAK 2" auf der Berliner Rennstrecke Avus am 23. Mai 1928 erreichte das Fahrzeug vor tausenden Zuschauern Geschwindigkeiten weit jenseits der 200 Stundenkilometer. In den Augen der Zeitgenossen war das ein fast unvorstellbares Tempo, für das weder die Straßen noch die Fahrzeuge ausgelegt waren. Continental entwickelte dafür eine spezielle Version des Cord-Reifens und trug damit zum Erfolg des Rekordversuchs bei. Der neue Raketenantrieb eröffne der Verkehrstechnik Möglichkeiten, „von denen bislang nur in phantastischen Zukunftsromanen geschrieben wurde", jubelte das *Echo Continental*. Bekanntermaßen setzte sich die Technik nicht im Straßenverkehr durch, aber diese spektakuläre Kooperation ist dennoch sinnbildlich für die Progressivität der 1920er Jahre, in denen nicht nur technologische, sondern auch gesellschaftliche Grenzen fielen.

Auch in den Jahrzehnten danach wurde immer wieder versucht, dem Zeitgeist zu entsprechen. Stil und Design der Werbekampagnen spielten dabei immer eine wichtige Rolle, aber auch die Frage, wo genau geworben wurde. Dabei sind aus heutiger Sicht einige Kontinuitäten zu beobachten, aber auch einige herausstechende Neuheiten. Die 1950er und 1960er Jahre standen bezüglich der Werbung noch sehr in der Tradition der Jahrzehnte davor. Gerade für Konsumgüter wurde viel mit farbigen Grafiken gearbeitet, während Fotos noch eher selten verwendet wurden. Der Rennsport spielte als Werbemedium weiter eine große Rolle. Bei zahlreichen Auto-, Fahrrad- und auch Motorradrennen kamen Continental-Produkte zum Einsatz, und 1954/55 rüstete Continental auch für kurze Zeit die ersten Formel-Eins-Fahrzeuge von Mercedes mit Reifen aus.

In den 1970ern überwogen noch die gewohnten Formen des Marketings und als einzige Innovation der Werbekampagne von 1976 wurden Großflächenplakate vorgestellt, mit denen man hoffte, „ohne Umwege alle 17 Millionen Autofahrer Deutschlands erreichen" zu können. Die Plakate wurden entlang von Straßen aufgestellt und waren „nicht trocken und technisch, sondern mal informativ, mal frech, mal lustig".

Komplett neu gestaltet wurde der Werbeauftritt in den 1980ern. Umfangreiche Marktforschungen hatten ergeben, dass der Marke „Continental" ein sehr konservatives Image anhaftete und dass gerade in den urbanen Räumen Marktanteile verloren gingen. Das Ziel der neuen Kampagne waren vor allem junge Autofahrer, deren Spaß am Autofahren durch neue, farbige Werbebilder geweckt werden sollte. Die Marke sollte dynamisch und zukunftsorientiert wirken:

Abb. 122: Werbeplakat für Gummikeilriemen von 1963.

Abb. 123: Reifenprospekt von 1986.

„dynamisch, optimistisch, erfolgreich. Dieser Auftritt entspricht den Ideen und dem Gefühl der neuen Generation".

Ab den 1990er Jahren warb Continental erstmals auch wieder im Fernsehen für die eigenen Produkte. Damit wurde an eine lange Tradition angeknüpft, denn bereits in den 1920er Jahren liefen Continental-Werbefilme in Kinos. Nachdem ab den 1950er Jahren der Fokus aber in erster Linie auf Printwerbung lag, sollte nun eine Reihe spektakulärer Werbespots den Absatz von Continental-Produkten ankurbeln. Die Botschaft der Werbespots war jeweils ähnlich: Ein

Abb. 124: Impressionen der Werbespots.

Continental-Reifen stellt seine Leistungsfähigkeit in außergewöhnlichen Situationen unter Beweis. Der neue „ContiSportContact" ermöglichte riskante Fahrmanöver auf einem nicht abgesperrten Hochhausdach, der „ContiAquaContact" bewährte sich dank der ausgezeichneten Aquaplaning-Eigenschaften auch in einem rutschigen Schwimmbad, und der „ContiWinterContact" wurde auf einer Eisscholle im Polarmeer auf seine Bremseigenschaften geprüft. Neu war bei diesen Werbespots die internationale Orientierung: „Nicht nur in Deutschland läuft die Fernsehwerbung, sondern auch in Frankreich und Spanien. Deshalb heißt es in unserer internationalen Werbung immer öfter: ‚Tyres – engineered in Germany'".

Minutiös wurde in der *conti intern* berichtet, wie die neue Kampagne das Continental-Markenimage veränderte. Der Aussage „Machen eine originelle Werbung" konnten 1992 immerhin schon 10 Prozent der Befragten zustimmen, nachdem es 1988 nur erschreckende 4 Prozent waren. 44 Prozent nahmen Continental als „sympathische Firma" wahr, was einer Steigerung von zehn Prozentpunkten entsprach.

Abb. 125: Infobroschüre zur neuen Werbekampagne von 1999.

Offensiv und durchaus mutig war auch die anschließende Kampagne ab 1999, die den Fokus auf „die bekanntermaßen emotionale Beziehung, die zwischen Männern und Autos besteht" legte. In einer Kombination aus Fernsehwerbespots und Printwerbung wurde mit dezenter Ironie eine Geschichte von der Zuneigung eines (männlichen) Fahrers zu seinem Auto erzählt. Continental-Reifen spielten aufgrund ihrer Qualität eine wichtige Rolle in dieser Beziehung. In der *conti intern* wurde offen über die Resonanz zu den Werbespots berichtet. Überwiegend sei diese positiv: „Super-Werbung, flott, voller Emotionen". Es gebe aber auch kritische Stimmen, wie „Nie wieder Conti" oder „Das ist frauenfeindlich mit Macho-Gehabe". Einigen Rezipienten ging demnach „die ‚Affäre', wie das Verhältnis der meisten Männer zu ihrem Auto umschrieben wird, zu weit".

Die Werbekampagnen sind ein weiteres Beispiel für die vielfältigen Werbeaktivitäten, die Continental in 150 Jahren Unternehmensgeschichte entfaltete. Einige der Facetten wirken aus heutiger Perspektive eigenartig oder befremdlich. Andere Darstellungsformen strahlen bis heute eine ungebrochene Ästhetik und Faszination aus. Der Stil und die Medien der Continental-Werbung spiegeln nicht nur das Selbstverständnis des Unternehmens wider. Sie waren und sind auch immer ein Spiegel der technischen und gesellschaftlichen Entwicklungen, denn Werbung setzt im Idealfall genau dort an.

8 Continental als Weltunternehmen. Die verschlungenen Wege der Internationalisierung

Internationalisierung als Kern der frühen Unternehmensstrategie

> Die Firmierung [Continental], die bereits seit 1871 dieselbe ist, geschah seiner Zeit in der Absicht, einen absolut internationalen Namen zu haben, der es uns gestattet, überall unserer Vertretung, sei es in Frankreich, in Italien, in Russland, Uebersee, den gleichen Namen zu geben.

Das Zitat stammt aus einem Brief des Continental-Direktors Siegmund Seligmann vom 11. Januar 1915. Es zeigt deutlich, wie stark Continental schon bei der Gründung auf Internationalisierung ausgerichtet war. Seligmann war es, der zwischen 1879 und 1925 den Grundstein für den Aufstieg der Continental von einer kleinen Hannoverschen Gummifabrik zu einem international tätigen Unternehmen legte. Er sah sich in diesem Brief veranlasst, die Herkunft und Bedeutung des Unternehmensnamens zu erläutern. Stimmen waren laut geworden, die den Namen „Continental" als fremdsprachige und vor allem romanisch klingende Bezeichnung wahrnahmen und eine Eindeutschung der Firmenbezeichnung forderten. Die Angelegenheit begann mit dem Brief eines Aktionärs, der knapp drei Wochen nach Ausbruch des Ersten Weltkriegs Seligmann direkt aufforderte, „den Ärgernis erregenden Namen [Continental] in Deutsche Gummi-Gesellschaft oder Festländische Gummi-Gesellschaft" zu ändern. „In dieser schweren, aber herrlichen Zeit muss alle Ausländerei aus uns heraus." Im nationalistisch aufgeheizten Klima des Ersten Weltkriegs waren solche Tendenzen nicht ungewöhnlich und veranlassten andere Unternehmen, die Markennamen ihrer Produkte anzupassen.

Die Klage ging in diesem Fall von einer Person mit formal wenig Einfluss aus. Dennoch beschäftigte sich Seligmann persönlich mit der Angelegenheit. In der Führungsetage von Continental war offensichtlich eine gewisse Sorge vorhanden, dass der Kläger bei den Behörden Erfolg haben und Continental um den Namen bringen könnte, den die neun Gründer dem jungen Unternehmen 1871 gegeben hatten. Die Sorge war berechtigt, denn der Aktionär richtete ähnliche Schreiben auch an die Handelskammer und den preußischen Regierungspräsidenten in Hannover. Auch in Berlin sah sich Continental ähnlichen Vorwürfen und Klagen ausgesetzt. 1915 setzte der zuständige Polizeipräsident eine

https://doi.org/10.1515/9783110731613-008

Verhandlung an, bei der auch der Unternehmensname der Continental auf der Agenda stand. In Hannover wurde daraufhin eine seitenlange Erklärung entworfen, die die Vorwürfe entkräften sollte. Continental sei kein Wort, das einer fremden Sprache entlehnt ist, so argumentierte Seligmann. Man habe „viele Millionen Mark" für Werbung im In- und Ausland aufgewandt „mit dem Erfolg, daß heute das Wort ‚Continental' in fast allen Ländern der Welt bekannt ist". Eine Änderung sei daher unmöglich, zudem werde ein Großteil des Geschäfts nicht nur im Inland, sondern auch im Ausland gemacht, und 1913 betrug dieser Anteil fast 50 Prozent des Gesamtumsatzes. Der Brief wurde nicht nur dem Berliner Polizeipräsidenten vorgelegt, sondern auch Reichskanzler Theobald von Bethmann Hollweg, „unter Hinweis auf die außerordentliche Gefahr, die der deutschen Industrie erwächst, wenn diese Verdeutschungsbestrebungen zu weit getrieben werden". Letztlich blieben alle Versuche, Continental zu einer Änderung des Unternehmensnamens zu drängen, erfolglos. Die langen und von höchster Stelle geführten Verhandlungen zeigen jedoch, wie ernst die Situation damals war.

Die Entwicklung der Continental bereits in den ersten Jahren und Jahrzehnten der Unternehmensgeschichte zeigt, dass die zitierte Exportorientierung und internationale Ausrichtung durchaus erfolgreich vorangetrieben worden waren. Das Management – bis 1905 allein Seligmann als kaufmännischer und Adolf Prinzhorn als technischer Direktor – versuchte schon früh, die innovativen Produkte aus Weichgummi über Hannover, Preußen und Deutschland hinaus in andere europäische und außereuropäische Länder zu liefern. Was heute gängige Praxis in einer globalisierten Wirtschaftsordnung ist, in der jeder Manager Englisch spricht und selbst mittelständische Unternehmen ihre Produkte im Ausland vertreiben und/oder produzieren, war in der zweiten Hälfte des 19. Jahrhunderts noch keineswegs etabliert. Die wirtschaftliche Dynamik der Gründerzeit in Deutschland ließ unzählige Industrieunternehmen entstehen, die mit ihren innovativen Produkten zunehmend auf den Weltmarkt strömten. Continental war ein Kind dieser Zeit: 1871 gegründet und von Beginn an auf den neuen Werkstoff Weichgummi fokussiert, dem großes Potenzial zugesprochen wurde. Vor diesem Hintergrund ist es plausibel, dass die Bezeichnung „Continental" durchaus bewusst gewählt wurde, um die internationalen Ambitionen des Gründungsprojekts zu unterstreichen.

Heute ist Continental längst nicht mehr nur „kontinental" aufgestellt, sondern in 58 Ländern und Märkten aktiv. Das Schlaglicht aus dem Jahr 1915 zeigt, dass diese Internationalität eine lange Vorgeschichte hat, mit Kontinuitäten bis in die Gründungszeit des Unternehmens. Internationalisierung ist seit der Gründung ein Teil der unternehmenskulturellen Prägung von Continental.

Es ist nicht bekannt, wann das erste Continental-Produkt exportiert wurde. Im Geschäftsbericht des Jahres 1881 steht: „Eine besondere Aufmerksamkeit haben wir in letzterer Zeit der Ausdehnung des Exportgeschäfts zugewandt, und können wir heute auch in dieser Branche auf eine erhebliche Vermehrung unserer Kundenzahl zurückblicken." Mit großer Wahrscheinlichkeit wurden innovative Produkte, die auf dem heimischen Markt Erfolg hatten, bald auch in anderen Ländern angeboten. Spätestens mit den ab 1892 hergestellten Luftreifen für Fahrräder und ab 1898 auch für Automobile stellte Continental Produkte her, die auf anderen Märkten konkurrenzfähig waren.

Nicht nur bei Hufpuffern setzten Seligmann und Prinzhorn auf den gezielten Zukauf von Patenten und Know-how. Gerade für die ersten Jahrzehnte nach der Unternehmensgründung sind zahlreiche weitere Beispiele überliefert. Nach seiner Ernennung zum Vorstand reiste Prinzhorn 1876 in die USA und erwarb dort verschiedene Patente. Dieser Reise folgten viele weitere und so konnte Continental bald auf verschiedene Patente zurückgreifen und das Produktportfolio immer weiter spezialisieren. Mit dem „Kelly"-Patent wurden Kutschenreifen aus Vollgummi produziert und das „Swinehart"-Patent ermöglichte die weitere Diversifizierung in Vollgummibereifung für schwere Droschken und Lastwagen. Lizenzen für die Fertigung von Drahtreifen, Wulstreifen und schließlich Luftreifen für Fahrräder wurden vom britischen Reifenkonzern Dunlop erworben und genutzt. (Vgl. Abb. 126)

Bei Continental selbst wurden dagegen in den allerersten Jahren der Unternehmensgeschichte nur wenige bahnbrechende Erfindungen gemacht. Das Unternehmen war vielmehr sehr erfolgreich darin, neue Technologien zu industrialisieren und weiter zu perfektionieren. Insbesondere die Vorstände Seligmann und Prinzhorn kooperierten offen mit internationalen Konkurrenten, tauschten Know-how aus und erwarben Lizenzen. Gerade die US-amerikanische, die britische und die französische Kautschukindustrie waren in dieser Zeit führend und damit die bevorzugten Kooperationspartner für das aufstrebende hannoversche Unternehmen. Diese Offenheit war keineswegs selbstverständlich für diese Zeit. Gesprächspartner auf der anderen Seite des Atlantiks waren nicht nur eine E-Mail entfernt, sondern die Kommunikation per Post und Telegramm beanspruchte viel Zeit und eine Reise per Ozeandampfer war fast abenteuerlich. Der Aufstieg der Continental und die Diversifizierung des Unternehmens von anfangs einfachen Konsumgütern aus Gummi zu hochspezialisierten technischen und chirurgischen Produkten sowie vor allem Reifen basierte erheblich auf dieser Offenheit für an anderer Stelle gemachte Erfindungen oder innovative Weiterentwicklungen.

Abb. 126: Preisliste für „Continental Kelly-Reifen" von 1911. Der Hinweis „Paris-Berlin-London" deutet auf die Expansion des Unternehmens hin.

Für den Vertrieb wurden in der Frühzeit vor allem lokale Vertreter genutzt, also Händler für Reifen und andere Gummiwaren, die vor Ort und auf eigenes Geschäftsrisiko den Vertrieb für Continental-Produkte übernahmen. Schrittweise wurde auch ein engmaschiges Netz eigener Niederlassungen im In- und Ausland aufgebaut. Vor dem Ausbruch des Ersten Weltkriegs verfügte Continental über ein Netz aus 110 Niederlassungen in 53 Ländern. Continental-Produkte wurden auf allen Kontinenten verkauft – von Melbourne bis St. Petersburg, von Shanghai bis Havanna, von Kapstadt bis Yokohama.

Probleme bereitete dem Management die schon im 19. Jahrhundert spürbare Tendenz zum Protektionismus. Zahlreiche Länder, darunter auch Deutschland, errichteten Zollbarrieren, um die Industrie im eigenen Land vor ausländischer Konkurrenz zu schützen. Den Konkurrenten wurden meist pauschal Dumpingpreise vorgeworfen, obwohl deren Erfolg häufig auf effizienteren Produktionsmethoden und technisch ausgereifteren Produkten basierte. Es fällt auf, dass Continental sich in Fragen der Handelspolitik schon früh öffentlich positionierte. Bereits 1894 wurde der Geschäftsbericht als Medium genutzt, um die kritische Einstellung der Continental-Geschäftsführung gegenüber Handelshemmnissen darzustellen. Den im Februar des Jahres geschlossenen Zollvertrag mit Russland habe man „mit Freude und Genugthuung begrüsst, weil wir uns von demselben eine allgemeine Belebung der darniederliegenden Industriezweige versprechen". Continental stand in den Startlöchern für eine weitere internationale Expansion und sah sich in den nächsten Jahren immer wieder berufen, die eigene Haltung zu handelspolitischen Fragen auch öffentlich zu machen. Die innovativen Luftreifen und auch eine ganze Reihe spezialisierter Industrie- und Konsumgüter aus Gummi sollten endlich auch in anderen Märkten angeboten werden. Die Geschäftsberichte am Anfang des 20. Jahrhunderts sind voll von teilweise präzisen Forderungen an die Politik. 1902 heißt es beispielsweise:

> Die schwebenden Verhandlungen betreff neuer Zoll-Verträge haben unser vollstes Interesse. Für unsere Industrie ist es vor allem wichtig, daß die Verträge auf eine Reihe von Jahren mit genau präcisierten Zollsätzen fest geschlossen werden. Wir halten diesen Umstand für viel wichtiger als hohe Schutzzölle, da die Gefahr vorliegt, daß diese eventuell auch von den vertragschliessenden Staaten gefordert werden und damit der recht bedeutend gewordene Export in unseren Fabrikaten vernichtet werden könnte.

Aus den Formulierungen spricht der zunehmende Erfolg der Continental-Produkte auf dem Weltmarkt und ein Bedürfnis nach Planungssicherheit bei den Konditionen des Außenhandels. 1903 wurde sogar gefordert, auf Schutzzölle für Kautschukwaren vollständig zu verzichten, da die Branche – gemeint ist hier wohl vor allem Continental – stark genug sei, um in jedem Markt gegen Konkurrenzprodukte antreten zu können:

> Bei dieser Gelegenheit möchten wir hervorheben, dass die deutsche Kautschukwaren-Industrie derart mächtig dasteht, dass von Seiten dieser Industrie auf die Erhöhung der Einfuhrzölle von Kautschukwaren nach Deutschland kein Wert gelegt zu werden braucht; wir halten es vielmehr für weit wichtiger, dass die Zölle nach den für den Export in Frage kommenden Staaten keine Erhöhung erfahren, als dass die deutsche Kautschukwaren-Industrie durch hohe Einfuhrzölle Schutz erhält.

Auch die Geschäftsberichte der folgenden Jahre enthalten vergleichbare Formulierungen: Handelsverträge wurden begrüßt, protektionistische Maßnahmen einzelner Staaten kritisiert und immer wieder die Erwartung an die Politik formuliert, eine weitere Verbesserung der Handelsbedingungen herbeizuführen. Die Continental-Geschäftsführung investierte in diesen Jahren erhebliche Summen im Ausland und hatte daher ein vitales Interesse, dass diese Investitionen nicht durch Handelskriege gefährdet wurden. In den Formulierungen ist jedoch auch ein grundsätzliches Plädoyer für Chancengleichheit und Gleichberechtigung im Welthandel zu lesen. Eine solche Haltung war durchaus bemerkenswert in einer Zeit, in der Handelspolitik zunehmend nationalistisch aufgeladen war und Schutzzölle eine allgemeine Renaissance erlebten. Continental stellte sich mit der Ablehnung von Zöllen auch gegen die offizielle Haltung des Branchenverbands Centralverein Deutscher Kautschukwaren-Fabriken, in dem eine ganze Reihe der Mitglieder dringend Schutzzölle für ihre Produkte forderten.

Kooperationen und Aufbau eines internationalen Netzwerks (1889–1914)

Obwohl Continental in verschiedenen europäischen Ländern der Marktzutritt durch hohe Einfuhrzölle verschlossen war, trieb die Geschäftsführung die internationale Expansion des Unternehmens voran. Interessant ist, dass in der ersten Phase nicht auf das gängigste Instrument zurückgegriffen wurde, um Zölle zu umgehen: den Aufbau eines eigenen Werks im jeweiligen Land. Continental wählte stattdessen einen pragmatischeren Weg, der bei weniger Risiko und Investitionsvolumen dennoch bewirkte, dass die Marke „Continental" in verschiedenen Märkten eingeführt und etabliert wurde. In Österreich-Ungarn (1889), Belgien (1891), Schweden (1902) und in den USA (1904) wurden dafür umfangreiche Kooperationen mit lokalen Kautschuk-Unternehmen geschlossen. Über die Hintergründe für die Kooperation mit der Österreichisch-Amerikanischen Gummi-Waaren-Fabrik in Breitensee bei Wien hieß es im Geschäftsbericht von 1889:

> Der Umstand, dass der Ausdehnung unserer Beziehungen nach verschiedenen europäischen Staaten, insbesondere auch nach der oesterreich-ungarischen Monarchie, durch die hohen Zölle unüberwindliche Schwierigkeiten entgegenstehen, hat es uns schon längst als wünschenswerth erscheinen lassen, innerhalb dieser Monarchie selbst zu fabriciren und damit das vorzügliche Renommée unserer Fabrikate in diesem Reiche in geeigneter Weise zu verwerthen.

Continental erwarb jeweils eine Beteiligung an diesen börsennotierten Unternehmen inklusive eines Mitspracherechts im Aufsichtsrat. Gleichzeitig fand ein Know-how-Transfer statt, indem das in Hannover gewonnene Wissen und die Erfahrungen bei der Herstellung von Gummiprodukten und Reifen an die neuen Kooperationspartner weitergegeben wurden. Als Gegenleistung organisierten die Unternehmen den lokalen Vertrieb von Continental-Produkten und stellten diese Produkte in Lizenz selbst her. Für beide Seiten waren diese Kooperationen gewinnbringend. Die Partner erhielten Zugang zu dem weit entwickelten Know-

Abb. 127: Werbeplakat von 1906. Der Grad der Internationalisierung wird hier sehr deutlich: Ein italienischer Künstler schuf das Plakat für ein österreichisches Unternehmen, das eine deutsche Marke auf dem französischen Markt anbot.

how über Produkttechnologie und neueste Fertigungsverfahren. Continental dagegen bekam die Chance, die eigenen Produkte auf den jeweiligen Märkten zu etablieren – zu konkurrenzfähigen Preisen und unter Umgehung der Zollaufschläge.

Es spricht für die Kompromissbereitschaft und den Pragmatismus der Geschäftsführung um Seligmann und Prinzhorn, dass die Internationalisierung Continentals nicht um jeden Preis forciert wurde. Ein eigenes Auslandswerk hätte das Unternehmen auf einen Schlag zu einem multinationalen Unternehmen gemacht – inklusive des damit verbundenen Prestigegewinns für die Marke. Derartige Aspekte waren in einer Zeit des intensiven Wettbewerbs auf dem heimischen und auf internationalen Märkten nicht unerheblich. Ein Werk galt als steinerner Beleg der erfolgreichen Ausdehnung des Geschäfts – viel mehr als jede Vertriebsgesellschaft, Generalvertretung oder noch so gut funktionierende Zusammenarbeit mit Generalvertretern. Die Briefköpfe des Unternehmens waren von idealisierten Zeichnungen der Produktionsstätten geprägt, und den teilweise sehr repräsentativen Fabrikgebäuden kam ein hoher Symbolwert zu. Die beschriebenen Kooperationen waren dagegen wenig geeignet, eine dynamische Eroberung neuer Märkte mittels eigener Werke zu symbolisieren. Dabei stand eher rationales und langfristiges Denken im Vordergrund, bei dem die Marktpräsenz schrittweise und zu vertretbaren Kosten bzw. Risiken aufgebaut wurde. Weniger der unternehmerische Paukenschlag als die nüchtern-pragmatische Arbeit für eine immer erfolgreichere Wertschöpfung prägten diese erste Phase der internationalen Expansion.

Neben den beschriebenen Beteiligungen wurde ungeachtet der teilweise erheblichen Zollschranken ein internationales Netz an Niederlassungen aufgebaut, um den lokalen Vertrieb und das Marketing zu organisieren. Um die Handlungsfähigkeit vor Ort und letztlich auch die Sichtbarkeit zu erhöhen, wurden einige dieser Niederlassungen ab 1904 zu eigenständigen Aktiengesellschaften aufgewertet. Innerhalb weniger Jahre wurde die Continental-Caoutchouc- & Gutta-Percha-Compagnie damit zu einem Konzern bestehend aus der Muttergesellschaft mit Sitz in Hannover und Tochtergesellschaften in New York (1904), Paris (1904), London (1905), Melbourne (1905), Stockholm (1906), Kopen-

Abb. 128: Der Sitz der Continental Caoutchouc Co. in Manhattan, New York (43 Warren Street).

hagen (1909) oder Bukarest (1911). Die neuen Tochtergesellschaften bildeten nicht nur ein neues Level internationaler Präsenz, sondern auch einen Ausgangspunkt, um in einigen Fällen die Vertriebstätigkeit durch die eigene lokale Produktion zu ergänzen.

Der französische Markt war seit jeher heftig umkämpft und Michelin als Marktführer wehrte sich mit allen Mitteln gegen die Konkurrenz aus Hannover. Zahlreiche rechtliche Auseinandersetzungen sind aus dieser Zeit überliefert, zum Beispiel über vermeintliches Preisdumping der Deutschen. Langjährige Konflikte gab es auch über den Vorwurf, dass die französische Version des Continental-Handbuchs, der *Guide Routier Continental*, ein unzulässiges Plagiat des weltberühmten *Guide Michelin* sei. Beide Seiten überzogen einander mit heftigen Vorwürfen in der Presse und positionierten auch ihre Marketing-Aktivitäten explizit gegen den Konkurrenten. Um in dieser Auseinandersetzung bestehen zu können, baute die französische Continental-Tochtergesellschaft ein eigenes Werk in Clichy bei Paris auf. Im Geschäftsbericht für 1906 wurde den Aktionären berichtet, dass ein Grundstück am Quai de Clichy 104–112 für den Neubau einer Fabrik angekauft worden war. Die Produktion von Reifen und technischen Gummiartikeln begann 1907, und Continental konnte damit den französischen Kunden glaubhaft versichern, dass die Produkte im eigenen Land hergestellt und nicht importiert wurden. Ungefähr 90 Menschen produzierten in dem neuen Werk etwa 30 Reifen pro Tag, deren Zahl bis 1913 auf ca. 200 aufgestockt wurde. Das Engagement der Continental auf dem französischen Markt blieb insgesamt von Unsicherheit und Furcht vor Gegenmaßnahmen des Konkurrenten geprägt. Dachte man noch 1909 wegen weiterer Erhöhungen des französischen Zolls an eine Ausdehnung der Fertigungskapazität in Clichy, so beschloss der Aufsichtsrat im Juni 1913 „mit Rücksicht auf die Schwierigkeiten und Chicanen, die uns in Frankreich bereitet werden," eine deutliche Reduzierung der Investitionssummen. Mit dem Werk in Paris verfügte Continental dennoch erstmals in ihrer Geschichte über eine eigene Auslandsfabrik.

Frankreich und gerade Paris hatten in diesen Jahren eine erhebliche wirtschaftliche, künstlerische und technologische Bedeutung. Die Weltausstellung von 1900 war nur einer von vielen sichtbaren Beweisen dafür. Continental wurde auf dieser Ausstellung die Goldmedaille verliehen und auch sonst tat man in Hannover alles dafür, auf dem erfolgversprechenden französischen Markt sichtbar zu sein. Motorsport war eines der populärsten Werbemedien der Zeit, um die eigenen Produkte zu präsentieren und deren Leistungsfähigkeit unter Beweis zu stellen. 1901 gewann erstmals ein Fahrer mit einem deutschen Fahrzeug ein internationales Langstrecken-Rennen. Das Rennen Nizza-Salon-Nizza

Abb. 129: Das Continental-Werk in Clichy bei Paris.

an der französischen Côte d'Azur ging über 392 Kilometer, für die der Sieger mit einem Daimler-Wagen fast sieben Stunden benötigte. Ausgestattet war er dabei mit Continental-Reifen. Der Sieg dokumentierte nicht nur das zunehmende Engagement Continentals im Rennsport, sondern auch eine der zahlreichen Maßnahmen, um die Bekanntheit der eigenen Produkte in Frankreich zu steigern. In diesen Jahren begann eine intensive Werbetätigkeit und viele der bis heute prägenden Beispiele für historische Continental-Werbung sind zu Beginn des 20. Jahrhunderts für den französischen Markt entstanden. (Vgl. Abb. 130)

Mit dem Werk in Clichy/Paris war Continental erstmals auch ein multinationales Unternehmen im engeren Sinne. Bis zum Ersten Weltkrieg wurden auch in verschiedenen anderen Ländern Produktionskapazitäten geschaffen: In den Niederlanden (1906), Italien (1907) und Australien (1913) dienten ebenfalls die Tochtergesellschaften als Ausgangspunkt dafür. In anderen Fällen wurde das Dienstleitungsangebot vor Ort erheblich ausgeweitet, um den Kunden mehr bieten zu können als das einfache Produkt. Diesen ganzheitlichen Anspruch, die Motorrad-, Fahrrad- oder Autofahrer mit einer großen Bandbreite an Produkten und Dienstleistungen zu unterstützen, hatte Continental für den deutschen Markt entwickelt und dann auch auf Großbritannien und Frankreich ausgedehnt. Im *Continental Handbook for Automobilists in Great Britain and Ireland*

Abb. 130: Französisches Werbeplakat für Continental-Fahrradreifen von ca. 1900.

von 1906 wurde den britischen Kunden berichtet, dass bald ein größeres Angebot zur Verfügung stehen werde:

> In consequence of the extension of our English business, we have been built a factory in England, situated at Hythe Road, Willesden [...]. This factory has been fitted up with the most modern machinery, enabling us to deal with all descriptions of repairs to motor covers and tubes. [...] we shall also manufacture a certain quantity of these tyres at this factory in the future.

Neben den eigenen Reparaturkapazitäten war offenbar auch eine eigene Produktion geplant, die allerdings nicht umgesetzt wurde. Im letzten Geschäftsjahr vor dem Ersten Weltkrieg exportierte Continental Produkte in zahlreiche Länder. Von den knapp 58 Mrd. Mark an Auslandsumsätzen wurden die meisten Produkte nach Frankreich (22 Prozent), Großbritannien (20 Prozent), Australien (8 Prozent), Italien (7 Prozent), Argentinien (7 Prozent) und Russland (6 Prozent) verkauft. Der Gesamtumsatz des Unternehmens betrug in diesem Jahr knapp 119 Mrd. Mark.

Zusammenbruch des Auslandsnetzwerks und Re-Internationalisierung in den 1920er Jahren

Der Ausbruch des Ersten Weltkriegs traf Continental hart. Wie zuvor beschrieben, war die Bedeutung des Exports und des Auslandsumsatzes der Tochtergesellschaften bis Kriegsbeginn immer weiter gestiegen. In den Kriegsjahren zerriss das engmaschige Netz aus Continental-Repräsentanzen im Ausland. In zahlreichen Ländern, die sich mit Deutschland im Kriegszustand befanden, wurde das Eigentum deutscher Unternehmen unter Zwangsverwaltung gestellt und teilweise noch während des Kriegs verkauft. In einigen Ländern konnte der Besitz durch frühzeitige Aufnahme von Staatsbürgern der jeweiligen Länder vor dem Verkauf geschützt und nach dem Krieg reaktiviert werden. Für die italienische Tochtergesellschaft war das zum Beispiel der Fall, indem die Aktien rechtzeitig schweizerischen und italienischen Staatsbürgern übertragen wurden, die sich dann bei der flächendeckenden Erfassung von Feindeigentum „bereit erklärt [hatten], als Strohmänner für Ihre Aktien in Italien aufzutreten". Geleitet wurde das Unternehmen aus der Schweiz, wohin sich Paul Friedländer, der Leiter der Gesellschaft, ins Exil geflüchtet hatte. Aus einem Hotel in Lugano entfaltete sich ein reger Briefverkehr mit der Continental-Direktion in Hannover. Die Briefe zeigen deutlich, mit wieviel Skepsis, aber auch Zuversicht die Vision eines international vernetzten Unternehmens betrachtet wurde. So schrieb Seligmann wenig optimistisch im April 1917 an Friedländer:

> [...] denn schließlich werden Sie wohl mit uns der Ansicht sein müssen, dass in absehbarer Zeit selbst nach Friedensschluss mit unserem Fabrikat in Italien kein Geschäft zu machen sein wird; denn das unter heutigen Verhältnissen kaum jemand eine Marken-Ware wie Continental-Pneumatik kauft, von dem jedes Kind weiß, dass es sich um ein deutsches Fabrikat handelt, kann ich mir wenigstens nicht denken und diejenigen italienischen Fabriken, welche beim Verkauf ihrer neuen Wagen oder Fahrräder Continental-Pneumatik montieren, dürften meines Erachtens nach schwer angefeindet werden und es aus diesem Grunde schon unterlassen, auch wenn sie selbst unserer Marke freundschaftlich gegenüberstehen, unsere Reifen zu montieren.

Während Seligmann die Aussichten auf eine Wiederaufnahme des Auslandsgeschäfts mit erheblicher Skepsis betrachtete, war die Antwort Friedländers deutlich positiver ausgefallen. Die Handelsbeziehungen zu Italien würden sich schnell normalisieren, schrieb er im Juni 1917 aus seinem Schweizer Exil. Es werde nach dem Krieg „die schwere Aufgabe der alten Auslandsdeutschen sein, dahin zu wirken, dass die alten guten Beziehungen schnellstmöglich wieder hergestellt werden". Das Netz an Niederlassungen, Tochtergesellschaften und vor allem Mitarbeitern, die ihrerseits in den Ländern vernetzt waren, spielte später tatsächlich eine wichtige Rolle. Als nach dem Ende des Ersten Weltkriegs die internationale Ausrichtung der Continental wiederhergestellt werden sollte, erwiesen sich die alten Kontakte und Strukturen als nützlicher Ausgangspunkt. Erheblich schlimmer erging es dem Continental-Vertreter in Australien. Eduard Eichengrün, der sich vor Ort Edward Edwards nannte, hatte die Tochtergesellschaft ab 1905 aus dem Nichts aufgebaut. Australien und Neuseeland entwickelten sich bis 1913 zu wichtigen Absatzmärkten für Continental-Produkte. Eine eigene Fabrik für Fahrrad- und Automobilreifen war im Bau. Obwohl seit 1908 britischer Staatsbürger, wurde Edwards bei Kriegsausbruch ohne Gerichtsverfahren für fünf Jahre interniert, anschließend ausgebürgert und zusammen mit seinen Kindern nach Deutschland deportiert. Seine Frau war während seiner Haftzeit verstorben.

Die in Deutschland um sich greifende Inflation, der Rohstoffmangel und schließlich die Weltwirtschaftskrise erschwerten den Wiederaufbau des Exportgeschäfts nach dem Ersten Weltkrieg erheblich. In zahlreichen Ländern waren Gebäude, Produktionseinrichtungen und auch Patente und Markenrechte beschlagnahmt worden. Der Continental-Vorstand führte jahrelange Rechtsverfahren und Verhandlungen, um eine Rückgabe des Vorkriegsbesitzes zu erreichen. Da gleichzeitig überall auf der Welt hohe Importzölle und andere Instrumente zum vermeintlichen Schutz der eigenen Industrie errichtet wurden, war die Reaktivierung der alten Vertriebsstrukturen aber zunehmend unrealistisch. Auf den wichtigsten europäischen Märkten Großbritannien, Frankreich und Italien konnte Continental erst in den 1930er Jahren wieder an die Erfolge vor dem Ersten Weltkrieg anknüpfen.

Die wieder aktive Continental Tyre & Rubber Company (Great Britain), Ltd. in London bot der Continental den Wiedereinstieg in den britischen Markt. Anders als in anderen Ländern war die Tochtergesellschaft im Krieg nicht beschlagnahmt worden, da ein britischer Staatsbürger seit der Gründung als Miteigentümer fungierte. Nach vielversprechenden Anfängen gab die britische Regierung jedoch dem Drängen der krisengeschüttelten britischen Reifenindustrie statt und verhängte erstmals einen hohen Importzoll auf Reifen und andere Gummiprodukte. Continental zog sich daraufhin vollständig vom britischen Markt zurück. Im Juli 1927 richtete der Geschäftsführer der nun inaktiven Tochtergesellschaft einen Rundbrief an die entlassenen und versetzten Mitarbeiter:

> I take this opportunity, gentlemen, to convey to you my and the Company's sincerest thanks for the care and interested manner in which you have looked after the interests of the Company. It is very much to be regretted that circumstances beyond control have spoiled the promising efforts. Maybe some day the Company will restart activities, but at the present time we are unfortunately forced to lose business.

Wie schon zu Beginn des 20. Jahrhunderts erschwerten Zollschranken ein internationales Engagement Continentals. In Frankreich wurden noch intensivere Anstrengungen unternommen, um das Engagement wiederzubeleben. Wie oben beschrieben war Continental vor dem Krieg in Frankreich sehr aktiv mit einer starken Marke, intensivem Marketing und einer eigenen Produktion in Clichy nahe Paris. Die einmal aufgebaute Position musste in intensiver Auseinandersetzung mit lokalen Wettbewerbern verteidigt werden – vor Gericht und in mit harten Bandagen geführten Werbekonflikten. Neben dem Gespür für die Wichtigkeit des französischen Marktes wird es auch diese Erfahrung eines erfolgreich durchgezogenen Etablierungsprozesses gewesen sein, die den Continental-Vorstand nach dem Krieg veranlasste, intensiv an der Wiedergewinnung der früheren Position zu arbeiten. Intensive, aber letztlich erfolglose Verhandlungen wurden geführt. Zeitweise hatte man den Plan, über ein etwas dubioses französisches Unternehmen die zum Verkauf stehende Fabrik in Clichy und die Reste der alten Continental Société Anonyme de Caoutchouc Manufacture zu übernehmen, deren Versteigerung 1921 bevorstand. Die entstehende Organisation sollte dann Keimzelle einer neuen Continental-Gesellschaft in Frankreich werden. Für die Verhandlungen vor Ort konnten Siegmund Seligmann und Willy Tischbein als verantwortlicher Vorstand für das Auslandsgeschäft auf Ernst Loeser zurückgreifen, der bereits beim Aufbau der französischen Tochtergesellschaft die Fäden in der Hand gehalten hatte. Zusammen mit einer detaillierten Einschätzung der geplanten Kooperation schrieb Loeser nach Hannover: „Es würde mich freuen, Ihnen durch diese Angaben gedient zu haben und wenn das Unternehmen, an dem ich 15 Jahre lang gearbeitet habe, wieder lebensfähig würde."

Letztlich scheiterte aber der Versuch, die Fabrik in Clichy zu übernehmen und damit allzu nahtlos an die Vorkriegssituation anzuknüpfen. Ausschlaggebend war hier auch die Rücksicht auf den US-amerikanische Reifenkonzern B. F. Goodrich, mit dem Continental in diesen Jahren ein enges Kooperations-abkommen geschlossen hatte. Tischbein äußerte sich schon während der lau-fenden Verhandlungen skeptisch, ob das französische Engagement diesen Aus-tausch stören könnte: „[W]ir selbst wissen nicht, ob es vielleicht störend für die Geschäfte der Goodrich Co. in Frankeich ist, wenn wir heute [...] in Frankreich wieder auf dem Plane erschienen." Die Rückmeldungen aus Akron (Ohio), dem damaligen Zentrum der US-amerikanischen Kautschukindustrie, waren dann auch negativ und Goodrich-Direktor Bertram Work schrieb Tischbein:

> The Russian plan is very interesting but the Paris merger, aside from the sale of your property, does not appeal to me. It sounds like a promotion with nothing real behind it except the promotor's profits. However, we will look into it as the disposal of the Paris plant in itself is worth wile provided you can get something besides worthless stock certi-ficates.

Wenig später fügte er in einem weiteren Brief hinzu, der französische Kooperati-onspartner sei nicht vertrauenswürdig und „your plant in Clichy is a ruin (I had it examined) and only valuable for the land and buildings". Die Verhandlungen wurden daraufhin im April 1922 abgebrochen. Ob sachliche Gründe oder die Intervention von Goodrich dafür ausschlaggebend waren, lässt sich nicht mehr klären. Fakt ist jedoch, dass die Präsenz Continentals in Frankreich vorerst Ge-schichte war und allenfalls ein rudimentärer Export von Continental-Produkten stattfand.

Auch in weiteren Ländern versuchte der Continental-Vorstand in den 1920ern, an die frühere internationale Vernetzung anzuknüpfen. Treibende Kraft war dabei vor allem Willy Tischbein, der 1925 nach Seligmanns Tod zum General-direktor ernannt wurde. Tischbein versuchte sich an einer Mischung aus Re-Eta-blierung der Vorkriegsstärke und Neueintritt in anderen Ländern. Verschiedene Investitionsprojekte wurden dafür geprüft. In vielen Fällen konnten dabei die al-ten Netzwerke genutzt werden und letztlich auch die starke Position, die Conti-nental sich mit hochwertigen Produkten und intensiver Öffentlichkeitsarbeit er-worben hatte. In einem wirtschaftlich und politisch extrem nachteiligen Umfeld waren dies wichtige Vorteile. 1921 wurde beispielsweise über eine eigene Conti-nental-Fabrik in Manresa (Spanien) verhandelt. Das Projekt sollte mit einem loka-len Reifenhersteller als Kooperationspartner umgesetzt werden. Dessen Direktor erwies sich dabei als eingefleischter Continental-Fan: „Herr Ciudad war vor dem Kriege begeisterter Anhänger unserer Marke und fuhr bei einigen Autorennen auf unseren Reifen [...]." Darüber hinaus waren die Fürsprecher des Projekts auch in diesem Fall Continental-Mitarbeiter vor Ort, die durch ihre langjährige Tätigkeit in den Niederlassungen bzw. in der eigens gegründeten Tochtergesellschaft Einblicke in den lokalen Markt gewonnen hatten. Aus ihren Briefen nach Hannover spricht häufig auch Sorge um die eigene Zukunft. Ein vollständiger Rückzug Continentals konnte jederzeit die Entlassung bedeuten, wie das Beispiel der britischen Tochtergesellschaft deutlich gezeigt hatte. Trotzdem waren zum Beispiel die Briefe im Zusammenhang mit der spanischen Fabrik auch gefüllt von kenntnisreichen Warnungen, wie fragil die Marktposition in Spanien war: „Wenn wir nicht mit einer Fabrikation in Spanien anfangen, so wird unser spanisches Geschäft in absehbarer Zeit ganz aufhören, sich auf jeden Fall von Jahr zu Jahr verkleinern, bis es sich nicht mehr lohnt". Verschiedene europäische und US-amerikanische Konkurrenten stünden bereit, um ihrerseits den neuen und vielversprechenden Markt zu erschließen. Auch dieses Projekt wurde letztlich nicht realisiert. „Wie die augenblicklichen Verhältnisse bei uns hier liegen, können Sie sich wohl denken, dass wir uns die Lasten und Sorgen eines Fabrikationsunternehmens in Spanien nicht noch aufbürden wollen", schrieb Tischbein im April 1923. Die politische und wirtschaftliche Lage in Deutschland war mit der Besetzung des Ruhrgebiets durch französische und belgische Truppen und die Hyperinflation derartig schwierig, dass die Zeit nicht reif schien, ein neues Auslandswerk aufzubauen.

Auch weitere Fabrikprojekte wurden geprüft, etwa eine eigene Fabrik in Bilbao (Spanien), die zuvor von dem deutschen Continental-Wettbewerber Titan Pollack aufgegeben worden war. Wie in Manresa spielte auch hier nicht nur der spanische Markt, sondern auch der damit verbundene Zugang zu den südamerikanischen Absatzmärkten eine Rolle. 1923 streckten die Verantwortlichen eines österreichischen Unternehmens aus Wien die Fühler aus, ob Continental Interesse habe, im Zweigwerk Odrau (tschechisch Odry) eine Vollgummireifen-Produktion aufzubauen. Wochenlang wurde dieses potenzielle Joint Venture in Hannover durchkalkuliert, das durchaus eine Wiederaufnahme der früheren Kooperationsstrategie bedeutet hätte. Die Unterlagen zeigen deutlich, wie komplex und handelsfeindlich die damalige Situation in Europa war. Ein Mitarbeiter der Buchhaltung erstellte eine detaillierte Liste über Zölle auf Im- und Exporte zwischen Deutschland, der damaligen Tschechoslowakei, Spanien und Frankreich bzw. welche Möglichkeiten sich für Continental mit einem Werk in einem dieser Länder ergeben würden. Auch dieses Projekt scheiterte an den unklaren Perspektiven und den wirtschaftlichen und politischen Turbulenzen, mit denen Continental in Deutschland konfrontiert war.

Insgesamt bedeutete der Erste Weltkrieg für Continental einen heftigen Rückschlag bei der Internationalisierung des Geschäfts, das seit 1881 intensiv

Abb. 131: Arabischsprachige Werbeanzeige von 1928.

betrieben wurde. Als 1924/25 Bilanz gezogen und die Umsätze mit dem Vor-kriegszeitraum 1913/14 verglichen wurden, fiel das Ergebnis ernüchternd aus. Der Umsatz in Frankreich war über 92 Prozent niedriger, für Italien betrug der Umsatzrückgang über 95 Prozent und in Spanien über 70 Prozent. Nur der Um-satz in Großbritannien war in dieser Übersicht noch annähernd so, wie vor dem Ersten Weltkrieg. Auch das änderte sich 1927, wie zuvor beschrieben, mit dem Rückzug Continentals vom britischen Markt. Hatte der Anteil des Exports am gesamten Umsatz von Continental 1913 noch 54,5 Prozent betragen, waren es 1926 nur noch 17 Prozent.

Trotz dieser Zahlen stand Continental insgesamt erheblich besser da als an-dere Unternehmen. Bis Ende der 1920er Jahre waren die alten Vertriebsstrukturen in vielen Ländern zumindest ansatzweise wiederhergestellt, und langsam konnten auch die verlorenen Marktanteile zurückgewonnen werden. Die 1923 in Amsterdam gegründete Internationale Continental Caoutchouc-Compagnie bündelte als strategische Holding das gesamte Auslandsgeschäft und war dabei unabhängig von der heftigen Inflation in Deutschland.

Continental überstand die wirtschaftlichen Turbulenzen der 1920er Jahre erfolgreich und stand in der Weltwirtschaftskrise am Ende des Jahrzehnts vergleichsweise gut da. Trotz der Schwierigkeiten im Auslandsgeschäft waren die 1920er Jahre eine Phase des erneuten Aufstiegs mit innovativen Produkten wie dem Cord-Reifen (1921) oder dem Niederdruck-Ballonreifen (1924). Auch das Continental-Portfolio an Industrieprodukten und populären Konsumartikeln aus Kautschuk wurde immer differenzierter. In den Jahren 1928/29 stand Continental nach der Fusion mit mehreren deutschen Wettbewerbern als frisch umbenannte Continental Gummi-Werke Aktiengesellschaft an der Spitze der deutschen Gummiindustrie.

Ein wesentlicher Faktor für diese Stärke lag in der Bereitschaft der Continental-Geschäftsführung zur Kooperation mit anderen Unternehmen. Wie schon in der Frühphase der internationalen Expansion machte man sich keine Illusionen, den Rückstand aus eigener Kraft aufholen zu können. Gerade US-amerikanische Reifen- und Gummihersteller waren mittlerweile sowohl bei der Produkt- als auch bei der Fertigungstechnologie weit voraus. Im Februar 1920 wurden Verhandlungen zwischen Continental und der in Akron (Ohio) ansässigen B. F. Goodrich Company aufgenommen, die in ein umfangreiches Freundschafts- und Beratungsabkommen mündeten. „I quite agree with you that both of us should benefit largely from a community of interests and that this is one of the strongest features of the proposed plan", schrieb Goodrich-Geschäftsführer Bertram G. Work im März 1920 an Seligmann.

Auch im Fall von Goodrich konnten Seligmann und Tischbein auf vor dem Krieg etablierte Kontakte zurückgreifen. Bereits im April 1911 war ein Abkommen zwischen beiden Unternehmen geschlossen worden. Continental stellte gegen eine Lizenzgebühr und Umsatzbeteiligung das in Hannover entwickelte Know-how im Bereich Ballon- und Aeroplanstoffe zur Verfügung. Die in den USA hergestellten und vertriebenen Produkte wurden mit einem Hinweis auf die Marke „Continental" versehen. Nach dem Ersten Weltkrieg hatten sich die Vorzeichen geändert und nun war Continental dringend auf das Know-how angewiesen.

Für Continental bedeutete diese Kooperation Zugang zu der neuesten Cord-reifen-Technologie und Einblick in das Fabrikations-Know-how des US-amerikanischen Wettbewerbers. Über die folgenden Jahre setzte ein kontinuierlicher

Abb. 132: Auszug aus dem *Echo Continental* von 1923.

Lernprozess ein, als zahlreiche Delegationen die Werke des Partners besuchten und umfangreiche Berichte über Produktionstechnologie, Arbeitsprozesse, Verfahrenstechnik und später sogar Buchhaltung mit zurücknahmen. Die erhalten gebliebenen Reiseberichte zeigen, wie Continental-Mitarbeiter quasi jeden Winkel der Goodrich-Fabrik in Akron besichtigten. Nicht nur die Reifenproduktion stand dabei im Fokus, sondern genauso die Fabrikationseinrichtungen für technische Schläuche, Antriebsriemen, Transportbänder, Gummimatten, Luftkissen, Gummiabsätze, Keilriemen oder Gummifäden. Die Besucher tauschten sich zudem mit den zuständigen Mitarbeitern aus und erhielten dadurch einen umfassenden Einblick in die Arbeitsweise des Wettbewerbers. Jedes noch so kleine Detail wie die Beschaffenheit der Heizung in den Fabrikhallen oder die Frage, wie Diebstähle aus dem Werk verhindert werden, floss in die Berichte ein. Diese Berichte spiegeln deutlich wider, wie stark der Austausch die Beteiligten zur Reflexion anregte. Die besichtigten Anlagen und Prozesse wurden nicht einfach kopiert, sondern es wurde jeweils genau geprüft, wie und wo sie die Herangehensweise bei Continental verbessern konnten. Die Techniker äußerten sich in ihren Berichten teilweise beeindruckt über die Modernität der Goodrich-Produktion, teilweise schimmert aber auch der Stolz über die eigene Fortschrittlichkeit durch, die trotz des Ersten Weltkriegs in einigen Bereichen gewahrt werden konnte. Ein Continental-Produktionstechniker schrieb zum Beispiel 1921 in einem seiner Berichte:

> Sie [die Fabrikationen] für die Continental nutzbar zu machen, ist die nächste Aufgabe. Wahllos und kritiklos werden wir allerdings die Goodrich-Methoden nicht einführen. Auch die Goodrich hat Reklamationen und hält selbst nicht krampfhaft an Ihrer Arbeitsweise fest. [...] Im Gegenteil ist die ganze Organisation der Goodrich so zugeschnitten, dass jene Firma sehr elastisch bald Neuerungen aufnimmt, bald Artikel, weil sie unrentabel oder widerspenstig sind wie z. B. Drucktücher und Deckelriemen über Bord wirft. Mein Vorschlag geht dahin, mit Verbesserungen dort einzusetzen, wo uns der Schuh am meisten drückt.

Gerade Continental profitierte erheblich von diesem Austausch und konnte die eigene Wettbewerbsfähigkeit steigern. Mitten in der Hyperinflation wurden entscheidende Schritte zur Modernisierung und Rationalisierung gemacht, die dem Unternehmen gerade im Vergleich zu deutschen und europäischen Wettbewerbern einen großen Vorteil brachten. Auch finanziell wirkte sich das Abkommen stabilisierend aus, indem Goodrich ein Aktienpaket von 25 Prozent aus einer Kapitalerhöhung übernahm und Continental einen Kredit über 500.000 US-$ gewährte. Devisen waren in diesen Jahren wichtiger denn je, um Rohstoffe zu importieren und gleichzeitig das eigene Kapital vor dem Wertverlust zu bewahren. Während der neun Jahre andauernden Kooperation wurde das Continental-Werk in Hannover auf Basis des Austauschs einer umfassenden Transformation unterzogen. Jede technische Einrichtung und jeder Arbeitsprozess wurde unter die Lupe genommen und auf Rationalisierungspotenzial geprüft. 1925 schrieb zum Beispiel der oben zitierte Techniker an Direktor Tischbein:

> Bei meinem ersten Durchgang durch die Continental nach meiner Rückkehr aus Amerika war der Eindruck, den die Fabrik auf mich machte, kein schlechter. In fast allen Abteilungen sah man schon die Früchte der Amerikareisen in Gestalt von Maschinen, mechanischen Vorrichtungen und Hilfsmitteln zur Erzielung höherer Leistung und übersichtlicherer Fabrikation.

Die Kooperation mit Goodrich war stark durch eine persönliche Bindung der Vorstände geprägt. Seligmann und Tischbein auf der einen Seite und Bertram G. Work, der später durch David Goodrich ersetzt wurde, auf der anderen pflegten über die Jahre einen sehr direkten Austausch miteinander. Als Goodrich im Herbst 1928 signalisierte, das Aktienpaket verkaufen zu wollen, und die Verhandlungen zur Lösung des Abkommens aufgenommen wurden, fand dies im direkten Austausch zwischen Tischbein und Goodrich statt. Goodrich war zu Gast auf Tischbeins Gutshof in Rixförde gewesen, und der Briefwechsel der nächsten Monate lässt darauf schließen, dass zwischen beiden Familien ein fast freundschaftlicher Umgang herrschte.

Die Kooperation war insgesamt ein Erfolg und wesentliche Grundlage dafür, dass Continental wirtschaftlich wieder an die starke Wettbewerbsposition vor dem Ersten Weltkrieg anknüpfen konnte. Aus heutiger Sicht ist die Zusammenarbeit von Continental und Goodrich in zweifacher Hinsicht bedeutsam. Einerseits zeigt sich darin eine bemerkenswerte Bereitschaft zur Transparenz gerade auf der Seite von Goodrich. Diese Offenheit, Erfahrungen und Know-how auch mit Wettbewerbern auszutauschen, war zu dieser Zeit gerade in der US-amerikanischen Kautschukindustrie weit verbreitet. Darin lag eine tiefe Überzeugung, dass Fortschritt gerade durch solche Kooperationen gefördert würde statt durch Geheimniskrämerei und aggressiven Konkurrenzkampf. Wenige Jahre nach Kriegsende kostete eine solche Haltung auch Überwindung, denn die enge und freundschaftliche Zusammenarbeit mit einem Unternehmen aus einem vormals verfeindeten Land konnte potenziell auch Kritik auslösen. Gerade in der Inflationsphase in Deutschland grassierte zeitweise eine regelrechte Panik vor einer „Überfremdung" der Wirtschaft, da durch die Schwäche der Deutschen Mark Unternehmensanteile für ausländische Investoren zu Spottpreisen verfügbar waren. Seligmann und Tischbein ließen sich davon offenbar nicht beeindrucken, sondern ergriffen die sich bietenden Chancen.

Exportstrategie in der NS-Zeit und Fokussierung auf den deutschen Markt bis in die 1970er Jahre

Insgesamt fällt die Bilanz von Tischbeins Re-Internationalisierung in den 1920er Jahren eher negativ aus. Anders als die Wettbewerber gelang es ihm nicht, eine Auslandsfabrik aufzubauen. Zu groß war der Aufwand, den Heimatmarkt gegen die neue Konkurrenz zu verteidigen, die vielfach eigene Fabriken in Deutschland errichtete. Trotz aller Bemühungen gelang es Continental nur schwer, die vor dem Ersten Weltkrieg aufgebaute Position im Ausland wiederzugewinnen. Als sich die wirtschaftlichen Voraussetzungen nach Jahren der Inflation und Wirtschaftskrisen endlich wieder besserten, sah sich der Continental-Vorstand nach der Machtübernahme Hitlers im Januar 1933 mit einem Regime konfrontiert, das Internationalität völlig ablehnend gegenüberstand. Exporte und Aktivitäten im Ausland waren aus Sicht des NS-Regimes nur ein Instrument, um an dringend benötigte Devisen zu kommen. Autarkie, also die Unabhängigkeit zum Beispiel von Rohstoffimporten, wurde als oberstes Ziel ausgegeben, um die Ab-

Abb. 133: Werbebroschüre des Continental-Händlers in Bangkok aus dem Jahr 1938.

hängigkeit vom und damit auch die Verflechtung mit dem Ausland zu reduzieren.

Diese politische und wirtschaftliche Ideologie war fundamental konträr zu der Orientierung Continentals, wo seit 1871 die Internationalisierung fester Bestandteil der Unternehmenskultur war. Trotz aller Anbiederungen an das NS-Regime hielt der Vorstand daran lange fest und setzte darauf, eine Internationalisierungsstrategie entlang der eigenen unternehmerischen Interessen umzusetzen. Die globale Verflechtung vor dem Ersten Weltkrieg galt immer noch als Orientierungspunkt. Die Umsatzzahlen zeigten jedoch, wie die Bedeutung des Auslandsgeschäfts in der NS-Zeit immer weiter zurückging. 1934 machte der Export nur noch 9,1 Prozent des Gesamtumsatzes aus und 1938 nur noch 5,4 Prozent. 1913, im letzten Geschäftsjahr vor dem Ersten Weltkrieg, waren es noch 54,5 Prozent gewesen.

Gleichzeitig setzte der zuständige Continental-Vorstand Gustav Schmelz alles daran, die Exportpolitik zu intensivieren und entgegen der Strategie Tischbeins in den 1920er Jahren auch gezielt Auslandswerke zu errichten. Die Pläne für Fabriken in den USA und in der Schweiz scheiterten jedoch an den zuständigen Behörden, die mittlerweile konsequent die NS-Wirtschaftspolitik umsetzten. Erfolgreich war nur die Errichtung einer Reifenfabrik im spanischen Torre-

Abb. 134: Das Continental-Werk in Torrelavega im März 1936.

lavega im Frühjahr 1936. Erstmals nach 1914 verfügte Continental damit wieder über ein eigenes Werk im Ausland. Schon wenige Monate nach Produktionsbeginn geriet das Projekt jedoch ins Stocken, als Torrelavega im Spanischen Bürgerkrieg besetzt wurde und der Kontakt nach Hannover für über eineinhalb Jahre abriss. Erhebliche Probleme bereitete Continental auch, die eigenen Niederlassungen den neuen rassenpolitischen Vorstellungen des NS-Regimes anzupassen. Die Beschäftigung von jüdischen Mitarbeitern in den Auslandsvertretungen war seit 1938 verboten – eine Regel, die Continental ohne Widerspruch umsetzte, indem sie den betroffenen Mitarbeitern kündigte.

Während des Zweiten Weltkriegs war Continental Teil einer vom NS-Regime gesteuerten und beförderten europäischen Großraumwirtschaft. Der Vorstand um Generaldirektor Fritz Könecke setzte verschiedene Instrumente ein, um die Expansion Continentals im Windschatten der vorrückenden Wehrmacht zu befördern. Übernahmen von und Kapitalbeteiligungen an ausländischen Unternehmen wurden ergänzt durch Kooperationen und komplexe Pacht- und Betreuungsverträge. Diese von den deutschen Besatzungsbehörden gesteuerten Verträge bedeuteten, dass lokale gummiverarbeitende Unternehmen zum Beispiel an Continental zur „Betreuung" übergeben wurden. Das ganze Verfahren diente der Kontrolle und Einbindung der Produktionskapazitäten in die NS-Kriegswirtschaft und konnte erheblichen Ausbeutungscharakter annehmen. Continental beteiligte sich an diesem System und integrierte verschiedene solcher Pacht- und Betreuungsunternehmen in das eigene Produktionsnetz. Darunter waren auch zwei Werke in Posen (Poznań, Polen) und Krainburg (Kranj,

Slowenien bzw. Jugoslawien), die als viertes und fünftes Continental-Werk geführt wurden. Der Continental-Vorstand um Könecke versuchte sich durch diese Maßnahmen, eine günstige Ausgangsposition für die Zeit nach Kriegsende zu sichern. In den letzten Kriegsjahren bot das transnationale Produktionsnetz auch einen gewissen Schutz gegen die zunehmende Bedrohung durch Luftangriffe. Gleichzeitig wurde auch das Vertriebsnetz in den besetzten und verbündeten Staaten massiv ausgebaut.

In den letzten Kriegsmonaten zerriss das europäische Netz an Fabriken und Vertriebsgesellschaften vollständig. Hals über Kopf mussten die Werke in den besetzten und verbündeten Ländern geräumt werden, als die Alliierten ein Land nach dem anderen von der deutschen Besatzung befreiten. Fabriken in Banloc (Rumänien), 's-Hertogenbosch (Niederlande) und Zuen (Belgien) wurden geräumt, während die Continental-Werke in Deutschland immer wieder Luftangriffen ausgesetzt waren, bei denen das Stammwerk in Hannover wenige Wochen vor Kriegsende fast vollständig zerstört wurde. Wie schon nach dem Ersten Weltkrieg war das Auslandsnetz nach dem Kriegsende verloren und die „neuen" Werke in Posen und Krainburg verschwanden im Machtbereich der Roten Armee. Continental war damit in der Entwicklung erneut um Jahre zurückgeworfen.

Bereits kurz nach Kriegsende wurde Continental gerade für amerikanische Reifenkonzerne wieder ein favorisierter Kooperationspartner. Verschiedene Unternehmen prüften die Wiederaufnahme früherer bzw. neuer Geschäftsbeziehungen. Entscheidend waren dabei, wie schon nach dem Ersten Weltkrieg, einstige Geschäftskontakte aus der Vorkriegszeit, die genutzt werden konnten, um die abgerissenen Verbindungen zu den technologisch führenden Reifenherstellern in den USA wiederherzustellen. Die Continental-Techniker, die sich schon bald wieder auf den Weg machten, um intensive Besichtigungen durchzuführen, erlebten dabei einen regelrechten Schock über die Rückständigkeit der eigenen Technologie und Fertigungsprozesse. „Wir stehen unter dem Eindruck, dass unsere Herstellungsmethoden von denen der Firma General [Tire] weit überholt sind und teilweise als veraltet bezeichnet werden müssen", hieß es bereits im ersten Besichtigungsbericht aus Akron vom Sommer 1948. Im März 1949 wurde ein umfangreiches Kooperationsabkommen mit dem US-amerikanischen Reifenkonzern General Tire geschlossen. Inhalte waren, wie schon bei dem Abkommen mit Goodrich in den 1920ern, vor allem ein Austausch von Know-how. Die Kooperation folgte dem Grundsatz, „dass wir die modernen Einrichtungen und Arbeitsmethoden, insbesondere auf dem Gebiete der Reifenherstellung uneingeschränkt kennenlernen, wir andererseits der General Tire

Einblick in unsere Fabrikationsverfahren, vorzugsweise auf dem Gebiet der technischen und chirurgischen Gummiwaren, geben". Continentals Erfahrungen und Technologien bei der Herstellung von technischen Gummiprodukten waren für das US-Unternehmen interessant, da in Akron ebenfalls eine entsprechende Produktionslinie aufgebaut werden sollte. Continental wiederum gelangte auf diesem Weg an die neuesten Reifentechnologien und, fast noch wichtiger, an Wissen und Maschinen im Bereich Reifenfertigung.

Der Vertrag mit General Tire lief bis 1954 und wurde dann durch ein vergleichbares Abkommen mit dem Weltmarktführer Goodyear ersetzt, in dem sogar eine Produktion von Reifen der Marke Goodyear bei Continental beschlossen wurde. Diese Kooperation dauerte bis 1961 an und lief dann aus. Mit Leben erfüllt wurden beide Verträge durch Reisen von Continental-Technikern in die USA und umgekehrt. Der beginnende Kalte Krieg und die Konfrontation zwischen den USA und der Sowjetunion sind ein Erklärungsfaktor hierfür. Wichtig war aber auf jeden Fall, dass der in den 1920ern praktizierte Austausch miteinander auch in den 1930er Jahren nicht abriss und die persönlichen Kontakte unbeirrt gepflegt wurden. Man kannte und schätzte sich und fand darin eine Brücke, um schon wenige Jahre nach Kriegsende wieder miteinander zu kooperieren.

Es gab verschiedene weitere Projekte, mit denen Continental versuchte, erneut an die internationale Präsenz der Vorkriegszeit anzuknüpfen. „Seit Mitte 1948 haben wir Vertragsverhandlungen mit ausländischen Gummiwarenfabriken geführt, die in einem Falle eine gegenseitige technisch-chemische Beratung, in den anderen Fällen eine technisch-chemische Hilfe unsererseits zum Ziele haben." Das Abkommen mit General Tire wurde ergänzt durch einen Vertrag mit der Sociedad Argentina Tecnica Industria y Comercial in Buenos Aires (Argentinien) über technische Hilfeleistung bei der Errichtung einer Fabrik für technische Gummiwaren. Der Vertrag enthielt auch eine Option für die Lizenzproduktion von Continental-Produkten. Ein Hilfsleistungsvertrag mit der Mediterranea Gomma SA in San Vittore (Italien) wurde bald erneuert, und es sind aus dieser Zeit Pläne für eigene Fabriken in Brasilien, Norwegen und Indien überliefert: „Drei unserer bedeutendsten Fahrradreifen-Kunden aus der Vorkriegszeit haben uns in Hannover den Wunsch unterbreitet, ihnen bei der Errichtung und Betreibung einer Fahrradreifen-Fabrik in Britisch-Indien behilflich zu sein."

Im Juni 1949 wurden Verhandlungen mit dem Kooperationspartner General Tire aufgenommen, um eine gemeinsame Reifenfabrik in Dänemark zu errichten. „Continental übernimmt die chemisch-technische Leitung und Betreuung von Hannover aus, General Tire überträgt der Fabrik ihre neuesten Erfahrungen und Methoden." Ende August 1949 waren zwischen beiden Seiten bereits wesentliche Details besprochen: Vom Fabrikationsprogramm, der Preisgestaltung und Kostenstruktur bis hin zum Gehalt der zu beschäftigenden Stenotypistinnen gab es Vereinbarungen. Der dänische Markt bot nach Einschätzung der Verantwortlichen durchaus Potenzial für eine erneute Aktivität.

> [...] [W]ir können für uns in Anspruch nehmen, dass der Name ‚Continental' bei allen Firmen unserer Branche einen sehr guten Ruf hat. Dieser gute Ruf stützt sich auf jahrzehntelange persönliche Verbindungen unseres Hauses, auf unsere stets einwandfreien Qualitäten und auf unse Hilfe in Form von Warenlieferungen während des Krieges.

Letztlich verliefen die Planungen jedoch im Sand. Grund dafür war vermutlich die schwierige und zwischen den Projektpartnern intensiv diskutierte Finanzierung des Projekts. Zollgrenzen und Devisenbeschränkungen bildeten dafür die Hürden, an denen die Planungen letztlich scheiterten.

Die nicht gebaute Fabrik ist symptomatisch für die erfolglosen Versuche Continentals, wieder auf den Auslandsmärkten Fuß zu fassen. Die geschilderten Aktivitäten scheiterten fast alle oder erreichten nie einen nennenswerten Umfang, der an die frühere starke Position der Continental auf den Auslandsmärkten auch nur ansatzweise herankam. Der Fokus der folgenden Jahre lag auf dem heimischen Markt. Nach dem Ende des Zweiten Weltkriegs sah sich Continental dort einer zunehmenden Konkurrenz gegenüber. US-amerikanische, französische, britische, italienische und skandinavische Reifenhersteller setzten alles daran, sich ihren Marktanteil an der geradezu atemberaubend steigenden Mobilisierung der deutschen Gesellschaft zu sichern. Es entstanden dabei auch zahlreiche neue Werke, aber Continental konnte zunächst mit Mühe verhindern, dass der eigene Umsatz allzu stark in Mitleidenschaft gezogen wurde. Noch boten das Vertrauen vieler Menschen in die Marke „Continental" und die engen Verbindungen zu den erfolgreichen deutschen Automobilherstellern ausreichend Sicherheiten für die starke Stellung im Erstausrüstungs- und Ersatzgeschäft. Diese Stellung bröckelte allerdings schrittweise, und auch die vehementen Versuche des Continental-Vorstands, die in den vergangenen Jahrzehnten entstandenen, kartellähnlichen Strukturen zumindest teilweise in die Soziale Marktwirtschaft hinüberzuretten, liefen letztendlich ins Leere.

Die Konzentration auf das Inlandsgeschäft dauerte bis Mitte der 1960er Jahre an. Entgegen der in über 70 Jahren Unternehmensgeschichte etablierten Strategie, die internationale Expansion von Continental aktiv zu fördern, verkümmerte das Geschäft im und mit dem Ausland. Wie schon nach dem Ersten Weltkrieg war das zuvor errichtete Netz an Niederlassungen, Vertriebs- und Produktionsstandorten zerrissen. Auch die Markenrechte und Patente waren in vielen Ländern unter öffentliche Verwaltung gestellt. Verfahren zur Rückerstattung bzw. Entschädigung liefen teilweise viele Jahre, so dass sich die Continental-Geschäftsführung in vielen Ländern mit früher großer Bedeutung für den Export einer völlig unklaren Ausgangssituation gegenübersah. Die Herausforderungen beim Wiederaufbau des völlig zerstörten Stammwerks in Hannover-Vahrenwald sowie die heftigen Turbulenzen der ersten Nachkriegsjahre führten offenbar dazu, dass an dieser Stelle der Faden verloren wurde. Da die Absatzzahlen für Reifen und Gummiprodukte dennoch immer neue Rekordwerte erreichten, fiel die einseitige Konzentration auf das Inlandsgeschäft zunächst nicht weiter auf. Erst als das Ende der Wirtschaftswunderjahre einsetzte und zudem die internationale Konkurrenz immer mehr Marktanteile an sich ziehen konnte, wurde der vernachlässigte Exportmarkt als Kompensationsmöglichkeit plötzlich schmerzlich vermisst.

Bereits in den 1960ern sah sich Continental einer Reihe von Kooperations- und Fusionsangeboten gegenüber. Ein Angebot zur Übernahme der deutschen Reifenhersteller Metzeler, Fulda und Veith schlug der Vorstand aus, woraufhin Goodyear und Pirelli zuschlugen. Ein Zusammenschluss mit Dunlop und Pirelli wurde ebenfalls aus Furcht vor Fremdbestimmung abgelehnt, und als die beiden Unternehmen dann dennoch fusionierten, wehrte der Continental-Vorstand auch Kooperationsanfragen von Michelin ab. Noch war die Überzeugung groß, im Wettbewerb aus eigener Kraft bestehen zu können. Die Kooperation mit US-amerikanischen Reifenunternehmen wurde zwar offensiv genutzt, aber jede weitergehende Form von Fusion oder Übernahme war für den damaligen Vorstand keine Option. Auf den ersten Blick war Continental auch zu dieser Zeit schon ein internationalisiertes Unternehmen. 1964 startete im neuen Werk in Sarreguemines (Frankreich) die Produktion von Reifen. Gleichzeitig gab es Pläne für eine weitere Reifenfabrik in Brixen (Italien). Hinzu kam eine ganze Reihe von Minderheitsbeteiligungen an Fabriken zur Herstellung technischer Gummiprodukte in Südafrika, Spanien, Brasilien und Italien. Letztlich waren diese Auslandsengagements aber kein Hinweis auf eine tiefergehende Internationalisierungsstrategie, denn der Vorstand war viel zu sehr damit beschäftigt, die Position auf dem Heimatmarkt zu verteidigen. Der Exportanteil am Konzernumsatz betrug 1966 gerade einmal 15,2 Prozent.

Als allen Beteiligten in Hannover schließlich bewusst wurde, wie wichtig die Internationalisierung für Continental war, steckte das Unternehmen bereits in der Krise. Der technologische Rückstand gegenüber dem Stahlgürtelreifen von Michelin war offensichtlich, und hektische Versuche wurden unternommen, das Ruder noch herumzureißen. Auch die gesamtwirtschaftliche Lage trübte sich nach dem Ende des Nachkriegsbooms, bevor die Ölpreiskrise die Industriestaaten in eine heftige Rezession trieb. Eine organische Internationalisierung durch den Aufbau neuer Werke war in dieser Situation nicht mehr zu leisten, und so wurde auch ein Projekt für eine eigene Reifenfabrik in Brixen (Italien) aufgegeben.

Die vier Phasen der Internationalisierung von Continental (1979 bis heute)

Carl H. Hahn leitete als neuer Vorstandsvorsitzender ab April 1973 nicht nur eine harte Sanierungsphase bei Continental ein, sondern setzte auch bei der Internationalisierung auf eine andere Strategie als seine Vorgänger. An den Aufbau eigener Werke war aufgrund der Rahmenbedingungen nicht zu denken, aber Hahn startete dennoch die Flucht nach vorn. Am 1. Januar 1974 trat ein Kooperationsvertrag mit dem US-Reifenkonzern Uniroyal in Kraft, der auch eine Kaufoption für deren Europageschäft enthielt. Continental erhielt gegen eine Gebühr und Umsatzbeteiligung Zugang zur Uniroyal-Fertigungstechnik, und auch darüber hinaus wurde im großen Stil Know-how zwischen beiden Unternehmen ausgetauscht. Das Abkommen war Teil eines von Hahn initiierten Sanierungs- und Zukunftsplans, der unter anderem auf ein schnelles Aufholen des technologischen Rückstands setzte. Der Vertrag wurde im Frühjahr 1977 noch durch ein Abkommen im Bereich Lkw-Radialreifen ergänzt. „Wir müssen noch beweglicher und vor allem internationaler werden. Im Weltkonzert sind wir wohl ein guter aber noch zu kleiner Partner", verkündete Hahn auf der Betriebsversammlung Ende 1977. Immerhin erwirtschaftete Continental in diesem Jahr 25,2 Prozent des Umsatzes mit dem Export von Produkten.

1979 übernahm Continental dann das komplette Uniroyal-Europageschäft. Die Nachricht darüber war eine Sensation und zugleich Startpunkt der *ersten Internationalisierungsphase* nach dem Zweiten Weltkrieg. Continental hatte zuvor jahrelang um das Überleben gekämpft, große Verluste geschrieben und ernsthaft darüber diskutiert, aus dem Reifengeschäft komplett auszusteigen. Nun verfügte man auf einen Schlag über ein Vertriebsnetz in ganz Europa und Werke in Großbritannien (Newbridge), Frankreich (Clairoix), Belgien (Herstal), ein weiteres Werk in Deutschland (Aachen) und eine Fabrik für Textilcord in Steinfort (Luxemburg). Continental war damit von einem noch sehr national geprägten Unternehmen wieder zu einem europäischen Konzern geworden.

Abb. 135: Gespräch am Rande der Pressekonferenz anlässlich der Uniroyal-Übernahme.
V. l. n. r.: Helmut Werner (Uniroyal), Albert Englebert (Uniroyal), Carl H. Hahn (Continental).

Der Kauf war dabei weit mehr als eine Erweiterung der Produktionskapazitäten. Die Uniroyal-Manager hatten durch ihre lange Zugehörigkeit zu einem US-amerikanischen Konzern Erfahrungen darin gesammelt, den Vertrieb und die Produktion in einem multinationalen Netz zu organisieren. Herausforderungen, die vom Marketing in verschiedenen Märkten bis hin zu modernen Formen der Unternehmensorganisation reichten, waren den neu zu Continental stoßenden Mitarbeitern nicht fremd. Sie unterschieden sich darin von der teilweise behäbigen Verwaltung in Hannover, die sich viele Jahre nur auf den heimischen Markt und die eingespielten Verbindungen zu den deutschen Automobilherstellern konzentriert hatte. Bei der Integration der neuen Uniroyal-Geschäftsbereiche machten sich diese Mentalitäts- und Kulturunterschiede dann auch deutlich bemerkbar, und die Furcht vor einer „Uniroyalisierung" der Continental machte die Runde. Für Continental waren diese Entwicklungen neue Erfahrungen. Die Internationalisierungsstrategie war bisher immer darauf ausgerichtet gewesen, entweder die eigene Organisation durch Tochtergesellschaften oder Werke auszubauen oder Kooperationen einzugehen. Bei aller praktizierten Zusammenarbeit blieb dabei die Distanz gewahrt. Die Übernahme des Uniroyal-Europageschäfts war nicht nur geschäftlich eine Flucht nach vorn, sondern auch unternehmenskulturell ein zwar gewagter, aber letztlich erfolgreicher Schritt. Die gesamte Organisation und ihre Mitarbeiter wurden aus der deutschlandzentrierten Behäbigkeit wachgerüttelt und durch einen starken unternehmenskulturellen Impuls zum Umdenken animiert. Selbst wenn vergleichbare Ressourcen vorhanden gewesen wären, um Werke und Vertriebsnetze selbst aufzubauen, hätte dieser Schritt keine vergleichbare Wirkung gehabt. Eine „not invented here"-Haltung in Bezug auf Produkt- und Produktionstechnologie, auf Marketingstrategie und Organisationsprinzipien war nun kaum noch möglich, als die neuen Uniroyal-Kollegen plötzlich in die Arbeitsgruppen und Abteilungen der Continental Einzug hielten, noch dazu fließend Englisch sprachen und wesentlich souveräner in der neuen, nun wirklich international aufgestellten Continental auftraten. Seit der Ära Carl H. Hahn wehte ein neuer, auf immer stärkere Internationalisierung ausgerichteter Wind durch das Unternehmen. In der Unternehmenszeitschrift *conti intern* wurden Englischkurse angeboten und interessierte Mitarbeiter aufgerufen, für zwei bis drei Jahre in einer der zahlreichen Continental-Tochtergesellschaften im Ausland zu arbeiten: „Solch ein Einsatz bringt neue Erfahrungen und weitet den Horizont."

Ergänzt wurde die Übernahme des Uniroyal-Europageschäfts durch eine Reihe weiterer Kooperationen mit Wettbewerbern. Die Zusammenarbeit war meistens nach einem ähnlichen Muster aufgebaut. Continental brachte das technische Know-how ein und erhielt dadurch Produktionskapazitäten und Vertriebskanäle in den jeweiligen Ländern. Ein Abkommen mit der Toyo Tire & Rubber Company in Osaka (Japan) sollte einen Zugang zu den japanischen Automobilherstellern eröffnen und Continental den Einstieg in das japanische Ersatzgeschäft ermöglichen. Ein Abkommen mit General Tire von September 1982 war ähnlich angelegt: Continental stellte gegen eine Lizenzgebühr das Know-how im Bereich Lkw-Reifen zur Verfügung, und General Tire fertigte dafür 500.000 Reifen der Marke „Continental" für den US-amerikanischen Markt. In beiden Fällen handelte es sich um eine Zusammenarbeit zur gegenseitigen Stärkung. Mittelfristig bedeutete für Continental gerade die Auftragsfertigung eine Öffnung des japanischen bzw. des US-amerikanischen Markts für den Vertrieb eigener Produkte und eine stärkere Bekanntheit der Marke.

Diese pragmatische Geschäftsstrategie ist durchaus mit der Strategie in den 1900er Jahren vergleichbar. Seligmann und Prinzhorn nutzten in diesen Jahren ganz ähnliche Vereinbarungen, um die internationale Expansion der Continental trotz Handelshindernissen voranzutreiben. In beiden Phasen relativer Schwäche bzw. fehlender Möglichkeiten, aus eigener Kraft neue Märkte zu erschließen, wurden die Weichen für die Zukunft gestellt. Bereits in der Zeit vor 1914 war Continental quasi zur Internationalisierung gezwungen gewesen. Die noch nicht sehr schlagkräftige deutsche Automobilindustrie hätte der Expansion des Unternehmens sonst enge Grenzen gesetzt. Unter anderen Vorzeichen wiederholte sich diese Zwangslage 65 Jahre später, und es erwies sich wieder als geradezu notwendige Voraussetzung für die Entwicklung und sogar das Überleben des Unternehmens, dass dieser Schritt unternommen wurde.

Abb. 136: Horst W. Urban und Gilbert H. Neal in Akron (Ohio).

Ab 1979 wurde die Internationalisierung von Continental weiter massiv befördert. Innerhalb weniger Jahre verfügte das Unternehmen über eigene Werke in Frankreich, Irland, Österreich, Großbritannien, Belgien und Brasilien. Der endgültige Durchbruch zu einem internationalen und nun auch global aufgestellten Unternehmen gelang 1987 mit der Übernahme von General Tire, Akron (Ohio). Die *zweite Internationalisierungsphase* nach dem Zweiten Weltkrieg begann. Auf einen Schlag erweiterte sich das Produktionsnetz von Continental um sechs Werke in den USA und Werke in Kanada, Marokko und Mexiko. Der Auslandsanteil am Konzernumsatz lag nun bei 65 Prozent und erreichte damit nach 75 Jahren erstmals wieder das Niveau von 1913, dem bisherigen Höhepunkt der Internationalisierung. Ende 1988 arbeiteten erstmals in der Continental-Geschichte mehr als die Hälfte der Mitarbeiter außerhalb Deutschlands. Im Unterschied zu der vorher verfolgten Strategie wurde mit General Tire das ganze Unternehmen übernommen und integriert, das seinerseits eine lange gewachsene, eigene Unternehmenskultur mitbrachte. Die schon im Fall von Uniroyal auftretenden Reibungen wurden bei Continental nicht immer als Bereicherung wahrgenommen, sondern durchaus auch als Herausforderung bis hin zu der Furcht vor dem Verlust der eigenen Unternehmensidentität. Letztlich gelang aber in allen Fällen die erfolgreiche Integration. Die Konfrontation mit anderen Sichtweisen, Geschäftsmethoden und technischen Herangehensweisen generierte immer wieder Impulse zur Modernisierung des jeweils eigenen Ansatzes. In abgeschwächter Form war das auch bei den Kooperationen der Fall, die aber dennoch immer Verbindungen auf Zeit waren. Erst als die früheren Wettbewerber und Kooperationspartner vom anderen Kontinent plötzlich Kollegen waren, musste eine gemeinsame Basis für die Zusammenarbeit gefunden werden. Diese Konfrontation mit dem Fremden und die Reflexion der eigenen unternehmerischen Kultur und Identität hatten einen großen Anteil an der Modernisierung und Zukunftsfähigkeit beider Seiten. Semperit (1985), Gislaved (1990) und Barum (1993) erweiterten in dieser Phase nicht nur das Reifenportfolio, sondern auch das internationale Produktionsnetz von Continental.

Die Tendenz zu einer immer stärkeren Internationalisierung setzte sich bei Continental auch nach der Übernahme von General Tire unvermindert fort und hält letztlich bis heute an. In einer *dritten Internationalisierungsphase* wurden ab Anfang der 2000er Jahre vermehrt Produktionskapazitäten nach Osteuropa verlagert. Dieser Prozess hatte bereits in den 1990er Jahren begonnen und wurde nun umso intensiver fortgesetzt. Nach dem Ende des Kalten Kriegs ging Continental verschiedene Kooperationen mit lokalen Herstellern ein, um sich einen Anteil an den neu zu erschließenden Märkten zu sichern. Mit den Werken in Otrokovice (Tschechien), Púchov (Slowakei) und Timişoara (Rumänien) wurde das Produktionsnetz von Continental um Standorte erweitert, die heute mit Abstand zu den größten Reifenwerken des Konzerns gehören. In einem zweiten Schritt wurden kostenintensivere Werke in Österreich (Traiskirchen), Schweden (Gislaved), Belgien (Herstal) oder Frankreich (Clairoix) geschlossen. Im Werk in Hannover-Stöcken wurde schrittweise die Reifenproduktion beendet. Hintergrund war ein erheblicher Nachfragerückgang in der gesamten Automobilindustrie, der sich durch die Terroranschläge vom 11. September 2001 nochmals verschärfte. „Unsere Entscheidungen haben nur ein Ziel: Continental wieder zu stärken", kommentierte Vorstandsvorsitzender Manfred Wennemer die harten Maßnahmen 2002.

Mit enger zeitlicher Taktung wurden weitere deutsche, aber auch zahlreiche internationale Unternehmen in den Continental-Konzern integriert. Phoenix (2004) und Veyance (2015) machten das Geschäftsfeld ContiTech zu einem der weltweit größten Spezialisten für Kautschuk- und Kunststofftechnologien. Bereits seit den frühen 1990er Jahren verfolgt Continental dazu eine intensive Diversifizierungsstrategie, um sich von einem reinen Hersteller von Gummi- und Kunststoffprodukten zu einem breit aufgestellten Systemlieferanten zu entwickeln. Die dabei durchgeführten Akquisitionen wie Teves (1998), Temic (2001) und gerade Siemens VDO (2007) machten Continental zu einem umfassend globalisierten Unternehmen mit Werken und Vertriebsstandorten in allen Teilen der Welt.

In einer *vierten Internationalisierungsphase* wurde nach Überwindung der globalen Wirtschafts- und Finanzkrise 2010 die Expansion nach Asien erheblich intensiviert. Die ersten Aktivitäten in diese Richtung gab es schon zu Beginn des Jahrzehnts, als einerseits durch die Akquisitionen von Temic, Phoenix und Siemens VDO asiatische Standorte Teil des Konzerns wurden. Andererseits wurden in der frühen Phase gerade in den Konzernbereichen ContiTech und Automotive Systems eine Reihe von Joint Ventures mit chinesischen Partnern eingegangen. „Mit der Produktion vor Ort die Wettbewerbsfähigkeit erhöhen und neue Märkte erschließen: Das ist das Ziel von Continental auch in China." Angestrebt wurde dieses Ziel anfangs recht zurückhaltend, wie auch in der *conti intern* offen angesprochen wurde. Die Expansionsstrategie „ist gekennzeichnet durch eine bewusst behutsame Suche nach Kooperationspartnern und kleineren Zukaufsmöglichkeiten." Dennoch war Continental bis 2010 in den wichtigsten lokalen Märkten in Ost- und Südostasien vertreten: Teilweise durch eigene Werke oder nur durch Vertriebsgesellschaften, die auch von einer sukzessiven Durchsetzung des Freihandels profitierten. Eigene bzw. gemeinschaftliche betriebene Werke gab es zu diesem Zeitpunkt bereits in Australien, China, Indien, Indonesien, Japan, Malaysia, auf den Philippinen, auf Sri Lanka, in Südkorea und Thailand. Die *conti intern* schrieb 2010: „Continental investiert massiv in Asien und wird dies auch weiterhin tun. Parallel zur geplanten Lokalisierung der gesamten Wertschöpfungskette hat Continental den lokalen Kundenstamm durch Joint Ventures mit lokalen Partnern erweitert." Mittlerweile gab es in Asien 41 Produktionsstätten und 27 Vertriebsbüros, in denen 23.000 Mitarbeiter arbeiteten. Insgesamt wurden 14 Prozent des Konzernumsatzes in Asien erwirtschaftet.

Unter Elmar Degenhart als Vorstandsvorsitzendem wurde die Expansion nach Asien nochmals intensiviert. Continental setzte dabei gezielt darauf, „in der Region für die Region" zu arbeiten und die gesamte Wertschöpfungskette zu lokalisieren – vom Einkauf und Marketing bis zu Forschung & Entwicklung und Produktion. Die Region Asien sei „der Wachstumsmarkt für unsere Produkte schlechthin", verkündete Degenhart in einem Interview. Degenhart fungierte ab 2010 als „Sponsor" für die neu definierte Schlüsselregion China. Bei der ers-

远在天边近在眼前
康迪泰克在中国

So far, yet so near.
ContiTech in China

Abb. 137: Imagebroschüre von 2007 über das Engagement des Unternehmensbereichs ContiTech in China.

ten Reise nach China im Frühjahr 2010 unterstrich er die Bedeutung des Markts und die Chancen, die sich daraus für Continental ergeben. „Es ist unsere Aufgabe, sie aufzugreifen und das Beste aus ihnen zu machen. [...] Wir sollten unseren Umsatz verdoppeln oder verdreifachen können." Der Auslandsumsatz des Konzerns kletterte von 72,8 Prozent (2010) auf 82 Prozent (2020). 24 Prozent des Umsatzes wurden im Geschäftsjahr 2020 in Asien erwirtschaftet, 30 Prozent in Europa und 25 Prozent in Nordamerika. Mit heute 561 Standorten in 58 Ländern und Märkten ist Continental damit so international aufgestellt wie nie zuvor.

Der Blick auf diese lange Entwicklung zeigt, dass Internationalisierung seit der Gründung 1871 zur unternehmerischen Kultur von Continental gehört. Schon die Gründer und insbesondere Siegmund Seligmann sahen das Potenzial, die

Continental-Produkte auch auf anderen Märkten erfolgreich zu verkaufen. Gleichzeitig war die internationale Expansion auch immer eine notwendige Voraussetzung, um den nachhaltigen Geschäftserfolg zu sichern. Ohne die mutigen Schritte, Continental über Hannover, Deutschland und Europa hinaus in die ganze Welt zu tragen, wäre das Unternehmen keinesfalls 150 Jahre alt geworden. Die Geschichte der Internationalisierung von Continental ist somit gleichzeitig die Geschichte von erfolgreicher Zusammenarbeit. Aus eigener Kraft wäre es in vielen Situationen kaum möglich gewesen, eine Expansion erfolgreich zu gestalten oder technologische Rückstände aufzuholen. Die Offenheit gegenüber Kooperationen mit Wettbewerbern führte immer wieder dazu, dass letztlich beide Partner gestärkt aus der Zusammenarbeit hervorgingen. Zwei verheerende Weltkriege warfen Continental in diesem Prozess weit zurück. Erst die nach dem Zweiten Weltkrieg einsetzende, lange Friedensphase in Mitteleuropa ermöglichte Continental die immer stärkere Entfaltung der Internationalisierung und Globalisierung. Diese Entwicklung steht keineswegs im Widerspruch zu einer früheren lokalen Beschränkung des Unternehmens. Sie ist vielmehr die konsequente Weiterführung einer Strategie, die in den 1880er Jahren begann, durch zwei Weltkriege unterbrochen wurde und heute bei Continental gelebt und fortgesetzt wird. Continental ist heute ein echtes Weltunternehmen mit einer immer engeren Vernetzung von überall auf der Welt tätigen Mitarbeitern. Die Hindernisse, die dieser Entfaltung in der Vergangenheit entgegenstanden, sind keineswegs aus der Welt. Auch heute gibt es noch oder gerade wieder politische Tendenzen zu Marktabschottungen, Wettbewerbsverzerrungen und Handelskriegen. Die Globalisierung der Wirtschaft wird nicht nur in Deutschland zuletzt wieder kritisch hinterfragt. Für Continental war und ist sie eine der wesentlichen Voraussetzungen für den unternehmerischen Erfolg.

9 Zwischen Vision und Spekulation: Continental im Jahr 2046 oder: Zur Geschichte und Gegenwart von Zukunftserwartungen im Unternehmen

Die Visionen einzelner Unternehmensleiter und von den Zeitgenossen für undenkbar gehaltene Entwicklungen des Unternehmens haben seit jeher die Geschichte der Continental geprägt. Das fing bei Siegmund Seligmann an, der Continental als weltweit umspannendes kautschukverarbeitendes Unternehmen sah, zu einer Zeit, als der hannoversche Betrieb noch mit Krisen zu kämpfen hatte; gefolgt von Willy Tischbein, der aus dem Unternehmen einen modernen Reifenkonzern schmiedete, bis hin zu den Visionen der 1990er Jahre mit Continental als global agierendem, über den Reifenbereich hinausreichendem Technologieführer und integriertem Zulieferkonzern und schließlich den gegenwärtigen Vorstellungen von der Transformation des Unternehmens zum Betriebssystem-Provider der neuen softwaregestützten Mobilität. Die Reichweite der Antizipationsfähigkeit und die Vorstellungen von der Zukunft eines Unternehmens sind allerdings einem Wandel unterworfen. Mal werden langfristige Unternehmensziele verfolgt, die auch in große Visionen von der zukünftigen Rolle, Wettbewerbsposition und das Geschäftsmodell münden, mal reichen die unternehmenspolitischen Pläne nur zu einer Verortung innerhalb bereits allenthalben sichtbarer „Mega-Trends", und mal zwingen die Umstände dazu, das Unternehmen „auf Sicht zu steuern" und auf die bloße Bewältigung der Herausforderungen der jeweiligen Zeit auszurichten. Auch das prägte zeitweise die Continental-Geschichte. Krisenzeiten verändern auch die unternehmenspolitischen Zukunftsvorstellungen, vor allem wenn ein Unternehmen nach hochfliegenden Visionen wieder auf den Boden der Tatsachen des operativen Geschäfts und der Verhältnisse auf den Märkten geholt wird. Zukunftsplanungen, Visionen und unternehmenspolitische Ziele wurden vielfach nicht explizit ausformuliert und geäußert, aber faktisch operativ verfolgt, ein andermal ausdrücklich geäußert und vielfach propagiert, aber tatsächlich im Geschäftsalltag kaum berücksichtigt.

Die Zukunftserwartungen der Unternehmensführungen korrelierten dabei meist mit den technologischen Entwicklungen und den technischen Innovationszyklen. Früher ging man daher in die Laboratorien der F&E-Abteilungen, wenn man etwas über die Zukunft eines Unternehmens wissen wollte. Zukunfts-

https://doi.org/10.1515/9783110731613-009

fähigkeit wurde lange mit F&E-Kompetenz, strategische Zukunftsvisionen wurden mit technischen Zukunftsvisionen gleichgesetzt. Aber diese rein technologische Perzeption von Zukunft verlor in Zeiten eines (scheinbar) beständigen Schrumpfens technischer Inkubationszeiten und durch den Bedeutungszuwachs einer ganzheitlichen Zukunftsperspektive unter Einschluss von Ökologie, Ökonomie, Politik und Gesellschaft an Bedeutung, auch wenn sie vermutlich nach wie vor am wirkungsmächtigsten ist.

Die Zukunftsvorstellungen und Visionen wurden jahrzehntelang im Unternehmen selbst entwickelt und in unternehmenspolitische Strategien gegossen. Zunehmend werden diese jedoch auch von außen als Erwartungen von Investoren, Analysten und „den Märkten" an das Unternehmen herangetragen oder gar von diesen regelrecht diktiert, die mehr an einer höchstens mittelfristigen „investment story" als an langfristigen Zukunftskonzepten interessiert sind. Zukunftsvisionen sind längst auch Teil des Geschäftsmodells der Consulting-Industrie geworden, die damit auch für eine gewisse Normierung von Zukunftsvisionen von Unternehmen sorgen. Das demgegenüber von dem berühmten Ökonom Joseph Schumpeter propagierte Modell, dass die Grundlage für innovatives Handeln die Intuition, die Freiheit und der Mut des Unternehmers ist, ohne Kenntnis der Zukunft gewohnte Pfade zu verlassen, verblasste demgegenüber, ohne dass es aber seine Gültigkeit verlor. Runde Unternehmensjubiläen waren und sind in der Regel Anlass für die Formulierung von Zukunftsvisionen und der künftigen Marktpositionierung und Entwicklung des Unternehmens. Mit dem Wissen von der vergangenen Zukunft besitzt der Historiker einen Informationsvorsprung gegenüber den zeitgenössischen Akteuren. Diesmal geht es aber nicht darum, deren Unternehmenspolitik im Nachhinein zu bewerten, sondern die jeweiligen Wissens- und Informationsstände, die Erfahrungen und Erwartungen der in ihrer Zeit agierenden Unternehmensleiter in den Blick zu nehmen. Insofern lässt sich die Zukunft sozusagen unternehmenshistorisch einordnen. Dies geschieht im Folgenden für Continental.

Die Erfindung der neuen Mobilität als Ergebnis der Beherrschung des Werkstoffs der Zukunft. Continental im langen „Gummizeitalter" (1870er bis 1930er Jahre)

Über Mobilität machte sich Siegmund Seligmann, als er 1879 die Unternehmensleitung übernahm, zunächst wohl kaum Gedanken, und er besaß vermutlich auch keine genauen Vorstellungen davon, wie diese aussehen würde. Die

Welt der Mobilität in den 1880er Jahren war noch von Eisenbahn, Pferdefuhrwerken und vollgummibereiften Hochrädern geprägt, aber selbst als die Fahrradluftreifen und wenig später Automobilpneumatiks entstanden, war noch lange nicht absehbar, dass daraus jemals ein Massengeschäft werden würde. Worüber sich Seligmann aber Gedanken machte und was seine Vision von der Entwicklung der Continental prägte, war die Beherrschung des Kautschuks als Werkstoff der Zukunft und eine daraus abgeleitete Diversifikationsstrategie. Seligmann sah Continental als weltweit operierendes kautschukverarbeitendes Unternehmen, das mit zahllosen technischen und für Freizeit wie Alltag nützlichen Gummiprodukten, wozu als hervorstechende Continental-Artikel die Fahrrad-, Motorrad- und Automobilreifen gehörten, die Märkte eroberte. Und das gelang ihm bereits um die Jahrhundertwende weitgehend. „The World's Dependence on Rubber" hatte die englische Fachzeitschrift *India Rubber World*, die man auch in Hannover regelmäßig las, im Jahr 1903 einen Artikel überschrieben und darin das vielversprechende Gummizeitalter beschrieben. Continental war da in ihrer operativen Unternehmenspolitik schon einen Schritt voraus. Wenn man so will, war Continental zu diesem Zeitpunkt so etwas wie ein Vertreter einer modernen „Plattform-Ökonomie" der damaligen Zeit: Man beherrschte einen der zentralen Zukunfts-Werkstoffe, und auf der Basis dieses Know-hows und mit Zunahme des entsprechenden Wissens erschloss man nach und nach zahllose neue Produktbereiche und Anwendungsfelder. Oder mit anderen Worten: Die „Noch-nicht-Märkte" des Kautschuks waren die eigentliche Zukunftschance. Das zentrale Vehikel dazu war das bereits 1874 eingerichtete Kautschuk-Laboratorium unter Leitung des Chemikers Adolf Prinzhorn, der damit begann, systematisch die Gummifabrikation und Kautschukverarbeitung auf eine wissenschaftliche Grundlage zu stellen. Relativ früh setzte damit bei Continental jener fundamentale Prozess der Verwissenschaftlichung der Industrie ein, d. h. die „Innovationsproduktion" innerhalb des Unternehmens, die die deutsche Industrie insgesamt vor dem Ersten Weltkrieg auf den Weltmärkten so wettbewerbsfähig und erfolgreich werden ließ.

Willy Tischbein hatte es nach Ende des Ersten Weltkriegs einerseits schwerer, andererseits, was die Zukunft der Mobilität anging, aber auch wieder leichter. Trotz der zahllosen widrigen Umstände, der mühsamen Rückkehr auf die Weltmärkte und der Bewältigung der Inflation war sein Handeln nicht von einer simplen Vision des Wiederanknüpfens an die alte Größe in der Vergangenheit geprägt. Er fokussierte die Entwicklung stärker auf die Transformation der Continental zum Reifenkonzern, mit Hilfe der Amerikaner in Gestalt des Reifenkonzerns Goodrich. Der Blick in die USA und die direkten Erfahrungen bei den

Abb. 138: Laboratorien der Zukunft: Blick in F&E-Abteilungen vor 1914 und in den 1920er Jahren.

zahlreichen Amerika-Reisen nach Akron/Ohio, der inzwischen zur Welthauptstadt des Gummis aufgestiegenen Metropole, hatten ihm einen ebenso deutlichen wie konkreten Eindruck davon verschafft, wie die Mobilität der Zukunft aussehen würde, mit Massenmotorisierung und Automobilismus für und durch jedermann – ein Szenario, das sich in Deutschland in den 1920er Jahren allenfalls langsam in Konturen abzeichnete und tatsächlich erst in den 1950er Jahren zum Durchbruch kommen sollte. Als Continental 1921 sein 50jähriges Bestehen feierte, war von großen Visionen und Zukunftserwartungen allerdings nicht viel zu spüren. „Wenige Rohstoffe", so hieß es in der Festschrift,

> lassen sich zu so vielerlei Dingen verarbeiten wie der Gummi; unzähligen Zwecken des täglichen Lebens, des Verkehrs und der verschiedensten Gewerbe ist er dienstbar. Er erobert sich immer neue Gebiete. Wohin wir in seiner Anwendung in abermals fünfzig Jahren gelangt sein werden, das vermag heute noch niemand zu sagen. Jedenfalls wollen wir den fünfzigsten Geburtstag unserer Werke nicht als Abschluß betrachten, sondern als Anfangstag zu einem ferneren Aufstieg des Gummigewerbes, zu einem weiteren Aufblühen unseres Hauses.

Das klang wie die nachträgliche Ausformulierung der Seligmann-Vision und der bereits weitgehend in den Jahren zuvor erreichten Ziele. Und auch im Geschäftsbericht 1918 war von Optimismus nichts zu spüren. „Wir blicken", so hieß es dort, „mit schwerer Sorge in die Zukunft. Wir müssen ernstlich befürchten, daß wir auf dem Weltmarkte nicht konkurrenzfähig bleiben und selbst im Inlande bei wieder geöffneten Grenzen kaum im Stande sein werden, uns der Auslandskonkurrenz zu erwehren". Die Prognosen der damaligen Branchenexperten für die deutsche Gummiindustrie waren insgesamt jedoch sehr günstig und verhießen ihr, allein durch die „Wiederauffüllung des deutschen Verbrauchsmarktes mit Gummiwaren der verschiedensten Art", allen voran im Automobilreifengeschäft, eine vielversprechende Zukunft, wie etwa der *Berliner Börsen-Courier* Mitte 1918 attestiert hatte. Es gab durchaus noch weitsichtigere Branchenexperten, insbesondere was die künftige technische Entwicklung anging. In der „Gummi-Zeitung" 1922 erschien etwa unter der Überschrift „Zukunftsbilder der Kautschuk-Industrie" ein fiktiver Bericht über die Besichtigung der „Ideal-Omnium-Rubber Works" im Jahr 1940 sowie eine Schilderung der Kautschukwarenfabrikation im Jahre 1952. Obwohl beide Berichte als nicht ganz ernstzunehmende Spekulationen präsentiert wurden, enthielten sie bemerkenswerte Zukunftsszenarien und -entwicklungen, die Jahrzehnte später zum Teil tatsächlich Wirklichkeit wurden. Da war von energiearmer Vulkanisationstechnik die Rede, von Luftreifen ohne Innenschläuche, aber auch von unzerstörbaren Eisenbahnschienen aus Hartkautschuk statt spröder Stahlschienen, von fußwarmen Kautschukunterlagen infolge innovativer Mischtechnologie und nicht zuletzt von einem sich selbst regenerierenden Kautschuk, durch den die abgenutzte Reifenoberfläche sich durch eingefügte Röhrchen mit Kautschukmasse stets selbst erneuerte und der Reifen damit keiner Auswechslung mehr bedurfte.

Tischbeins Visionen waren jedoch anderer Art. Er hatte eine langfristig angelegte Vorstellung von der künftigen Marktposition der Continental: Zusammen mit Goodrich wollte er den europäischen Reifenmarkt aufmischen und die starken Konkurrenten Michelin, Dunlop und auch Pirelli in die Defensive drängen. Danach war vermutlich auch ein Wiederanknüpfen an die weltweite Expansion anvisiert. Die Realisierung der Vision scheiterte vor allem an der zögerlichen Haltung des Goodrich-Vorstands, der nach dem plötzlichen Tod von Tischbeins kongenialem Geschäftspartner und Goodrich-Manager Bertram G. Work im August 1927 eine defensive Europapolitik ohne deutschen Juniorpartner einleitete. Und sie wurde vor allem auch noch durch die wachsenden konjunkturellen Turbulenzen in den Hintergrund gedrängt. Die wirtschaftlichen Einbrüche 1926 und dann vor allem zwischen 1929 und 1932 zwangen Tischbein dazu, sich auf das drängende operative Tagesgeschäft zu konzentrieren und Continental durch einen radikalen Rationalisierungs- und Sparkurs krisenfest zu machen, was ihm nicht zuletzt auch durch die diversen Übernahmen von Konkurrenten, allen voran der benachbarten Excelsior AG, gelang. Continental beherrschte 1932 als „Gummi-Trust" mit weitem Abstand den deutschen Heimatmarkt. Auf seiner berühmten Rede im Januar 1932 wagte Tischbein, zu einem Zeitpunkt, als alle anderen noch mit der unmittelbaren Krisenbewältigung, mit Umsatzeinbrüchen und massiven Verlusten beschäftigt waren, auch bereits wieder einen Blick in die Zukunft der Nachkrisenjahre. „Ich bin überzeugt", so Tischbein,

> daß unsere Stellung nie so günstig war wie augenblicklich. Wir haben finanziell nie besser gestanden als heute; wir waren in der technischen Einrichtung der Fabrik nie besser und weiter als heute, womit ich natürlich nicht sagen will, daß nicht noch Fortschritte gemacht werden können und müssen. Es sind auch bemerkenswerte Erfolge in der Organisation und Ausbildung des Verkaufsapparates zu verzeichnen, so daß ich – alles zusammengefaßt – nochmals betonen möchte, daß das Jahr 1932 bei der Ausnutzung aller der von mir angeführten Momente durch alle Mitarbeiter für uns günstig werden muß [...] Bedarf ist immer, Bedarf wird immer sein, und es liegt nur an uns, uns den Teil des auf dem Markt auftretenden Bedarfs zu sichern, der uns gehört und von uns zu decken ist.

Keine Visionen oder: Die Zukunft liegt in der Bewältigung der Gegenwart (1930er bis 1970er Jahre)

In der NS-Zeit übernahmen das Reichswirtschaftsministerium und das Reichsamt für Wirtschaftsausbau die Formulierung der Zukunftsplanungen für Continental, die sich den Plänen und Zielen des NS-Regimes unterzuordnen hatten. In den Planspielen der nationalsozialistischen Wirtschaftsbürokraten wurde

Continental die Rolle als führendes Großunternehmen der Kautschukindustrie in der von den NS-Planern entworfenen „europäischen Großraumwirtschaft" zugewiesen, dem sich die französischen und italienischen Konkurrenten unterzuordnen hatten. Das machtpolitische Vehikel war die deutsche Buna-Technologie. Zugleich war aber das Reichwirtschaftsministerium darauf bedacht, Continental nicht zu groß und mächtig werden zu lassen und damit etwaige eigene unternehmenspolitische Ziele über die rüstungs- und kriegswirtschaftlichen Ziele des NS-Regimes zu stellen. Die Vision der NS-Bürokraten ging durchaus in die Richtung, die Reifenwelt der 1930er Jahre und in der Zukunft zwischen den deutschen und amerikanischen Konzernen aufzuteilen, – japanische Unternehmen existierten noch nicht oder waren wie die erst 1931 gegründete Bridgestone diesbezüglich vernachlässigbar. Der Continental-Vorstand fügte sich diesen hochfliegenden Plänen der NS-Behörden weitgehend und integrierte die Ziele vielfach auch in seine Unternehmenspolitik, obwohl man intern auch erhebliche Skepsis gegenüber diesen Vorgaben hegte. Ende 1943 befand sich das Unternehmen im Zentrum eines weit gespannten, transnationalen Netzwerks aus Pacht-, Betreuungs- und Beratungsfirmen der Kautschukindustrie, das dann aber zwischen 1944 und Anfang 1945 regelrecht implodierte.

Wie in den 1920er Jahren suchte Continental nach dem Zweiten Weltkrieg mit Hilfe der amerikanischen Reifenkonzerne wieder Anschluss an die Technologie und internationale Marktpräsenz und war dabei erfolgreich. Doch anstelle weitreichender Visionen dominierten eine kurzfristige Wiederaufbau-Perspektive und die Fokussierung auf den Heimatmarkt. Die Gummiwelt der unmittelbaren Nachkriegs- und der Wirtschaftswunderjahre war nicht von Aufbruchswillen und Zukunftsvorstellungen, sondern von fest gefügten Strukturen geprägt, die auch das Denken des damaligen Continental-Vorstands bestimmten. „Die technischen Gummiwaren zu 90 Prozent Konsum, die Reifenwelt diagonal, Michelin und Bridgestone ohne Bedeutung, Dunlop eine Weltfirma, Marketing eine Verteilungsinstanz, die Vorstände nicht mehr von dieser Welt, das Wort Controller erweckte höchstens Assoziationen mit der Straßenbahn, das Rohstoff- und Maschinenangebot von einer unvorstellbaren Schlichtheit" – so schilderte einer der späteren Continental-Vorstände rückblickend die Situation in den 1950er und 60er Jahren. Unternehmensstrategische Planungen waren in Hannover weitgehend zur bloßen Fortschreibung des Status quo verkümmert. Als Beweis für die Richtigkeit dieses eingeschlagenen Kurses konnten die Konzernlenker jedoch allenthalben auf reichlich sprudelnde Gewinne und hohe Profitabilität verweisen. Die Politik des „keine Experimente Machens" und die Verteidigung der traditionellen dominierenden Marktmacht zahlte sich aus, die

Bequemlichkeit der wettbewerbsarmen angebotsorientierten Reifenmärkte wurde scheinbar belohnt.

Dabei fühlten sich die damaligen Continental-Vorstände durchaus für die Zukunft gerüstet. Man predigte die Vision von der neuen Continental auch als Kunststoffhersteller und Spieler im aufkommenden Plastikzeitalter, das jedoch schon von übermächtigen Konkurrenten aus der Chemieindustrie beherrscht wurde. Und man wiegte sich in der falschen Sicherheit großer F&E-Laboratorien mit neuesten Messgeräten, hohen F&E-Aufwendungen, die dafür sorgen würden, dass man neue Technologien und zukünftige Reifenentwicklungen nicht verschlief. Vor allem auch die enge technologische und wissenschaftliche Verbindung zur weltweit führenden amerikanischen Reifenindustrie flankierte den Wiederaufstieg des Unternehmens, und man attestierte sich spätestens 1961 die „wieder errungene Weltgeltung der Continental". Die F&E-Methoden waren hochmodern und ihrer Zeit teilweise voraus, wie etwa das 1968 weltweit erste elektronisch gesteuerte, selbstfahrende Automobil für Reifenversuche.

Doch während sich die Continental-Forscher mit der aufwändigen Optimierung des Bestehenden befassten, arbeiteten ihre Kollegen bei Michelin schon längst an der Umsetzung eines völlig neuen Reifenkonzepts – das eigentlich so neu nicht war und mit dessen Prinzipien sich auch die Continental-Ingenieure in den 1930er Jahren schon einmal beschäftigt hatten. Die Bemühungen waren aber nicht weiterverfolgt oder später wieder aufgenommen worden. Die Antizipationsfähigkeit im Unternehmen konzentrierte sich nicht auf Technologie, sondern beschränkte sich 1969 auf die Extrapolation der Pkw- und Lkw-Bestandszahlen im Jahr 1985. Aus der Hochrechnung des sich daraus ergebenden Reifenbedarfs, zusammen mit dem prognostizierten durchschnittlichen Ersatzkoeffizienten von 1,4 Reifen pro Fahrzeug und Jahr, ergaben sich komfortable Zukunfts- und Geschäftsaussichten.

Überraschenderweise präsentierte Continental anlässlich seines 100jährigen Gründungsjubiläums im Oktober 1971 dann doch den Kunden, Mitarbeitern und der Öffentlichkeit in einer Broschüre eine auf den ersten Blick merkwürdig anmutende Vision: die „Zukunft der Federung", verbunden mit einer Vorausschau auf die Entwicklung des Verkehrs und der Mobilität in den kommenden Jahren. „Die ständig verbesserbare zentrale Funktion von Kautschuk ist Federung", so hieß es dazu, Federung im weitesten Sinne des Worts, bis zum Abfangen von Schwingungen, Stoß und Lärm. Die „flexible" Dichtung tritt hinzu. „Federung wird überall zunehmend gebraucht, je mehr Energie, Gewicht und Geräusch in die Technik einziehen. Sie will nicht Gummiartikel, sondern Funktion, ein System sein. Folgerichtig wird die Continental zum beratenden Liefe-

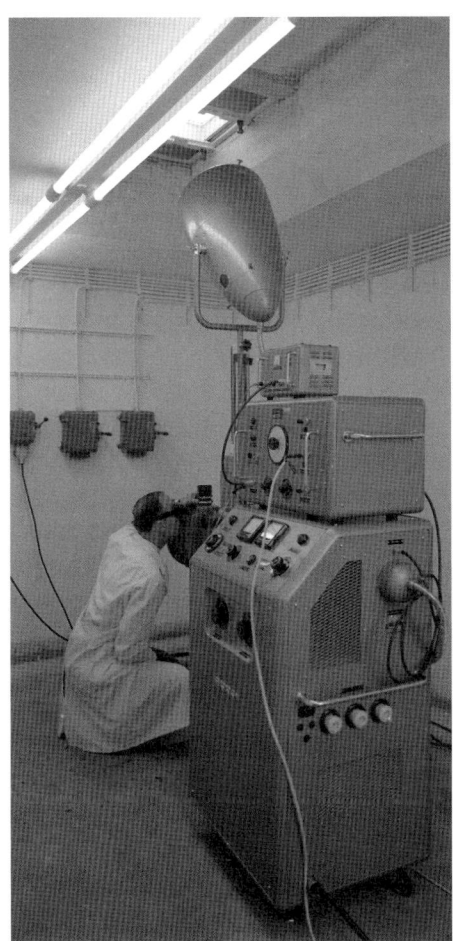

Abb. 139: Laboratorien der Zukunft: F&E-Einrichtung 1967 (Unterflur-Labor mit Elektronenstroboskop) zur Messung und Aufnahme von Reifenhaftung und Abrollverhalten während Fahrtests am Contidrom, dem Testgelände des Unternehmens.

ranten optimaler Federung. Sie liefert zunehmend nicht nur die Produkte dieser Federung, als die ‚Hardware', sondern auch die Beratung, eine Fülle von Diensten. Continental verkauft nicht Reifen, sondern ‚Reifenleben' als totales System, das Neureifen, Runderneuerung und ständigen Service als kontraktliche Verpflichtung umfasst", mithin eine Art „Software". Angesichts einer in den kommenden Jahren prognostizierten Verdoppelung und Verdreifachung des Verkehrs und des Transports komme auf Continental in der engen Verzahnung von Problemsuche und Problemlösung eine künftige große Aufgabe zu, so das Fazit der Broschüre.

Abb. 140: Zukunftsvisionen zum 100jährigen Bestehen im Jahr 1971.

Das Thema als solches war eigentlich nicht neu: Schon im Dezember 1924 war im *India Rubber Journal* ein Aufsatz mit dem ins Deutsche übersetzten Titel „Der Reifen als ein Teil des Federungssystems" erschienen, den die Ingenieure im damaligen Technischen Sekretariat von Continental detailliert studiert und sich aus dem Englischen hatten übersetzen lassen. Im Kontext der Reifen- und Gummiwelt Anfang der 1970er Jahre war das Thema aber doch neu und revolutionär, verweist es doch durchaus in die Zukunft der späteren integrierten Reifensysteme und der um „Software", sprich Dienstleistungen ergänzten Geschäfts- und Betätigungsfelder des Unternehmens. Überhaupt hatten die Continental-Marketing-Leute eine Jubiläumsbroschüre vorgelegt, die mit „Fortschritt als Tradition. Die Chancen der Zukunft" überschrieben war, und darin das Bild eines modernen Dienstleistungs-Konzerns im „dynamischen Stil der Zukunft" gezeichnet. Wenn man nicht wüsste, dass Continental zu diesem Zeitpunkt bereits tief in der Krise der verschlafenen Radialreifen-Revolution steckte und wenige Jahre später um seine Existenz bangen musste, hätte man den Eindruck bekommen können, dass hier eine tatsächlich weitsichtige Entwicklungsvorausschau und eine Zukunftseinschätzung erfolgten, die viele Grundgedanken vorwegnahmen, die erst 20 Jahre später wieder virulent werden sollten.

Während sich die Continental-Vorstände mit ihrer Jubiläumsbroschüre als wahre Visionäre und Zukunftsexperten präsentierten, klammerten sie sich im operativen Geschäft jedoch zur gleichen Zeit an den früher erfolgreichen, etablierten technologischen Pfaden fest. In der langen Krise des Unternehmens zwischen 1970/71 bis 1981/82 war weder Platz für Visionäre noch für Verteidiger des

Status quo, sondern für Sanierer, die die akuten Probleme, die das Unternehmen nun auf allen Ebenen verfolgten, lösen mussten. Die Visionen gerannen in der Ära von Alfred Herrhausen und Carl H. Hahn vielfach zu branchenweiten industriepolitischen Kalkülen und Planspielen der Deutschen Bank als Großaktionär, die in der Zukunft von einer großen deutschen „Kautschuk-AG" unter Einschluss von Continental, Phoenix und weiterer Gummifirmen wie Metzeler träumten, die als scheinbarer nationaler Champion international wettbewerbsfähig sein würde. Als diese Pläne scheiterten, sah Herrhausen die Zukunft von Continental dann als reines Nichtreifenunternehmen mit nur noch technischen Gummiprodukten, dann als Tochterunternehmen der (noch) großen amerikanischen Reifenkonzerne Goodyear oder Uniroyal, die jedoch ihrerseits bereits unter massiven Anpassungsproblemen litten. Continental wurde zum Spielball im industriepolitischen Machtspiel und Kalkül der damaligen Großaktionäre, neben der Deutschen Bank waren das Bayer und die Allianz. Über die Zukunft des Unternehmens entschieden andere. Es war der große Verdienst des damaligen Continental-Vorstandsvorsitzenden Carl H. Hahn, dass er die Selbstbestimmung des Unternehmens zurückgewann und ungeachtet aller Existenzprobleme und der sich hinziehenden Krise letztlich doch eine Vision entwickelte und diese den verzweifelten Hin- und Her-Plänen Herrhausens gegenüberstellte: die Vision von Continental als internationaler Reifenhersteller als Ergebnis einer Flucht nach vorn durch Übernahme und Zukauf entsprechender Unternehmen – eine Vision, die den damaligen Zeitgenossen als blanke Utopie erscheinen musste. Doch aus der Vision wurde schnell Realität. Hahn war es auch, der erstmals bei Continental eine Fünf-Jahresplanung und Instrumente des Forecastings einführte. Jahrzehntelang war das Unternehmen nur auf Sicht gefahren und geführt worden und dabei auch vielfach im Nebel getappt. Die Perspektive von Continental als internationaler Reifenhersteller machte das Unternehmen nun wieder zukunftsfähig und ließ die verkümmerten Antizipationsfähigkeiten des Managements zu neuer Entfaltung kommen.

Visionen vom integrierten Zuliefer- und Technologiekonzern und vom „intelligenten Reifen" (1980er Jahre bis 2001)

In den folgenden Jahren wurde der eingeschlagene strategische Pfad der Internationalisierung weitergegangen. Nach der Übernahme der Europa-Division von Uniroyal folgten die Akquisitionen von Semperit und schließlich General Tire im Jahr 1987. Doch auf diesem Weg hatte man in Hannover gleich mehrere

Weichenstellungen verpasst oder ungenutzt umfahren, die das Unternehmen womöglich in eine ganz andere Zukunft hätten führen können. Mitte der 80er Jahre hatte Firestone seine europäischen Reifenaktivitäten zum Kauf angeboten, später ergab sich die Gelegenheit zur kompletten Übernahme von Uniroyal-Goodrich, die dann Michelin vollzog. Die letztendlich dann durchgeführte Übernahme von General Tire sollte sich als teure und langwierige Sanierungsaufgabe für Continental entpuppen. Wie auch immer – das Unternehmen steckte Ende der 1980er Jahre als Reifenkonzern in einer wenig zukunftsträchtigen Sackgasse: Als viertgrößter Reifenproduzent der Welt mit weitem Abstand hinter Michelin, Goodyear und Bridgestone war man zu groß für einen Ausstieg und zu klein für einen erfolgreichen Vorstoß in das Führungstrio. Auf der Suche nach einem Ausweg setzte der Continental-Vorstand wieder einmal auf eine Verstärkung der F&E-Aktivitäten. Mit viel Geld wurde eine Zentralisierung der Reifenforschung in Hannover vorgenommen und damit gerade auch die Grundlagenforschung verstärkt. Dadurch erfolgte auch eine Bündelung des technisch-wissenschaftlichen Potenzials der bisherigen vier Entwicklungszentren des Konzerns in Hannover, Aachen, Traiskirchen und Akron. Durch die aufsehenerregende Anschaffung des damals schnellsten Rechners der Welt erschloss man sich ganz neue Vorausberechnungsmethoden und Simulationen. „Durch Superhirn Cray bessere Reifen für die Zukunft" titelte das Mitarbeitermagazin *conti intern* im Juni 1990. Dazu kam der Ausbau des Reifentestzentrums Contidrom um mehr als das Doppelte. Die Reifeningenieure und Chemiker im Entwicklungszentrum träumten von einer Continental-Zukunft, in der „eines Tages mit maßgeschneiderten Kautschuksorten zahlreiche Reifeneigenschaften optimiert werden können". Keine zehn Jahre später sollte dieses Wunschdenken Wirklichkeit werden. Der scheinbar große Coup war aber die Entwicklung des Conti Tire Systems (CTS), das bald vom Continental-Vorstand mit hochfliegenden Zukunftsvorstellungen verbunden wurde, seinerseits nun eine Revolutionierung der Reifentechnologie, diesmal durch Continental, auszulösen. Doch die Vision wurde schnell auf den Boden der Tatsachen zurückgeholt; CTS konnte sich am Markt nicht durchsetzen.

Der Übernahmeversuch durch den italienischen Konkurrenten Pirelli 1990/91 bedrohte dann aber plötzlich durch die Infragestellung der gesellschaftsrechtlichen Zukunft von Continental alle weiteren Planungen und Ziele des Vorstands. Wieder einmal wurde das Unternehmen von außen mit industriepolitischen und strategischen Planspielen konfrontiert, die die weitere Entwicklung zu beeinflussen und zu lenken versuchten. In der Überzeugung, dass Continental die Zukunft auch ohne Pirelli meistern konnte, gelang eine Abwehr der Übernahme, aber der fast erfolgreiche Versuch machte doch allen Verantwortlichen bewusst, dass es um die Zukunftsfähigkeit und Resilienz des Unternehmens nicht gut bestellt war. Der im Dezember 1991 vom neuen Vorstandsvorsitzenden Hubertus von Grünberg vorgelegte Zehn-Punkte-Plan sah denn auch zunächst vor allem akute Sanierungsbemühungen vor, von weiterführenden Visionen war – mit Ausnahme des Ziels strategischer Allianzen, die man aber auch als aus der Not geborene „Politik des armen Mannes" verstehen konnte, – nirgendwo die Rede. Es war mithin ein von der Unternehmensleitung vielfach selbst ausgelöstes regelrechtes Wechselbad der Gefühle, das Continental hinsichtlich ihrer Zukunftsaussichten und künftigen Entwicklungsoptionen in dieser Phase durchlief. Aber mit der strategischen Entscheidung im Jahr 1994, neben dem Reifen- und Technische Produkte-Bereich als drittes Standbein einen neuen Automotive-Bereich aufzubauen, und mit der Vision vom „intelligenten Reifen" erhielten die Bemühungen zur Schaffung und Stärkung der Zukunftsfähigkeit von Continental eine neue Qualität.

Unter Wahrung der Kernkompetenzen, aber auch unter Zugewinn neuen Know-hows stieg das Unternehmen in die Fahrwerktechnik ein und begann, sich als Systemlieferant zu profilieren. Nicht nur im traditionellen Radsystem (Reifen plus Felge), auch im Bereich der elektronischen Fahrwerkregelung, der Fahrzeugakustik, der Reifendruckkontrolle und der Luftfedersysteme für Personen- wie Lastkraftwagen ergaben sich zahlreiche „Systembrücken" zwischen Reifen und Technischen Produkten. Das neue Standbein war dabei nicht darauf ausgerichtet, das Reifengeschäft durch das Geschäft mit Modulen und Komponenten zu ersetzen, sondern zielte vielmehr auf eine Ergänzung und Stützung des klassischen Kerngeschäfts des Konzerns ab. Es eröffneten sich damit neue Ertragschancen in einem zukunftsträchtigen Feld, das noch von kaum einem Konkurrenten besetzt war. Wie groß das Wachstumspotential des neuen Geschäftsfelds einmal sein würde, war damals nur schwer abzuschätzen. Deutlich abzusehen war aber, dass die Systemtechnologie in der Lage war, die strategische Sackgasse zu überwinden und neue Technologie- und Entwicklungspfade zu eröffnen. Das Systemgeschäft war nicht zuletzt auch ein Versuch, die von der Automobilindustrie schon weitgehend diktierten technischen Inhalte des Reifens in der Hand zu behalten bzw. zurückzugewinnen. Wer als Reifenproduzent die Fahrwerktechnologie selbst verstand und beherrschte, der wusste frühzeitig, wohin die Entwicklung der Reifentechnologie in Zukunft gehen würde. Dazu kam, dass Continental – als einziger der großen Konzerne auch im TP-Bereich hoch diversifiziert – mit den Komplementärkompetenzen von ContiTech einen spezifischen Wettbewerbsvorsprung besaß, der kaum einzuholen war.

Zu ihrem 125jährigen Gründungsjubiläum im Jahr 1996 präsentierte sich Continental mithin als integriertes Zuliefer- und Technologieunternehmen, als

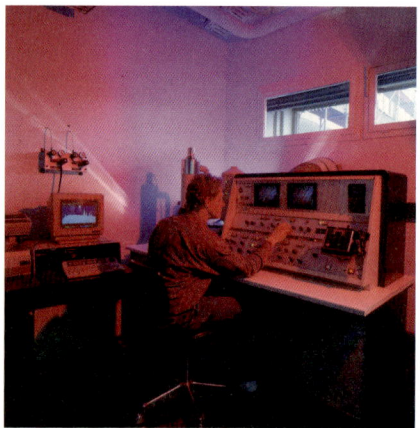

Abb. 141: Laboratorien der Zukunft: Blick in das neue Technologie-Zentrum in Hannover 1996, F&E mit einem Elektronenraster-Mikroskop zur Reifenanalyse und Computer-Simulationen sowie Test im Geräuschlabor mit Dummy.

„Weltkonzern", in dem die größten Hoffnungen auf dem „kleinen, aber feinen und zukunftsorientierten Bereich für Fahrzeugsysteme" ruhten. Im Reifenbereich wurden dabei nur noch eher mittelfristige, aber nicht minder ehrgeizige Ziele ausgegeben: Bis zum Jahr 2000 wollte man den Rollwiderstand um 30 Prozent senken, das Gewicht um 35 Prozent reduzieren, die Laufleistung weiter erhöhen und den Materialanteil nachwachsender Rohstoffe steigern – „und langfristig also vielleicht in 25 Jahren – wäre es erstrebenswert, wenn der Reifen dieselbe Lebensdauer wie das Auto hätte". Die eigentliche Zukunftsphantasie verband sich allerdings mit dem neuen Automotive-Systems-Bereich. Auf diesem Gebiet wurde nun versucht, Visionen für das Gesamtunternehmen zu entwickeln. „Unsere Strategie mit Continental Automotive Systems war von Anbeginn an, ohne Ballast so weit wie möglich in die Zukunft der Automobiltechnik zu springen, um so – unbelasteter als andere – unseren Kunden in der weltweiten Automobilindustrie die Perspektive zu bieten: rascher technischer Fortschritt, innovative Produkte und höchster Kundennutzen bei gleichzeitig attraktiven Preisen", so verkündete es Hubertus von Grünberg im Juni 1999 auf der Hauptversammlung.

Die Visionen eilten dabei der tatsächlichen Entwicklung weit voraus. Und sie wurden abstrakter. „Wir machen individuelle Mobilität sicherer und komfortabler" lautete die oberste Maxime der neu formulierten Vision. Die zweite Maxime hieß: „Wir streben weltweit die Technologieführerschaft in allen Geschäftsfeldern an". Beide wurden nun auch als wesentliche Bestandteile in die Unternehmenskultur zu implementieren versucht. Die Grenzen zwischen Vision, strategischen Zielen und Unternehmensleitlinien für das tägliche operative Geschäft verschwammen. Und die Zukunftsvorstellungen wurden nun explizit in enger Verbindung zur zukünftigen Mobilität definiert. Mit Schlagworten wie „Total Chassis Management", „Global Chassis Control" oder auch einfach „das unfallvermeidende Auto der Zukunft" bzw. „das 30-Meter-Auto" wurden die wieder stark technologiegetriebenen Zukunftsvisionen zu beschreiben und zu konkretisieren versucht. Und damit wurde auch ein Wandel des Selbstverständnisses verknüpft: Der Automobil-Zulieferer wurde zum „safety supplier". „Die höchste Entwicklungsstufe und gleichzeitig größte Herausforderung für die Zukunft besteht darin, all diese heute noch weitgehend unabhängig voneinander arbeitenden aktiven und passiven Sicherheitssysteme auf intelligente Weise zu verbinden", hieß es dazu etwa im Geschäftsbericht für 2001. Dass diese Zukunftsvorstellungen in einer Zeit geäußert wurden, als eine Wirtschafts- und Finanzmarktkrise die Branche massiv erfasste und auch eine Sanierungs- und Sparwelle durch den Konzern lief, machte diese Ziele umso ambitionierter.

Die Zukunft ist scheinbar planbar. Ausrichten auf die „Mobilität der Zukunft" (2002 bis 2020)

In dieser Phase war so oft wie nie zuvor bei Continental von Zukunft die Rede. Die Zukunft der Mobilität schien sich relativ klar abzuzeichnen, Techniker und Ingenieure hatten ebenso wie die Unternehmensleitung scheinbar klare Vorstellungen von der künftigen Mobilität, die auch gesellschaftlich allgemein akzeptiert und als fixes Paradigma gleichsam normativ abgesichert war. Sie war mit dramatischen technischen Umbrüchen verbunden, aber zugleich auch von politischen Vorgaben geprägt. Die Mobilität von morgen wurde zugleich aber auch als evolutionär verstanden, als „eine Entwicklung, die in sich logisch und konsequent und nicht umkehrbar ist". Man verstand sich auf dem Weg in eine neue Ära der Mobilität und es galt, Continental hier angemessen als aktiven Mitgestalter zu positionieren und nicht nur die dafür notwendigen Wissensbestände und Kompetenzen aufzubauen, sondern durch Innovationen maßgeblich zu deren Realisierung beizutragen. „Der technologische Fortschritt wird nicht nur die Autos von heute verändern, sondern den gesamten Aufbau unserer Industrie, vorangetrieben durch die Entwicklung vernetzter Systeme", hatte der damalige, für den Automotive-Bereich zuständige Continental-Vorstand Wolfgang Ziebart

schon im Dezember 2002 prognostiziert und dem Unternehmen dabei eine Vorreiterrolle zugeschrieben.

Die starke Fixierung und Ausrichtung auf die Zukunft hatte jedoch ihren
Preis. Sie ließ die aufkommenden Probleme in der Automobilindustrie und den
sich abzeichnenden Konjunkturrückgang zu spät erkennen. Je scheinbar kon-
kreter die Zukunft der Mobilität erkennbar wurde, desto stärker schrumpften
die Visionen zudem zu bloßen strategischen Zielen. Die abstrakten Zukunftsvorstellungen wurden auf Fünf-Jahres-Planungen mit konkreten Zielvorgaben
heruntergebrochen. Dabei beschäftigte man sich, wie etwa 2004, auch mit flan-
kierenden Szenarien für die künftige Position des Reifenbereichs in dieser na-
hen Zukunft. Sie reichten vom Verkauf des amerikanischen Reifengeschäfts an
Bridgestone bis zur Übernahme von Goodyear durch Continental. Zum 1. Mai
2003 war die systematische Zukunftsplanung und das Zukunftsmanagement
auch organisatorisch verankert und ein vielköpfiger neuer Bereich „Zukunfts-
entwicklung Konzern" geschaffen worden.

Es gehört zu den Widersprüchen industrieller Logik, dass zur selben Zeit
der inzwischen auf über 5.200 Mitarbeiter und einen Etat von fast 1 Mrd. Euro
angewachsene F&E-Bereich von massiven Kürzungsmaßnahmen betroffen war.
Dabei kam diesem Bereich angesichts des technologischen Umbruchs eine neue
große Bedeutung zu. Die Fertigungstiefe der Automobilhersteller, die 1980 noch
37,5 Prozent betragen hatte, war kontinuierlich zurückgegangen und erreichte
nur noch wenig über 20 Prozent, bei weiter abnehmender Tendenz. Der Anteil
der Zulieferer an der Wertschöpfung stieg damit und infolgedessen auch der
Einfluss im Verhältnis zwischen Zulieferer und Automobilunternehmen. Aber es
bedeutete auch, dass angesichts der sich eröffnenden zahlreichen technologischen Pfade und Optionen insbesondere in der Antriebstechnik erhebliche Ressourcen gebunden wurden, wenn man bei allen Technologien als führender Zulieferer auftreten wollte. Ob es eine oder mehrere Antriebssysteme geben wird,
war und ist völlig offen. Die damalige Division Powertrain hatte 2012 in ihrer
„Zukunftslandkarte 2020" gleich acht Szenarien und technische Optionen skiz-
ziert, um auf die Entwicklungen, Chancen und Risiken angemessen reagieren
zu können.

Die abnehmende Fertigungstiefe der Automobilhersteller stellte auch ganz
neue Anforderungen an das konzerninterne F&E-Management und führte unter
anderem zu neuen Organisations- und Innovationsprozessen wie etwa der
Gründung einer Gruppe „Cross Divisional Innovation Process for Products &
Services" im Jahr 2006. Durch die in diesen Jahren erfolgten Unternehmenszu-
käufe verschaffte sich Continental auch neues Technologie-Know-how, vor al-

lem im Bereich Telematik und Intelligenter Mobilität. Die Kluft zwischen erwarteter naher Zukunft und der tatsächlichen Realität der „neuen Mobilität" klaffte jedoch zunehmend auseinander. Aus Anlass des 100jährigen Bestehens von Teves hatte man in Frankfurt und Hannover eine Broschüre erstellt, in der man sich auch eingehend mit der Zukunft beschäftigte. „Continental ist als Systemlieferant bestens aufgestellt, um bis 2016 Lösungen für teilautomatisierte Anwendungen des Fahrens zu entwickeln und in Serie zu bringen", hieß es darin. „Hochautomatisiertes Fahren soll ab 2020 umsetzbar sein. Erste Anwendungen vollautomatisierten Fahrens auch bei höheren Geschwindigkeiten und in komplexeren Fahrszenarien werden etwa ab 2025 serienreif entwickelt sein."

Abb. 142: Zukunftsvisionen in der Werbebroschüre zu „100 Jahre Teves" von 2006.

Was einst Vision war, wurde nun als festes Versprechen formuliert: „Die Telematik wird der Automobil-Elektronik einen neuen Horizont eröffnen", heißt es in der Broschüre.

> Fahrsicherheit und intelligentes Verkehrsmanagement sind zu entscheidenden Faktoren der globalen Mobilität geworden. Continental Automotive Systems wird in der digitalen Fahrzeug-zu-Fahrzeug-Kommunikation neue Akzente setzen. Vernetzte Systeme leisten bei Unfallvermeidung, Insassenschutz und Unfallhilfe aktive und passive Unterstützung. Dynamische und umweltfreundliche Antriebskonzepte und hoch entwickelte Komfortfunktionen verwandeln das Autofahren in ein entspanntes, sicheres und vergnügliches Erlebnis.

Die Visionen orientierten sich dabei eng an den bereits erkennbaren „Megatrends der Automobilbranche": der Megatrend Sicherheit oder die Vision vom unfallfreien Fahren, der Megatrend Umwelt oder die Vision vom emissionsfreien Fahren, der Megatrend Information oder die Vision vom allzeit vernetzten Fahren sowie der Megatrend kostengünstiges Fahren oder die Vision von erschwinglicher Mobilität für jedermann. „Ihre Mobilität. Ihre Freiheit. Unsere Handschrift" lautete nun zusammengefasst die Unternehmensvision 2011, ergänzt durch den Slogan: „Die Zukunft startet früher mit Continental".

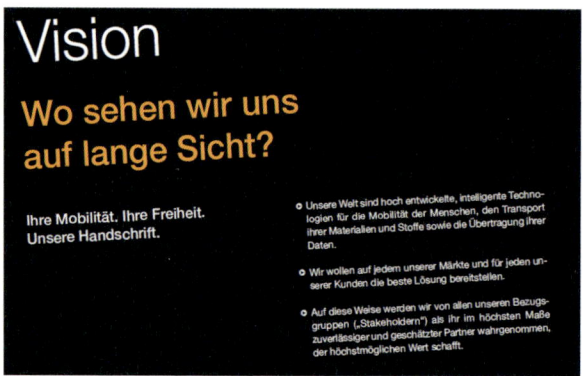

Abb. 143: Motivationsplakat zur Unternehmensvision aus dem Jahr 2011.

Die unter diesem Anspruch in der Folgezeit in den F&E-Abteilungen entwickelten und serienreif gemachten Produkte und Anwendungen summierten sich bald zu einer eindrucksvollen Liste von Innovationen: vom weltweit ersten wassergekühlten Turbolader über das 48-Volt-Eco-Drive-Modul zur Senkung des Kraftstoffverbrauchs, die High Resolution 3D Flash Lidar-Sensortechnologie für eine Umfelderfassung in Echtzeit, hocheffiziente Bremssysteme wie die MK C1, in dem die Funktionen der Bremsbetätigung, des Bremskraftverstärkers sowie des Regelsystems ABS und ESC in einem kompakten, gewichtssparenden Bremsmodul kombiniert sind, bis hin zum maschinell lernenden Fahrerassistenzsystem, das Autofahrern im innerstädtischen Verkehr durch Radarsensoren bei der Einschätzung der Verkehrslage und bei Abbiegemanöver unterstützt. Moderne Digitalkameras ersetzen die alten Glasaußenspiegel, Sensoren übernehmen Abstandsüberwachung und Kollisionswarnung, und eigene Mobilfunknetze ermöglichen die Kommunikation zwischen den Fahrzeugen, um Unfälle und Staus zu vermeiden. Die Entwicklung mündete schließlich 2019 in eine ganz neue Technologie der Zukunftsmobilität: den Continental In-Car-Server CAS1, der als rollender Hochleistungsrechner zum Herzstück der digitalen und vernetzten Mobilität wird. Die innovative Server-Lösung reduzierte die zwischen

70 und 100 Steuerungsgeräte im Automobil und führt zu einem spürbaren Abbau von Komplexität im Innenleben des Fahrzeugs.

Die F&E-Aktivitäten waren zudem längst weltweit in Entwicklungszentren vor Ort ausgeweitet worden, wie etwa in dem 2014 erweiterten F&E-Zentrum in Singapur oder im chinesischen Wuhu. Zur gleichen Zeit erfolgte der Spatenstich für das High Performance Technology Center im Werk Korbach und die Eröffnung eines Reifenentwicklungszentrums im slowakischen Púchov. In Regensburg wurde ein neues Hightech-Labor für Kraftstofffforschung eingerichtet, dazu baute man ein globales Continental-Forschungsnetzwerk für Künstliche Intelligenz mit einer Reihe von Universitäten auf und aus. 2017 entstand auch ein neues Forschungszentrum für automatisiertes Fahren, Vernetzung und Mobilitätsdienste im Silicon Valley, wo 300 Ingenieure und Softwareentwickler an der Zukunft der Mobilität arbeiten. Und es gibt ein „Zukunftslabor" für Elektromobilität, in dem eine innovative, induktive Ladetechnik erfunden wurde. Parallel dazu beschäftigen sich Continental-Forscher mit dem Wandel des Autos zum „Connected Car" mit ganz eigenem Ökosystem. Mit Hilfe neuester Technologie wie dem Quantencomputer IBM Q System One wurden in den F&E-Laboratorien komplexe Berechnungsmodelle für automatisiertes Fahren und chemische Prozesse simuliert und ausgeführt. Die Aufwendungen für F&E erreichten inzwischen über 3,3 Mrd. Euro. Seit 2016 gibt es dabei einen Corporate Technology Officer (CTO), der für die Koordination der weitverzweigten Forschungs- und Entwicklungsaktivitäten verantwortlich ist. Wo die neuen Innovationsschwerpunkte lagen, zeigte die Patentstatistik deutlich: Weltweit meldete Continental im Jahr 2014 insgesamt 4.172 Patente an, 3.581 stammten von der Automotive Group, 591 von der Rubber Group.

Im Unternehmen beschäftigten sich inzwischen aber auch zahlreiche weitere Experten in den verschiedensten Abteilungen und vor allem die ca. 450 obersten Führungskräfte von Continental mit der Welt in zehn bis 20 Jahren. Sie formulierten ihre Zukunftserwartungen in einer „Vision 2030".

Darin spielten „Cloud-based Mobility Services" und Servitization, d. h. die Ergänzung eines physischen Produkts durch Software, Sensorik und Serviceleistungen, ebenso eine Rolle wie die faktische Neuerfindung des Autos als Teil des Internets. Ob und inwieweit diese Zukunftsszenarien von Mobilität auch mit dem tatsächlichen Mobilitätsverhalten und den Mobilitätsgewohnheiten kompatibel sind oder davon markant abweichen, prüfen dabei Experten weltweit in der jährlichen „Continental Mobilitätsstudie", die seit 2009 erhoben wird. Sie decken dabei sowohl Skepsis als auch Offenheit gegenüber automatisiertem Fahren auf und verweisen unter anderem auf erhebliche nationale und regiona-

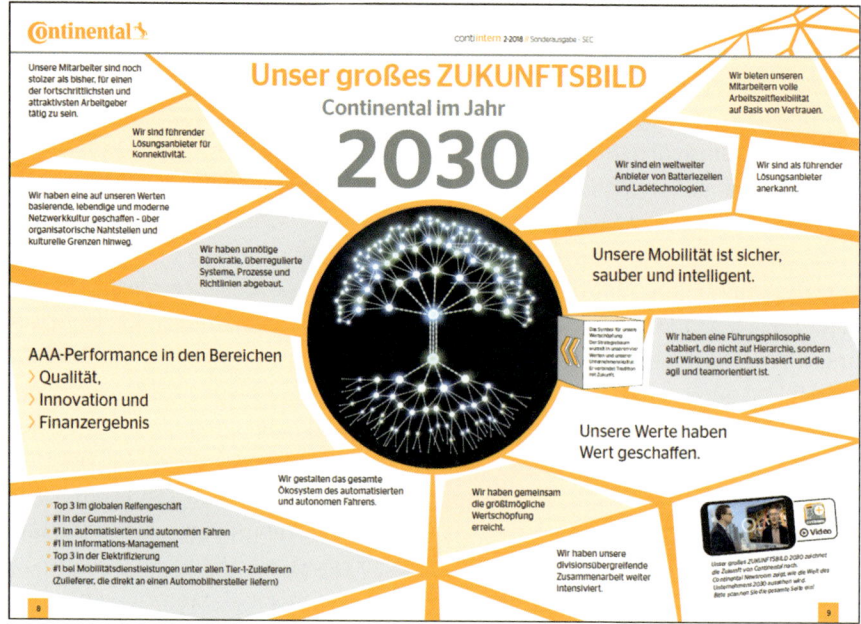

Abb. 144: Zukunftsbild Continental 2030 aus der Mitarbeiterzeitschrift *conti intern* von 2018.

le Unterschiede etwa bei der Bereitschaft, Robo-Taxis zu nutzen. Und es wird deutlich, dass die neuen Technologien und technischen Systeme erklärt werden müssen. Wie einst der Luftreifen eine neue Technologie war, die den Nutzern erläutert werden musste, um sich durchsetzen zu können, so ist heute auch eine Erklärung des fundamentalen Transformationsprozesses der Mobilität von Nöten.

„Die zukünftige Mobilität wird sicher, sauber, intelligent sowie effizienter und ökologischer sein als heute und somit künftigen Generationen mehr Chancen geben statt weniger, ihre eigenen Pläne und Ziele in Freiheit zu verwirklichen", so fasste der damalige Vorstandsvorsitzende Elmar Degenhart 2017 seine Sicht auf die Mobilität der Zukunft zusammen. „Die Grenzen zwischen den Transportsystemen werden durch deren volle Vernetzung verschwimmen. Die Grenzen zwischen Büro, Wohnzimmer und Auto ebenso. Mobilität wird zum Lebensraum." Eine der Erfahrungen der Continental auf diesem Weg in die neue Ära der Mobilität war dabei aber die Ambivalenz und Ungleichzeitigkeit hinsichtlich der Vorstellungen von der Zukunft und der Geschwindigkeit der tatsächlichen technisch-politisch-gesellschaftlichen Entwicklungen. Viele Visionen brauchten bis zur technischen Ausgereiftheit länger als erwartet oder konnten sich am Markt nur langsam durchsetzen. Andere Entwicklungen verliefen dagegen viel schneller, und zu all dem kam noch hinzu, dass sich seit 2018 eine massive Produktions- und Absatzkrise über den globalen Märkten entlud. Continental startete daher 2019 ein Transformationsprogramm, das den Technologieumstieg im Bereich Elektromobilität sowie bei der Digitalisierung und softwaregestützten Mobilität beschleunigen sollte. Vor allem verschwieg man in Hannover neben den großen Chancen auch nicht die allenthalben mit dem großen Umbruch verbundenen Risiken. Ungeachtet der politischen Vorgaben und Ziele lag der Marktanteil von Elektro- und Hybridautomobilen in Deutschland unter 10 Prozent und war damit noch verschwindend gering. Festkörper-Batterien würden nicht vor dem Jahr 2030 serienreif sein, so dass auch noch viele Jahre Fahrzeuge mit der scheinbar alten Verbrennungstechnologie die Mobilität der Zukunft prägen dürften. Auch beim automatisierten und autonomen Fahren hatte nicht nur Continental, sondern die gesamte Industrie die Komplexität unterschätzt. „Wir müssen uns also fokussieren auf vermarktbare Stufen wie das teilautomatisierte Fahren, ungeachtet des Risikos, dass es Firmen aus dem Silicon Valley gelingt, Plattform-Lösungen für das autonome Fahren zu etablieren, an denen die Industrie später nicht mehr so leicht vorbeikommen wird", so Degenhart in einem Interview. Wie auch immer: Continental sieht sich zu ihrem 150jährigen Jubiläum so aufgestellt, dass sie zu den Gewinnern der großen Mobilitätstransformation gehören wird.

Betriebssystem-Provider der neuen softwaregestützten Mobilität: Continental im Jahr 2046

Die folgenden Bemerkungen sind aus dem historischen Wissen abgeleitete Überlegungen, die weit mehr Spekulationen als Visionen sind und ein Bild von Continental in der Zeit nach der „großen Mobilitätswende" entwerfen. Es wird zweifellos wieder eine „neue Continental" sein, die im Jahr 2046 ihr 175jähriges Gründungsjubiläum begehen wird. Die Herausforderungen der großen Transformation der 2020er Jahre mit dem Wandel zur Elektromobilität, der Digitalisierung, den strengen Umweltauflagen und der Neuerfindung des Automobils als Software-System und Teil des Internets und der vernetzten Mobilität wurden erfolgreich bewältigt. In einer Phase, in der das Anpassungstempo deutlich gewachsen war, die Entwicklungen sich schneller vollzogen als die Visionen reichten und damit den Unternehmen die Zeit fehlte, den tiefgreifenden Um-

bruch in eigenem Tempo zu bewerkstelligen, überstand Continental unbeschadet alle dadurch ausgelösten Konsolidierungswellen. Mit Hilfe ihrer mehr als
20.000 Software-Entwickler und IT-Spezialisten, mit Zukäufen von innovativen
Start-up-Firmen und Kooperationen mit internationalen IT-Konzernen war es
gelungen, rasch umfangreiche Kompetenzen in den Bereichen Elektronik, Software und Sensorik auf- und auszubauen, die schließlich in die Entwicklung einer „Plattform-Technologie" softwaregestützter Mobilität mündeten, die über die
bloße Entwicklung eines Fahrzeugcomputers weit hinausging. Continental war
zum Vorreiter der Europäischen „software defined vehicle architecture", einer
eigenständigen Softwareplattform für das intelligente Auto, geworden, als Antwort und direkte Konkurrenz zu den entsprechenden Systemen durch Amerikaner und Chinesen, und damit zu einem der drei weltweit führenden „leading
players in autonomous mobility" aufgestiegen. Nachdem das alte Automotive-
Geschäft 2030 schon drei Viertel des Geschäftsumsatzes ausgemacht hatte, stieg
bis 2046 allein der Anteil der Digitalisierung auf über 80 Prozent des Umsatzes.
Jahrzehntelang war das Unternehmen als „fast follower" aufgetreten und damit
erfolgreich gewesen – in den 1890er Jahren bei Reifen in Bezug auf den „Tradi-
tionskonkurrenten" Michelin, fast genau hundert Jahre später in den 1990er Jahren im Automotive-Bereich hinsichtlich Bosch – beides technologiegetriebene
Unternehmen, die den Konkurrenzkampf für die gleichfalls traditionell technolo-
giegeprägte Continental anstelle ruinöser Preiskämpfe und Marktverdrängung
zu einem produktiven Wettlauf und Messen der Innovationskompetenzen gemacht hatten. Mit ihrem neu entwickelten und zum Branchenstandard entwickelten Betriebssystem softwaregestützter Mobilität hatte man sich diesmal als
Vorreiter der Branche von den Konkurrenten abgesetzt und ein Set von Alleinstellungsmerkmalen in der weltweiten Zulieferbranche aufgebaut – so wie man
sich in den 1990er Jahren von den Reifenkonkurrenten durch die Schaffung neuer Alleinstellungsmerkmalen abgesetzt hatte.

Die digitale Transformation hatte auch Continental selbst erfasst, nicht nur
die Geschäftsfelder und -modelle, Kundenstruktur und vorherrschenden Technologien verändert, sondern auch die internen Entscheidungsprozesse, die nun
mit KI-gestützter Risikoabwägung und Chancenbewertung sowie automatisiertem und computer-optimiertem Controlling- und Cash-Management abliefen.
Software-unterstützte Produktion machte die Fertigung präziser und effizienter,
dazu hatte die Vernetzung der weltweiten Aktivitäten in Echtzeit das Unternehmen zu einer hochflexiblen und antizipationsfähigen Organisation gemacht, in
der sich den Mitarbeitern neue Freiräume der Kompetenz- und Kreativitätsent-
faltung eröffneten. Anstelle der überkommenen, von der Entwicklungstradition

der Technikbereiche geprägten, abgegrenzten Divisionen und Abteilungen gab es nun eine auf flexible Problemlösung und ad hoc-gebildete Arbeitsgruppen ausgerichtete Unternehmensorganisation, die das übergreifende Zusammenwirken der Abteilungen und Hierarchien auf eine völlig neue Ebene stellte. Wenn man Software als neuen Werkstoff der Zukunftsmobilität mit zahlreichen offenen und unbekannten Geschäftsfeldern begreift, dann war Continental eigentlich damit zu ihren Wurzeln und zu Siegmund Seligmanns Strategie der Beherrschung der zahllosen technischen Anwendungsmöglichkeiten des damaligen Zukunftswerkstoffs Kautschuk zurückgekehrt. Damit schloss sich ein Kreis.

Die oben geschilderte spekulative Entwicklung folgt allerdings den bereits eingeschlagenen technologischen wie strategischen Pfaden von Continental. Doch Geschichte misstraut aus der Gegenwart entworfenen Extrapolationen und Teleologien. Sie hat eine Sensibilität für nicht-intendierte Folgen von Veränderungen und die jeweils offene Zukunft. Auch Manager wissen, dass kein strategischer Weg als solcher – wie auch immer definiert – für immer richtig ist, denn er hat immer das Risiko von Evolution der Märkte und Technologien. Vergleicht man die Lage von Continental bei ihren jeweiligen 25jährigen Vor- oder Nachjahresdaten des Gründungsjubiläums, also 1896 mit 1921 oder 1996 mit 2021, so zeigen sich völlig unterschiedliche Unternehmenserscheinungen im Inneren wie im Äußeren, die abseits der damals jeweils als zukunftsträchtig erachteten technologischen und strategischen Pfaden lagen. Bemerkenswerterweise gab es in der Continental-Entwicklung niemals Tabus irgendwelcher Art, sich die Zukunft vorzustellen und diese zu bewältigen – sei es bei der Ausrichtung des Geschäftsmodells, organisatorischen Umbrüchen und unternehmenspolitischen Maßnahmen und strategischen Weichenstellungen –, vorausgesetzt, es sicherte das Überleben, das Wachstum, die Prosperität und die Eigenständigkeit des Unternehmens. Alles war zu entsprechenden Zeiten und in irgendeiner Form schon einmal zur Disposition gestellt worden: der Reifenbereich, das Conti-Tech-Geschäft, die Fortführung von Traditionsstandorten, die Rohstoffbasis, die geographische Ausrichtung und auch der eine oder andere Unternehmensführer. Die historische Erfahrung zeigt auch, gerade mit Blick auf die Continental-Geschichte, dass die Realität der Zukunft die Phantasie der Gegenwart überholt (Rödel). Die Geschichte der technischen Entwicklungen und Visionen ist auch eine Geschichte der Fehlprognosen und Fehleinschätzungen. Visionen sind überhaupt eine ambivalente Sache. Sie können motivieren und mobilisieren, aber auch ideologisch unterfüttert fanatisieren und in abgehobene Phantasterei münden. Auch für Unternehmen stellt sich daher die Frage, welche Mischung aus Furcht und Hoffnung am besten auf die Zukunft vorbereitet. „Aus historischer Perspektive ist Skepsis daher die angemessene Form des Umgangs mit scheinbar eindeutigen zeitgenössischen Diagnosen und selbstgewissen Zukunftsprognosen" (Osterhammel). Dazu im Folgenden einige, mit einem gewissen Grad historischer Plausibilität ausgestattete, letztendlich aber natürlich weiterhin spekulative Überlegungen und Einwürfe.

Erstens: Die Mobilität der Zukunft ist anders als erwartet und gewünscht. Schon jetzt greift der Staat mit gesetzlichen Reglementierungen, drastischen, ideologisch begründeten Abgasnormen und technisch kaum erreichbaren Emissionshöchstgrenzen sowie einseitigen Subventionierungen für politisch gewollte Antriebskonzepte wie niemals zuvor in die zukünftige Gestalt der Mobilität ein. Mobilität ist zu einem politisierten und von normativ verankerten Moralvorstellungen geprägten „Lebensraum" geworden. Die Veränderungen und Folgen sind schon allein sichtbar, wenn man die Entwürfe von der Mobilität der Zukunft bei Continental aus dem Jahr 2002/03 mit denen des Jahres 2020 vergleicht. Und es sind in absehbarer Zeit weitere Reglementierungen zu erwarten: von einem Tempolimit auf deutschen Autobahnen und Bundesstraßen bis hin zu begrenzten, digital überwachten Mobilitätskontingenten der einzelnen Autofahrer und anderen Einschränkungen wie etwa aus Umweltschutzgründen vorgegebene Bewegungsrouten, Durchfahrverbote, spezielle Mobilitätsgebühren und reglementierte Fernreiseaktivitäten. Die Zuliefer- und Automobilindustrie steckt in der Zwangslage von politisch verordneten Klimazielen, Nachhaltigkeits(selbst)verpflichtungen, ökomoralischen Diktaten und einem staatlichen Regulierungsregime. Einschränkungen und staatlich-bürokratische Vorgaben des Mobilitätsverhaltens der Menschen können auch mit der demographischen Entwicklung begründet sein, wie die stark wachsende Zahl älterer Autofahrer und die wachsende Bevölkerungsdichte, die die Verkehrsinfrastruktur in den Städten wie den Ausflugszielen über die Grenzen ihrer Belastbarkeit bringt. Die Mobilität der Zukunft ist damit auf dem Weg, von einem selbstbestimmten Lebensraum und Ausdruck individueller Freiheit zu einem staatlich reglementierten Gut zu werden. Das alles dürfte gravierende Rückwirkungen auf das Geschäftsmodell von Mobilitätszulieferern und Mobilitätsdienstleistern wie Continental haben, – nicht nur in Bezug auf die neuen Fahrzeugkonzepte, die auch neue „einfachere" Reifentechnologien erfordern, – und die bereits schon hohe Verwundbarkeit durch Entscheidungsfehler in der Branche weiter vergrößern.

Zweitens: Die Zulieferbranche wie auch die Automobilindustrie selbst, insbesondere in Deutschland, werden erratischen Veränderungen unterworfen sein. Der fundamentale Umbruch des technischen Systems Automobil wird an der deutschen Automobilindustrie, die über ein Jahrhundert lang ursprünglich herrührend aus den überlegenen Erfindungen von Otto und Diesel mit Hardware-bezogener Ingenieurskunst die Branche dominierte, nicht spurlos vorüber-gehen. In spätestens zehn bis 15 Jahren werden die in den USA und China ent-wickelten Software-dominierten Elektroantriebe und Automobilkonzepte die Marktführerschaft erobert haben, und es ist keineswegs sicher, dass alle Unter-nehmen, wie wir sie heute kennen, eigenständig bleiben werden Der Blick auf die Continental-Geschichte zeigt, dass die Erstausrüster-Unternehmen und Au-tomobilhersteller als Abnehmer kamen und gingen. Einst waren die Adler-Wer-ke der größte Reifenkunde, später, in den 1920er bis 1950er Jahre Opel, dann kam VW, aber zugleich die Konzentration auch auf andere Automobilhersteller. Letztendlich hatte es Continental immer verstanden, sich nicht zu sehr von ei-nem großen Automobilunternehmen abhängig zu machen. Dieses Prinzip wird auch in der Zukunft hilfreich sein.

Dazu kommt die technologische Konvergenz, die jetzt schon die Zuliefer-konzerne in weiten Teilen in direkte Konkurrenz mit den Automobilkonzernen bringt. Fusionen und Übernahmen zwischen Erstausrüstern und Zulieferern scheinen daher im Sinne einer Strategie der Vorwärts- bzw. Rückwärtsintegra-tion nicht mehr ausgeschlossen. In der langen Geschichte der Automobilindus-trie gab es mit Ford, die eine eigene Reifenfabrik aufzubauen versuchten, und Michelin, die einmal eine Mehrheitsbeteiligung an Citroen besessen hatten, bis-lang nur zwei Beispiele dieser Verflechtung, die aber scheiterten oder unbedeu-tend blieben. Fusionen, Abspaltungen und Übernahmen werden auch in der deutschen wie internationalen Zulieferindustrie nicht ausgeschlossen sein. Al-lein durch die Abspaltung des Antriebsspezialisten Vitesco Technologies von Continental verschiebt sich 2021 die Rangfolge der zehn größten Automobil-zulieferer mit Bosch, Continental und ZF Friedrichshafen.

Auch auf der Teilebene der Reifenkonzerne sind nachhaltige Veränderun-gen nicht auszuschließen. Die drei größten Konzerne, Michelin, Bridgestone und Goodyear, beherrschten noch zur Jahrtausendwende etwa zwei Drittel des Weltmarkts. Inzwischen ist es nur noch weniger als die Hälfte. Der Grund ist das Vordringen zahlloser chinesischer Reifenhersteller, die vor allem mit Billig-angeboten in den Markt drängen, zunehmend aber auch in den High-Perfor-mance-Bereich des Reifengeschäfts. Jahrzehntelang konnten sich Continental und die großen Reifenkonzerne sicher sein, dass angesichts der hohen Markt-eintrittsbarrieren mit neuen Konkurrenten nicht zu rechnen war und man das Geschäft auf den gesättigten, aber auch noch expansionsfähigen Reifenmärkten unter sich ausmachen konnte. Das hat sich nun plötzlich geändert. Auf dem Weg zu ihrem 175jährigen Jubiläum wird sich Continental daher in den 2030er

Jahren vermutlich eines dritten unfreundlichen Übernahmeversuchs erwehren müssen, diesmal von Seiten kapitalkräftiger chinesischer Reifenkonzerne. Die Beispiele von Pirelli und auch Daimler mit inzwischen kapitalstarken und vor allem industriepolitisch klar ausgerichteten chinesischen Großanteilseignern zeigen, dass dies keine grundlose Spekulation ist. Und zu alledem drängen nun auch noch Telekommunikations-, Software- und andere IT-Konzerne der Datenökonomie in diesen Markt, die ihrerseits nun auf der Suche nach möglichen Allianzen und Akquisitionszielen in der deutschen und internationalen Zulieferindustrie sind, um notwendiges Know-how schnell zu bekommen. Die zumindest zeitweise geplante Zusammenarbeit von Apple mit dem südkoreanischen Automobilunternehmen Hyundai oder dem E-Fahrzeughersteller Tesla aus den USA sind nur erste Beispiele. Das Milliardengeschäft der Mobilität der Zukunft hat viele neue Mitspieler und Akteure und vor allem auch im Vergleich zur Vergangenheit ganz neue Spielregeln. Die Frage für Continental als Zulieferer ist daher nicht nur: „Was sind die Technologien von morgen?", sondern auch „Wer sind die Gewinner von morgen in meinem Geschäft?".

Drittens: Es wird bis 2046 weitere, neue Konjunktur- und Finanzmarktkrisen geben, und auch die Struktur der Großanteilseigner von Continental ist nicht in Stein gemeißelt. Man muss kein Hellseher sein, um zu konstatieren, dass in den kommenden 25 Jahren angesichts der anhaltenden Umbrüche im globalen Welthandel, der prekären Globalisierung, der Transformation der Finanzindustrie und der inhärenten Labilität der weltweiten Kapitalmarktstrukturen mindestens eine neue Weltwirtschafts- und Finanzkrise, verbunden mit einem Börsenkrach, für Turbulenzen sorgen wird. Dazwischen wird es aber auch lange Prosperitätsschübe und weltwirtschaftliche Wachstums- und Expansionsphasen geben. Nach wie vor ist Continental dabei auch ein attraktives potenzielles Ziel für kapitalkräftige Hedgefonds und Private-Equity-Gesellschaften, die bei Vorlage eines entsprechend hohen Kaufangebots zum Zug kommen könnten, um dann Continental in seine Einzelteile zu zerlegen und zu Geld zu machen.

Doch wie auch immer die kommenden Jahre sein werden, die Entwicklung der Continental war auch dadurch geprägt, dass die Chancen des Unvorhergesehenen genutzt wurden. Die Erfahrungen, die das Unternehmen als soziales System während der Problembewältigung in der Vergangenheit kollektiv abgespeichert hat, verdichten sich zu Einstellungen und Verhaltensweisen, die in der Gegenwart die Perzeptionen und Präferenzen für mögliche Wege der Zukunftsbewältigung bestimmen. In einer Welt, in der immer neue Assistenzsysteme den Autofahrern das Denken und Vorausschauen abnehmen, ist es für ein Unternehmen umso wichtiger, eine eigenständige Antizipationsfähigkeit zu bewahren und zu kultivieren. Überlegene und erfolgreiche Unternehmen zeichneten sich auch dadurch aus, dass man die Zukunft anders dachte als die Konkurrenten.

Wie auch immer die „neue Continental" im Jahr 2046 aussehen wird, sie wird ein Unternehmen sein, das als Organisation mit all ihren Mitarbeitern durch das Selbstbewusstsein aufgrund ihrer Resilienz und Anpassungsfähigkeit geprägt ist, durch die Erfahrung, stürmische technologische Entwicklungen und Umbrüche ebenso wie Existenzkrisen, gesellschaftsrechtliche Veränderungen und politisch-gesellschaftliche Herausforderungen letztlich erfolgreich bewältigt zu haben. Man hat dabei seine Eigenständigkeit nicht nur verteidigt, sondern eine dynamische Entwicklung mit Wachstum und Innovationen durchlaufen, spielt vor allem in der Welt der Mobilität weiter eine maßgebliche Rolle – und ist sich dabei immer der eigenen Geschichte sehr bewusst geblieben. „Unser Vertrauen in die Zukunft basiert auf einer erfolgreichen Vergangenheit", hatte der frühere Vorstandsvorsitzende Elmar Degenhart im Jahr 2010 geschrieben. Dieser Satz wird auch im Jahr 2046 seine Gültigkeit behalten.

Anhänge

Anhang 1 Mitglieder des Vorstandes

	stellvertretend	ordentlich	ausgeschieden	
Nelles, Philip		01.06.2021		
Wolf, Andreas		03.06.2020		
Kötz, Christian		01.04.2019		
Duensing, Hans-Jürgen		01.05.2015	31.05.2021	
Reinhart, Dr. Ariane		01.10.2014		
Jourdan, Frank		25.09.2013		
Strathmann, Elke		02.01.2012	25.04.2014	
Schäfer, Wolfgang		01.01.2010		
Avila, José A.		01.01.2010	30.09.2018	
Setzer, Nikolai		12.08.2009		Vorsitzender ab 01.12.2020
Matschi, Helmut		12.08.2009		
Cramer, Dr. Ralf		12.08.2009	11.08.2017	
Degenhart, Dr. Elmar		12.08.2009	30.11.2020	Vorsitzender ab 12.08.2009
Wente, Heinz-Gerhard		03.05.2007	30.04.2015	
Kozyra, William L.		22.02.2006	01.06.2008	
Lerch, Gerhard		30.09.2005	29.09.2008	
Neumann, Karl-Thomas		01.10.2004	12.08.2009	Vorsitzender ab 31.08.2008
De Louw, Martien		01.02.2003	12.05.2005	
Sattelberger, Thomas		01.07.2003	02.05.2007	
Hippe, Dr. Alan		01.06.2002	28.02.2009	
Ziebart, Wolfgang		01.10.2000	31.08.2008	
Nikolin, Dr. Hans-Joachim		01.06.1999	31.07.2011	

https://doi.org/10.1515/9783110731613-010

(fortgesetzt)

	stellvertretend	ordentlich	ausgeschieden	
Wennemer, Manfred		01.05.1998	31.08.2008	Vorsitzender ab 11.09.2001
Kessel, Dr. Stephan		14.04.1997	11.09.2001	Vorsitzender ab 12.04.1999
Friedland, Klaus	01.04.1995 (GBV)	14.04.1997	31.12.2002	
Beller, Hans A.		13.12.1993	12.12.2000	
Ockene, Alan L.		03.05.1991	31.12.1994	
Grünberg, Hubertus von		20.07.1991	01.06.1999	Vorsitzender ab 20.07.1991
Fortmann, Heimo	01.01.1990	01.01.1991	12.08.1992	
Röker, Klaus-D.	03.05.1991	01.01.1992	14.04.1997	
Knaup, Ingolf	02.05.1988	01.01.1989	29.02.1992	
Winterstein, Wilhelm P.		01.11.1987	08.06.1994	stellv. Vorsitzender ab 03.05.1991
Sieber, Günter H.		01.11.1987	03.05.1993	
Howaldt, Jens P.	01.01.1982 (GBV)	08.06.1994	07.06.1999	
Frangenberg, Bernd	01.01.1982 (GBV)	01.01.1998	31.03.2002	01.01.1993 bis 31.12.1997 President Continental General Tire Inc.
Borgmann, Wilhelm	01.01.1982 (GBV)	01.01.1985	03.05.1991	stellv. Vorsitzender ab 01.01.1987
Werner, Helmut		01.08.1979	31.10.1987	Vorsitzender ab 01.01.1982
Kauth, Hans		01.04.1980	31.03.1995	
Haverbeck, Peter	01.05.1978	01.01.1979	30.04.1998	
Dahlström, Norbert		01.04.1976	14.06.1978	
Schäfer, Wilhelm		01.01.1975	02.05.1996	
Wenderoth, Dr. Hans Georg		01.06.1974	31.05.1981	

(fortgesetzt)

	stellvertretend	ordentlich	ausgeschieden	
Peter, Dr. Julius		01.06.1974	31.05.1986	
Urban, Horst W.		01.04.1974	09.05.1991	Vorsitzender ab 01.11.1987
Hahn, Carl H.		01.04.1973	31.12.1981	Vorsitzender ab 01.04.1973
Klein, Werner	01.01.1972	01.04.1973	31.12.1978	
Lohauß, Dr. Gerhard	16.10.1970	02.07.1971	30.09.1980	
Werner, Heinz		28.06.1967	31.05.1974	
Stark, Hans	16.05.1963	01.01.1965	31.12.1973	
Pauck, Hans Christian	16.05.1963	01.01.1965	02.06.1976	
Niemeyer, Adolf D.	01.01.1963	16.05.1963	16.07.1975	stellv. Vorsitzender ab 01.04.1975
Müller, Dr. Oskar	16.05.1961	16.05.1963	02.07.1971	
Beckadolph, Richard	16.05.1961	16.05.1963	28.06.1967	
Braudorn, Karl. H.	28.05.1958	16.05.1963	30.06.1968	
Göbel, Dr. Georg	01.05.1952	12.03.1954	02.07.1971	Vorstandssprecher ab 01.01.1964
Garbe, Wilhelm	15.02.1951	01.05.1952	31.12.1963	
Jahn, Willy		15.02.1951	31.12.1963	
Hoppmann, Dr. Wilhelm		15.02.1951	31.12.1962	
Loges, Adolf	01.01.1946	01.10.1946	30.06.1963	
Gruppe, Wilhelm	01.09.1945	01.10.1946	31.03.1960	
Odenwald, Dr. Hans	01.10.1942		21.08.1945	
Weber, Dr. Georg	08.11.1938	01.10.1942	21.08.1945	
Fellinger, Ernst	08.11.1938	01.10.1942	20.01.1951	Vorsitzender ab 21.08.1945; Generaldirektor ab 14.12.1949
Schmelz, Gustav	07.04.1936	08.03.1938	21.08.1945	
Franz, Hermann	07.04.1936	08.03.1938	21.08.1945	

(fortgesetzt)

	stellvertretend	ordentlich	ausgeschieden	
Könecke, Fritz		31.05.1934	21.08.1945	Vorsitzender ab 15.01.1938; Generaldirektor ab 01.12.1942
Schlosshauer, Waldemar		31.05.1934	08.02.1935	
Fey, F. Jakob	10.06.1933		30.06.1936	
Stockhardt, Dr. Paul		17.09.1929	15.01.1938	
Schlosshauer, Waldemar	26.06.1926	18.01.1928	17.09.1929	
Henke, Fritz	26.06.1926	18.01.1928	17.09.1929	
Haupt, Rudolf	26.06.1926		31.12.1927	
Gehrke, Karl	26.06.1926	18.01.1928	15.01.1938	
Blumenberg, Julius	26.06.1926		20.11.1928	
Assbroicher, Heinz	26.06.1926	18.01.1928	21.08.1945	
Volker, Karl	19.04.1921		31.07.1921	
Seligmann, Dr. Edgar	19.04.1921	01.01.1926	21.03.1929	
Oehler, Oswald Erdmann	19.04.1921		08.05.1927	
Köster, August	19.04.1921		31.12.1927	
Tischbein, Willy		01.01.1907	31.12.1934	Generaldirektor ab 01.01.1926
Gerlach, Dr. Albert		01.07.1905	09.12.1918	
Seligmann, Siegmund		17.07.1879	12.10.1925	
Prinzhorn, Adolf		01.07.1876	31.12.1908	
Abrahamson, S.		1876	1876	
Marquardt, Gustav	30.10.1874	02.03.1875	04.02.1876	
Köhsel, Konrad		08.10.1871	11.10.1874	
Frank, Jacob		08.10.1871	17.04.1879	

Anhang 2 Anzahl der Continental-Mitarbeiter

Jahr	Gesamt	Angestellte	Arbeiter	Jahr	Gesamt	Angestellte	Arbeiter
2020	236.386			1979	31.340		
2019	241.458			1978	17.928		
2018	243.226			1977	18.173	4.660	13.467
2017	235.473			1976	18.354	4.799	13.875
2016	220.137			1975	18.878	4.903	14.883
2015	207.889			1974	21.528	5.178	16.350
2014	189.168			1973	23.400	5.630	17.770
2013	177.762			1972	24.330	6.034	18.296
2012	169.639			1971	26.467	6.448	20.021
2011	163.788			1970	28.100	6.617	21.227
2010	148.228			1969	27.500	6.463	21.534
2009	134.434			1968	25.700	6.106	20.398
2008	139.155			1967	24.900	5.896	18.918
2007	151.654			1966	26.835	6.050	19.910
2006	85.224			1965	27.562	6.105	21.342
2005	79.849			1964	26.477	5.911	21.113
2004	80.586			1963	25.725	5.612	20.113
2003	68.829			1962	25.488	5.468	20.020
2002	64.379			1961	24.179	5.233	18.946
2001	65.293			1960	24.281	5.107	19.174
2000	63.832			1959	23.551	4.888	18.663
1999	62.155			1958	21.215	4.623	16.592
1998	62.357			1957	20.042	4.457	15.585
1997	44.797			1956	18.325	4.273	14.052
1996	44.767			1955	18.902	4.148	14.754
1995	47.918			1954	17.116	3.934	13.187
1994	48.583			1953	15.260	3.749	11.511
1993	50.974			1952	13.886	3.466	10.420
1992	50.581			1951	12.749	3.261	12.749
1991	49.877			1950	13.662	3.129	10.533
1990	51.064			1949	11.891	2.817	9.074
1989	47.495			1948	11.332	2.313	9.019
1988	45.907			1947	9.538	2.005	7.533
1987	42.263			1946	8.505	1.834	6.671
1986	32.012			1945	6.733	1.537	5.196
1985	31.673			1944[*]	13.969	2.787	11.182
1984	26.401			1943[*]	16.176	3.225	12.951
1983	26.688			1942[**]	15.275	3.361	11.914
1982	27.631			1941[***]	14.871	3.554	11.317
1981	28.640			1940	14.835	3.437	11.398
1980	30.727						

[*] inkl. Kriegsgefangene, inkl. Posen und Krainburg

[**] inkl. Posen und Krainburg

[***] inkl. Posen

(fortgesetzt)

Jahr	Gesamt	Angestellte	Arbeiter	Jahr	Gesamt	Angestellte	Arbeiter
1939	13.156	3.444	9.712	1916			2.612
1938	16.476	3.676	12.800	1915			3.344
1937	15.254	3.422	11.832	1914			7.240
1936	13.063	3.394	9.669	1913	11.590	3.909	7.681
1935	12.509	3.341	9.168	1912	9.795		
1934	11.992	3.279	8.713	1911	9.789		
1933	11.006	3.145	7.861	1910	7.337		
1932	10.602	3.125	7.477	1909	6.850	2.137	4.713
1931	ca. 11.000			1908	6.144		
1930	12.700	4.620	8.100	1907	5.185		
1929	16.765	4.765	12.000	1906	5.556	930	4.626
1928	14.897	3.720	11.177	1905	4.516	693	3.823
1927	14.289	3.550	10.739	1904	3.294	967	2.327
1926	13.306	3.320	9.986	1903	2.741		
1925				1900			1.615
1924	14.483	2.800	11.683	1899	1.537	168	1.369
1923	11.896	2.350	9.546	1894			654
1922	14.125	2.444	11.681	1893			600
1921			10.000	1889			498
1920			6.749	1884			450
1919			3.122	1879			261
1918	ca. 8.000	5.062	2.938	1874			246
1917			3.125				

Anhang 3 Umsatzentwicklung

Jahr	Umsatz (in Mio.)	Jahr	Umsatz (in Mio.)	Jahr	Umsatz (in Mio.)
2020	37.722,30	1980	3.159,70	1939	242
2019	44.478,40	1979*	2.623,40	1938	262
2018	44.404,40	1978	1.555,40	1937	209
2017	44.009,50	1977	1.518,90	1936	132
2016	40.549,50	1976	1.439,00	1935	117
2015	39.232,00	1975	1.369,00	1934	98
2014	34.505,70	1974	1.453,20	1933	76.4
2013	33.331,00	1973	1.264,00	1932	72.5
2012	32.736,20	1972	1.174,20	1931	96.8
2011	30.504,90	1971	1.301,70	1930	145.4
2010	26.046,90	1970	1.311,70	1929	183.8
2009	20.095,70	1969	1.256,80	1928	115.5
2008	24.238,70	1968	1.103,80	1927	109
2007	16.619,40	1967	1.028	1926	98.055
2006	14.887,00	1966	1.102	1925	139.337
2005	13.837,20	1965	1.100	1924	77.864 **RM**
2004	12.597,40	1964	1.045	1923	2052.0 **M**
2003	11.534,40	1963	976	1922	1230.0
2002	11.408,30	1962	941	1921	127.7
2001	11.233,30	1961	890	1920	75.6
2000	10.115,00	1960	884	1919	13.5
1999	9.132,20	1959	793	1918	44.1
1998	13.188,60	1958	689	1917	40.0
1997	11.186,10	1957	636	1916	33.59
1996	5.333,10	1956	630	1915	56.3
1995	5.242,00	1955	605	1914	117.99
1994	5.050,00	1954	496	1913	119.33
1993	4.790,30	1953	419	1912	104.76
1992	4.954,30	1952	439	1911	93.7
1991	4.794,30	1951	439	1910	81.77
1990	4.372,1 **EUR**	1950	309	1909	62.6
1989	8.381,9 **DM**	1949	243	1908	49.99
1988	7.905,80	1948	211 **DM**	1907	55.5
1987	5.097,60	1947	45 **RM**	1906	48.3
1986	4.968,60	1946	28	1905	35.3
1985	5.003,30	1945	36,2	1904	23.4
1984	3.534,00	1944	231	1903	21.3
1983	3.387,20	1943	220	1902	18.6
1982	3.248,80	1942	241	1901	16.8
1981	3.229,00	1941	223		
		1940	206		

* Ab hier Umsatz für den Konzern

(fortgesetzt)

Jahr	Umsatz (in Mio.)	Jahr	Umsatz (in Mio.)	Jahr	Umsatz (in Mio.)
1900	15.5	1891	3.65	1882	2.76
1899	14.5	1890	3.60	1881	2.51
1898	12.3	1889	3.45	1880	2.16
1897	10.4	1888	3.30	1879	1.75
1896	8.20	1887	3.09	1878	1.42
1895	7.37	1886	3.08	1877	1.28
1894	5.88	1885	3.12	1876	1.37 **M**
1893	4.66	1884	3.26		
1892	3.80	1883	3.00		

Werte 1876 bis 1923 in Mark, 1924 bis 1947 in Reichsmark, 1948 bis 1989 in D-Mark und ab 1990 in Euro. Bis 1978 Umsatzwerte auf die AG bezogen, ab 1979 Umsatzwerte auf den Konzern bezogen.

Anhang 4a Mitglieder des Aufsichtsrats (Aktionärsvertreter)

	Zeitraum		
Knauf, Isabel Corinna	26.04.2019		
Khatu, Satish	26.04.2019		
Nonnenmacher, Prof. Rolf	01.10.2014		
Neuß, Sabine	25.04.2014		
Gutzmer, Prof. Peter	04.12.2013	26.04.2019	
Reitzle, Prof. Wolfgang	28.09.2009		Vorsitzender ab 19.11.2009
Wolf, Prof. Siegfried	06.12.2010		
Rosenfeld, Klaus	23.04.2009		
Mangold, Prof. Klaus	23.04.2009	26.04.2019	
Dunkel, Dr. Gunther	23.04.2009		
Schaeffler-Thumann, Maria-Elisabeth	05.02.2009		
Schaeffler, Georg F. W.	05.02.2009		
Koerfer, Rolf	05.02.2009	29.11.2010	Vorsitzender ab 27.03.2009
Geißinger, Dr. Jürgen	05.02.2009	04.10.2013	
Streiff, Christian	14.10.2005	03.02.2009	
Stockmar, Jürgen	14.05.2004	25.01.2009	
Oosterveld, Jan P.	22.01.2003	26.01.2009	
Flecken, Walter	30.06.2002	20.01.2003	
Wingefeld, Jürgen	01.06.1999	06.10.1999	
Steingraber, Fred G.	01.06.1999	26.01.2009	
Frenzel, Michael	01.06.1999	15.09.2009	
Grünberg, Dr. Hubertus von	01.06.1999	06.03.2009	Vorsitzender ab 01.06.1999
Ehrnrooth, Casimir	07.06.1995	01.06.1999	
Garnier, Hans-Detlef von	04.02.1995	07.06.1995	
Voss, Bernd W.	21.01.1994	30.09.2014	
Bodin, Manfred	02.07.1993	23.04.2009	
Breipohl, Diethart	03.07.1992	23.04.2009	
Vita, Giuseppe	10.07.1991	30.06.2002	
Ullsperger, Dieter	10.07.1991	20.01.1994	
Garnier, Hans-Detlef von	23.07.1990	10.07.1991	
Weiss, Ulrich	23.01.1990	01.06.1999	Vorsitzender ab 23.01.1990
Henkel, Hans-Olaf	05.07.1989	25.04.2014	
Breitschwerdt, Werner	05.07.1989	14.05.2004	
Angermüller, Hans H.	05.07.1989	01.06.1999	
Schiefer, Friedrich	06.07.1984	03.07.1992	
Saßmannshausen, Günther	06.07.1984	01.06.1999	
Seelig, Wolfgang	03.07.1981	05.07.1989	
Piltz, Klaus	07.09.1979	10.07.1991	
Pieper, Ernst	07.09.1979	04.02.1995	

(fortgesetzt)

	Zeitraum		
Helms, Wilhelm	07.09.1979	02.07.1993	
Fuhrmann, Ernst	07.09.1979	06.07.1984	
Finck von Finckenstein, Karl-Wilhelm Graf	07.09.1979	03.07.1981	
Englebert, Albert	07.09.1979	05.07.1989	
Emcke, Manfred	14.06.1978	23.07.1990	
Merkle, Otto	26.07.1972	14.06.1978	
Meyerheim, Wilhelm	16.11.1971	06.07.1984	
Herrhausen, Dr. Alfred	27.10.1970	30.11.1989	Vorsitzender ab 19.11.1970
Janberg, Dr. Hans	30.06.1970	19.09.1970	Vorsitzender ab 30.06.1970
Groth, Rudolf	30.06.1970	07.09.1979	
Merkle, Dr. Hans L.	27.06.1966	05.07.1989	stellv. Vorsitzender 23.10.1969 bis 7.9.1979
Groben, Wilhelm	27.06.1966	26.07.1972	
Timm, Bernhard	19.07.1965	07.09.1979	
Forberg, Prof. Kurt	21.06.1956	30.06.1970	
Klasen, Dr. Karl	10.07.1953	30.06.1970	Vorsitzender ab 23.10.1969
Leimer, Margrit	14.08.1950	10.07.1953	
Kessler, Dr. Joachim	13.01.1950	02.11.1951	
Brunswig, Dr. Peter	13.01.1950	22.01.1953	
Uebel, Joseph C.	27.10.1948	14.08.1964	
Nölting, Dr. Ernst	08.05.1946	10.07.1953	
Duerkop, Hellmuth	08.05.1946	10.07.1953	
Pfad, Dr. Bernhard	01.10.1945	10.07.1953	
Menge, Dr. Arthur	01.10.1945	21.06.1956	
von Opel, Dr. Georg	30.09.1939	14.08.1971	Vorsitzender 08.05.1946– 12.10.1969
von Opel, Dr. Wilhelm	30.03.1939	08.05.1946	
Lüer, Prof. Carl	30.03.1939	09.08.1945	
Trutz, Karl	19.04.1937	31.10.1950	
Allmers, Dr. Robert	19.04.1937	08.05.1946	
Rösler, Oswald	29.03.1935	08.05.1946	Vorsitzender 29.03.1935– 07.04.1936
Uebel, Joseph C.	10.05.1933	08.05.1946	Vorsitzender 07.04.1936– 08.05.1946
Opel, Dr. Fritz	02.05.1932	30.08.1938	

(fortgesetzt)

	Zeitraum		
Bahlsen, Hans	02.05.1932	19.04.1937	
Boner, Dr. Franz A.	22.05.1931	29.03.1935	
Seligmann, Dr. Edgar	30.04.1929	10.05.1933	
Schultze, Moritz	30.04.1929	19.04.1937	
Peter, Heinrich	30.04.1929	02.05.1932	
Hirsch, Otto	30.04.1929	02.05.1932	
Bonn, Dr. Paul	30.04.1929	31.12.1930	
Sachs, Dr. Ernst	27.04.1926	02.07.1932	
Oppler, Dr. Sigmund	27.04.1926	02.05.1932	
Work, Bertram G.	12.04.1923	30.08.1927	
Goldschmidt, Dr. Jacob	12.04.1922	10.05.1933	
Caspar, Dr. Julius B.	21.03.1919	27.06.1938	Vorsitzender 27.04.1926– 29.03.1935
Coppel, Dr. Alexander	25.03.1915	10.05.1933	
Magnus, Ernst	23.03.1914	10.05.1933	
Lemmermann, Ludwig	23.03.1914	12.11.1925	
Hecht, Hermann	23.09.1909	03.02.1929	
Prinzhorn, Adolf	25.03.1909	28.03.1913	
Tramm, Heinrich	03.04.1903	13.03.1932	stellv. Vorsitzender ab 26.05.1918
Hecht, Ferdinand	10.04.1902	04.01.1909	
von Günzler	29.03.1898	28.07.1902	
Magnus, Eduard	31.03.1897	14.05.1913	
Coppel, Gustav	17.11.1891	25.12.1914	
Arnstädt, Julius	01.01.1887	17.11.1891	
Arnstädt, Emil	01.01.1887	14.11.1908	
Mendel, Julius	22.10.1885	27.04.1926	Vorsitzender ab 26.05.1918
Steinsieck, H.	09.04.1885	12.08.1885	
Caspar, Bernhard	12.04.1882	20.05.1918	
Hecht, S. A.	20.03.1876	28.10.1901	
Stockhardt, Paul Otto	28.10.1871	01.05.1897	
Peretz, Hermann	28.10.1871	31.12.1886	
Meyer, Moritz Gerson	28.10.1871	04.03.1879	
Martiny, Joseph Louis	28.10.1871	12.04.1882	
Magnus, Moritz	28.10.1871	11.03.1897	Vorsitzender ab 09.11.1888
Köhsel, Otto	28.10.1871	06.09.1874	
Heinemann, Daniel	28.10.1871	14.07.1875	
Meyer, Ferdinand	28.10.1871	02.11.1888	Vorsitzender

Anhang 4b Mitglieder des Aufsichtsrats (Arbeitnehmervertreter)

	Zeitraum		
Pfau, Lorenz	26.04.2019		
Allak, Hasan	26.04.2019		
Grioli, Francesco	01.11.2018		
Benner, Christiane	01.03.2018		stellv. Vorsitzende ab 01.03.2018
Valten, Gudrun	01.01.2017	26.04.2019	
Scholz, Stefan	30.04.2015		
Volkmann, Elke	25.04.2014		
Vörkel, Kirsten	25.04.2014		
Hausmann, Peter	01.07.2013	31.10.2018	
Otto, Arthur	01.05.2010	30.04.2015	
Köhlinger, Jörg	23.04.2009	24.04.2014	
Fischl, Hans	23.04.2009	31.12.2011	
Iglhaut, Michael	16.03.2006		
Bischoff, Werner	04.07.2005	15.05.2013	stellv. Vorsitzender ab 02.08.2005
Wörle, Erwin	14.05.2004	26.04.2019	
Schustereit, Jörg	14.05.2004	23.04.2009	
Schönfelder, Jörg	14.05.2004		
Nordmann, Dirk	14.05.2004		
Weniger, Dieter	03.06.2003	23.04.2009	
Reese, Dr. Thorsten	03.03.2003	30.04.2010	
Meine, Hartmut	11.07.2001	01.03.2018	stellv. Vorsitzender ab 01.08.2013
Hüttenmeister, Hans-Peter	13.10.1999	30.06.2005	stellv. Vorsitzender ab 14.05.2004
Sumpf, Dirk	11.08.1999	31.05.2003	
Knuth, Gerhard	01.06.1999	15.03.2006	
Hilker, Karl-Heinz	01.06.1999	14.05.2004	
Eickmann, Wilfried	01.06.1999	30.06.2001	
Deister, Michael	01.06.1999	25.04.2014	
Löschner, Hartmut	07.06.1996	28.06.1999	
Sumpf, Dirk	07.06.1995	01.06.1999	
Stark, Rainer	08.06.1994	28.02.2003	
Aschermann, Heidemarie	08.06.1994	14.05.2004	
Hilverkus, Wilfried	11.02.1993	01.06.1999	
Mierswa, Werner	05.07.1989	14.05.2004	
Kölling, Dieter	05.07.1989	01.06.1999	
Keufner, Helmut	05.07.1989	08.06.1994	
Flothow, Friedrich-Karl	05.07.1989	08.06.1994	

(fortgesetzt)

	Zeitraum		
Sprätz, Ernst	06.07.1984	05.07.1989	
Schleiermacher, Hugo	06.07.1984	05.07.1989	
Schille, Siegfried	06.07.1984	01.06.1999	
Köhler, Richard	06.07.1984	14.05.2004	stellv. Vorsitzender ab 01.06.1999
Bartels, Adolf	06.07.1984	01.06.1999	stellv. Vorsitzender ab 01.05.1996
Westerhaus, Hermann	07.09.1979	06.07.1984	
Tristram, Heinz	07.09.1979	06.07.1984	
Schultze, Wolfgang	07.09.1979	30.04.1996	stellv. Vorsitzender ab 06.07.1984
Schlesies, Eberhard	07.09.1979	07.06.1995	
Kost, Joachim	07.09.1979	05.07.1989	
Häßler, Rudolf	07.09.1979	06.07.1984	
Goldschald, Willi	07.09.1979	05.07.1989	
Brauns, Siegfried	07.09.1979	06.07.1984	
Alt, Rudolf	07.09.1979	31.12.1992	
Bartilla, Günther	04.07.1973	07.09.1979	
Wessel, Wilhelm	27.06.1966	07.09.1979	
Adams, Benno	27.06.1966	06.07.1984	stellv. Vorsitzender ab 07.09.1979
Appel, Eduard	27.06.1963	04.07.1973	
Diesselmann, Karl	09.07.1953	27.06.1966	
Ziegenbein, Karl	09.07.1953	27.06.1963	
Müller, Hans	09/1933	1934	
Haase, Hermann	05/1933	1934	
Schilling, Georg	11/1930	21.07.1933	
Schlesinger, Hugo	07/1925	30.04.1933	
Kammmann, Albert	10/1924	05/1930	
Leyfeld, Fritz	08/1922	04/1924	
Brinkmann, Karl	08/1922	04/1925	

Abbildungsnachweis

Soweit nicht anders angegeben, gilt für alle Abbildungen das Continental-Unternehmensarchiv in Hannover als Quelle. Im Einzelnen handelt es sich dabei um Abb. aus dem dortigen Foto-Archiv, den Zeitschriften *Echo-Continental*, *Der Continental-Händler*, *conti intern* etc., Image- und Werbebroschüren des Unternehmens oder Auszüge aus Geschäftsunterlagen.

Abbildung 33: Werknachrichten der Continental Hannover: Belehrung und Aufklärung. – Hannover. BArch, M 1233 (1925, Heft 2, Seite 1)

Abbildung 35: https://www.hna.de/lokales/northeim/northeim-ort47320/jahre-conti-northeim-segen-stadt-region-3818139.html

Abbildung 48: picture alliance/dpa / Roberto Pfeil

Abbildung 95: https://www.manager-magazin.de/magazin/artikel/investors-darling-2014-mister-350-prozent-a-998577.html